高等学校应用型本科经济管理类专业"十三五"规划教材

市场营销学

主　编　马　静

副主编　王永娟　郑应友

参　编　崔玉艳　王　威　赵艳丽　李晓锋

西安电子科技大学出版社

内 容 简 介

　　本书坚持理论与实践相结合的原则,全面地介绍了市场营销的基本理论、策略和方法,注重内容体系的完整和创新,突出实用性和操作性。每章内容通过案例引入,然后逐步展开。每节内容穿插大量知识拓展和实例,以帮助读者更好地理解相关内容。每章末有案例分析和应用实训等项目,便于读者系统学习和训练。

　　本书可作为应用型本科工商管理类专业教材,也可供高职高专相关专业学生、市场营销从业人员以及社会读者阅读。

图书在版编目(CIP)数据

市场营销学/马静主编. —西安:西安电子科技大学出版社,2017.8
(高等学校应用型本科经济管理类专业"十三五"规划教材)
ISBN 978-7-5606-4617-6

Ⅰ. ① 市… Ⅱ. ① 马… Ⅲ. ① 市场营销学 Ⅳ. ① F713.50

中国版本图书馆 CIP 数据核字(2017)第 170869 号

策　　划	刘小莉
责任编辑	于 洋 阎 彬
出版发行	西安电子科技大学出版社(西安市太白南路 2 号)
电　　话	(029)88242885　88201467　　　邮　编　710071
网　　址	www.xduph.com　　　　电子邮箱　xdupfxb001@163.com
经　　销	新华书店
印刷单位	陕西利达印务有限责任公司
版　　次	2017 年 8 月第 1 版　　2017 年 8 月第 1 次印刷
开　　本	787 毫米×1092 毫米　1/16　印　张　19.5
字　　数	461 千字
印　　数	1～3000 册
定　　价	39.00 元

ISBN 978 - 7 - 5606 - 4617 - 6/F

XDUP 4909001-1

如有印装问题可调换

前　言

　　市场营销学是一门建立在经济科学、行为科学和现代管理理论基础之上的应用科学。它研究以满足消费者需求为中心的企业营销活动过程及其规律性，具有全程性、综合性、实践性的特点。市场营销学不仅是一门重要的应用科学，更为企业提供了一种营销理念和思维方式，因而在经济、社会和生活各个领域备受瞩目。

　　"十三五"时期，在普通本科向应用型转变的背景下，各地不断强化应用型本科示范校以及试点专业建设，也在持续探索教材建设。我们密切关注国内外市场营销理论与实践的最新发展，从企业营销管理实践和营销教育的现实需求出发，认真编写了这本教材。

　　在编写本书时我们注重体现应用型特色，编写团队由"双师型"骨干教师和企业高管组成。在内容取舍、体例编排、案例选用和应用实训设计等方面，本书力求体现最新市场营销动态，同时进一步凸显对学生应用能力的培养。

　　作为应用型本科经济管理类专业"十三五"规划教材之一，本书具有以下特点：

　　1. 体系完整，内容翔实，突出可读性

　　力求理论、案例和实务浑然一体，并做到知识与能力目标明确，理论梳理脉络清晰、重点突出，知识拓展资料翔实，案例丰富新颖。

　　2. 体例新颖，案例丰富，突出应用性

　　各章均设有"知识目标"、"能力目标"、"知识结构图"、"案例导读"、"知识拓展"、"实例"、"理论梳理"、"知识检测"、"案例分析"和"应用实训"等项目，注重理论与实践结合，充分体现应用型教材特色。

　　3. 理论梳理、案例分析和应用实训有机结合，突出趣味性

　　通过大量的知识拓展和案例分析，强化知识与能力目标的实现。通过知识检测、案例分析和应用实训，加深读者对基本理论的理解和掌握，提高其解决实际问题的能力。

　　4. 更新内容素材，突出时代性

　　注重吸收最新的理论研究成果和市场营销实例，所含内容时代感强，知识拓展和所选案例均为近年来国内外的最新资料。有助于丰富教学内容，增强教材的时代感，把学生应用能力培养融入生动有趣的学习情境之中。

　　本书由郑州工业应用技术学院商学院马静副教授担任主编，王永娟、郑应友担任副主编。全书共十三章，具体编写分工如下：马静编写第一、二、九章；王永娟编写第六、七章；郑应友编写第五、十二章；王威编写第三、四章；赵艳丽编写第八、十章；李晓锋（河

南新众康医药有限公司副总经理）编写第十一章；崔玉艳编写第十三章。最后由马静对全书进行统一调整和修改。

在本书的编写过程中，我们参阅、引用了大量国内外最新研究成果，具体书目列于参考文献中，在此对原作者表示衷心的感谢！同时，我们还得到了西安电子科技大学出版社刘小莉编辑的大力支持，在此表示诚挚谢意！

由于编者水平有限，书中不妥之处敬请各位专家和读者批评指正。

编　者

2017 年 5 月

目　　录

 # 第一章

市场营销导论

/////////////////////////////

知识目标

理解市场营销的含义及相关概念；了解市场营销学的研究对象、市场营销学的产生和发展；理解市场营销观念在实践中的发展和演变；了解市场营销面临的新挑战。

能力目标

能够理解市场营销的含义及相关概念；树立营销导向观念和社会营销导向观念。

知识结构图

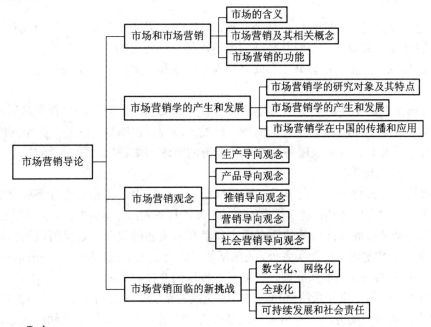

案例导读

德鲁克说过，企业有且只有两项基本职能，就是营销和创新。简单的道理谁都懂，可并非人人都会做，对于这两项职能，我们来看一下新日电动车股份有限公司(以下简称新日)

具体是怎么做的。

2015 年，新日自主研发的新一代智能电动车 MIKU 夺得中国工业设计领域最高奖项之一"太湖奖"的特等奖。新日电动车在产品研发上的开放性表现在三个方面：广泛与国内、国际高校和科研院所开展产学研合作；不局限于一般技术研究，而是进入基础研究领域；向目标用户开放研发、生产的全过程，让他们直接参与进来。创新是建立在充分了解用户需求的基础上的，而充分了解用户需求的最佳方式就是让用户亲身参与其中。

除了产品上的创新，新日营销上的大胆突破也引人注目。在 2015 年 12 月 17 日第十三届中国营销盛典上，新日 MIKU "晶彩"系列产品一举斩获"年度最佳产品营销创新奖"，大会给出的获奖理由是：新日电动车全新 MIKU "晶彩"系列产品，打破了传统电动车产品给人的固有印象，在营销方面积极地贴近消费者，与《爸爸去哪儿》、《最强大脑》等卫视王牌节目强强联手；出席金鸡电影节，让电动车"走"上红毯；邀请黄晓明成为品牌全新代言人……一系列举措让新日电动车的品牌形象大幅度提升，使消费者真正记住了新日电动车。

(资料来源：寇尚伟. 新日领跑世界的秘密[J]. 销售与市场，2016(2).)

第一节 市场和市场营销

一、市场的含义

市场是企业营销活动的舞台，是企业营销活动的出发点和归宿。研究市场营销，必须了解市场的含义。市场是一个商品经济的范畴，是一种历史的范畴，是社会分工与商品经济的产物，其概念伴随着社会分工和商品交换而产生和发展。关于市场的定义，主要有以下几种观点：

(1) 市场是商品交换的场所。它是指买卖双方购买和出售商品，进行交易活动的地点或地区，如中国古代的集市，现代的商场、批发市场等。很明显，这是一个空间概念。

(2) 市场是对某种商品或服务具有支付能力的需求，如我们通常所说的房地产市场、汽车市场、手机市场等。

(3) 市场是对某种商品或劳务具有购买欲望、支付能力，并希望进行某种交易的人或团体。一个有效的市场是具有现实需求的市场，需要具备人口、购买力、购买欲望三个因素。

(4) 市场是某种商品或劳务的所有现实和潜在购买者的集合。这里所说的市场，除了有购买力和购买欲望的现实购买者外，还包括暂时没有购买力或者购买欲望的潜在购买者。这些购买者具有共同的需要和欲望，能够通过特定的交换得到满足。

(5) 市场是商品交换关系的总和。这里的交换关系包括了商品交换过程中的各种关系，如买卖双方、卖方与卖方、买方与买方以及买卖双方各自与中间商等之间的关系。此为经济学中广义的市场概念。

当然，市场的定义还有很多种。一般而言，市场的定义大多是从市场的构成要素角度给出的，与上述第三点定义基本相同，可以用公式来表示，即：

$$市场 = 人口 + 购买力 + 购买欲望$$

市场的这三个要素缺一不可，只有三者结合起来，才能构成现实的市场，才能决定市场的规模和容量。如果只有人口和购买力，而无购买欲望，或者有人口和购买欲望，而无购买力，对卖方来说，都形成不了现实的有效市场，只能称为潜在市场。其中，人口是构成市场的基本要素，哪里有人、有消费者群，哪里就有市场。一个国家或地区人口的多少，是决定市场大小的基本前提。

实例1-1

这是营销界人尽皆知的一个寓言故事：

两家鞋业制造公司分别派出了一个业务员去开拓市场，一个叫杰克逊，一个叫板井。

在同一天，他们两个人来到了南太平洋的一个岛国，到达当日，他们就发现当地人全都赤足，不穿鞋！从国王到贫民、从僧侣到贵妇，竟然无人穿鞋子。

当晚，杰克逊向国内总部老板拍了一封电报："上帝呀，这里的人从不穿鞋子，有谁还会买鞋子？我明天就回去。"

板井也向国内公司总部拍了一封电报："太好了！这里的人都不穿鞋。我决定把家搬来，在此长期驻扎下去！"两年后，这里的人都穿上了鞋子……

营销启示：许多人常常抱怨难以开拓新市场，事实上新市场就在你的面前，只不过是你要怎样发现这个市场而已。

（资料来源：Shendan. 17 个经典营销案例. MBA 智库资讯，http：//news.mbalib.com/story/42051，2012-09-27.）

二、市场营销及其相关概念

(一) 市场营销的含义

市场营销(Marketing)，简称营销，是指企业在以消费者的需求为中心的前提下开展一系列经营活动的过程。伴随营销理论与实践的不断创新，营销的概念在不同时期有不同的主流表述。市场营销学诞生于美国，美国市场营销协会(AMA)隔几年都会对这个概念进行修订。1960 年的定义是："市场营销是引导商品和服务从生产者到达消费者或用户所实施的企业活动。"AMA 在 1985 年和 2004 年又对定义进行了两次修订。1985 年的定义指出："市场营销是(个人和组织)对思想、产品和服务的构思、定价、促销和分销的计划及执行过程，以创造达到个人和组织目标的交换。"本次定义明显是对"4P 组合"和"交换"目标的强调。2004 年再次修订定义为："市场营销既是一种组织职能，也是为了组织自身及利益相关者的利益而创造、传播、传递客户价值，管理客户关系的一系列过程。"本次定义用"价值"代替了以前的"产品、服务"等说法，而且强调了和利益相关者关系的维护。2008 年 AMA 又给出了最新定义是"市场营销既是一种行为、一套制度，也是创造、传播、传递和交换对消费者、代理商、合作伙伴和全社会有价值的物品的过程。"本次概念进一步明确了"利益相关者"的内容，最大的变化是强调了对"全社会"的价值。上述几个概念的变化，说明营销的发展趋势是：由早期的"交易驱动"，发展到"客户关系驱动"、"价值驱动"和全社会"价值网"驱动。

本书采用著名营销学家菲利普·科特勒教授在其最新版《营销管理》(第 15 版)一书中给出的定义:"市场营销是个人和团体通过创造、提供和与他人自由交换有价值的产品与服务来获得他们的所需所求的社会过程"。科特勒教授同时在其《市场营销:原理与实践》(第 16 版)一书中提出:"市场营销是企业为从顾客处获得利益回报而为顾客创造价值并与之建立稳固关系的过程"。综上所述,市场营销的核心是交换,基本目标是获得、挽留和提升顾客,交换过程能否高绩效地顺利进行,取决于营销者创造的产品和价值满足顾客需求的程度,以及对交换过程管理的水平。

知识拓展 1-1

菲利普·科特勒(Philip Kotler),被称为"现代营销学之父",美国西北大学凯洛格管理学院国际营销学 S.C.强生荣誉教授,拥有芝加哥大学经济学硕士学位和麻省理工学院经济学博士学位,被美国营销协会推选为营销思想界第一领袖。科特勒博士著作众多,许多著作被多个国家的营销人士奉为营销宝典,其中《营销管理》被奉为市场营销学的"圣经"。此外,他在国际一流刊物上发表了 150 多篇论文,是唯一荣获三次"阿尔法·卡帕·普西奖"的学者。他曾荣获美国营销协会、欧洲市场营销顾问和销售培训者协会、国际销售和营销管理者组织等机构颁发的众多奖项和荣誉,担任多家公司的营销顾问(包括 IBM、GE、霍尼韦尔、美洲银行等),是美国管理科学学会市场营销学院主席、美国营销协会理事、营销科学学会信托人等。

(资料来源:菲利普·科特勒,凯文·莱恩·凯勒. 营销管理[M]. 15 版. 何佳讯,等,译. 上海:格致出版社,上海人民出版社,2016.)

(二) 市场营销相关概念

1. 需要、欲望和需求

菲利普·科特勒认为,人类的需要是一种感到缺乏的状态,包括对食物、服装、温暖和安全的基本生理需要,对归属和情感的社会需要,以及对知识和自我表达的个人需要。这些需要是人类固有的基本需求,而不是由市场营销者创造出来的。

这些需要在指向可以满足需要的特定目标时就成为欲望。欲望是人类需要的表现形式,受到文化和个性的影响。如一个需要食物的美国人会对巨无霸汉堡包、炸薯条和软饮料有欲望。市场营销者无法创造需要,但可以影响欲望,并通过创造、开发及销售特定的产品或服务来满足欲望。

需求是可以被购买能力满足的对特定产品的欲望。在得到购买能力的支持时,欲望就转化为需求。

杰出的企业会竭尽全力了解消费者的需要、欲望和需求,认真进行市场调查,研究消费者的行为和偏好。

知识拓展 1-2

负需求:消费者对某个产品感到厌恶,甚至有意回避它。

无需求:消费者对某个产品不感兴趣,无心购买。

潜在需求：现有产品未能满足消费者对某个产品已产生的需求。

下降需求：消费者逐渐减少或停止购买某种产品。

不规则需求：消费者的购买行为可能随时都在发生变化。

充分需求：消费者随时能在市场上购买到自己所需要的产品。

过度需求：消费者需要购买的数量超过市场可能供应的数量。

不健康需求：消费者需要购买的产品会对社会产生不良后果。

(资料来源：吴健安，钟育赣. 市场营销学(应用型本科版)[M]. 北京：清华大学出版社，2015.)

2．产品和服务

产品指能够用以满足人类某种需要或欲望的任何东西。产品是获得需求满足的载体，这种载体可以是有形产品，也可以是无形的服务。对产品的理解，不能局限于对其实体的占有，而是它们所能带给人们的各种各样的服务和利益。比如人们购买轿车，并不是为了得到一种机械，而是要得到它所提供的交通服务。市场营销者的任务，是向市场展示产品实体中所包含的利益或服务，而不能仅限于描述产品的形貌。否则，企业将在市场营销管理中缺乏远见，只看见自己的产品质量好，看不见市场需要在变化，最终使企业经营陷入困境。

3．顾客满意和顾客价值

企业仅仅了解顾客有哪些需要和欲望并提供产品是不够的，企业还要想办法去满足这些需要，也就是说要让顾客满意。满意的顾客会重复购买，并将自己的美好体验告诉别人。不满意的顾客转而向竞争者购买，并向其他人贬低产品。

菲利普·科特勒认为，顾客满意是指一个人通过对一个产品的可感知效果与他的期望值相比较后，所形成的愉悦或失望的感觉状态。亨利·阿塞尔也认为，当商品的实际消费效果达到消费者的预期时，就导致了满意，否则，会导致顾客不满意。

顾客感知价值是指企业传递给顾客，且能让顾客感受得到的实际价值，一般表现为顾客总价值与顾客总成本之间的差额。顾客总价值是指顾客购买某一产品与服务所期望获得的一组利益，它包括产品价值、服务价值、人员价值和形象价值等。顾客总成本是指顾客为购买某一产品所耗费的时间、精神、体力以及所支付的货币资金等，因此，顾客总成本包括货币成本、时间成本、精神成本和体力成本等。

顾客感知价值是顾客满意的关键，也是企业获取顾客忠诚的关键。顾客感知价值越高，对顾客购买行为的刺激作用也就越大。

4．交换、交易和关系

交换是一种为从他人那里得到想要的物品而提供某些东西作为回报的行为。交换是市场营销的核心概念。当人们决定以交换方式来满足需要或欲望时，就存在市场营销了。一个人可以通过多种方式获得自己所需要的产品，交换是其中之一。

如果双方通过谈判达成协议，交易便发生。交易是交换的基本组成部分。交易是指买卖双方价值的交换，它是以货币为媒介的；而交换不一定以货币为媒介，它可以是物物交换。交易是交换活动的基本单元，是由双方之间的价值交换所构成的行为。交易涉及几个方面，即两件有价值的物品，双方同意的条件、时间、地点，还有用来维护和迫使交易双方执行承诺的法律制度。

交易营销能使营销者获利，但营销者更应着眼于长远利益，因而保持并发展与顾客的长期关系是关系营销的重要内容。关系营销是指营销者与其顾客、分销商、经销商、供应商等建立、保持并加强关系，通过互利交换及共同履行诺言，使有关各方实现各自目的。关系营销可以减少交易费用和时间，实现营销者与顾客和其他关联方共同长期利益最大化，实现双赢或多赢的目的。

5. 市场营销者

在交换关系中，如果一方比另一方更主动、更积极地寻求交换，我们就将前者称为市场营销者，后者称为潜在顾客。换句话说，市场营销者是指希望从别人那里取得资料并愿意以某种有价值的东西作为交换的人。市场营销者既可以是卖方，也可以是买方。作为卖方，他力图在市场上推销自己，以获取买方的青睐，这样卖方就是在进行市场营销。当买卖双方都在积极寻求交换时，他们都可称为市场营销者，这种营销被称为互惠的市场营销。

三、市场营销的功能

市场营销的基本功能可分为三类，即交换功能、供给功能和便利功能。

(1) 交换功能，包括购买与销售。购买是在市场上集中或控制商品与劳务，并实现所有权的转移，包括购买哪些类型的产品、向谁购买、进货数量和进货时间。销售是协助或动员顾客购买商品与劳务，包括寻找和识别潜在顾客，接触与传递商品交换意向信息，谈判，签订合同，交货和收款，提供销售服务等。

(2) 供给功能，包括运输与储存，是实现交换功能的必要条件。运输是货物实体借助运力在空间上的转移，使产品从制造场所转移到销售场所。储存是指商品离开生产领域但还没有进入消费领域，而在流通领域内的停滞。储存设施可将产品保留到需要供应时。

(3) 便利功能，包括便利交换、便利沟通的功能，主要有资金融通、风险承担、信息沟通、产品标准化和分级等。借助资金融通和商业信用，可以控制或改变产品的流向和流量，在一定条件下能够给买卖双方带来交易上的方便和利益。风险承担，是指在产品交易和产品储运中，必然要承担的某些财务损失，如产品积压而不得不削价出售；产品损坏、短少、腐烂而造成的经济损失等。市场信息的收集、加工和传递，对于生产者、中间商、消费者或用户都是重要的，没有信息的沟通，其他功能都难以实现。产品的标准化和分级，可以大大简化和加快交换过程，这样不但便于储存与运输，也便于顾客购买。

第二节　市场营销学的产生和发展

一、市场营销学的研究对象及其特点

(一) 市场营销学的研究对象

市场营销学是一门建立在经济科学、行为科学和现代管理理论基础之上的应用科学。市场营销学的研究对象是以满足市场需求为中心的企业整体营销活动及其规律性。具体来说就是在特定的市场环境中，企业在市场营销研究的基础上，为满足消费者和用户现实和潜在的需要，所实施的以产品(product)、分销(place)、定价(price)、促销(promotion)为主要内容的营销活动过程及其客观规律。

市场营销学有微观市场营销学和宏观市场营销学两个分支。微观市场营销学主要研究企业营销活动及其规律性，即本书研究的内容。宏观市场营销学是把市场营销活动与社会联系起来，着重研究市场营销与满足社会需要、提高社会经济福利的关系。

(二) 市场营销学的特点

(1) 全程性。市场营销学的研究领域已不仅局限在商品流通领域，已扩大到社会再生产的全过程。既包括生产领域的产前活动，如市场调研、产品设计等，也包括消费领域的售后服务，如安装、维修等。

(2) 综合性。市场营销学是一门综合性的边缘学科，综合运用多方面的理论来研究纷繁复杂的市场现象。它以经济学为理论基础，吸收借鉴了哲学、行为科学、社会学、政治学、心理学、经济计量学、信息学、数学等学科的理论和研究方法，来研究市场营销环境，分析消费者心理和消费者行为，从而制定出相应的营销战略和策略。

(3) 实践性。一方面，市场营销学的基本原理、方法与策略，来源于广大企业营销实践经验的总结。另一方面，市场营销的基本原理、方法与策略对企业的营销活动具有指导意义和实用价值。正是这种实践性，才使市场营销理论显示出强大的生命力。

(三) 学习和研究市场营销学的意义

(1) 学习和研究市场营销学是现代社会经济发展的必然要求。当今科技的飞速发展，经济全球化和信息化，从根本上改变着社会生产方式和人们的生活方式，带来比以往更为复杂和快速变化的社会经济环境，以及更为剧烈的全球竞争。在这种形势下，哪个企业不研究市场，不研究营销策略，哪个企业就可能被淘汰。所以，学习和研究市场营销学，是迎接经济全球化和信息化的挑战，适应环境变化的需要，是现代社会经济发展的必然要求。

(2) 学习和研究市场营销学有助于促进经济增长。首先，市场营销以满足消费者需求为中心，强调不断开拓新的市场，增加社会有效供给。在扩大内需和进军国际市场，以及吸引外资，解决经济成长中的供求矛盾和资金、技术问题等方面，市场营销开拓了更大的空间，促进了经济总量增长。其次，通过营销战略与策略的创新，指导新产品开发经营，促进新科技成果转化为生产力，实现产业结构优化和升级。另外，专业性营销调研、咨询机构等营销支持系统的发展，提供了大量的就业机会，并直接、间接地创造价值，促进第三产业发展。同时，现代市场营销倡导保护环境，实施绿色营销，对经济的可持续发展起重要作用。

(3) 学习和研究市场营销学有利于促进企业的成功。市场营销虽然不是企业成功的唯一因素，但是关键因素。企业经营的成功不是取决于生产者，而是取决于消费者。现代市场营销理念强调市场营销应以消费者为中心，那么企业就需要通过广泛的市场调查与科学的环境分析，发现和了解消费者的需求，制定出有竞争性的市场营销策略并运用该策略指导企业的决策，不断开拓市场，促进企业的健康、持续发展。

二、市场营销学的产生和发展

(一) 市场营销学的形成

市场营销学的形成阶段大约在 1900 到 1930 年之间。它初创于美国，后来流传到欧洲、日本和其他国家，并在实践中不断发展和完善。

19 世纪末 20 世纪初，自由竞争资本主义向垄断资本主义过渡，资本主义基本矛盾日益尖锐化。自 1825 年英国爆发第一次经济危机后，资本主义国家每隔若干年就要爆发一次经济危机。经济危机期间，商品销售困难，为了应付竞争，资本主义企业开始探索营销活动规律。19 世纪末 20 世纪初，继英国产业革命后，一些主要资本主义国家先后完成了产业革命，生产力迅速提高，城市经济迅猛发展，商品需求量亦迅速增多，出现了供不应求的卖方市场，企业产品价值实现不成问题。与此相适应，市场营销学开始创立。

早在 1902 年，美国密执安大学、加州大学和伊利诺大学的经济系开设了市场学课程。以后相继在宾夕法尼亚大学、匹茨堡大学、威斯康星大学开设此课。1912 年，哈佛大学教授赫杰特齐出版了第一本以分销和广告为主要内容的《市场营销学》教科书。这是市场营销学从经济学中分离出来的起点。这时的市场营销学主要涉及推销术、分销及广告等，但它仅仅是大学课堂上的研讨修习的对象，既未引起社会的重视，也没有应用到企业活动中去。

(二) 市场营销学的应用

20 世纪 30 年代到第二次世界大战结束期间，是市场营销学成为社会应用学科的时期。资本主义国家在 1929 年至 1933 年间爆发了严重的经济危机，生产过剩，产品大量积压，因而，企业生产的产品如何转移到消费者手中，自然成为了市场学家深入钻研的课题。市场营销学因此从课堂走向了社会实践，并初步形成体系。1926 年，美国成立了全国市场营销学和广告学教师协会，1936 年成立了美国市场营销学学会。学者和企业的结合，学科的社团化，推动了市场营销学的发展和实用化。不过，这一时期市场营销学主要局限在推销产品、广告宣传和营销策略等方面，仅应用于流通领域。

(三) 市场营销学的变革

20 世纪 50 年代至 80 年代初，是传统的市场营销学转变为现代市场营销学的阶段。20 世纪 50 年代后，随着第三次科技革命的发展，劳动生产率空前提高，社会产品数量剧增，花色品种不断翻新，市场供过于求的矛盾进一步激化，原有的只研究在产品生产出来后如何推销的市场营销学，显然已不能适应新形势的需求。许多市场学者纷纷提出了生产者的产品或劳务要适合消费者的需求与欲望，以及营销活动的实质就是企业对于动态环境的创造性的适应的观点，并通过他们的著作予以论述。从而，使市场营销学发生了一次"革命"，企业的经营观念从"以生产为中心"转为"以消费者为中心"，市场也就成了生产过程的起点而不仅仅是终点，营销也就突破了流通领域，延伸到生产过程及售后过程；市场营销活动不仅是推销已经生产出来的产品，而且也是通过消费者的需要与欲望的调查、分析和判断，通过企业整体协调活动来满足消费者的需求的过程。

(四) 市场营销学的创新发展

20 世纪 80 年代至今,为市场营销学的创新发展时期,市场营销理论在指导企业的市场营销实践中做出了重要贡献。

20 世纪 80 年代以后,随着国际竞争的日益加剧,营销环境复杂多变,对某些特殊复杂的营销环境而言,常规的市场营销理论及方法已经显露出某种局限和不足。因此,市场营销学更紧密地结合了其他相关学科,产生了许多新的营销理论。

1984 年,美国著名市场营销大师菲利普·科特勒,针对现代世界经济迈向区域化和全球化,企业之间的竞争范围早已超越本土,形成了无国界竞争的态势,提出了"大市场营销"理论。科特勒提出,企业为了进入特定的市场,并在那里从事业务经营,在策略上应综合运用经济、心理、政治、公共关系等手段,以博得外国或地方各方面的合作与支持,从而达到预期的目的。它在 4P 的基础上又加上了 2P 即政治权力(Power)和公共关系(Public relations)。这两个新的营销战略手段的目标,在于打开被封闭或被保护的市场。这一理论,为企业应付更复杂的环境与竞争,打破各种封闭市场的壁垒,成功地开展市场营销提供了有力的武器。这也被称为市场营销学的第二次革命。

同时,世界政治、经济环境也发生了重大变化,例如东欧的巨变、欧盟的形成、北美贸易自由区的出现、紧随亚太地区经济高速增长之后的东南亚金融危机等。国际经济与贸易正日益呈现出一种全球化和一体化的趋势,世界市场正向纵深开放与发展,国际竞争不仅空前激烈,而且比以往任何时候都更多地在全球层次上展开,这些变化促进了国际市场营销的理论化和系统化。

特别是 20 世纪 90 年代以后,科学和文明的发展给营销领域带来了更为复杂的概念和方法,市场营销学也日益重视高新技术、文化等方面对市场营销的影响和渗透,关于营销、绿色营销、文化营销、体验营销、网络营销等新的营销理论不断涌现和发展,极大地丰富了市场营销学的内容。

🎓 实例 1-2

体验营销的境界是什么?360 度无死角让用户被品牌信息包围。

欧琳,借鉴了西方耐用高端消费品企业的做法,打造了全球的智能化工厂,打造了业界美丽的厨房产业园,规划了欧琳工业旅游,并以此为契机,规划了"欧琳美食购物节",把工厂大门打开,把用户请进来,零距离感受欧琳的产品、企业和文化,了解欧琳的生产方式及生产过程。在此次"欧琳美食购物嘉年华"中,公司要求每一位研发设计人员都借机参与到一线销售,更直接、精准地了解和挖掘用户需求,从而改进产品创新,提升企业核心竞争力。

在欧琳的体验营销设计中,不仅将传统的工厂购物节与美食文化、娱乐及旅游业相结合,开创了厂购营销体验新模式,更是为实体企业推动消费需求持续增长、消费结构加快升级,塑造了典型和模板。

(资料来源:2016 中国企业营销创新奖暨中国金鼎奖获奖榜单揭晓. TOM 新闻,http://news.tom.com/2016-12-15/OKV9/31865219.html,2016-12-25.)

营销理论的根本变化在于：传统的营销理论认为，营销的任务是刺激消费者对产品的需求，而且要影响需求的水平、时机和构成，营销管理的实质即需求管理。营销活动既实施于流通领域，又不限于流通领域，真正的营销是以市场为起点，上延到生产领域，下伸到消费领域的。营销原理不仅广泛应用于企事业单位和行政机构，而且逐渐应用于微观、中观与宏观三个层次。

回顾市场营销学产生和发展的历程，可以看出这是一个与市场问题日益尖锐化相伴随的过程。市场经济的发展，促进了特定的市场营销环境的形成，也促使了竞争性的市场经济体制趋向成熟，而这又为市场营销理论的研究和应用创造了条件。所以说，西方市场营销学正是在商品经济高度发达，市场迅速扩大，市场供求矛盾日益尖锐化的基础上，以及在竞争日益加剧的条件下产生和发展起来的。

三、市场营销学在中国的传播和应用

20 世纪 30 年代，发源于美国的市场营销学被介绍到中国。建国初期，有的大学仍开设市场学课程。1952 年以后，经济管理类院、系都停开市场学。

十一届三中全会后，全党工作的重点转移到经济建设上来，市场化取向改革启动，市场竞争与外贸发展迫切要求用市场营销理论指导生产与经营，为我国引进和研究市场营销学创造了良好条件。

1979—1983 年是市场营销学重新引进中国内地的启蒙阶段。在此期间，通过对国外市场营销学著作、杂志和国外学者讲课的内容进行翻译介绍，选派学者、专家到国外访问、考察、学习，邀请外国专家和学者来国内讲学等方式，系统地介绍和引进了国外市场营销理论。但是，当时该学科的研究还局限于部分大专院校和研究机构，从事该学科引进和研究工作的人员还很有限，对于西方市场营销理论的许多基本观点的认识也比较肤浅，大多数企业对于该学科还比较陌生。然而，这一时期的努力毕竟为我国市场营销学的进一步发展打下了基础。

1984—1994 年，是市场营销在中国迅速传播时期。为适应国内深化改革、经济快速成长和市场竞争加剧的环境，企业界营销管理意识开始形成，全社会对市场营销管理人才出现了旺盛的需求。1984 年 1 月，全国高等综合大学、财经院校市场学教学研究会成立(1987 年更名为中国高等院校市场学研究会)，该研究会汇集了全国 100 多所高等学校的市场营销学者，每年定期交流研讨，公开出版论文集，对市场营销学的传播和发展做出了积极贡献。随后，全国各地各种类型的市场营销学研究团体如雨后春笋般纷纷成立。各团体在做好学术研究和学术交流的同时，还做了大量的传播工作。例如，广东市场营销学会定期出版了会刊《营销管理》，全国高等综合大学、财经院校市场学教学研究会在每届年会后都向会员印发了各种类型的简报。各团体分别举办了各种类型的培训班、讲习班。有些还通过当地电视台、广播电台举办了市场营销学的电视讲座和广播讲座。通过这些活动，既推广、传播了市场营销学知识，又扩大了学术团体的影响。

市场营销学在学校教学中也开始受到重视，到 1988 年，国内各大学已普遍开设市场营销课程，不少高校增设了市场营销专业，一些高校也开始招收市场营销方向的硕士和博士研究生。与此同时，有关市场营销学的著作、教材、论文在数量上和质量上都有很大的提高，1987—1990 年间出版了国内最早编写的几本《市场学词典》和《现代市场营销大全》。

1991 年 3 月 28 日，中国市场学会在北京成立。该学会成员包括高等院校、科研机构的学者，国家经济管理部门官员和企业经理人员。中国市场学会成立后，加强了学术界和企业界的联系，积极开展学术和咨询活动，建立对外交流渠道，培训市场营销人才，为我国研究和应用市场营销原理，提高企业营销人员素质，做了大量有益的工作。

1995 年以后，是市场营销理论研究与应用的深入拓展时期。1995 年 6 月，由中国人民大学、加拿大麦吉尔大学和康克迪亚大学联合举办的第五届市场营销与社会发展国际会议在北京召开。来自 46 个国家和地区的 135 名外国学者和 142 名国内学者出席了会议。25 名国内学者的论文被收入《第五届市场营销与社会发展国际会议论文集》(英文版)，6 名中国学者的论文荣获国际优秀论文奖。从此，中国市场营销学者开始全方位、大团队地登上国际舞台，与国际学术界、企业界的合作进一步加强。科特勒、舒尔茨等权威学者多次来华讲学，中国学者出国讲学和参加国际学术会议的次数日益增多，中国营销学界渐次融入国际营销学界。我国营销学研究的重点，已从市场营销学的基本原理、策略和方法，发展到知识经济时代经济全球化条件下的中国市场营销，以及国际化与本土化的结合。

目前，中国已经形成庞大的营销教育与人才培养网络，全国有数千所职业技术学校和普通高校设置了市场营销专业，各类学校营销专业任课教师逾万人，培养的从专科、本科到研究生层次的营销专业人才数以万计。教材建设方面，据不完全统计，2015 年以前的 30 多年中，全国正式出版的市场营销学教材(不含国际市场营销学、专业市场营销学)，累计不少于 1000 个版本(含中译本)。

第三节　市场营销观念

市场营销观念，又称为市场营销哲学，是对企业市场营销的思维方式和行为准则的高度概括，是企业经营活动的指导思想，其核心是如何处理企业、顾客和社会三者之间的利益关系。随着社会生产力及市场趋势的发展，市场营销观念也相应地发生变化。迄今为止，市场营销观念大致经历了生产导向观念、产品导向观念、推销导向观念、营销导向观念与社会市场营销导向观念五个阶段。前三个阶段的观念被称为旧营销观念，后两个阶段的观念被称为新营销观念。

一、生产导向观念

这是一种最古老的营销观念，所谓生产导向观念，就是企业能生产什么产品就销售什么产品，即企业的一切经营活动都以生产为中心，围绕生产来安排一切业务，也就是"以产定销"。

这是在卖方市场的条件下产生的。20 世纪 20 年代以前，生产的发展不能满足消费者需求的增长，多数商品处于供不应求的状态，许多商品都是顾客上门求购。这一时期的消费者最关心的是能否得到产品，而不是去注意产品的细小特征，于是只要有商品，质量过关，价格便宜，就不愁没有销路。

在这种情况下，企业最注重的是努力提高生产效率，增加产量、降低成本、生产出让消费者买得到的和买得起的产品。"生产—生产—再生产"是企业决策的主要目标，因此，生产导向观念也称作"生产中心论"。例如，当时美国某钢铁公司就一直运用生产导向观念指导企业的生产经营活动，这家公司提出的口号是"我们在制造钢铁"。美国福特汽车公司的口号是："本公司旨在生产汽车"、"不管顾客需要什么，我们生产的汽车就是黑色的。"

二、产品导向观念

这种观念认为，消费者喜欢那些质量好的、价格合理的产品。企业致力于提高产品质量，只要物美价廉，顾客必然会找上门来，无须大力推销。"酒香不怕巷子深"、"一招鲜，吃遍天"等，就是产品导向观念的反映。

这一时期，虽然市场上仍然供不应求，但供求关系趋向缓和，消费者的产品比较意识逐渐增强，选择产品的自由度提高，消费者从追求数量满足到关注产品质量、性能和特色。因此，生产导向观念难以适应新的形式，产品导向观念就应运而生。

产品导向观念的企业致力于生产高质量产品，并不断地改进产品，使之日臻完美。企业认为顾客能够鉴别产品的质量和功能，并愿花较多的钱买质量上乘的产品。由于企业往往会深深地迷恋上自己的产品，将自己的注意力集中在现有产品上，集中主要的技术、资源进行产品的研究和大规模生产，看不到消费者需求的不断发展变化，以及对产品提出的新要求，所以在产品观念上容易导致"营销近视症"，即不适当地把注意力放在产品上，而不是放在消费者的需求上，不能随顾客需求的变化以及市场形势的发展尽早地预测和顺应这种变化，树立新的市场营销观念和策略，最终导致企业经营的失败。如美国爱尔琴钟表公司自1869年创立到20世纪50年代，一直被公认为是美国最好的钟表制造之一。该公司强调生产优质产品，并通过由著名珠宝商店、大百货公司等构成的市场营销网络分销产品。1958年之前，公司销售额始终呈上升趋势，但此后其销售额和市场占有率开始下降。造成这种状况的主要原因是市场形势发生了变化。这一时期的许多消费者对名贵手表已经不感兴趣，而趋于购买那些经济、方便、新颖的手表，而且，许多制造商迎合消费者需要，已经开始生产低档产品，并通过廉价商店、超级市场等大众分销渠道积极推销，从而夺得了爱尔琴钟表公司的大部分市场份额。爱尔琴钟表公司竟没有注意到市场形势的变化，依然迷恋于生产精美的传统样式手表，仍旧借助传统渠道销售，致使企业经营遭受重大挫折。

三、推销导向观念

推销导向观念认为，消费者通常不会因自身的需求和愿望而主动地购买商品，企业需要通过积极推销和进行大量促销活动，在销售刺激引导下，消费者才会采取购买行为。在这种观念的指导下，企业经营的重点是：注意运用各种推销手段和广告宣传向消费者大力推销产品，以提高市场占有率，扩大产品销售。

推销导向观念产生于卖方市场向买方市场的过渡时期，特别是20世纪30年代资本主义世界的经济大危机爆发，使大批产品供过于求，销售困难，竞争加剧。从商品到货币的跳跃成了"惊险的一跳"，关系到企业的生死存亡。企业普遍担心的已不是生产问题而是销售问题。于是，推销技术受到了企业特别的重视，推销导向观念成为了当时企业最主要的经营指导思想。

在这种情况下，推销导向观念的出现，提高了市场营销在企业经营工作中的地位，是经营指导思想的一个进步。但是，推销导向观念并未脱离以生产为中心的范畴，其实质还是"以产定销"。它的着眼点仍然是产品，即仍着眼于既定产品的推销，至于推销的产品是否满足顾客的需要，则未予以足够重视，因此，这种观念仍有较大的局限性。

四、营销导向观念

这种观念认为，要想实现企业目标、获取最大利润，关键在于以市场需求为中心组织企业营销活动，有效地满足消费者的需求和欲望。营销导向观念要求企业重视市场需求调研，着眼于市场开拓，按消费者需求开发产品、制定价格、选择分销渠道、组织促销。在这种观念的指导下，企业营销的重点是：以消费者需求为中心和出发点，集中企业一切资源和力量，综合运用各种营销手段，千方百计地适应和满足消费者需求，实现企业的利润目标。

营销导向观念是在商品供过于求的买方市场条件下产生的，这一观念的产生，是企业经营观念的一种质的飞跃。二次世界大战以后，随着科学技术的高速发展和各主要资本主义国家庞大的军事工业转产民用产品，生产效率进一步提高，生产规模继续扩大，社会产品供应量剧增，品种花色日新月异。另外，由于各资本主义国家普遍实行了高工资、高福利和高消费政策，刺激和促进消费者购买力大幅度地提高，使消费者需求和欲望不断地发生变化，原来的卖方市场迅速转变为以购买者为主导的买方市场。经营者靠降价、提高产品质量、增加产品性能已难以适应新的形势，任凭企业推销手段花样翻新，却无回天之力。经过反思，经营者逐步认识到，必须转变经营观念，才能求得生存与发展，营销导向观念便应运而生。

实例 1-3

面对新消费人群，如果不能与用户同乐，再牛的品牌也将被遗弃。成立于千禧之际的太阳能行业新典范的四季沐歌，始终与用户同喜同嗨，堪称娱乐营销、互联网传播的高手。

它充分挖掘目标受众，整合中国蓝 TV 的黄金综艺 IP、酷狗音乐和新媒体资源，追踪《中国新歌声》赛程，线上以热点话题、K 歌大赛和优质内容引爆社会化传播，线下以终端促销活动为主题，实现了线上线下的有效互动、品牌传播与终端销量的互相促进，以及品牌自觉传播和用户自发传播的有机集合。

赢用户，得未来！四季沐歌做到了。

（资料来源：2016 中国企业营销创新奖暨中国金鼎奖获奖榜单揭晓. TOM 新闻，http：//news.tom.com/2016-12-15/OKV9/31865219.html，2016-12-25.）

五、社会营销导向观念

社会营销导向观念，是以社会长远利益为中心的市场营销观念，是对市场营销观念的补充和修正。社会营销导向观念不仅要满足消费者的需要并由此获得企业利润，而且要符合消费者和整个社会的长远利益，要正确处理企业利益、消费者利益和社会利益三者之间的矛盾，并把它们有机地结合起来。

20 世纪 70 年代以来，市场营销的外部环境发生了很大变化：资源短缺、环境恶化、人口泛滥、通货膨胀、失业增加等。在这种情况下，人们逐渐认识到，单纯强调市场营销观念，可能会忽视满足当前消费需要与全社会的整体利益和长远利益之间的矛盾，从而导致资源浪费、环境恶化、危害人类健康等诸多弊端。例如，汉堡包快餐行业提供了美味可口的食品，但却受到了批评，原因是它们的食品虽然可口却没有营养。汉堡包脂肪含量太高，餐馆出售的油煎食品和肉馅饼都含有过多的淀粉和脂肪。出售时采用方便包装，因而导致了过多的包装废弃物。在满足社会需求方面，这些餐馆可能损害了消费者的健康，同时污染了环境。在这样的背景下，"社会市场营销"概念产生了，社会营销导向观念促使人们将市场营销原理运用于保护环境、改善营养等具有重大社会意义的社会目标方面，社会营销观念因此被普遍接受。

知识拓展 1-3

2016 年 10 月 30 日，由中国社科院经济学部企业社会责任研究中心指导、中国社会责任百人论坛主办、中星责任云社会责任机构承办的"首届中国社会责任百人论坛暨企业社会责任蓝皮书 2016 发布会"在京举办，来自政府部门、行业专家、知名企业、主流媒体等共计 200 余人出席本次会议。本次会议以"开启社会责任新时代"为主题，正式启动由政府领导、专家学者、企业代表共同打造的中国企业社会责任高端平台"中国社会责任百人论坛"，同时连续第八年发布《企业社会责任蓝皮书(2016)》，并首次发布"中国省域国有企业社会责任发展指数"、《汽车企业社会责任蓝皮书(2016)》等最新阶段性研究成果，进一步推动省域、行业、企业社会责任发展。会议设置"精准扶贫进行时"、"绿色创想"、"共建汽车社会"等主题论坛，与各界代表共同探索社会责任发展方向。

《企业社会责任蓝皮书(2016)》延续了责任管理、市场责任、社会责任、环境责任"四位一体"的理论模型，以中国企业 300 强和省域国有企业为研究对象，对 2015—2016 年中国企业 300 强、国有企业 100 强、民营企业 100 强、外资企业 100 强等的社会责任管理现状和信息披露水平进行整体评价。

(资料来源：李华.《中国企业社会责任蓝皮书(2016)》在京发布.中国网，http://cul.china.com.cn/2016-11/06/content_9137666.htm，2016-11-06.)

以上五种营销观念，其产生和存在都有其历史背景和必然性，都是与一定的条件相联系和相适应的。表 1-1 是各种营销观念的比较。

表 1-1   各种营销观念的比较

	营销观念	市场特征	出发点	手 段	策 略	目 标
旧营销观念	生产导向观念	供不应求	生产	提高产量降低成本	以产定销	增加生产，取得利润
	产品导向观念	供不应求	产品	提高质量增加功能	以高质取胜	提高质量，获得利润
	推销导向观念	生产能力过剩	销售	推销与促销	以多销取胜	扩大销售，获得利润
新营销观念	营销导向观念	买方市场	顾客需求	营销组合	以比竞争者更有效地满足顾客需要取胜	满足需要，获取利益
	社会营销导向观念	买方市场	顾客需要、社会利益	整体市场营销	以满足顾客需要和社会利益取胜	满足顾客需要，增进社会利益，获得经济效益

从上表可知，旧营销观念注重卖方需要，以企业现有产品为出发点，要求大力推销与促销，以实现企业的销售目标。而新营销观念则注重买方需要，以消费者以及他们的需要和欲望为出发点，通过融合和协调那些影响消费者满意程度的营销活动，来赢得和保持顾客的满意，从而获得利润。

第四节　市场营销面临的新挑战

一、数字化、网络化

20 世纪 90 年代以来的科技进步创造了一个网络化和数字化的新时代，互联网、数字技术和社交媒体的进步已经给营销界带来了改天换地的变化。

技术的发展便于更好地了解和跟踪消费者需求和购买行为，根据消费者的需要为其量身定制产品和服务，并进一步扩大与消费者的沟通和交流范围，使人们足不出户就可以通过网络购买所需要的各种商品和服务，目前网络营销已经成为发展最快的营销模式。

数字和社交媒体涉及运用数字营销工具，如网站、社交媒体、移动广告和应用、网络视频和其它数字平台，随时随地吸引消费者借助他们的电脑、手机和其他数字设备参与和投入。如今，网络销售平台如淘宝网、京东商城等的发展壮大，吸引越来越多的商家开设网络商店，也迫使越来越多的实体店变成了网络加实体的公司，如苏宁电器推出网上商城苏宁易购，国美电器推出网上商城国美在线。

网络、社交媒体和移动营销为市场营销者提供了令人振奋的巨大机会，这方面的内容将在第十二章深入探讨。

📖 知识拓展 1-4

2017 年 1 月 22 日，中国互联网络信息中心(CNNIC)在京发布第 39 次《中国互联网络发展状况统计报告》，报告显示，截至 2016 年 12 月，我国网民规模达 7.31 亿，相当于欧洲人口总量，互联网普及率为 53.2%。中国互联网行业整体向规范化、价值化发展，同时，移动互联网推动消费模式共享化、设备智能化和场景多元化。

我国手机网民规模达 6.95 亿，占我国总上网人群的比例为 95.1%，网民手机上网比例在高基数基础上进一步攀升。我国使用网上支付的用户规模达到 4.75 亿，我国网民使用网上支付的比例为 64.9%。其中，手机支付用户规模增长迅速，达到 4.69 亿，网民手机网上支付的使用比例提升至 67.5%。

线上支付领域，各网络支付企业不断深入与各级政府机关、公共服务机构以及社区的合作，涉及民生类缴费环节陆续打通，全方位的民生服务网上缴费体系基本搭建，并加速推广。线下支付领域，消费者在饭馆、超市、便利店等线下实体店使用移动网络支付工具习惯初步养成，出门"无钱包"时代悄然开启。本次调查数据显示，网民中在线下实体店购物时使用手机支付结算的比例已达 50.3%，并且线下支付应用拥有较强的下潜力度，四、五线城市分别到达 43.5% 和 38.0%，农村地区使用率已达 31.7%。

(资料来源：中国互联网络信息中心. 第 39 次《中国互联网络发展状况统计报告》.中国网信网，http://www.cac.gov.cn/cnnic39/index.htm，2017-02-12.)

二、全球化

如今，由于信息传递的发达，国与国、文化与文化之间的相互影响和渗透，达到了过去无法想象的程度。世界市场日益全球化，企业间的竞争也日趋全球化，所有的企业，无论规模大小，都在以某种方式参与全球竞争。即使是在家门口的一家小企业，也可能躲不开来自其他国家企业的竞争。

在国内市场已经取得领导者地位的企业面临着持续增长的竞争压力，需以"国际化"或"全球化"作为新的营销主旋律。真正的"国际化"有两个标志：一是在全球市场上塑造自有品牌，二是能够驾驭国际市场的分销渠道。例如美国典型公司麦当劳大约 71% 的销售收益来自美国以外的市场，耐克公司在全球 190 多个国家营销其产品，美国之外的销售额占其世界销售总额的 55%。企业不仅在国际市场上销售它们在本土生产的产品，同时也从国外采购原材料和零部件。

如何更加准确地定位国际市场上的目标顾客，找到不为人所知的隐性顾客群，以及拓展更大的市场空间，都是在企业走向国际化过程中急需解决的问题。今天的企业经理需要以全球化的视角观察企业所处的行业以及企业的竞争者和顾客，了解全球的竞争者和消费者需求的走向怎样影响企业的业务和营销战略与策略选择。这方面的内容将在第十三章讨论。

实例 1-4

澳优初采用海外代工的方式起步，但是随着公司业务不断壮大，并登上国际资本市场舞台，让颜卫彬意识到奶源自控的重要性。在国内乳企纷纷转投海外牧场之前，他抢先一步将荷兰百年乳企海普诺凯纳入麾下。发展乳业只是澳优的第一步，他想要做的远不止于此。

大健康时代下，保健品再一次成为他谋划的重点，澳大利亚专业高端营养品牌 Nutrition Care 被他收归旗下。海外版图逐步扩张，他想要给澳优的是全球化的产业链条。工业外贸出身的他，擅长海外并购和全球资源整合，每一次谈判都亲力亲为，深得合作伙伴认可。独到的眼光和显著的个人能力，成就了颜卫彬，也让他带领的澳优稳步发展，版图遽增。

(资料来源：2016 中国企业营销创新奖暨中国金鼎奖获奖榜单揭晓. TOM 新闻，http://news.tom.com/2016-12-15/OKV9/31865219.html，2016-12-25.)

三、可持续发展和社会责任

世界范围内消费者主权运动和环境保护主义运动的兴起，要求企业开展可持续营销，遵守道德规范，承担更大的社会责任。公司伦理和社会责任已经成为几乎所有企业的热点话题，很少有企业能够忽视更新的和非常苛刻的环保运动。社会责任和环境保护对企业提出的要求更为严格，一些企业想逃避这些责任，只在迫于法律或有组织的消费者抵制时才稍微采取一点行动。而一些有远见的企业将履行社会责任看作是一种机会，主动承担起相应的社会责任，例如赞助各种社会慈善、援助活动，开发可再生能源或清洁能源技术等，通过做正确的事情取得好业绩。

知识拓展 1-5

2017 年推动营销的十大趋势

福布斯杂志上近期登出的一篇文章对 2017 年驱动营销的十大趋势进行了预测：

(1) 对客户体验的关注度增强。客户体验一直是营销重点，但今天的企业(至少是成功的企业)都已采纳了以客户为中心的理念并创建有效的营销策略，进行积极的数字变革。

(2) 更有效的衡量营销效果。来自 Facebook 和其他平台的反馈，揭示出现有数据不能给出全面的信息。公司的经营目标应紧紧与利润、收入、客户维系和客户满意度相连。

(3) 营销技术人员和数据科学家发挥引导作用。为了使前面提到的两个趋势真正可以起作用，高管必须坚持数据驱动。公司的营销策略必须通过科技整合实施并把科技作为技术支持。

(4) 个性化。现在几乎所有商品都倡导个性化，大量定制化转向个性化。对一些业务而言，个性化确保接触点是具体并独特的。

(5) 更好更多的视频内容。内容仍然称王，但是网络上主导内容的类型却发生了改变。社交内容，评论，博客，论文和电子书仍然是营销的关键方面，但视频将大举进击。

(6) 更多的社交媒体营销。通常，品牌使用社交媒体来传播那些高度通用的内容，而那些内容也正是人们习惯忽略的内容。社交媒体也应该个性化，使用社交媒体进行销售和服务的前线营销，使用它来与消费者互动，而不仅仅只是信息的推送。

(7) 利用物联网。物联网一直处于起步阶段。在 2017 年，期待商业可以真正利用数十亿连接设备的力量，收集并使这些数据可以为之所用。

(8) 聊天机器人和 AI 成为主流。一个知道你喜好和需要的聊天机器人，可以贴心的指导你去哪里吃饭，如何去旅游，或在哪里购物。

(9) 实时营销转向"合时"的营销。在数据的基础上可以得知连接消费者的最佳时机，因此实时营销应该切换到"合时"营销。

(10) 准备营销自己的数字转型活动。这类活动需要清楚地表达数字举措将如何影响消费者体验以及品牌将如何执行数字化转型。

(资料来源：2017 年推动营销的十大趋势. 际恒传播网，http://www.17pr.com/news/detail/150138.html，2016-10-26.)

理论梳理

(1) 市场是对某种商品或劳务具有购买欲望、支付能力，并希望进行某种交易的人或团体。一个有效的市场需要具备人口、购买力、购买欲望三个因素。市场营销是个人和团体通过创造、提供与他人自由交换有价值的产品与服务来获得他们的所需所求的社会过程。市场营销的基本功能可分为三类，即交换功能、供给功能和便利功能。

(2) 市场营销学的研究对象是以满足消费者需求为中心的企业市场营销活动过程及其规律性。市场营销学具有全程性、综合性、实践性的特点。市场营销学于 20 世纪初形成于美国，经过不断发展和创新，形成了完整的市场营销理论体系，市场营销学的新概念层出不穷。我国于 20 世纪 30 年代曾引进市场学，虽由于历史原因中断过教学和研究，但在十一届三中全会后，经过重新引进、快速传播和深入拓展，市场营销学的研究和应用取得了丰硕的成果。

(3) 市场营销观念是对企业市场营销的思维方式和行为准则的高度概括，是企业经营活动的指导思想，其核心是如何处理企业、顾客和社会三者之间的利益关系。市场营销观念迄今为止大致经历了生产导向观念、产品导向观念、推销导向观念、营销导向观念与社会市场营销导向观念五个阶段。

(4) 数字化、全球化时代的到来，以及对可持续发展和社会责任的强调，给企业的营销活动带来了新的挑战。

知识检测

(1) 市场的含义。
(2) 市场营销的含义。
(3) 市场营销学的研究对象。
(4) 营销导向观念。
(5) 社会营销导向观念。

案例分析

TCL 的营销管理哲学

TCL 创立于 1981 年，是全球化的智能产品制造及互联网应用服务企业。集团前身为中国首批 13 家合资企业之———TTK 家庭电器(惠州)有限公司，从事录音磁带的生产制造，后来拓展到电话、电视、手机、冰箱、洗衣机、空调、小家电、液晶面板等领域。经过 30 多年的发展，TCL 已形成多媒体、通讯、华星光电和 TCL 家电四大产业集团，以及系统科技事业本部、泰科立集团、新兴业务群、投资业务群、翰林汇公司、房地产六大业务板块。现有 8 万名员工，23 个研发机构，21 个制造基地，在 80 多个国家和地区设有销售机构，业务遍及全球 160 多个国家和地区。

2014 年、2015 年、2016 年 TCL 集团连续三年实现营收突破千亿元。2016 年，TCL 品牌价值 765.69 亿元人民币，连续 11 年蝉联中国彩电业第一品牌。2017 年 4 月 9 日，TCL 集团发布 2016 年业绩快报和 2017 年一季度业绩预告。TCL 集团预计 2016 年实现营业收入 1064 亿元，同比增长 1.79%。公告显示，2016 年，TCL 集团主要产品销售持续增长带动全年营收增长，华星光电保持较好盈利，多媒体和家电集团等业务稳健发展，但受通信业绩大幅下降拖累，全年利润出现下滑。公司持续推进"智能+互联网"战略转型及建立"产品+服务"商业模式的"双+"转型战略，在主要产品销量持续增长的同时，实现了可运营智能终端及互联网活跃用户数的快速增长。

在 30 年的发展中，TCL 集团以超前的观念和行动，主动去认识和培育市场，形成了一套系统的经营理念和管理机制。TCL 的经营理念包括两个核心观念和四个支持性观念。

1. 两个核心观念

(1) 为顾客创造价值的观念。他们认为，顾客(消费者)就是市场，只有为顾客创造价值，赢得顾客的信赖和拥戴，企业才有生存和发展的空间。为此，公司明确提出"为顾客创造价值，为员工创造机会，为社会创造效益"的宗旨，将顾客利益摆在首位。每上一个项目，都要求准确把握消费者需求特征及其变化趋势，紧紧抓住四个环节：不断推出适合顾客需要的新款式产品；严格为顾客把好每个部件、每种产品的质量关；建立覆盖全国市场的销售服务网络，为顾客提供产品终身保修；坚持薄利多销，让利于消费者。

(2) 不断变革、创新的观念。他们认为，市场永远在变化，市场面前人人平等，唯有不断变革经营、创新管理、革新技术的企业，才能在竞争中发展壮大。为此，他们根据市场发展变化不断调整企业的发展战略和产品质量与服务标准，改革经营体制，提高管理水平。

2. 四个支持性观念

在具体的营销管理工作中，集团重点培育和贯彻了四个支持性观念：

(1) 品牌形象观念。将品牌视为企业的形象和旗帜、对消费者服务和质量的象征。花大力气创品牌、保品牌，不断使品牌资产增值。

(2) 先进质量观念。以追求世界先进水平为目标，实施产品、工艺、技术和管理高水平综合的全面质量管理，保证消费者利益。

(3) 捕捉商机贵在神速的观念。他们认为，挑战在市场，商机也在市场，谁及时发现并迅速捕捉了它，谁比竞争对手更好地满足消费者需要，谁就拥有发展的先机。

(4) 低成本扩张观念。认为在现阶段我国家电领域生产能力严重过剩，有条件实行兼并的情况下，企业应以低成本兼并扩大规模，为薄利多销奠定坚实基础。

TCL 集团在上述观念指导下，建立了统一协调、集中高效的领导体制，自主经营、权责一致的产权机制，灵活机动、以一当十的资本营运机制，举贤任能、用人所长的用人机制，统筹运作、快速周转的资金调度机制。依据目标市场的要求，TCL 投入上亿元资金，由近千名科技人员建立了三个层次(TCL 中央研究院、数字技术研究开发中心、基层企业生产技术部)的战略与技术创新体系，增强自有核心技术的研究开发能力，以此抢占制高点，拓展新产品领域。

(资料来源：1. TCL 的营销管理哲学. 百度百科，http://baike.baidu.com/；2. TCL 集团官网，http://www.tcl.com/group/news/newsDetails?id=1896&type=1，2016-12-26.)

讨论：

(1) TCL 的经营理念是否适应我国当代市场环境的要求？

(2) 试评价这种观念及其对企业成长的作用。

 应用实训

实训目标：

通过讨论如何学好本课程，激发学生学习兴趣，掌握学习方法。

实训内容：

分组讨论如何学好市场营销学，并制定课程学习计划。

实训要求：

(1) 通过查阅图书，搜索网络电子资源，走访市场营销从业人员等方式，围绕常见市场营销现象，当前市场营销热点问题，市场营销学如何学以致用等主题，分析资料并分组讨论。

(2) 搜集整理市场营销学经典著作、权威报刊、著名学者、知名机构、专业智库等，分享哪些市场营销门户网站、专业论坛、微信公众号、视频公开课、电视专题节目等可供课外关注学习。

(3) 制定本学期市场营销学个人学习计划。

 第二章

企业战略与营销管理

/////////////////////////////

知识目标 ✍

了解战略和战略规划；理解企业战略规划过程；理解企业业务投资组合规划及企业增长战略；理解基本竞争战略和市场竞争战略；了解企业营销管理过程。

能力目标 📑

能够熟知企业战略规划过程，分析企业的业务投资组合规划及企业增长战略；能够分析企业的竞争战略。

知识结构图 🐤

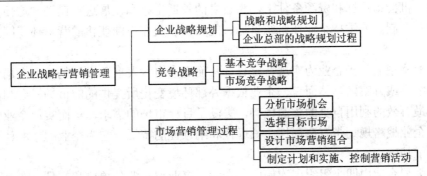

案例导读 🖋

过去的几年里，华帝一如既往地专注于制定积极应对市场的营销战略，完全颠覆了以往传统厨电供应商的旧有形象，强势发展在厨电行业的转型之路。2015 年，华帝股份董事长潘叶江上任以来，华帝战略营销所取得的显著成绩有目共睹：品牌影响力直线上升，越来越多的产品跻身国内一线厨电行列。

针对市场经济的大环境和国内厨电市场的良好势态，华帝主要从两方面制定营销战略助力 2016 年转型之路：第一，采用最新技术，首创研发智能系统厨具突破传统产品。因为对用户需求的不断挖掘，华帝将最新技术融入厨电行业，推出集"智能化"、"人性化"、"创新化"于一身的"高端智能厨电"——华帝魔镜系列烟机和华帝全能触控灶。这款产品高端

前沿、新颖大气，一经问世便受到广大用户争相购买。第二，定位为高端智能厨电，强势打造品牌影响力。通过对行业平均发展水平的考察，将华帝的转型之路明确定位为高端智能厨电的供应商。华帝厨电的品牌影响力和口碑范围虽然大，但不够响亮。经过一年多的运筹帷幄，潘叶江首先与 4A 公司合作制定品牌战略，然后大量投入广告、签约代言人，以华帝营销策略为基石，从多方面强势打造品牌影响力。

通过二十多年积累，华帝已经拥有了知名的品牌和正面的口碑、完善的渠道体系、深厚的企业文化，2016 年新一轮市场调整中，华帝会继续从营销战略出发，持续研发多款高端智能产品，提升用户体验的同时，强势打造品牌影响力。

（资料来源：华帝营销战略助力 2016 转型之路. 腾讯家居，http://www.jia360.com/jiadian/20160125/1453709666391.html，2016-01-25.）

第一节　企业战略规划

一、战略和战略规划

"战略"一词来自军事用语，是指军事方面事关全局的重大部署。后来"战略"一词被广泛地运用到社会经济等其他领域，其含义也演变为泛指统领性、全局性、左右胜败的谋略、方案和对策等。在现代企业管理中，战略主要描述企业打算如何实现其目标和使命。

任何企业都处于不断变化的环境中，也各有不同的目标和资源条件。因此，必须在具体的环境、机会、目标和资源条件下，为自身的长期生存和发展进行谋划。这便是战略规划的宗旨——制定或维持企业在组织目标、能力，以及在不断变化的营销环境间的战略适应过程。

企业战略规划是指企业为实现特定目标从而谋求自身发展而设计的带有全局性和长远性的行动纲领或方案。具体而言，企业依据外部环境变化所提供的的市场机会和出现的威胁因素，最有效的利用自身的资源优势，去满足目标市场的需求，进而实现企业既定的发展目标。企业战略规划带有全局性、长远性和纲领性的特征，它为企业的年度计划和长期计划奠定了基础。

多数大型企业由四个组织层次构成：企业、事业部、业务单位和产品。在企业层面，企业总部通过定义其整体战略意图和使命开始战略规划过程，其后把企业使命转变为具体的支持性目标，然后总部将确定对企业最有利的业务组合和产品，以及每项业务组合和产品的资源配置。每个事业部都将制定内部各业务单位之间分配资金的计划，每个业务单位也要制定一个指引其如何盈利的战略计划。最后，业务单位内的每个产品(产品线、品牌)又将产生具体的营销计划，以支持公司层面的规划。

二、企业总部的战略规划过程

(一) 明确企业使命

一个企业的存在，就是为了完成某种使命。一个企业要明确和完成自己的使命，必须回答下述几个根本性问题：企业是干什么的？企业的顾客是谁？企业对顾客的价值是什么？企业的业务应该是什么？企业的业务将是什么？这就是企业使命要回答的问题。

一个企业的使命由五个关键性要素组成：

(1) 发展历史。企业是从过去发展至今的，组织都有自己的目标、方针和成就的历史。思考企业使命，必须注意历史、文化的传承。

(2) 管理者的当前偏好。企业的主要管理决策人员有他们个人的目的和观念，有其特有的性格、业务专长、文化背景和管理风格，由此形成其对企业当前发展和管理的偏好。

(3) 市场环境。构成了企业发展的主要机会和威胁，必须加以考虑。

(4) 资源。组织的资源使得企业某些任务能够实现，同时又会限制另外一些任务的实现。

(5) 独有能力。企业目标的选择应该建立在它所独有的能力上。

为了使企业使命更加明确，许多企业制定了使命说明书，全面、具体阐述企业的发展目标、方向和机会，使企业的每个成员都负有一种使命感，都能为了实现企业的目标努力工作。一份好的、有效的企业使命说明书，内容要具体，特点要明晰，并融入企业应担当的社会责任元素。表达和陈述的文字要有激励性、鼓舞人心。

(二) 区分战略业务单位

为了优化投资组合，企业首先应将所有的产品或业务分为若干个"战略业务单位"，每个战略业务单位都是单独的或一组相关的业务单位，并能单独计划和考核其营销活动。战略业务单位通常具有这样一些特征：

(1) 有自己的业务。可能是一项独立的业务，也可能是一组互相联系，但在性质上可与企业其他业务分开的业务。因为它们有着共同的任务，所以有必要作为一个单位进行管理。

(2) 有共同的性质和要求。不论是一项业务还是一组业务，都有它们共同的经营性质和要求，否则无法为其专门制定经营战略。

(3) 掌握一定的资源，能够相对独立或有区别地开展业务活动。

(4) 有其竞争对手。这样的战略业务单位才有其存在的意义。

(5) 有相应的管理班子从事经营战略的管理工作。否则，这样的战略业务单位就形同虚设，没有实际作用。

(三) 规划业务投资组合

企业在确定了任务和目标的基础上，需要对其现有经营的业务进行调整，有的放矢，进行必要的选择与放弃。也就是，对各项产品业务进行分析、评价，确认哪些应当发展，哪些应当维持，哪些应当缩减，哪些应当淘汰，并相应做出投资安排，这一过程就是规划业务投资组合，其目的是为了合理使用资金，确保投资效益。那么，在此基础上进行业务组合设计是企业战略规划的重要分析工具之一。通过这种分析，企业管理部门可以对企业的各项业务进行分类和评估，然后根据其经营效果，决定投资比例，以合理使用资金确保投资效益。

最著名的业务组合规划方法有"波士顿矩阵法"和"通用电气公司法"。

1. 波士顿矩阵法

也可称为波士顿咨询集团法(BCG Approach)，或四象限法，是由美国波士顿咨询集团于 1970 年首创而得名。这是一种利用市场增长率和相对市场占有率的对比关系，对企业各个战略业务单位进行的分类和评估的方法，见图 2-1。

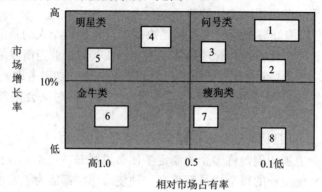

图 2-1   波士顿矩阵分析评估图

在该矩阵中，纵轴表示销售增长率，一般以 10% 为界，10% 以上为高销售增长率，10% 以下则为低销售增长率。横轴为相对市场占有率，用对数尺度来表示，1.0 表示本企业的战略业务单位是市场领导者，0.1 表示相对市场份额为市场领导者的 10%，分为高低两部分。所谓相对市场占有率，是指本企业的市场占有率与同行业中最大的竞争对手的市场占有率之比。如果企业的相对市场占有率为 0.6，那么，就表示该业务单位的市场占有率为最大竞争对手市场占有率的 60%，如果某业务单位相对市场占有率为 3，那么，就表示企业的该项业务单位已成为市场领先者，且其市场占有率为名列第二位的竞争对手市场占有率的 3 倍。图中的 8 个方框代表企业的 8 个业务单位，方框的大小表示该业务单位销售额的多少，其位置表示该业务单位的销售增长率和相对市场占有率的情况。

按照上述的规则，可将这些业务单位划分为四种类型：

第一，明星类产品(Stars)。它是指处于高增长率、高市场占有率象限内的产品群，这类产品可能成为企业的金牛产品，需要加大投资以支持其迅速发展。采用的发展战略是：积极扩大经济规模和市场机会，以长远利益为目标，提高市场占有率，加强竞争地位。明星产品的管理组织最好采用事业部形式，由对生产技术和销售两方面都很内行的经营者负责。

第二，金牛类产品(Cash cow)，又称厚利产品。它是指处于低增长率、高市场占有率象限内的产品群，已进入成熟期。其特点是销售量大，产品利润率高，负债比率低，可以为企业提供资金，而且由于增长率低，也无需增大投资。因而成为企业回收资金，支持其它产品，尤其是明星产品投资的后盾。对这一象限内的大多数产品，市场占有率的下跌已不可阻挡，因此可采用收割战略，即所投入资源以达到短期收益最大化为限。可采用方法有两种：(1) 把设备投资和其它投资尽量压缩；(2) 采用榨油式方法，争取在短时间内获取更多利润，为其他产品提供资金。对于这一象限内的销售增长率仍有所增长的产品，应进一步进行市场细分，维持现存市场增长率或延缓其下降速度。对于金牛产品，适合于用事业部制进行管理，其经营者最好是市场营销型人物。

第三，问号类产品(Question marks)。它是处于高增长率、低市场占有率象限内的产品群。前者说明市场机会大，前景好，而后者则说明在市场营销上存在问题。其特点是利润率较低，所需资金不足，负债比率高。例如在产品生命周期中处于投入期，因种种原因未能开拓市场局面的新产品即属此类问题的产品。对这类产品应采取选择性投资战略。即首先确定对该象限中那些经过改进可能会成为明星的产品进行重点投资，提高市场占有率，使之转变成"明星产品"；对其他将来有希望成为明星的产品则在一段时期内采取扶持的对策。因此，对问号产品的改进与扶持方案一般均列入企业长期计划中。对问号产品的管理组织，最好是选拔有规划能力、敢于冒风险、有才干的人负责。

第四，瘦狗类产品(Dogs)，也称衰退类产品。它是处在低增长率、低市场占有率象限内的产品群。其特点是利润率低、处于保本或亏损状态，负债比率高，无法为企业带来收益。对这类产品应采用撤退战略：首先，应减少批量，逐渐撤退，对那些销售增长率和市场占有率均极低的产品应立即淘汰。其次，将剩余资源向其它产品转移。再次，整顿产品系列，最好将瘦狗产品与其它事业部合并，统一管理。

企业用波士顿矩阵法对战略业务单位进行分析后，可确定四种不同的投资战略：

第一，拓展战略：企业努力提高战略业务单位的相对市场占有率，必要时放弃部分短期利润。拓展战略对问号类业务较适合。

第二，维持战略：企业维持战略业务单位的相对市场占有率。这一战略适用于金牛类业务，目的是增加现金流量。

第三，收割战略：企业的目的在于增加战略业务单位的短期现金收入，而不考虑长期影响，这一战略适用于前景不妙的金牛类业务，同样也适用于问号类和瘦狗类业务。

第四，放弃战略：企业的目的在于变卖或清理业务，以便把企业资源转向投入有利可图的领域。这一战略适用于瘦狗类、问号类业务，当这类业务拖累企业时，应考虑战略性撤退和转移。

2．通用电气公司法

由美国通用电气公司首创，又称为"战略业务规划网络"、"九象限分析法"、"多因素投资组合矩阵法"。它是一种依据行业吸引力和企业业务力量，确定业务单位在市场上的地位和规范各种业务构成的一种定性分析方法(见图2-2)。较之波士顿矩阵法，通用电气公司法综合考虑了其他一些重要因素，把企业的全部业务作为一个整体进行综合平衡管理，以保证总体经营目标的最佳化，因此有利于企业做出严密的决策。

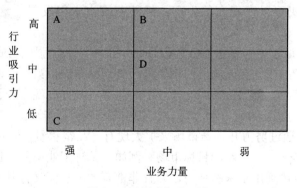

图2-2　通用电气公司法

该矩阵图中，纵轴表示行业吸引力，它主要根据市场容量、销售增长率、利润率和竞争强度等各项指标加权评分得出，分为高、中、低三档；横轴表示业务力量，它主要根据相对市场占有率、产品、质量、生产能力、物资供应和销售效率等项指标加权评分得出，分为强、中、弱三档。于是，该矩阵构成九个方格。

根据各种业务行业吸引力、业务力量的综合指标值在坐标中确定其位置，然后，在对各业务单位进行分析、评价的基础上，分别确定应采取的经营决策。对于行业吸引力大、业务力量强的业务单位，企业应分别采取积极发展、力保优势或扩大投资、争取盈利的对策；对于行业吸引力小、业务力量弱的业务单位，企业应分别采取停止投资、准备淘汰或回收资金、尽快淘汰的对策。九个方格可分为三个领域：

第一领域由左上方三个方格组成，即"高、强"、"高、中"、"中、强"三格。此领域为最佳领域，称为"绿色地带"，这个地带的市场吸引力和经营单位的竞争能力都最为有利，所以一般要"开绿灯"，如 A、B 两战略业务单位应制定投资或扩展策略、大力促其发展。

第二领域由处于左下角到右上角对角线上三个方格组成，即"低、强"、"中、中"、"高、弱"三格。此领域称为黄色地带，这个地带的吸引力和经营单位的竞争能力，总的来说属于中等水平。一般来说，对这个地带的经营单位"开黄灯"。如 C、D 两个战略业务单位，企业可采取维持原有投入水平和市场占有率的战略。

第三领域为右下方三个领域，即"低、中"、"中、弱"、"低、弱"，这里市场吸引力偏小，经营单位的竞争能力偏弱，因此企业多是"开红灯"。企业一般采取收割或放弃战略。

值得注意的是，企业应对各个经营单位在今后几年的趋势进行预测。有的现在看好，以后可能急剧下降，有的以后或许迅速攀升。掌握这些情况，可为现状和未来各不相同的经营单位最后决定投资政策。

(四) 制定企业的增长战略

在通过业务组合规划，对现有产品和业务进行评估和规划，使企业产品或业务得到优化的同时还要进一步寻找发展机会，对企业未来的发展方向做出战略规划，即制定并选择企业增长战略。

1. 密集式增长

密集式增长也叫集约型增长，是指一个特定市场的潜力尚未完全挖掘出来，还存在着市场机会，企业仍可以在现有的生产、经营范围内求得发展。这种战略主要有三种形式。

(1) 市场渗透。通过更加积极有效的市场营销措施，如加强广告宣传、增加销售网点等，努力增加现有产品在原有市场上的销售量。有三种做法：第一，刺激现有消费者更多地购买本企业现有产品；第二，吸引竞争对手的消费者，提高现产品的市场占有率；第三，吸引新消费者，使更多潜在消费者也来购买本企业的这种产品。

(2) 市场开发。通过努力开拓新市场来扩大现有产品销售量，从而实现企业业务的增长。主要做法有：第一，寻找新的目标市场。例如，某种工业用品，原来适用于工厂等工业场合，后来发现也可适用于家庭使用，并且非常有效，从而又打开了新的销路。第二，开辟新的销售区域。例如，由国内市场进军国际市场，从城市市场扩展到农村市场。

（3）产品开发。通过向现有市场提供多种改进性产品，如增加花色品种、增加规格档次、改进包装、增加服务等，以满足不同消费者的需要，从而扩大销售，实现企业业务的增长。

2．一体化增长

这是指企业以原有业务为基础，向供、产、销中某个环节或某些环节的延伸。在企业将现有业务向产、供、销等方面进行扩展或延伸可以发挥自身的潜力，提高经营能力，加强对生产经营过程的控制，提高经营效率和经济效益情况下，便可采用这一战略。一体化战略有三种形式：

（1）前向一体化。企业谋求对销售系统甚至用户的控制权。如收购、兼并批发商、零售商、商业贸易公司，以增强销售力量来求发展，或将自己的产品向前延伸，从事由原用户经营的业务，如毛纺企业生产毛衣、林业公司加工家具等。

（2）后向一体化。企业收购或兼并若干材料供应企业，拥有或控制其供应系统，实行供产一体化。这么做的原因，一般是由于供应商盈利很高，或发展机会很好，通过一体化争取更多收益；还可以避免因材料短缺，使得成本受制于供应商的危险。

（3）水平一体化。争取对同类型其他企业的所有权或控制权，或实行各种形式的联合经营。这样可以扩大生产规模和经营实力，或取长补短，共同利用某些机会。

3．多元化增长

多元化增长战略也称多样化或多角化增长战略，即向本行业以外发展，扩大业务范围，实行跨行业经营。当企业所属行业缺乏有利的市场营销机会或其他行业吸引力更大时，可实行多元化发展战略，但多元化并不意味着毫无选择地利用一切获得的机会，而是要求企业扬长避短，结合自身的资源优势来选择市场机会，以充分发挥资源潜力并使风险分散。多元化主要有三种形式：

（1）同心多元化。利用企业现有的资源和技术力量，以现有产品为中心向外扩展业务范围，开发新产品以寻求新的增长。例如，青岛海尔集团公司以冰箱开始，陆续开发出洗衣机、空调、电视机等一些家电类产品，采用这种战略可以利用原有的设备、技术优势，风险较小，易于成功。

（2）水平多元化。企业针对现有目标市场的其他需求，投入新的资源和技术力量开发新产品，以扩大业务经营范围寻求新的增长。例如，一家童装厂，现又开发生产儿童玩具、儿童食品，所针对的都是儿童这个目标市场。采用这种战略，可以充分利用原有的市场和原有销售渠道，扩大销售额。水平多元化意味着向其他行业投资，有一定风险，企业应具有相当实力。

（3）综合多元化。企业通过投资或兼并等形式，把经营范围扩展到多个新部门或其他部门，组成混合型企业集团，开展与现有技术、现有产品、现有市场无联系的多样化经营活动，以寻求新的增长机会。例如首都钢铁集团股份有限公司，除钢铁业以外又发展房地产、酒店、电子工业等一些产业。采用综合多元化战略的企业一般都是各方面实力雄厚的大企业。多元化成长并不是说企业要利用一切可乘之机大力发展新业务，相反，企业在规划新的发展方向时必须十分慎重，须结合已有的特长和优势加以考虑。

📖 **实例 2-1**

　　近日，长虹与四川发展再次联手，欲进入新能源电池领域，成为继格力后，又一跨界涉足新能源电池的家电巨头。根据相关战略合作内容，四川发展拟助力长虹控股公司以新能源、高铁、新能源汽车等领域配套为目标，重点发展锂离子电池等为代表的军民结合型产品。此外，长虹还将涉足化合物半导体芯片等领域。

　　长虹选择在此时与家电之外的领域进行多元扩张，与其布局不无关系。在 2016 年宣布转型后，长虹公布了其新的产业图谱：在坚持家电、军工和 IT 分销三大核心主业，打造移动、融及新领域五大新产业布局的同时，长虹系对外抛出了"规模再造"的目标。在新的产业布局中，长虹围绕军民融合产业加快了战略布局与资源投入。

　　实际不仅是长虹，近年来，多个家电巨头对新能源产业颇为青睐。此前格力电器与珠海银隆签订了大单，双方宣布在新能源汽车等领域进行合作。2017 年前，春兰集团也展开了新一轮的发展转型、多元扩张之路，涉足高能动力镍氢电池及管理系统的自主开发，应用于混合动力客车和纯电动汽车等各种车型。

　　(资料来源：长虹效法格力涉足新能源电池，对冲彩电业务式微. 销售与市场(第一营销网)，http://www.cmmo.cn/article-205337-1.html，2017-4-17.)

第二节　竞　争　战　略

　　市场经济的本质是竞争，企业无时无刻不处于市场竞争中，这就需要企业保持清醒的头脑，选择相应的战略以应对竞争，同时要了解内外部环境，给企业本身一个清晰正确的定位来竞争，而不是盲目的竞争。

一、基本竞争战略

　　美国战略学家迈克尔·波特通过对行业竞争力的分析，提出了三种基本竞争战略，为企业进行战略思考提供了指导。

📖 **知识拓展 2-1**

　　迈克尔·波特(Michael E.Porter)，1947 年出生于美国密歇根州，美国哈佛商学院大学教授(University Professor，大学教授是哈佛大学的最高荣誉，迈克尔·波特是该校历史上第四位大学教授)。迈克尔·波特毕业于普林斯顿大学，在世界管理思想界是"活着的传奇"，他是全球第一战略权威，被商业管理界公认为"竞争战略之父"。1979 年，克尔·波特获哈佛商学院终身教授之职，成为世界上竞争战略和竞争力方面公认的权威。1983 年，迈克尔·波特被任命为美国总统里根的产业竞争委员会主席，开创企业竞争战略理论并引发美国乃至世界的竞争力讨论。他先后获得过大卫·威尔兹经济学奖、亚当·斯密奖、五次获得麦肯锡奖，拥有很多大学的名誉博士学位。2005 年世界管理思想家 50 强排行榜上，迈克尔·波特位居第一。他的主要著作有《竞争战略》、《竞争优势》、《国家竞争优势》等。

　　(资料来源：迈克尔·波特. 互动百科，http://www.baike.com/wiki/迈克尔·波特.)

三种基本竞争战略为：总成本领先战略、差异化战略、聚焦战略。

（一）总成本领先战略

总成本领先战略也称为低成本战略，是指企业通过有效途径降低成本，使企业的全部成本低于竞争对手的成本，甚至是在同行业中最低的成本，从而获取竞争优势的一种战略。总成本领先要求坚决地建立起高效规模的生产设施，在经验的基础上全力以赴降低成本，做好成本与管理费用的控制，以及最大限度地减少研究开发、服务、推销、广告等方面的成本费用。为了达到这些目标，企业需要在管理方面对成本给予高度的重视，确保企业的总成本低于竞争对手。

实例 2-2

20 多年来，成本领先一直是中兴通讯股份有限公司的生存和发展之道。

中兴通讯副总裁陈虎表示，公司通过低成本逐渐占领市场，在竞争中不断获得发展。未来，在较长的时期内，中兴通讯仍然必须依靠低成本来获取竞争优势，实现持续发展，以保证公司的市场份额与行业地位。

在中兴通讯，成本领先战略的愿景是建立在"有竞争力的成本、一流的成本管理体系以及全员的成本文化"上的。陈虎表示，成本领先战略的核心是公司通过一切可能的方式和手段，降低企业的成本，成为市场竞争参与者中成本最低者，并以低成本为竞争手段获取竞争优势。成本领先战略实质上是以成本战略为公司的最基本竞争战略。

(资料来源：李一硕. 中兴：成本领先是基本竞争战略[N]. 中国会计报，2014-7-25(009).)

（二）差异化战略

所谓差异化战略，是指为使企业产品与竞争对手产品有明显的区别，形成与众不同的特点而采取的一种战略。这种战略的核心是取得某种对消费者有价值的独特性。实现差异化战略可以有许多方式，如设计名牌形象，保持技术、性能特点、顾客服务、商业网络及其他方面的独特性。最理想的状况是企业在几个方面都具有差异化的特点。

当今市场中，没有哪个对手强大到不能被挑战，也没有哪个企业弱小到无法去竞争，关键是看能不能找到竞争对手的弱点，运用差异化战略，扬长避短，取得辉煌的业绩。典型的案例就是诺基亚这个连续 15 年在手机市场占有率位于全球第一的公司，由于其在制定公司营销战略上出现了重大失误，没能在智能手机上领先一步，结果被从没做过手机的苹果公司打得一塌糊涂，诺基亚公司也随即出现资金链断裂危机。2012 年 6 月，诺基亚宣布裁员 1 万人，同时被迫关闭多家工厂，股票暴跌，市值回到了 1980 年的水平。

实例 2-3

2016 年 11 月 8 日，途牛旅游网 CEO 于敦德回顾途牛成立十年来发展策略，同时披露了后续计划。于敦德表示，途牛走了一条符合行业发展趋势且有自己差异化特色的道路。途牛在品牌营销、区域服务网络、"牛人专线"等产品品牌建设、会员服务等方面的大规模投资，带来了途牛盈利能力的稳步提升。

十年前，途牛没有选择机票、酒店等竞争激烈、渗透率较高的标品市场，而是从当时冷门的在线休闲旅游市场起步，抓住了休闲旅游从线下向线上发展的趋势。截至目前，途牛旅游产品和服务交易额占中国在线休闲度假市场份额的 23.1%，位居中国在线休闲度假旅游市场份额第一。

在专注休闲旅游市场的同时，途牛率先开展品牌营销，建设区域服务网络，提供线上与线下结合的品质服务。2009 年，途牛开展品牌营销，并于 2013 年—2015 年加大品牌营销投入，邀请林志颖、周杰伦共同代言，首创国内在线旅游行业双代言人模式等。同时，途牛还开拓二、三线区域网络建设，提供线上线下相结合的旅游预订服务。

尽管如此，包括途牛在内的在线旅游网站目前为止仍处于亏损状态，为提升盈利水平，途牛先后上线了"牛人专线"等产品品牌，这些产品不仅毛利高而且具有一定差异性，同时途牛 5 千万会员的转化率也非常高。

(资料来源：刘斯会. 途牛分拆度假和金融两大子公司，为实现盈利采取差异化发展策略[N]. 证券日报，2016-11-9(C02).)

(三) 聚焦战略

聚焦战略，是指企业或事业部的经营活动集中或聚焦于某一特定的购买者集团、产品线的某一部分或某一地域市场上的一种战略。这种战略的核心是瞄准某个特定的用户群体，某种细分的产品线或某个细分市场。这一战略依靠的前提思想是：企业业务的聚焦能够以更高的效率、更好的效果为某一狭窄的战略对象服务，从而超过在较广阔范围内竞争的对手们。

竞争优势是所有战略的核心，企业要获得竞争优势就必须作出选择，必须决定希望在哪个范畴取得优势。企业必须从这三种战略中选择一种，作为其主导战略。要么把成本控制到比竞争者更低的程度；要么在企业产品和服务中形成与众不同的特色，让顾客感觉到你提供了比其他竞争者更多的价值；要么企业致力于服务于某一特定的市场细分、某一特定的产品种类或某一特定的地理范围。全面出击的想法既无战略特色，也会导致低水准的表现，它意味着企业毫无竞争优势可言。

🎓 实例 2-4

长城在艰难前行中，逐步坚定了聚焦信念。聚焦带来了哪些优势？一是先机优势，长城在 SUV 品类上率先拥有了强大的产品矩阵，抢先占领了市场和消费者心智；二是成本优势，品类聚焦和打造明星车型的做法，极大地节约了企业的研发成本、制造成本，也有利于打造精品，提升品质、品位；三是研发优势，聚焦使长城在单一品类、单一车型的投入领先于行业水平，有效提升了企业的技术实力；四是资源优势，品类主导优势让长城赢得了与全球领先零部件企业的长期合作，打造了高性能、高品质的全球化产品平台；五是心智优势，聚焦让哈弗在 SUV 品类中建立起了更专业的认知，让哈弗牢牢占据了消费者心智。

实施聚焦战略后，长城的净利润额从 2008 年的 5.13 亿元增长到 2013 年的 83 亿元；2013 年长城的净利润率为 14.6%，超过法拉利成为全球净利润率最高的车企。在市场地位方面，长城在 2013 年夺得三项第一：自主品牌销量第一，SUV 品类销量第一，单一车型 H6 销量第一。长城的下一个目标是把哈弗打造成全球最大的 SUV 专业品牌。对于参与全球化的竞争和打造世界级品牌来讲，长城未来更需要聚焦。

(资料来源：王凤英. 把聚焦当成信仰[J]. 销售与市场(管理版)，2014(12).)

二、市场竞争战略

市场竞争战略是从企业在市场的竞争地位角度，研究不同竞争地位的企业在市场上可以采取的竞争手段。每个都要依据自己的目标、资源和环境，以及在目标市场的地位，来制定竞争战略。企业在市场中的竞争地位有多种分类方法。根据企业在目标市场所起的领导、挑战、跟随或补缺的作用，可以将企业分为以下四种类型：市场领导者、市场挑战者、市场跟随者和市场利基者。相应的，企业在不同市场竞争地位下的市场竞争战略也分为四种类型：市场领导者战略、市场挑战者战略、市场跟随者战略和市场利基者战略。

(一) 市场领导者战略

市场领导者是指在相关产品的市场上占有率最高的企业。市场领导者的主要优势包括：消费者对品牌的忠诚度高、营销渠道的建立及其高效运行、营销经验的迅速积累等。保住领先地位，通常可采取三种战略：

1. 扩大市场需求总量

市场领导者可以从三方面扩大市场需求量：发现新用户、开辟新用途、增加使用量。

(1) 发掘新的使用者。每一种产品都有吸引顾客的潜力，因为有些顾客或者不知道这种产品，或者因为其价格不合适或缺乏某些特点等而不想购买这种产品，这样，企业可以从三个方面发掘新的使用者。如香水制造商可设法说服不用香水的女士使用香水(市场渗透策略)；说服男士使用香水(新市场策略)；或者向其他国家或地区推销香水(地理扩张策略)。

在发掘新使用者方面，一个非常成功的范例是庄臣公司的婴儿洗发精。由于美国20世纪60年代以后出生率下降，婴儿用品市场逐步萎缩，为摆脱困境，庄臣公司决定针对成年人发动一场广告攻势，向成年人推销婴儿洗发精，取得了良好效果。不久以后，该品牌的婴儿洗发精就成为整个洗发精市场的领导者。

(2) 开辟产品新用途。企业也可通过发现并推广产品的新用途来扩大市场。杜邦公司的尼龙就是这方面的典范。每当尼龙进入产品生命周期的成熟阶段，杜邦公司就会发现新用途。尼龙首先是用作降落伞的合成纤维，然后是作女袜的纤维，接着成为男女衬衫的主要原料，再后来又成为汽车轮胎、沙发椅套和地毯的原料。每项新用途都使产品开始了一个新的生命周期。这一切都归功于该公司为发现新用途而不断进行的研究和开发计划。

同样，顾客也是发现产品新用途的重要来源，例如凡士林刚问世时是作机器润滑油，但在使用过程中，顾客发现凡士林还有许多新用途，如作润肤脂、药膏和发蜡等。因此，企业必须要留心注意顾客对本企业产品使用的情况。

(3) 扩大产品的使用量。促使使用者增加用量也是扩大需求的一种重要手段。例如牙膏生产厂家劝说人们每天不仅要早晚刷牙，最好每次饭后也要刷牙，这样就增加了牙膏的使用量。再如宝洁公司劝告用户，在使用海飞丝洗发精洗发时，每次将使用量增加一倍，效果更佳。

2．保护市场占有率

市场领导者如果不发动进攻，就必须坚守阵地，不能有任何疏漏。防御战略的目标是：减少受攻击的可能性，使攻击转移到危害较小的地方。并削弱其攻势。包括六种防御战略可供市场领导者选择：

第一，阵地防御，即在现有阵地周围建立防线。

第二，侧翼防御，即市场领导者除保卫自己的阵地外还应建立某些辅助性的基地作为防御阵地。

第三，以攻为守，即在竞争者尚未进攻之前，先主动攻击它。

第四，反击防御，即当市场领导者遭到进攻时，应主动反攻入侵者的主要市场阵地。

第五，运动防御，即不仅防御目前阵地，而且还要扩展到新的市场阵地，作为未来防御和进攻的中心。

第六，收缩防御，即放弃某些疲软的市场阵地，把力量集中到主要的市场阵地上去。

3．提高市场占有率

市场领导者设法提高市场占有率，也是增加收益、保持领先地位的一个重要途径。例如，美国通用电器公司要求它的产品在各自市场上都要占据第一或第二位，否则就要撤退。该公司就曾将电脑和空调机两项业务的投资撤回，因为它们在其中无法取得独占鳌头的地位。企业提高市场占有率时应考虑以下三个因素：引起反垄断活动的可能性；为提高市场占有率所付出的成本；争夺市场占有率时所采用的市场营销组合战略。

（二）市场挑战者战略

在行业中名列第二、三名等次要地位的企业称为亚军企业或者追赶企业。例如汽车行业的福特公司、软饮料行业的百事可乐公司等。这些亚军企业对待当前的竞争情势有两种态度，一种是向市场领导者和其他竞争者发动进攻，以夺取更大的市场占有率，这时他们可称为市场挑战者；另一种是维持现状，避免与市场领导者和其他竞争者引起争端，这时他们称为市场追随者。市场挑战者如果要向市场领导者和其他竞争者挑战，首先必须确定自己的战略目标和挑战对象，然后再选择适当的进攻策略。

1．确定战略目标和挑战对象

战略目标同进攻对象密切相关，对不同的对象有不同的目标和战略。一般说来挑战者可从下列三种情况中进行选择：攻击市场领导者；攻击与自己实力相当者；攻击地方性小企业。

2．选择进攻战略

在确定了战略目标和进攻对象之后，挑战者还需要考虑采取什么进攻战略。有五种战略可选择：正面进攻，即集中全力向对手的主要市场阵地发动进攻；侧翼进攻，集中优势力量攻击对手的弱点，有时可采取"声东击西"的战略；包围进攻，它是一种全方位、大规模的进攻战略，挑战者拥有优于对手的资源，并确信围堵计划的完成足以打垮对手；迂回进攻，完全避开对手现有阵地进攻；游击进攻，以小型的、间断性的进攻干扰对手的士气，以占据长久性的立足点。

实例 2-5

行业领先品牌之间步步升级的商战，不仅会历练出自身竞争力、加速行业洗牌，还会推动整个行业快速升级。2012—2015 年，在电动车行业里，爱玛与雅迪之间的三场防御与进攻之战，在战略和战术上步步升级，市场份额逐步向二者集中。同时，电动车这一草根行业逐渐升级为资金、技术、研发水准较高的行业。

第一阶段：商战初始。2012 年雅迪一改安居第二、跟在老大爱玛背后追随和模仿的策略，向行业第一的位置发起正面出击，以一条"中国电动车领军品牌"的广告语作为开始，2012 年底爱玛进入商战，投放广告"年销量率先突破 300 万辆，电动车真正领导者"。爱玛以更小的投入换来了更大的战果。

第二阶段：商战升级。2013 年，雅迪调整策略：聚焦单品，推出自主研发车型。爱玛及时防御，规划产品系列。2014 年，爱玛进一步拉开和对手的差距。

第三阶段：系统竞争。2015 年，雅迪选择"高端"的方向，向爱玛发起一场侧翼进攻战。爱玛针对对手出击点，在产品、渠道、终端、传播上都展开了阻击，却没有基于自身战略组织系统防御。雅迪步步紧逼，拉近了和爱玛的差距。2016 年开始，双方都面临更严峻的挑战。

对爱玛来说，防御的压力也不断加大。"领导者"不仅是口号，不仅是销量领先，更意味着在研发、制造、渠道、服务、营销等关键环节强化运营能力，领先对手，更引领行业进步。在各个关键环节掌握最领先的运营实践，爱玛才能真正将领导者概念最终形成领导者战略。

(资料来源：肖瑶. 电动车商战：打出来的竞争力[J]. 销售与市场(管理版)，2016(6).)

(三) 市场跟随者战略

美国市场学学者李维特教授认为，有时产品模仿像产品创新一样有利。因为一种新产品的开发和商品化要投入大量资金，也就是说，市场领导者地位的获得是有代价的。而其他厂商仿造或改良这种产品，虽然不能取代市场领导者，但因不必承担新产品创新费用，也可获得很高的利润。

市场跟随者必须懂得如何维持现有顾客，并争取一定数量的新顾客；必须设法给自己的目标市场带来某些特有的利益，如地点、服务、融资等；还必须尽力降低成本并保持较高的产品质量和服务质量。跟随并不等于被动挨打，跟随者必须要找到一条不会招致竞争者报复的成长途径。具体来说，跟随策略可分为以下三类：

(1) 紧密跟随。这指跟随者尽可能地在各个细分市场和营销组合领域仿效领导者。这种跟随者有时好像是挑战者，但只要它不从根本上危及领导者的地位，就不会发生直接冲突。有些跟随者表现为较强的寄生性，因为它们很少刺激市场，总是依赖市场领导者的市场而生存。

(2) 有距离的跟随。这指跟随者在目标市场、产品创新、价格水平和分销渠道等方面都追随领导者，但仍与领导者保持若干差异。这种跟随者易被领导者接受，同时它也可以通过兼并同行业中弱小企业而使自己发展壮大。

(3) 有选择的跟随。这指跟随者在某些方面紧随领导者，而在另一些方面又自行其是。

也就是说，它不是盲目追随，而是择优跟随，在跟随的同时还要发展自己的独创性，但同时避免直接竞争。这类跟随者之中有些可能发展成为挑战者。

此外，还有一种特殊的跟随者在国际市场上十分猖獗，即"冒牌货"。这些产品具有很大的寄生性，它们的存在对许多国际驰名的大公司是一个巨大的威胁，已成为新的国际公害，因此必须制定对策，以清除和击退这些"跟随者"。

(四) 市场利基者战略

1. 市场利基者的含义与特征

几乎每个行业都有些小企业，它们专心致力于市场中被大企业忽略的某些细分市场，在这些小市场上通过专业化经营来获取最大限度的收益。这种有利的市场位置就称为"利基(Niche)"，市场利基者是指精心服务于市场的某些细小部分，而不与主要的企业竞争，只是通过专业化经营来占据有利的市场位置的企业。

有利的市场位置(利基)不仅对于小企业有意义，而且对某些大企业中的较小业务部门也有意义，它们也常设法寻找一个或多个既安全又有利的利基。一般来说，一个理想的利基具有以下几个特征：

第一，有足够的市场潜量和购买力。

第二，市场有发展潜力。

第三，对主要竞争者不具有吸引力。

第四，企业具备有效地为这一市场服务所必需的资源和能力。

2. 市场利基者战略

市场利基者的主要策略是专业化，企业必须在市场、顾客、产品或渠道等方面实行专业化：

第一，按最终用户专业化，即专门致力于为某类最终用户服务。例如书店可以专门为爱好或研究文学、经济、法律等的读者服务。

第二，按垂直层次专业化，即专门致力于为生产—分销循环周期的某些垂直的层次经营业务。如制铝厂可专门生产铝锭，铝制品或铝质零部件。

第三，按顾客规模专业化，即专门为某一种规模(大、中、小)的客户服务。许多利基者专门为大公司忽略的小规模顾客服务。

第四，按特定顾客专业化，即只对一个或几个主要客户服务。如美国一些企业专门为西尔斯百货公司或通用汽车公司供货。

第五，按地理区域专业化，即专为国内外某一地区或地点服务。

第六，按产品或产品线专业化，即只生产一大类产品，如日本的 YKK 公司只生产拉链这一类产品。

第七，按客户订单专业化，即专门按客户订单生产预订的产品。

第八，按质量与价格专业化，即选择在市场的底部(低质低价)或顶部(高质高价)开展业务。

第九，按服务项目专业化，即专门提供一种或几种其他企业没有的服务项目。如美国一家银行专门承办电话贷款业务，并为客户送款上门。

第十，按分销渠道专业化，即专门服务于某一类分销渠道，如生产适用超级市场销售的产品。

市场利基者是弱小者，要承担较大风险，因为利基本身可能会枯竭或受到攻击，因此，在选择市场利基时，营销者通常选择两个或两个以上的利基，以确保企业的生存和发展。不管怎样，只要营销者善于经营，小企业也有机会为顾客服务并赢得利润。

第三节　市场营销管理过程

市场营销管理过程，也就是企业为实现企业任务和目标而发现、分析、选择和利用市场机会的管理过程，具体包括分析市场机会、选择目标市场、设计市场营销组合以及制定计划和实施、控制营销活动。

一、分析市场机会

市场营销学认为，寻找和分析、评价市场机会，是市场营销管理人员的主要任务，也是市场营销管理过程的首要步骤。市场机会是指市场变化对企业营销的有利影响并存在成功的可能性，它直接体现出市场存在着未被满足的顾客需求。市场机会的发掘有赖于企业对市场环境、市场竞争、市场需求的分析，有赖于对市场情报的及时收集，有赖于对市场供求关系的研究和预测。营销人员不但要善于发现和识别市场机会，还要善于分析、评价哪些才是适合本企业的营销机会(就是对企业的营销具有吸引力的，能享受竞争优势的市场机会)，市场上一切未满足的需要都是市场机会，但能否成为企业的营销机会，要看它是否适合于企业的目标和资源，是否能使企业扬长避短，发挥优势，比竞争者或可能竞争者获得更大的超额利润。

二、选择目标市场

企业选定符合自身目标和资源的营销机会以后，还要对市场容量和市场结构进行进一步分析，确定市场范围，无论是从事消费者市场营销还是从事产业市场营销的任何企业都不可能为具有某种需求的全体顾客服务，而只能满足部分顾客的需求。这是由顾客需求的多样变动性及企业拥有资源的有限性所决定的。企业必须明确在能力可及的范围内要满足哪些顾客的要求，首先要进行市场细分，然后选择目标市场，最后进行市场定位。

三、设计市场营销组合

企业在确定目标市场和进行市场定位之后，市场营销管理过程就进入第三阶段——设计市场营销组合。市场营销组合是指企业用于追求目标市场预期销售量水平的可控营销变量的组合。

1953年，尼尔·鲍顿(Nell Borden)在美国市场营销学会的就职演说中提出了"市场营销组合"这一概念，他认为市场需求在某种程度上受到"营销变量"的影响，为了寻求一定的市场反应、获得最大的利润，企业要对这些变量进行有效的组合。其提出的营销组合包括12个要素，即产品计划、定价、厂牌、供销路线、人员销售、广告、促销、包装、陈列、扶持、实体分配和市场调研。这一组合策略增强了企业市场营销活动的操作性，并对市场营销研究范围做了较好的界定。但它存在一定问题，如 12 要素的内涵存在交叉，归类不够清晰等。

1960 年，麦卡锡(Eugene J.McCarthy)在其所著的《基础市场营销》一书中对尼尔·鲍顿的"市场营销组合"概念进行了概括和综合，他认为企业的市场营销活动应以产品(Product)、价格(Price)、地点(Place)、促销(Promotion)为主要内容。由于这四个词在英语中均以"P"开头，这一理论又称为"4Ps"营销组合理论。

1967 年，科特勒在其所著的《营销管理：分析、计划与控制》(第一版)中进一步确认了以"4Ps"为核心的营销组合理论。"4Ps"营销组合理论以单个企业为分析单位，认为影响企业营销活动效果的因素分为两类：一类是企业不能够控制的因素，如政治、法律、经济、社会、文化、技术、渠道企业、竞争者、消费者、公众等，它们构成了企业经营必须面对的外部环境，另一类是企业可以控制的因素，如产品、定价、分销、促销等，它们构成了企业经营必须面对的内部环境。

围绕着市场营销组合的四个基本要素，针对目标和市场的不同需要，分别制定营销策略，可形成四种不同类型的策略组合，现将其简要介绍如下：

(1) 产品策略。主要是指企业以向目标市场提供各种适合消费者需求的有形产品的方式来实现其营销目标。其中包括对同产品有关的品种、规格、式样、质量、包装、特色、商标、品牌以及各种服务措施等可控因素的组合和运用。

(2) 定价策略。主要是指企业以按照市场规律制定价格和变动价格等方式来实现其营销目标。其中包括对同定价有关的基本价格、折扣价格、津贴、付款期限、商业信用以及各种定价方法和定价技巧等可控因素的组合和运用。

(3) 分销策略。主要是指企业以合理地选择分销渠道和组织商品实体流通的方式来实现其营销目标。其中包括对同分销有关的渠道覆盖面、商品流转环节、中间商、网点设置以及储存运输等可控因素的组合和运用。

(4) 促销策略。主要是指企业以利用各种信息传播手段刺激消费者购买欲望，促进产品销售的方式来实现营销目标。其中包括对同促销有关的广告、人员推销、销售促进、公共关系等可控因素的组合运用。

4P 营销策略自 20 世纪 50 年代末提出以来，对市场营销理论和实践产生了深刻的影响，被奉为营销理论中的经典。4P 营销理论认为，如果一个营销组合中包括合适的产品、合适的价格、合适的渠道和合适的促销策略，那么企业的营销目标也可以得以实现。这一种理论，能在目前营销理论界中一直"生存"，说明了它的实用价值。

此后，学术界不断增加市场营销可控要素，提出了"6Ps"、"7Ps"甚至"10Ps"的观点。实际上，这里面的许多营销活动其实都囊括在了 4P 之中，4P 依然作为营销基础工具，发挥着非常重要的作用。关键不在于 4P、6P 还是 10P，而是哪一个的结构在设计综合的营销方案中最有效。

营销组合不仅是可控制的，还是复合的、动态的，并且受企业市场营销战略的制约。营销组合构成了企业的策略工具库，用以在目标市场上确立自己强有力的定位。

随着市场竞争日趋激烈，媒介传播速度越来越快，4Ps 理论越来越受到挑战，从本质上讲，4Ps 思考的出发点是企业中心，是企业经营者要生产什么产品、期望获得怎样的利润而制定相应的价格、要将产品的卖点怎样进行传播和促销、并以怎样的路径选择来销售。这其中忽略了顾客作为购买者的利益特征，忽略了顾客是整个营销服务的真正对象。以客户为中心的新型营销思路的出现，使以顾客为导向的 4Cs 营销理论应运而生，并受到业界的追崇。4Cs 营销理论是由美国营销专家劳特朋教授在 1990 年提出的，与传统营销的 4Ps 营销理论相对应。它以消费者需求为导向，重新设定了市场营销组合的四个基本要素：即消费者(Consumer)、成本(Cost)、便利(Convenience)和沟通(Communication)。它强调企业首先应该把追求顾客满意放在第一位，其次是努力降低顾客的购买成本，然后要充分注意到顾客购买过程中的便利性，而不是从企业的角度来决定销售渠道策略，最后还应以消费者为中心实施有效的营销沟通。

近年来，世界著名整合营销传播专家、美国西北大学舒尔茨(DonE.Schultz)在 4Cs 营销理论的基础上提出了 4Rs 营销新理论，4Rs 分别指代关联(Relevance)、反应(Reaction)、关系(Relationship)和回报(Reward)。该营销理论认为，随着市场的发展，企业需要从更高层次上以更有效的方式在企业与顾客之间建立起有别于传统的新型的主动性关系。4Rs 营销理论以关系营销为核心，注重企业和客户关系的长期互动，重在建立顾客忠诚。它既从厂商的利益出发又兼顾消费者的需求，是一个更为实际、有效的营销制胜术。4Rs 营销理论的最大特点是以竞争为导向，在新的层次上概括了营销的新框架，根据市场不断成熟和竞争日趋激烈的形势，着眼于企业与顾客的互动与双赢，不仅积极地适应顾客的需求，而且主动地创造需求，运用优化和系统的思想去整合营销，通过关联、关系、反应等形式与客户形成独特的关系，把企业与客户联系在一起，形成竞争优势。其反应机制为互动与双赢、建立关联提供了基础和保证，同时也延伸和升华了便利性。"回报"兼容了成本和双赢两方面的内容，追求回报，企业必然实施低成本战略，充分考虑顾客愿意付出的成本，实现成本的最小化，并在此基础上获得更多的市场份额，形成规模效益。这样，企业为顾客提供价值和追求回报相辅相成，相互促进，客观上达到的是一种双赢的效果。

知识拓展 2-1

家纺尚需"4P 营销"

当今家纺行业发展迅速，规模日益壮大，许多企业对于产品的营销环节越来越重视，对于"怎样售卖产品"的思考也越来越深入，越来越多的家纺企业开始重视并运用著名的 4P 营销理论。运用 4P 营销理论对家纺行业进行分析，就不难发现某些环节仍然存在一些问题。

产品(Product)：当今家纺企业在产品质量上已经有了大幅提升，功能越来越完善，制作工艺越来越精细，风格也越来越多样化、个性化，产品的附加值也越来越高。

零售价格(Price)：家纺产品零售价格普遍虚高，这种状况无形中会让消费者从一开始就产生戒备心理，而给家纺营销带来难度。

渠道(Place)：由于家纺产品一般体积庞大、搬运困难，只能依靠家纺城和自营门店进行销售，导致分销渠道比较单一，费用也很昂贵，给家纺企业的发展带来沉重压力。

促销(Promotion)：家纺促销活动从时间上来看，主要集中在周末和一些重要节假日；从促销手段上来看，主要依赖各种媒体进行广告投放，花费较大不说，目标人群还没有针对性；从促销方式上来看，基本都是以打折为主，更容易让消费者觉得家纺零售价格虚高不下。

家纺企业除了家纺卖场和自营门店的传统渠道外，必须树立更为广泛的网络分销渠道作为对于传统渠道的补充，这才是家纺行业所需要的网络分销渠道。

（资料来源：刘雁飞. 家纺尚需"4P 营销" [N]. 中国纺织报，2014-5-15(007).）

四、制定计划和实施、控制营销活动

对目标市场、定位和营销组合的思考和决策，最后形成营销计划，是营销行动的依据。市场营销计划是企业整体战略规划在营销领域的具体化，是企业的一种职能计划。营销计划是一个统称，一般分为品牌营销计划、产品类别营销计划、新产品计划、细分市场计划、区域市场计划、客户计划等，这些不同层面的营销计划，相互之间需要整合、协调。

制定营销计划之后，需要组织力量落实，并对营销进程进行控制，保证达到预定的营销目标。

理论梳理

(1) 企业战略规划是指企业为实现特定目标从而谋求自身发展而设计的带有全局性和长远性的行动纲领或方案。战略规划带有全局性、长远性和纲领性的特征。多数大型企业由四个组织层次构成：企业、事业部、业务单位和产品。企业总部的战略规划过程主要有明确企业使命、区分战略业务单位、规划业务投资组合、制定企业的增长战略。

(2) 企业无时无刻不处于市场竞争中，需要选择相应的战略以应对竞争。三种基本竞争战略包括总成本领先战略、差异化战略、聚焦战略。不同市场竞争地位的企业可以采取的市场竞争战略主要有四种类型：市场领导者战略、市场挑战者战略、市场跟随者战略和市场利基者战略。

(3) 市场营销管理过程，也就是企业为实现企业任务和目标而发现、分析、选择和利用市场机会的管理过程，具体包括分析市场机会、选择目标市场、设计市场营销组合以及制定计划和实施、控制营销活动。

知识检测

(1) 规划业务投资组合。

(2) 企业的增长战略。

(3) 三种基本竞争战略。

(4) 市场竞争战略。

(5) 市场营销组合。

案例分析

海尔集团：从大规模裁员到战略转型

继张瑞敏 2014 年 6 月 13 日在沃顿商学院全球论坛上的一番裁员言论，业内对海尔的关注点也随之发生改变。青岛海尔 2013 年度报告在业内并不突出，在 KKR 和阿里巴巴(简称阿里)相继入局之后，人们更多关心起这家"家电老字号"向互联网转型的进程来。

从 1985 年用一把锤子砸出一个世界名牌起，海尔俨然已经成为了中国家电产业从渺小到强大的见证人。如今，面对市场环境的变迁，即使是业内地位如此稳固和崇高的海尔，也必须要靠外人看来近乎残忍的裁员手段来维持企业的生存与发展。只是，如此大规模的裁员行动与计划，难道仅仅是受到大环境拖累使然，有没有自身经营管理积弊难返的原因？

一、从攻城略地到腹背受敌

随着张瑞敏裁员言论的出炉，海尔很多积压的问题再次被外界反复提及。现实的问题是，海尔近几年业务中积累的问题，是否靠裁员本身就能解决？正如业内人士所言，裁员事件仅仅是一个导火索，海尔近年来遭遇到的管理难题、企业经营中存在的问题以及转型是否收到成效，才是外界关注的重点。

而如今的局面是，海尔仅能维持冰箱龙头的地位，且在低端领域的竞争力已和美菱不相伯仲；空调的领先地位已经被格力、美的赶超，洗衣机落后于美的；彩电业务在业内的地位只能属于第三梯队，IT 业务已经难算上主流。海尔这几年唯一称得上较为出彩的业务发展来自于厨房电器，虽然和老板、华帝在体量上无法相比，但与其他综合家电企业相比仍在体量上保有优势。总体来看，海尔这几年的产品地位在业内确实在走下坡路。

二、大航母转身之困

应该说，海尔的此次裁员计划并不是一个孤立的行为。近年来海尔提出向互联网转型的战略，在这一大框架下，"去制造业化"、"人单合一"、"创客"等理念，被海尔相继提出。但是，中国证券报记者接触的多位曾在海尔内部供职的人士，对这些理念持完全认同的并不多。

对于海尔提出的"去制造业化"，内部的争论同样存在。海尔集团高级副总裁周云杰曾经对外表示，去制造业化并不是一味将业务外包，而是从卖产品向卖服务转型。但李先生表示，中下层对于该理念的理解，一直达不到统一，其本人当时作为海尔的员工，也不理解海尔为何要放弃自身一直擅长的制造业。"海尔这几年很强调互联网思维，其实互联网的核心思维如创新、简洁、公平、透明，并不和传统制造业的精神相违背。"

"人单合一"所带来的观念冲击和雇佣关系的改变，更存在很大争议。一位受访者表示，"人单合一"使得海尔旗下的小微公司越来越多，这类公司表面上是给员工提供了创业平台，但实际上给员工提供的机会有限，负面效应却很大。在劳动合同层面，这类员工不再和海尔发生雇佣关系。而所谓的创业，做的事情还是和原来在海尔上班基本一样，仅仅是成为了海尔的业务关联方。员工没有了归属感与安全感，工作状态可想而知。

至于被市场寄予厚望的与阿里的战略合作，周云杰 6 月初曾介绍，阿里对海尔电器的注资今年 3 月已经完成，双方的合作从 4 月份正式开始，阿里巴巴今年给予海尔的订单量将不会少于 400 万，涉及的物流配送费将达到 3 亿元人民币，明年订单量将增加到 1000 万级别。透过这些信息，有心的投资者简单对比海尔庞大的业务体量即可发现，起码在今年，阿里对海尔电器的收入和业绩贡献仍然十分有限。

多位分析师给海尔的评价是："自身业绩还算稳健成长，但成长性和美的、格力等竞争对手无法相比，更不要说指望贡献多么超预期的业绩。"美的、格力去年全年的收入增幅分别为 18% 和 19%，而归属于母公司股东的净利润则分别高达 63% 和 47%。横向比较不难发现，海尔当前的业务发展陷入到严重的增长乏力困境。

"海尔的转型已经提了很久了，可近几年公司的基本面并没有发生多大的改变。即使去年高达 1.6 万名的减员，效果也非立竿见影。"一位券商分析师认为，海尔这次的减员计划，若从财务角度来看，短期内或有一定的利好效应，但对于海尔这张中国家电的名片来说，转型过程中遇到问题需要靠裁撤员工来解决，确实反映了传统制造业在当前中国经济增长下滑大环境中的艰难。

2014 年，不仅对于海尔，对于整个家电行业来说，都是一个低潮期。不过，"今天的海尔已经不是上世纪八十年代的海尔，远没有到非生即死的地步，只要战略调整得当，调配好资源，海尔完全有机会成功转身。"上述分析师指出，海尔要完成在互联网时代的转型重任，当务之急是，统一管理层和执行层在企业发展方向与路径上的认识，纠正战略执行过程中出现的偏差。但他又说："竞争对手和瞬息万变的市场，不会给海尔太多喘息的机会。"

（资料来源：吕一林. 市场营销学原理[M]. 2 版. 北京：高等教育出版社，2016.）

结合案例内容，讨论：

1. 海尔战略转型的原因是什么？
2. 你认为海尔战略转型会成功吗？为什么？

 应用实训

实训目标：

根据个人发展的实际要求，做好个人发展规划。

实训内容：

运用企业营销战略的基本理论，制定个人在今后 3～5 年的成长及发展规划。

实训要求：

(1) 对自身优势和劣势进行认真的、深刻的分析。

(2) 对本专业的市场前景、就业状况有明确的认识。

(3) 提出切实可行的个人目标。

(4) 就如何实现个人目标，明确具体写出自己的保证措施。

(5) 该规划方案应与个人的成长及就业实际紧密结合。

 **第三章**

市场营销环境分析

/////////////////////////////

知识目标 ✍

　　理解市场营销环境的含义与特点；理解市场营销宏观环境和微观环境；掌握市场营销环境分析与企业对策。

能力目标 🗒

　　能够运用所学知识对企业营销环境进行分析。

知识结构图 🐘

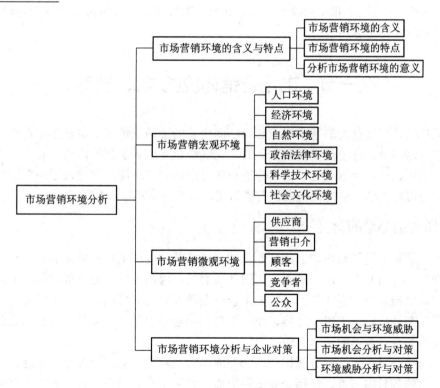

案例导读 ✍

最火的恒大冰泉，你今天还好吗？

2013 年恒大亚冠称雄，恒大冰泉傲然上市，那几天球迷们绝对都疯了，而吃瓜群众则是看着铺天盖地的恒大冰泉广告，大叹一声"壕"！娃哈哈、康师傅、怡宝……这些做水的企业，没有一个能一上市就成为全民焦点，但是恒大冰泉做到了。2013 年 11 月 8 日，亚冠联赛决赛的前一天，恒大地产相关工作人员向一些媒体记者发出采访邀请，但是拒绝提前透露采访内容。9 日，恒大悄然更换了队员的比赛球衣，不仅所有球员的比赛服装印上了"恒大冰泉"的广告，教练员、工作人员的服装也是如此。与此同时，当日晚，无论电视、网络，只要与亚冠决赛有关的版面均会出现"恒大冰泉"的广告。明星倾情代言，可谓风头正热，也让很多经销商成为了"落网之鱼"。

2016 年 9 月 28 日消息，据中国恒大在香港联交所发布公告称，将与不同的第三方订立协议出售粮油、乳制品及矿泉水(包括恒大冰泉)等非主营业务，总代价约为 57 亿元人民币。恒大将更加专注于房地产及其他相关业务。"恒大冰泉终究还是被卖了。"此番恒大出售的非主营业务中，恒大冰泉最出名且最受人关注，有人嚷嚷，有人觉得理所当然，唯独没人惋惜。

从轰动上市到黯然出售，三年时间恒大冰泉虽依托恒大地产这一中国商业巨头，但仍然因为面对日益变化的矿泉水类市场营销环境并没有做出与其对应的营销策略，最终让人神伤。

(资料来源：恒大冰泉被甩卖，含着"金钥匙"出生却败给营销. 百家，http://xudanei.baijia.baidu.com/article/641790，2015-09-28.)

第一节　市场营销环境的含义与特点

企业是当代经济社会的基本组成部分，而企业的市场营销活动总是在一定的外界条件下进行的。这些外部环境是发展和变化的，它既给企业造成了新的市场机会，又给企业带来威胁。所以，企业经营者必须认真分析和研究市场营销环境，掌握营销环境的变化，并制定出符合市场营销环境变化的市场营销对策，以便适应不断变化的商业市场。

一、市场营销环境的含义

市场营销环境是指影响和制约企业营销活动的各种内部条件和外部因素的总和。企业营销活动离不开自身发展，也离不开周围环境影响。内部条件企业可以控制，但外部因素却是企业难以控制的。企业营销活动要求企业主动地去适应环境，而且可以通过分析和预测环境，在某种程度上去影响环境，使环境有利于企业的发展。可见，重视研究营销环境及其变化，是企业营销的基本工作。

市场营销环境主要由两方面构成。一方面是微观环境，即与企业紧密相连，直接影响其营销能力的各种参与者，包括企业的供应商、营销中介、市场、竞争者以及社会公众和影响营销管理决策的企业内部的各个部门。另一方面是宏观环境，即影响企业微观环境的巨大社会力量，包括人口环境、经济环境、自然环境、科学技术环境、政治和法律环境、社会文化环境等多方面的因素。

　　微观环境直接影响和制约企业的市场营销活动，而宏观环境主要以微观营销环境为媒介间接影响和制约企业的市场营销活动。前者可称为直接营销环境，后者可称为间接营销环境。两者之间并非并列关系，而是主从关系，微观环境受制于宏观环境，见图3-1。

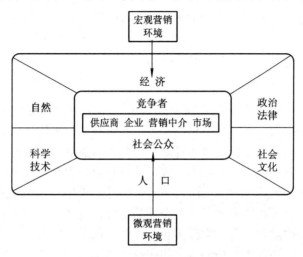

图 3-1　市场营销环境的构成要素

二、市场营销环境的特点

　　市场营销环境是一个多因素集合的综合体，是企业营销活动的基础和条件。其特点主要表现在以下五个方面：

1. 客观性

　　企业总是在特定的社会、市场环境中生存和发展。这种环境并不以营销者的意志为转移，具有强制性与不可控制性的特点。也就是说，企业营销管理者虽然能认识、利用营销环境，但无法摆脱环境的制约，也无法控制营销环境，特别是间接的社会力量，更难以把握。

2. 动态性

　　由于地域以及产业的不同，企业面临着截然不同的环境。有的企业处在一个变化较少的环境中，有的企业处在一个持续变化但变化本身比较平稳的环境中，有的企业则处在一个变化迅速的环境中。企业在各种环境下看到威胁，也看到机会。对企业而言，环境变化本身并不意味着好或者坏，给企业带来影响的往往不是环境变化本身而是企业应对变化的方式。企业必须积极调整自己以适应环境的变化，否则就会非常被动。美国 GE 公司前 CEO 杰克·韦尔奇说过一句名言：Change or die，翻译过来意思是，如果不改变自己，就只能死亡。

3. 相关性

　　营销环境各因素之间，相互制约，相互影响。某一因素的变化，可能会带动其他因素的相互变化，形成新的营销环境。宏观环境中的经济政策发生变动，比如，2016 年 1.6L 及以下排量汽车购置税减半优惠，使得 2016 年小轿车车市异常火爆，导致汽车行业内生产小排量汽车的企业收益不断增加。各个环境因素之间有时存在矛盾。由于家庭收入不断提高，有些家庭有购买小轿车的需求，但油价的不断攀高、车库资源短缺、交通紧张等一系列问题，又制约家庭轿车的发展。

4. 差异性

不同的国家或地域，人口、经济、政治、文化存在很大差异性。面对这种环境的差异性，企业营销活动必须制定不同的营销策略；而且同样一种环境因素，对不同企业的影响也是不同的，如海湾危机会造成国际石油市场的极大波动，这对石化行业的企业影响十分大，而对那些与石油关系不大的企业影响则小。

5. 不可控性

市场营销环境的多变导致不确定的特性，确定了其不可控性的特点。因为影响市场营销环境的因素是多层次的，那么就自然表现出企业对其的不可控制。比如一个国家的政治法律政策、民族构成以及一些社会风俗等，企业是不可能轻易改变的。但是，这种不可控性对不同企业而言也不可确定，有的不可控对某些企业来说是可控的，而对另一些企业则不可控；有些因素在今天是可控的，而到了明天则可能变为不可控因素。

市场营销环境的以上特点导致了它对企业的运营、营销活动中产生着有利的或不利的影响，产生了不同的作用和效果。它既为企业提供了市场营销机会，又造成某种威胁。因此，企业必须重视对市场营销环境的调查与研究，监测环境并适时调整营销战略，以适应不断变化的市场环境，在激烈的市场竞争中得到发展。

三、分析市场营销环境的意义

1. 市场营销环境分析是企业市场营销活动的基础

企业开展市场营销活动的目的是使企业获得最好的经济效益和社会效益，同时满足人们不断增长的物质和文化生活需要。深入对企业市场营销环境进行调查和分析，才能准确而及时地把握消费者需求，才能认识到本企业在对应环境中的优势与劣势。否则，企业便不可能很好地实现其创造好的经济效益和社会效益的目的，导致经营困难，甚至被倒闭。许多企业用自己的成功或者失败的案例充分证明，市场营销环境分析是企业市场营销活动的基础。

2. 市场营销环境分析有利于企业在经营活动中正视机会与威胁

新的商业机会的发现可以使企业迅速取得同类企业中的竞争优势。当然，与机会同时出现的还有威胁，机会与威胁是一对双胞胎。好的机会如没有把握住，优势有很大概率可能变为劣势，而威胁也在一定情况下可能转变为机会。问题的关键在于要善于认真地分析市场营销环境，善于抓住机会，化解威胁，使企业在竞争中求发展，在发展中谋效益，充分在商战中取得先机。

3. 市场营销环境分析有利于企业科学的制定营销管理决策

市场调查是企业营销管理决策的前提，市场调查的主要内容是对企业的市场营销环境进行调查、分析，得出结论和建议，以便经营管理者进行决策时作为参考。市场营销环境分析的结果，直接影响企业决策者对企业发展方向、投资规模、技术提升、产品组合等一系列生产经营活动的决定。

第二节　市场营销宏观环境

市场营销宏观环境是指那些给企业造成市场营销机会和形成环境威胁的外部因素。这些因素主要包括人口环境、经济环境、自然环境、科技环境、政治法律环境以及社会文化环境。这些主要社会力量是企业不可控制的变量。

一、人口环境

人口是构成市场的基本元素，因为市场是由那些愿意并且能够购买商品的人组成的。人口的多少直接决定着市场的潜在容量，人口越多，市场规模就越大。而人口的年龄结构、地理分布、婚姻状况、出生率、死亡率、人口密度、人口流动性及其文化教育等人口特性会对市场格局产生深刻影响，并直接影响着企业的市场营销活动。因此，人口环境是企业制定营销决策的重要参照，是市场营销宏观环境的首要因素。企业应该加强对人口环境因素的研究，密切注视人口特性及其发展动向，善于抓住市场机会。另外，当出现威胁时相应调整营销策略以适应人口环境的变化。对人口环境的分析可包括以下几方面的内容：

1．人口总量

人口总量是决定市场规模的一个基本要素。如果收入水平不变，人口越多，对食物、衣着、日用品的需求量也越多，市场也就越大。所以企业营销首先要关注所在国家或地区的人口数量及其变化。在收入水平和购买力大体相同的条件下，人口数量的多少直接决定了市场规模和市场发展的空间，人口数量与市场规模成正比。从全世界的角度来看，世界人口正呈现出爆炸性的增长趋势。人口规模和结构的改变对企业行业选择的影响更为直接。因为，人类的需求是企业生产的前提，一切生产都是为人类服务的。人口总量的变化、不同的年龄构成、性别构成、文化教育水平等，都会影响不同的需求构成，进而影响着相应的市场变动。

知识拓展 3-1

世界十大人口城市：

——日本东京：3700万人

——印度新德里：2500万人，2030年将增至3600万人

——墨西哥墨西哥城、印度孟买、巴西圣保罗：各有约2100万人

——日本大阪：超过2000万人

——中国北京：接近2000万人

——美国纽约、埃及开罗：1850万人

(资料来源：全球一半人口挤在1%的角落里. 快科技网，http://news.mydrivers.com/1/465/465313.htm，2016-01-08.)

2．人口性别结构

性别差异会给人们的消费需求带来显著的差别，反映到市场上就会出现男性用品市场

和女性用品市场。企业可以针对不同性别的不同需求，生产适销对路的产品，制定有效的营销策略，开发更大的市场。

3．人口年龄结构

人口年龄结构直接关系到市场的实际需求量，以及企业的目标市场选择。人口年龄结构的变化表现出如下特征：第一，接受基础教育年龄人口比重将会缩小；第二，劳动年龄人口比重不断增大；第三，人口老龄化进程迅速，老年人口比重不断上升。

目前我国人口的特点主要表现在：人口数量总体增长趋缓；人口出生率逐步下降，儿童数量减少；人口趋于老龄化，逐渐进入老龄社会；家庭结构趋于小型化；人口集中分布在东南沿海区域，人口流动方向由北向南、由农村向城市；大龄未婚青年增多导致非家庭住户增加。

知识拓展 3-2

中国于 1999 年进入了老龄社会，2015 年 10 月 29 日党的十八届五中全会决定：坚持计划生育的基本国策，完善人口发展战略，全面实施一对夫妇可生育两个孩子政策，积极开展应对人口老龄化行动。

2015 年 12 月 27 日全国人大常委会表决通过了人口与计划生育法修正案，全面二孩政策定于 2016 年 1 月 1 日起正式实施。这就意味着，2016 年元旦以后出生的二孩，都是合法的。据统计，"十二五"以来，我国总人口继续增长，2014 年末达到 13.68 亿人，受人口年龄结构以及生育政策调整的影响，出生人口从 2010 年 1592 万人增加到 2014 年的 1687 万人，保持增长态势。与此同时，我国劳动年龄人口下降，老年人口不断上升。2011 年，我国 15 岁至 59 岁劳动年龄人口达到峰值 9.4 亿后开始回落。2014 年降至 9.3 亿。60 岁及以上老年人口从 2010 年 13.3% 提高到 2014 年的 15.5%，总量达到 2.12 亿人。

党的十八届五中全会决定全面实施一对夫妇可生育两个孩子政策。这是中央科学把握人口发展规律，站在中华民族长远发展的战略高度、促进人口均衡发展的重大举措。国家卫生计生委主任李斌认为，实施全面二孩政策，有利于优化人口结构，增加劳动力供给，减缓人口老龄化压力；有利于促进经济持续健康发展，实现全面建成小康社会的目标；有利于更好地落实计划生育基本国策，促进家庭幸福与社会和谐。

（资料来源：全面二孩政策将带来哪些影响. 新华网，http://news.xinhuanet.com/mrdx/ 2015-10/30/c_134766198.htm，2015-10-30.）

4．人口家庭结构

家庭是社会的组成部分，也是组成市场的最基本的消费单位。从生存性消费品、享受性消费品到发展性消费品，绝大多数商品都是以家庭为单位购买和消费的。家庭结构是指家庭中成员的构成及其相互作用、相互影响的状态，以及由这种状态形成的相对稳定的联系模式。家庭结构包括两个基本方面：一方面是家庭人口要素，家庭由多少人组成，家庭规模大小；另一方面是家庭模式要素，家庭成员之间怎样相互联系，以及因联系方式不同而形成的不同的家庭模式。企业应注意和考虑不同家庭结构的特殊需要和购买习惯。

5．人口地理分布

世界各国的人口密度悬殊，即使在一个国家内，人口分布也不均匀。我国人口分布一般东部沿海地区多，西部内陆地区少，地理上主要以黑龙江漠河与云南腾冲连线为分界线，东南多，西北少，东南国土面积占全国的 43%，而人口约占全国人口的 94%左右，西北地区面积占全国面积的 57%，人口却只占全国人口的 6%左右，即由东南到西北方向随海拔高度的增加，人口密度呈阶梯递减的趋势，而这种趋势还正在加强。

二、经济环境

经济环境是指企业市场营销活动所面临的社会经济状况与趋势，其中最主要的指标是居民购买力。经济环境是影响企业营销活动的主要环境因素，它包括收入因素、消费支出、产业结构、经济增长率、货币供应量、银行利率、政府支出等因素，其中消费者收入水平、消费者支出结构和消费者的储蓄与信贷水平对企业营销活动影响较大。

1. 消费者收入水平

收入是构成市场的重要因素，市场规模的大小，归根结底取决于消费者的购买力，而消费者的购买力取决于消费者的收入水平。消费者收入在一定时间内并非全部用于购买商品，用于购买商品的只是收入的一部分，即消费倾向。因此，要将消费者收入区分为可支配收入和可随意支配收入。可支配收入是指扣除消费者个人交纳的各种税款和交给政府的非商业性支出后可用于个人消费和储蓄的收入，它是影响购买力和消费者支出的决定性因素。可随意支配收入是指可支配收入减去维持基本生活消费所必需的支出，如减去必要的食物、房租、水电费等必需费用和固定费用后所剩下的收入。可随意支配收入是影响消费者需求变化的最活跃的因素，也是消费者市场重点研究的收入。一般而言家庭收入的高低会影响很多产品的市场需求。一般来讲，家庭收入高，对消费品需求大，购买力也大；反之，需求小，购买力也小。另外，要注意分析消费者实际收入的变化。在通货膨胀条件下，货币收入和实际收入会不一致，货币收入增加，实际收入可能下降。

国民生产总值(GDP)是衡量一个国家经济实力与购买力的重要指标。国民生产总值增长越快，对商品的需求和购买力就越大；反之，就越小。人均收入是用国内收入总量除以总人口的比值。这个指标大体反映了一个国家人民生活水平的高低，也在一定程度上决定商品需求的构成。一般来说，人均收入增长，对商品的需求和购买力就大，反之就小。

2. 消费者支出结构

消费者支出结构是在一定的社会经济条件下，人们在消费过程中所消费的各种不同类型的消费资料的比例。有实物和价值两种表现形式。实物形式指人们在消费中，消费了一些什么样的消费资料，以及它们各自的数量。价值形式指以货币表示的人们在消费过程中消费的各种不同类型的消费资料的比例关系。在现实生活中具体表现为各项生活支出。

随着消费者收入的变化，消费者支出模式也会发生相应变化，致使一个国家或地区的消费结构发生变化。西方经济学通常用恩格尔系数来反映这种变化。

19 世纪德国统计学家恩格尔根据统计资料得出消费结构变化之间的规律。恩格尔所揭示的这种消费结构的变化通常用恩格尔系数来表示。

$$恩格尔系数 = \frac{食品支出金额}{家庭消费支出总金额}$$

恩格尔系数是衡量一个国家、地区、城市、家庭生活水平高低的重要参数。联合国粮农组织提出的标准，见表 3-1。

表 3-1　恩格尔系数衡量标准

数量界限	家庭富足程度
59%以上	绝对贫困
50%—59%	勉强度日
40%—50%	小康水平
20%—40%	富裕
20%以下	最富裕

企业从恩格尔系数可以了解目前市场的消费水平，也可以推知今后消费变化的趋势及对企业营销活动的影响。

恩格尔系数越小，食品支出所占比重越小，表明生活富裕，生活质量高；恩格尔系数越大，食品支出所占比重越高，表明生活贫困，生活质量低。

恩格尔系数是衡量一个国家、地区、城市、家庭生活水平高低的重要参数。企业从恩格尔系数可以了解市场的消费水平，也可以推知今后消费变化的趋势及对企业营销活动的影响。消费者的储蓄行为直接制约着市场消费量的大小。当收入一定时，如果储蓄增多，现实购买量就减少；反之，如果用于储蓄的收入减少，现实购买量就增加。

知识拓展 3-3

据统计，2015 年中国国内生产总值为 676709 亿元，同比增长 6.90%；2015 年中国城镇居民家庭恩格尔系数为 34.8%，中国农村居民家庭恩格尔系数为 37.1%；2015 年中国城镇化率为 56.10%。2015 年中国社会消费品零售总额为 300931 亿元，同比名义增长 10.7%(扣除价格因素，实际增长 10.6%)，我国居民人均可支配收入 2015 年达到 21996 元，同比增长 7.4%，超过 GDP 增速，为居民消费需求和消费支出增长提供了事实上的基础。

2015 年全年全国居民人均可支配收入 21966 元，比上年增长 8.9%，扣除价格因素，实际增长 7.4%。按常住地分，城镇居民人均可支配收入 31195 元，比上年增长 8.2%，扣除价格因素实际增长 6.6%。农村居民人均可支配收入 11422 元，比上年增长 8.9%，实际增长 7.5%。城镇居民人均消费支出 21392 元，增长 7.1%，扣除价格因素实际增长 5.5%；农村居民人均消费支出 9223 元，增长 10.0%，扣除价格因素，实际增长 8.6%。随着我国城乡居民人均可支配收入水平不断提高，增强的消费能力为婴童产业的繁荣提供了保障。

(资料来源：2016 年中国 GDP、恩格尔系数、城镇化率及居民可支配收入分析.中国产业信息网，http://www.chyxx.com/industry/201609/445170.html，2016-09-05.)

3. 消费者的储蓄与信贷水平

居民储蓄倾向受到利率、物价等因素变化影响。人们储蓄目的也是不同的，有的是为了养老，有的是为了未来的购买而积累，当然储蓄的最终目的主要也是为了消费。企业应关注居民储蓄的增减变化，了解居民储蓄的不同动机，制定相应的营销策略，获取更多的商机。

个人储蓄的形式包括银行存款、国债、股票、证券投资基金和不动产等，这些储蓄形式可套现消费，从而成为购买力。由于储蓄倾向的增加，社会购买力和消费支出则随之减少；反之，如果储蓄倾向减少，购买力和消费支出便随之增加。

消费者信贷，也称信用消费，指消费者凭信用先取得商品的使用权，然后按期归还贷款，完成商品购买的一种方式，比如银行按揭购房或银行按揭购车。

信用消费允许人们购买超过自己现实购买力的商品，创造了更多的消费需求。随着我国商品经济的日益发达，人们的消费观念大为改变，信贷消费方式在我国也逐步开展起来。值得注意的是过度消费信贷也会带来风险，美国次贷风波就是信贷危机导致的。

知识拓展 3-4

次贷危机全称"次级抵押贷款危机"，由美国次级抵押贷款市场动荡引起的金融危机。一场因次级抵押贷款机构破产、投资基金被迫关闭、股市剧烈震荡引起的风暴 2007 年 8 月席卷美国、欧盟和日本等世界主要金融市场。

引起美国次级抵押贷款市场风暴的直接原因是美国的利率上升和住房市场持续降温。次级抵押贷款是指一些贷款机构向信用程度较差和收入不高的借款人提供的贷款。在前几年美国住房市场高度繁荣时，次级抵押贷款市场迅速发展，甚至一些在通常情况下被认为不具备偿还能力的借款人也获得了购房贷款，这就为后来次级抵押贷款市场危机的形成埋下了隐患。

(资料来源：美国次贷危机对世界政治影响. 你我贷网，http：//www.niwodai.com/daikuanzhishi/article-be4jg23592539.html，2015-12-09.)

三、自然环境

营销学中的自然环境，主要是指企业对应的自然物质环境，即自然界提供给人类各种形式的有形与无形物质资产，如矿产资源、森林资源、土地资源、水力资源等。世界万物是变化与发展的，自然环境也处于发展变化之中。当代自然环境最主要的动向是：自然资源日益短缺，能源成本趋于提高，环境污染日益严重，政府对自然资源的管理和干预不断加强。所有这些，都会直接或间接地给企业带来威胁或机会。企业必须积极从事研究开发，尽量寻求新的资源或代用品。

1. 自然资源

自然资源可分为有形自然资源(如土地、水体、动植物、矿产等)和无形的自然资源(如光资源、热资源等)。自然资源具有可用性、整体性、变化性、空间分布不均匀性和区域性等特点，是人类生存和发展的物质基础和社会物质财富的源泉，是可持续发展的重要依据之一。由于我国处于高速的城市发展建设中，耕地减少迅速，不可再生资源，如石油、煤和金属等矿物，由于这类资源供不应求或在一段时期内供不应求，必须寻找替代品。在这种情况下，就需要研究与开发新的资源和原料，这就给某些企业带来了新的市场机会。

2. 环境污染

工业化、城镇化的发展导致环境污染问题日趋严重。环境污染问题已引起各国政府和公众的密切关注，这对企业的发展是一种压力和约束，要求企业为治理环境污染付出一定的代价，但同时也为企业提供了新的营销机会，促使企业研究控制污染技术，兴建绿色工程，生产绿色产品，开发环保包装。

3. 政府行为

随着经济生活水平提高和环保意识的加强，许多国家的政府对自然资源管理加强了政府行为干预。政府为了社会的长远利益而对自然资源实行政府管理，这通常与企业的经营方向和经济利益相矛盾。例如，《大气污染防治法》规定了企业向空中排放废弃的标准，为了满足标准企业必须购置昂贵的控制污染设备，这样就可能影响企业的经济效益。因此，政府必须统筹兼顾地解决这种矛盾，力争做到既能减少环境污染，又能保证企业发展，提高经营效益，以达到经济可持续发展的目的。

四、政治法律环境

企业的经营活动是社会经济生活的组成部分，而社会经济生活总要受到政治法律环境的影响，因此，企业营销者要对政治法律环境有明确的了解，否则将招致不可逆转的损失。

企业市场营销的政治法律环境包括政治形势、经济形势和法律法规等。政治环境是指企业营销的外部政治形势，包括目前国际、国内政治态势和走势。经济政策主要指与营销有关的国家财政政策、货币政策、劳动工资政策与对外贸易和国际收支政策，如汇率、减税、资本和技术引进政策等。

法律法规主要指由政府颁布的与企业营销有关的各种法规、法令、条例等。从立法的目的来看，法律法规主要有三类：一类是为了保护企业相互之间利益，防止不正当竞争的法规；一类是为了保护消费者利益，免受不公平商业行为损害的法规；一类是为了保护社会利益，免遭不受限制的商业行为损害的法规。因此，企业营销者必须具有相关法律知识，使营销行为符合法律要求。

1. 政府的宏观经济政策

政府的宏观经济政策对企业的市场营销活动能够产生深刻的影响。宏观经济政策是国家在一定时期内，按照宏观调控目标的要求而制定的组织、调节、控制经济活动的行为规范和准则。宏观经济政策是建立在市场机制作用基础上的，并同市场运行变量有内在联系的经济范畴，是国家宏观调控经济运行、保障市场经济健康发展的重要工具。

由于经济运行的复杂性与调控目标的综合性，决定了宏观经济政策在现实中总表现为互相联系，取长补短的政策所组成的政策体系，这一政策体系包括财政政策、货币政策、产业政策、价格政策、收入分配政策等。

2. 与企业市场营销有关的经济法律、法规

法律环境是指国家或地方政府所颁布的各项法规、法令和条例等，它是企业营销活动的准则，企业只有依法进行各种营销活动，才能受到国家法律的有效保护。与企业关系密切的法律法规有：《中华人民共和国产品质量法》、《企业法》、《经济合同法》、《涉外经济合同法》、《商标法》、《专利法》、《广告法》、《食品卫生法》、《环境保护法》、《反不正当竞争法》、《消费者权益保护法》及《进出口商品检验条例》等。企业营销管理者只有熟悉相关法律条文，才能保证企业经营的合法性，才能运用法律武器来保护企业的合法权益。

实例 3-1

2015 年 9 月 29 日，国务院决定，支持新能源和小排量汽车发展措施：从 2015 年 10

月 1 日到 2016 年 12 月 31 日，对购买 1.6 升及以下排量的乘用车实施减半征收车辆购置税的政策。此政策一出，立即引起轩然大波，各地汽车市场立竿见影，各大品牌小排量销量迅速产生反应，订单成倍上涨！对于消费者而言，1.6 升及以下排量乘用车购置税减半无疑是重磅利好。现行车辆购置税的算法为，购置税=购车款/(1+17%)×购置税率(10%)。2015 年，不少汽车品牌首次出现负增长，车价大战持续爆发。在这样的背景下，政府放出了 1.6 升及以下排量购置税减半的利好政策，这无疑是一支兴奋剂。

（资料来源：1.6L 购置税减半，小排量车订单暴涨. 搜狐汽车，http：//auto.sohu.com/20150930/n422458542.shtml，2015-09-30.）

另外，对从事国际营销活动的企业来说，不仅要遵守本国的法律制度，还要了解和遵守国外的法律制度及有关的国际法规、惯例和准则。只有了解并掌握了这些国家的有关贸易政策，才能制定有效的营销对策，在国际营销中争取主动。

五、科学技术环境

科学技术是生产力。马克思曾指出："生产力中也包括科学"，并且说："固定资本的发展表明，一般社会知识，已经在很大的程度上变成了直接的生产力。科学技术创造了许多奇迹，使得人类生活更美好，文明得以延续发展。如红霉素、身体手术、微整容等；技术还造出了诸如飞机、电脑、手机等我们生活必不可少的东西。目前，科学技术的发展趋势呈现出以下特点：

1．科技发展促进社会经济结构的调整

每一种新技术都会给某些企业造成新的市场机会，因而会产生新的行业，同时，还会给某些行业的企业造成环境威胁，使这些旧行业受到冲击甚至被淘汰。例如，特斯拉汽车的出现，无疑在一定程度上将会传统的汽车市场，迫使传统的汽车厂商变革发展新能源汽车，减少汽车带来的污染，从而实现"0"排放的愿望。

实例 3-2

特斯拉(Tesla)，是一家美国电动车及能源公司，产销电动车、太阳能板及储能设备。总部位于美国加利福尼亚州硅谷帕洛阿尔托(Palo Alto)。

特斯拉第一款汽车产品 Roadster 发布于 2008 年，为一款两门运动型跑车。2012 年，特斯拉发布了其第二款汽车产品——Model S，一款四门纯电动豪华轿跑车；第三款汽车产品为 Model X，豪华纯电动 SUV，于 2015 年 9 月开始交付。特斯拉的下一款汽车为 Model 3，首次公开于 2016 年 3 月，并将于 2017 年末开始交付。

特斯拉首席执行官伊隆马斯克表示，特斯拉努力为每一个普通消费者提供其消费能力范围内的纯电动车辆；特斯拉的愿景，是加速全球向可持续能源的转变。

腾讯在 2017 年 3 月份以 17.78 亿美元收购了特斯拉 816.75 万股股票，持股比例为 5%。完成收购后，腾讯将成为特斯拉第五大股东。

（资料来源：1. 大手笔！腾讯 18 亿美元收购特斯拉 5%股份，搜狐汽车，http://auto.sohu.com/20170329/n485458465.shtml，2017-03-29. 2. 特斯拉的历史，尚潮，http://www.shangc.net/auto/2017/0329/27113438_3.html，2017-03-29.）

2．新技术影响零售商业结构和消费习惯

新技术会影响零售商业结构和购物人的消费习惯。随着移动网络时代的到来和手机技术的发展，"手机购物"已经替代传统的电脑网络购物这一购买方式，成为当代人的新宠。人们可以随时随地利用手机订购车票、订宾馆房间、订花，甚至订餐。企业也可以利用微信公众号进行广告宣传、网络调研和网络营销。移动网络直接影响着零售商业结构，未来移动电子商务将成为商业活动的主流。

3．科技发展影响企业营销组合策略的创新

科技发展使新产品不断涌现，产品寿命周期明显缩短，要求企业必须关注新产品的开发，加速产品的更新换代。科技的发展和运用降低了产品成本，使产品价格下降，并能快速掌握价格信息，要求企业及时做好价格调整工作。科技发展促进流通方式的现代化，要求企业采用顾客自我服务和各种直销方式。科技发展使广告媒体多样化，信息传播快速化，市场范围更加广阔，促销方式更加灵活。为此，科技发展要求企业不断分析科技新发展，创新营销组合策略，适应市场营销的新变化。

六、社会文化环境

社会文化环境，是指在一种社会形态下已经形成的信息、价值、观念、宗教信仰、道德规范、审美观念以及世代相传的风俗习惯等被社会所公认的各种行为规范。社会文化强烈影响着消费者的购买行为，社会文化环境对营销工作的影响主要体现在以下方面：

1．教育状况

消费者教育程度的高低，影响消费者对商品功能、款式、包装和服务要求的差异性。通常文化教育水平高的国家或地区的消费者要求商品包装典雅华贵、对附加功能也有一定的要求。因此企业开展的市场开发、产品定价和促销等活动都要考虑到消费者所受教育程度的高低，采取不同的营销策略。

2．宗教信仰

宗教是构成社会文化的重要因素，也是影响人们消费行为的重要因素之一。不同宗教在思想观念、生活方式、宗教活动、禁忌等方面各有其特殊的传统，某些宗教组织甚至在教徒购买决策中有决定性的影响，这将直接影响着宗教人群的消费习惯和消费需求。企业在营销活动中要注意不同的宗教信仰，尊重宗教信仰，以避免由于矛盾和冲突给企业营销活动带来的损失。

3．价值观念

价值观念是指人们对社会生活中各种事物的态度和看法。不同文化背景下，人们的价值观念往往有着很大的差异，消费者对商品的色彩、标识、式样以及促销方式都有自己褒贬不同的意见和态度。企业营销必须根据消费者不同的价值观念来设计产品，提供服务。

4．消费习俗

消费习俗是指人们在长期的经济与社会活动中所形成的一种消费方式与习惯。不同的国家、不同的民族有着不同的社会习俗和道德观念，从而会影响人们的消费方式和购买偏好，进而影响企业的经营方式。如西方国家的人们以超前性、享受性消费为主流，而我国

人民长期以来形成积蓄习惯,注重商品的实用性。另外,每个国家或地区都有自己的禁忌,营销管理者应做到入国问禁入乡随俗。因此,企业营销者应考虑不同国家不同民族人们的传统习俗与禁忌,做出有针对性的营销决策。

📖知识拓展 3-5

德国人严谨;墨西哥人视黄花为死亡,红花为晦气,白花可以驱邪;匈牙利人忌讳数字"13";日本人忌讳数字"14",忌荷花、梅花的图案,也忌用绿色;我国在肉食方面,壮族(偏僻山区)忌食牛肉,土家族(湖北西部)忌食狗肉,回族禁食猪肉,羌族(产妇)禁食马肉,蒙古族忌食虾、蟹、鱼、海产品等。

(资料来源:各国禁忌谱. 360 文库,http://www.360doc.com/content/11/0205/20/1003261_90865509.shtml,2011-02-05.)

第三节 市场营销微观环境

市场营销微观环境是指与企业紧密相连、直接影响企业营销能力和效率的各种力量和因素的总和,主要包括供应商、营销中介、顾客、竞争者及社会公众。这些因素与企业有着双向的运作关系,在一定程度上,企业可以对其进行控制或施加影响。

企业市场营销微观环境还包含企业内部的物质、文化环境如企业资源、企业能力、企业文化等因素,这些因素也称企业内部条件。企业内部环境是企业经营的基础,是制定战略的出发点、依据和条件,是竞争取胜的根本。企业内部环境或条件分析的目的在于掌握企业历史和目前的状况,明确企业所具有的优势和劣势。这有助于企业制定有针对性的战略,有效地利用自身资源,发挥企业的优势;同时避免企业的劣势,或采取积极的态度改进企业劣势。

一、供应商

供应商是指在企业进行生产所需时提供特定的原材料、辅助材料、设备、能源、劳务、资金等资源的供货单位。这些资源的变化直接影响到企业产品的产量、质量以及利润,从而影响企业营销计划和营销目标的完成。原材料、零部件、能源及机器设备等货源的保证供应,是企业营销活动顺利进行的前提。因此,企业与供应商必须建立良好的合作关系,为提高市场营销水平共同努力。

供应的货物价格变化会直接影响企业产品的生产成本。如果供应商提高原材料价格,必然会导致生产企业产品成本上升,生产企业如提高产品价格,可能会影响产品销售。如果价格不变的话,则企业的利润又会减少。因此,企业应密切关注和分析供应商货物价格变化趋势,以便积极应对。

供应商能否供应质量可靠的生产资料将直接影响到企业产品的质量,从而会进一步影响到产品的销售量、企业利润及信誉。例如劣质的手机电池使得手机在使用过程中充满危险，发生爆炸，使手机变为了"手雷"。因此，企业应了解供应商的产品，分析其产品的质量标准，从而保证自己产品的质量。

二、营销中介

营销中介是指为企业营销活动提供各种服务的企业或部门。营销中介对企业营销产生直接的、重大的影响，只有通过有关营销中介所提供的服务，企业才能把产品顺利地送达到目标消费者手中。

1. 中间商

中间商是把产品从生产领域转向消费领域的环节或渠道，主要包括批发商和零售商两大类。中间商对企业营销具有极其重要的影响，它能帮助企业寻找目标顾客，为产品打开销路，同时为顾客创造效用。为此，企业应根据自身情况选择适合自己的中间商，企业不仅要与中间商建立良好的合作关系，而且还必须了解和分析中间商的经营活动。

2. 营销服务机构

营销服务机构是指在企业营销活动中提供专业服务的机构，例如广告公司、广告媒介、市场调研公司、营销咨询公司、财务公司等。这些机构对企业的营销活动会产生直接的影响，企业需要关注、分析这些服务机构，选择最能为本企业提供有效服务的机构。

3. 物流机构

物流机构是指帮助企业进行保管、储存、运输的机构，例如仓储公司、运输公司等。物流机构的主要任务是协助企业将产品实体运往销售目的地，完成产品空间位置的移动，同时还有协助保管和储存职能。物流机构是否经济、便利，直接影响企业营销效果。因此，在营销活动中，必须了解和研究物流机构及其业务变化动态。

知识拓展 3-6

2016 年，在快递业造就了 4000 亿元收入的同时，也成就了中国最早的五家快递业的上市企业。目前，圆通、中通、申通、韵达、顺丰五家率先上市的快递企业，市值总计超过 3000 亿元，五家创始人的身家在 2000 亿元以上。2016 年，全国快递服务企业业务量累计完成 313 亿件，同比增长 51%；业务收入累计完成 3974 亿元，同比增长 44%。

据新华社报道，国家邮政局 28 日发布 2016 年中国快递发展指数报告，我国快递业务量规模继续稳居世界首位，在全球占比超过四成，对世界快递业务量增长的贡献率达 60%。报告显示，2016 年快递支撑网络零售额超过 4 万亿元。

在 2016 年前三季度，民营快递企业完成业务量 190 亿件，同比增长 57%，业务收入完成 2248 亿元，同比增长 50%。国有快递企业业务量和业务收入分别完成 19 亿件和 280 亿元。从市场份额来看，民营快递企业继续保持绝对领先，其中业务量份额达 90%，业务收入份额达 83%。

（资料来源：4000 亿元背后，五家快递巨头的 5 年"上市奋战".搜狐科技，http：//it.sohu.com/20170330/n485690721.shtml，2017-03-30）

4．金融机构

金融机构是指为企业营销活动进行资金融通的机构，例如银行、信托公司、保险公司等。金融机构的主要功能是为企业营销活动提供融资及保险服务。在现代经济社会中，企业都要通过金融机构开展经营活动。金融机构业务活动的变化会影响企业的营销活动，比如银行贷款利率上升，会使企业成本增加；信贷资金来源受到限制，会使企业经营陷入困境。为此，企业应分析这些机构并与这些机构保持良好的关系，以保证融资及信贷业务的稳定和渠道的畅通。

三、顾客

在《现代汉语词典》中：顾客的"顾"是拜访、光顾的意思，"客"是指来宾、客人，还有以客礼相待的意思。国际标准化组织(ISO)将顾客定义为：接受产品的组织或个人。在市场营销学中顾客是指使用或接受企业最终产品或服务的消费者或用户，是企业营销活动的最终目标市场，也是营销活动的出发点和归宿。顾客是市场的主体，任何企业的产品和服务，只有得到了顾客的认可，才能赢得这个市场，现代营销强调把满足顾客需求作为企业营销管理的核心。

为便于深入研究各类市场的特点，国内顾客市场按购买动机可分为四种类型，即消费者市场顾客、生产者市场顾客、中间商市场顾客和政府市场顾客。消费者市场顾客是指为满足个人或家庭消费需求购买产品或服务的个人和家庭。生产者市场顾客是指为生产其他产品或服务，以赚取利润而购买产品或服务的组织。中间商市场顾客是指购买产品或服务以转售，并从中赢利的组织。政府市场顾客是指购买产品或服务，以提供公共服务或把这些产品及服务转让给其他需要的人的政府机构。

四、竞争者

对于一个企业来说，广义的竞争者是来自于多方面的。企业与自己的顾客、供应商之间，都存在着某种意义上的竞争关系。狭义地讲，竞争者是那些与本企业提供的产品或服务相类似、并且所服务的目标顾客也相似的其他企业，竞争是商品经济的必然现象。企业竞争对手的状况将直接影响企业营销活动。如竞争对手的营销策略及营销活动的变化就会直接影响企业营销，最为明显的是竞争对手的产品价格、广告宣传、促销手段的变化，以及产品的开发、销售服务的加强都将直接对企业造成威胁。为此，企业在制定营销策略前必须先弄清竞争对手，特别是同行业竞争对手的生产经营状况，做到知己知彼，有效地开展营销活动。从消费需求的角度划分，企业的竞争者分析包括：行业内竞争企业的数量；竞争企业的规模和能力；竞争企业对竞争产品的依赖程度；竞争企业所采取的营销策略；竞争企业供应渠道及销售渠道等。

五、社会公众

社会公众是指社会组织发生相互联系、作用，其成员面临共同问题、共同利益和共同要求的社会群体，如媒体公众、政府公众、社团公众、社区公众、一般公众及企业内部公众等。企业面对广大公众的态度，会帮助或妨碍企业营销活动的正常开展。因此，企业应采取积极措施，树立良好的企业形象，力求保持和主要公众之间的良好关系。

第四节 市场营销环境分析与企业对策

市场营销环境是企业经营活动的基础性条件，它对企业的生存和发展有着相当重要的影响。现代营销学认为，企业经营成败的关键，在于企业能否适应动态变化着的市场营销环境。由于社会经济总体水平的不断发展，当代企业外部环境的变化速度，远远超过企业内部各因素变化的速度。因此，企业的生存和发展，愈来愈取决于其适应外界环境变化的能力。既然"适者生存"是自然界演化的普遍法则，企业的市场营销活动也不例外。

一、市场机会与环境威胁

一个企业要进入某一行业或领域，不仅会面临很多发展机会，而且也会遇到一些阻力或威胁。因此，企业在进入某一行业或领域之前，需要对其所面临的市场机会和环境威胁做总体分析。

1．市场机会

市场机会是指市场上存在的尚未满足或尚未完全满足的需求，或者说是外界环境变化对企业产生的有利影响，它能够给企业带来发展的机会或使企业优势得到充分发挥。简单来说，机会就是指对企业富有吸引力，企业拥有竞争优势的领域。比如推行"低碳经济"政策，对新能源企业就是一种市场机会。

2．环境威胁

环境威胁是指外界环境变化对企业产生的不利影响，它给企业带来挑战，如果企业不采取措施，其市场地位将会受到冲击和动摇。环境威胁可能来自多方面，如国际经济方面，2007年爆发的美国次贷危机，给世界经济和贸易带来了巨大的负面影响，不少企业为此倒闭。

3．机会与威胁矩阵

分析机会与威胁，可以采用"机会与威胁矩阵图"对营销环境进行分析，如图3-2所示。

以横坐标表示机会水平高低，以纵坐标表示威胁水平高低，则会出现以下四种类型业务。

(1) 理想的业务即高机会和低威胁业务。对于理想业务，企业应看到机会难得，甚至转瞬即逝，因此，企业必须抓住机会，迅速行动。

(2) 冒险的业务，即高机会和高威胁业务。对于

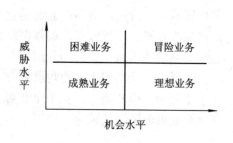

图3-2 机会/威胁矩阵图

冒险业务，企业既不能盲目冒进，也不能迟疑不决，而应全面分析自身优势和劣势，扬长避短和创造条件争取取得突破性发展。

(3) 成熟的业务，即低机会和低威胁业务。对于成熟业务，企业要么不进入，要么作

为常规业务用于维持企业的正常运转，并为开展理想业务和冒险业务准备条件。

（4）困难的业务，即低机会和高威胁业务。对于困难业务，企业不要进入；已经进入的企业，要么努力改变环境，走出困境或减轻威胁，要么立即转移，摆脱当前困境。

二、市场机会分析与对策

外界环境变化可能同时给企业带来若干个发展机会，但并非所有市场机会都对企业具有同样的吸引力。因此，企业应对各种市场机会进行分析和评价，并判断哪些市场机会对企业具有较大吸引力，哪些市场机会企业暂时不应考虑。

每个市场机会都可以按照潜在吸引力大小和成功概率高低进行分类。以横坐标表示成功概率高低，以纵坐标表示潜在吸引力大小，市场机会可以分为四种类型，如图 3-3 所示。

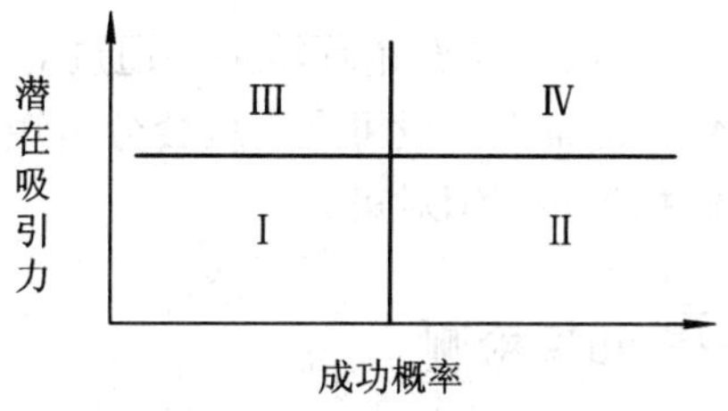

图 3-3　市场机会矩阵图

Ⅰ区域：成功概率低和潜在吸引力小的市场机会，企业应该放弃。

Ⅱ区域：成功概率高和潜在吸引力小的市场机会，中小企业应加以利用。

Ⅲ区域：潜在吸引力大和成功概率低的市场机会，企业应密切加以关注。

Ⅳ区域：潜在吸引力大和成功概率高的市场机会，企业应准备若干计划充分利用这种机会。

三、环境威胁分析与对策

一个企业往往面临着若干环境威胁，但并不是所有的环境威胁都一样大，这些威胁可以按照潜在严重性和出现的可能性加以分类。以横坐标表示环境威胁出现的可能性，以纵坐标表示环境威胁的潜在严重性，环境威胁也可以分为四种类型，如图 3-4 所示。

Ⅰ区域：潜在严重性和出现可能性都较小的环境威胁，企业可以不加理会。

Ⅱ区域：潜在严重性小和出现可能性大的环境威胁，企业应制定出应对计划。

Ⅲ区域：潜在严重性大和出现可能性小的环境威胁，企业不能掉以轻心，以免此种威胁变为现实。

图 3-4　市场威胁矩阵图

Ⅳ区域：潜在严重性和出现可能性都较大的威胁，企业应准备多个应变计划，并且计划应阐明在威胁出现之前或者当威胁出现时企业应采取的对策。

企业面对环境威胁通常可以采取以下对策：

（1）反抗。反抗是指企业采取措施限制或扭转不利因素的发展。

（2）减轻。减轻是指企业通过调整市场营销组合来改善适应环境的能力，以减轻环境威胁的严重性。

（3）转移。转移是指企业把业务转移到其他盈利较多的行业上去，实行多元化经营。

理论梳理

(1) 市场营销环境是指关系企业生存和发展、影响并制约企业营销战略的制定和实施的一切因素和力量的总和，它包括微观环境要素和宏观环境要素。市场营销环境一般具有客观性、动态性、相关性、差异性和不可控性等特点。

(2) 市场宏观环境要素，主要包括人口环境、经济环境、自然环境、科学技术环境、政治和法律环境、社会文化环境等多方面的因素，是不可控制的力量。

(3) 市场微观环境要素，主要包括企业自身、供应商、营销中介、顾客、竞争者以及社会公众等因素。

(4) 市场营销环境主要通过对企业构成威胁或提供机会来影响市场营销活动。企业的营销决策者一般可采用机会分析矩阵图和威胁分析矩阵图来分析当前的市场营销环境并采取相应的营销对策。

知识检测

(1) 市场营销环境的含义与特点。
(2) 市场营销微观环境。
(3) 市场营销宏观环境。
(4) 市场营销环境分析与企业对策。

案例分析

世界 500 强之一的媒体帝国——默多克新闻集团由传媒大亨鲁伯特·默多克(Rupert Murdoch)担任董事长兼首席执行官，控股电视、电影、书籍、杂志、网络以及报纸等多种行业，共拥有 175 种报纸、5 家杂志和 23 家电台，电视网横跨南北美洲、大洋洲、欧洲和亚洲，是当今世界上规模最大、国际化程度最高的综合性传媒公司之一，净资产超过 470 亿美元。

从上个世纪 80 年代中期开始，默多克已开始把他的触角向中国延伸。默多克第一次访问中国自称是以旅游者的身份，但事实上他的首次访华便促成了新闻集团与中国的第一次合作，新闻集团旗下的二十一世纪福克斯公司向中国中央电视台提供了包括《音乐之声》、《巴顿将军》等在内的 50 多部影片。现在，二十一世纪福克斯公司摄制的《泰坦尼克号》、《星球大战》等影片早已为中国观众所熟悉。

近几年，新闻集团在中国的发展步伐明显加快。1999 年 3 月，新闻集团北京代表处成立，同年 12 月，新闻集团亚洲全资子公司星空传媒在上海设立了代表处。尽管在 80 年代中期新闻集团已开始了与中国的正面接触，但真正拓展中国业务还是在 90 年代才开始的。如今，总部设在香港，辐射整个亚洲地区的综合传媒机构——星空传媒集团为新闻集团全资拥有的子公司，它通过卫星以 8 种语言向 53 个国家和地区提供多种平台内容和多元服务。在这几个频道中，与华人合作推出的凤凰卫视成为亚洲最成功的电视台之一。2001 年 12 月，新闻集团的全资子公司星空传媒旗下的星空卫视获准在中国广东落地，这也是中国首次将有线网落地权授予一个全新的境外频道。目前，中国观众可以直接或间接地收看到星空传媒 9 个频道的节目，其中包括很多人已经熟知的凤凰卫视中文频道、Channel[V]音乐频道和国家地理频道等。

一般来讲，投资媒体是长线投资，需要大量的投入，通常要有 5 到 10 年才能看到效果。在印度，新闻集团做了 8 年时间，现在开始有了较好的商业回报：如今在印度最受欢迎的50 个节目中，星空传媒的节目就占了其中的 46 个。有资料显示，除中国内地市场之外，星空传媒在亚洲其他市场已实现了全线盈利。星空传媒集团董事长兼首席执行官杰智·默多克也说："新闻集团的任何投资都是追求商业回报的，但在目前的中国，包括星空传媒在内的传媒集团眼光必须放长远一些。"但实际上，星空传媒在中国的业务也正在稳定增长。

新闻集团在中国的营销是很注重环境的，其中最重要的一点就是他针对中国市场的政治环境，坚持互信互利的原则，寻找与中国政府的共同点，力求在长期的合作中建立良好的信任关系。"与中国政府合作，关键是要互信和互利"，或者说新闻集团的成功秘诀就是"寻找双方的共同点，在长期的合作中建立良好的信任关系。"新闻集团一位人士说。事实证明，这种方式是有效的。星空传媒及其所属频道与中国 30 多个省市的有线台合作编播音乐、体育和人文地理节目，其中《神奇的地球》、《全球华语音乐榜中榜》等节目为广大观众所熟知。可以说，星空传媒已经被公认为深入中国市场最有效，与中国政府关系最好的国际传媒巨头。

如今，针对技术环境的快速变化，新闻集团密切关注大陆"数字化"动向，关注中国数字电视的推广，以寻找更大的商机。随着国内居民生活水平的不断提高，数字收费电视在我国将有很广阔的发展前途。同时，中国发展数字电视的时间表已经相当明确：2005 年全国四分之一的电视台将发射和传输数字电视信号；2008 年北京奥运会上向全世界传输数字高清晰度电视节目；2010 年主要大城市全面实现数字广播电视、东部相对发达地区普及数字电视；2015 年停止播出模拟广播电视。对星空传媒来说，将是难得的发展机遇。在这方面，新闻集团也可谓是行家里手，其经营的天空电视台是全世界最成功的收费电视台，而旗下的 NDS 有限公司则是世界领先的数字压缩和加密技术、互动电视技术、电视有条件接收系统的供应商。据报道，2002 年 NDS 公司已经与四川省广播电视网络公司合作，推出中国首例大范围用户的数字互动电视服务。除了技术上的优势，向来崇尚内容的新闻集团在内容提供上也已经有了良好的积累，星空传媒集团拥有全球最大的当代华语电影片库，收集逾千部汉语(包括粤语)影片，并已同多家优秀的汉语制片商以及众多好莱坞大制片集团商签约长期订购影片，享有独家首轮播放权。

我们知道，传媒行业壁垒是个难题，但是随着中国市场化程度的不断提高，市场机遇还是很大的。"主动、正面地与中国政策对接；以国际化的视野做地地道道的本土化节目。"这是默多克针对巨大的中国市场以及严格的管制制定的中国攻略，成功与否还需要未来时间的检验。

(资料来源：默多克集团之中国攻略. MBA 智库, http: //doc.mbalib.com/view/ 8a0fa3b78a4711c9c8a75a 34621e3d20.html，2016-01-25.)

讨论：

(1) 谈谈你对默多克新闻集团进入中国市场时"寻找与中国政府的共同点，在长期的合作中建立良好的信任关系"这一成功秘诀的看法？

(2) 你认为外国企业进入中国哪些产业或市场时更应关注政治、政策环境的分析？

(3) 默多克集团的中国攻略中令人印象最深的战略是"主动、正面地与中国政策对接；以国际化的视野做地地道道的本土化节目。"请你谈谈这一战略的理论依据。

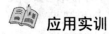 **应用实训**

实训目标：

复习巩固并掌握市场营销环境因素的主要内容，以及这些因素对企业营销活动带来的影响；企业应如何适应环境的变化规避风险，获得机会。

实训内容：

请对目前我国 1.6L 排量及以下小排量汽车的市场营销环境进行分析。

实训要求：

(1) 将班级同学划分为若干项目小组，小组规模一般是 4～7 人，分组时应考虑小组成员在知识、性格、技能方面的互补性。可指定小组长以协调小组的各项工作。

(2) 可利用网络等资源收集信息资料，充分了解当前节能环保型小排量汽车的有关法规，经销商的举措，居民的收入水平等因素。另外，明确小组成绩将作为每位小组成员的实训成绩。任课教师将及时检查学生参与讨论的进度和实际分析情况，提出必要的指导和建议，并组织同学进行沟通交流，还可针对共性问题在课堂上给予适当讲解。

(3) 课外收集资料，课堂讨论 2 学时，小组最终形成书面实训报告。

第四章

购买行为分析

/////////////////////////

知识目标

了解消费者市场的特点；理解影响消费者购买行为的因素；掌握消费者购买决策过程；了解组织市场购买行为。

能力目标

掌握影响消费者购买行为的因素；能够运用所学知识对消费者购买决策过程进行分析。

知识结构图

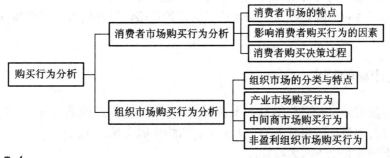

案例导读

从第一款国产 GPRS 手机厦新 A8698 诞生，到如今的华为、小米等"新国货"冲出国门，国内手机完成了一次又一次逆袭。中国制造(Made in China)是全球范围内对中国认知度很高的标签，对此很多有强烈家国情怀的人都深深地为"中国造"感到自豪与骄傲。就说手机了，很多人认为：买手机选择华为就是家国情怀的流露、热爱祖国的表现。为什么会这样呢？在知识产权、核心技术保护越来越被重视的今天，每一家企业都会极力维护自己的专利、核心技术权益。这也就使得国内崭露头角的手机厂商屡次因专利问题被起诉(有数据显示华为曾在 3 年时间内因专利问题被苹果微软联手起诉过 54 次之多)，或者是因未经授权获得相关专利的使用权而付出巨额资金。

国货当自强。中国就真的做不出一款属于自己的手机么？就该一直受尽国外巨头的打压甚至"凌辱"么？

众多的中国企业当中，一家民营通信科技公司站出来了，它就是华为。搞自主研发、申请专利，不知不觉华为成了全球拥有专利最多的公司。有数据显示：去年华为向苹果公司许可专利达到769项之多，苹果公司向华为支付专利费用竟然多达数亿美元。除了这些，华为自主研发的芯片麒麟960在测试中相关性能甩了苹果、三星很远，搭载自主研发芯片的手机走出国门，远销海外得到全球众多用户的认同。这一刻，华为为国人出了口气。我们知道，以BAT为代表的巨头大多受外国资本所控，而华为是一家中国民营企业。然而它也不仅仅只是一家中国的民营企业，或许我们应该称之为全球通讯产业龙头，因为其产品和解决方案已经应用于全球170多个国家，服务全球运营商50强中的45家及全球近1/3的人口(20近亿)，其营收将近7成来自海外。大多数人认为使用华为手机是爱国的表现。拥护国之荣耀的企业，这算得上是一种纯粹的家国情怀、爱国之心吧，不是吗？

(资料来源：买华为手机就是爱国，为什么那么多人会这样认为. 搜狐网, http://mt.sohu.com/20161108/n472556891.shtml，2016-11-08.)

第一节　消费者市场购买行为分析

消费者购买行为的研究是营销者必做的功课之一，企业要在市场竞争中适应市场、驾驭市场，必须掌握消费者购买行为的基本特征。通过对消费者购买行为的研究，准确分析影响消费者购买行为的因素，进而制定适当的营销策略，对营销者掌握市场营销的主动权具有重要的意义。

一、消费者市场的特点

消费者市场(Consumer Markets)，又称生活资料市场、最终产品市场。它是指所有为了满足个人消费而购买产品和服务的个人和家庭所构成的市场。

消费者市场具有以下六大特征：

1. 非盈利性

消费者购买商品是为了获得某种使用价值，满足自身的生活消费的需要，而不是为了盈利而去转手销售。

2. 非专业性

消费者一般缺乏专门的商品知识和市场知识。消费者在购买商品时，往往容易受厂家、商家广告宣传、促销方式、商品包装和服务态度的影响。

3. 层次性

由于消费者的收入水平不同，所处社会阶层不同，消费者的需求会表现出一定的层次性。一般来说，消费者总是先满足最基本的生存需要和安全需要，购买衣、食、住、行等生活必需品，而后才能视情况逐步满足较高层次的需要，购买享受型和发展型商品。

4．替代性

消费品中除了少数商品不可替代外，大多数商品都可找到替代品或可以互换使用的商品。因此，消费者市场中的商品有较强的替代性。

5．广泛性

消费者市场上，不仅购买人数众多，而且购买者地域分布广。从城市到乡村，从国内到国外，消费者市场无处不在。

6．流行性

消费需求不仅受消费者内在因素的影响，还会受环境、时尚、价值观等外在因素的影响。时代不同，消费者的需求也会随之不同，消费者市场中的商品具有一定的流行性。

二、影响消费者购买行为的因素

美国著名市场学家菲利普·科特勒认为，消费者购买行为是指人们为满足需求和欲望而寻找、选择、购买、使用、评价及处置产品、服务时介入的过程活动，包括消费者的主观心理活动和客观物质活动两个方面。消费者购买行为主要受到文化、社会、个人和心理因素的影响。

(一) 文化因素

1．文化

文化指人类在生活实践中建立起来的价值观念、道德、信仰、理想和其它有意义的象征的综合体。文化不能支配人们的生理需求，但是可以支配人们满足生理需求的方式。文化的差异引起的消费者行为的差异，表现为婚丧、服饰、饮食起居、建筑风格、节日、礼仪等物质和文化生活等各个方面的不同特点。

2．亚文化

一个社会的文化通常可以分为两个层次，一个是全体社会成员共有的基本文化，即主文化；一个是社会中某些群体所有的独特价值观和行为模式，即亚文化。所谓亚文化，就是指某一文化群体所属次级群体的成员共有的独特信念、价值观和生活习惯。小范围的文化是大环境的亚文化，但却是小小范围的主流文化。亚文化的分类大致如下：

(1) 民族亚文化。大部分国家由不同民族所构成。不同的民族，都各有其独特的风俗习惯和文化传统。民族亚文化对消费者行为的影响是巨大的、深远的。比如我国是一个统一的多民族国家，除汉族外，还有 50 多个少数民族，其中人口超过百万的就有 10 多个。各个民族在宗教信仰、爱好和生活习惯方面都有独特之处，尤其要注意的是，他们还有着不同的禁忌。

(2) 宗教亚文化。不同的宗教群体有不同的文化倾向、习俗和禁忌。

(3) 种族亚文化。白种人、黑种人、黄种人的不同需求、爱好和购买习惯。

(4) 地理亚文化。我们历来有南甜、北咸的食品调味传统。最简单的区分方法就是把我国分成两大部分，即南方和北方。在我们的刻板印象中，南方人聪明机灵，北方人热情直爽，南方人喜欢吃米饭，北方人喜欢吃面食等。

实例 4-1

星巴克(Starbucks)是美国一家连锁咖啡公司的名称，1971 年成立，是全球最大的咖啡连锁店，其总部坐落美国华盛顿州西雅图市。在很多亚洲国家代表着一种美式生活方式与咖啡理念。所以在各地开业之处，往往让人趋之若鹜。

2011 年 11 月星巴克在中原郑州第一家店的开业，群众排队百米。中原第一家星巴克在郑州国贸 360 广场开业。"千呼万唤始出来"，被中原时尚达人们望穿了秋水的"绿色美人鱼"星巴克，终于游进了郑州。

10 点钟，是国贸 360 广场开门营业的时间。紧邻 360 广场花园路入口，"必胜客"的隔壁，星巴克灯火辉煌、乐曲悠扬，门前开始排队；

10:30，队伍已排出 50 米开外；

10:50，队伍呈蜿蜒弯曲状，直线长度已超过百米。

11 点，第一批客人扑进星巴克，店内店外一片欢呼声，店内，有人点咖啡，还有不少人对 90 元一个的"城市杯"爱不释手；门外，两名保安在尽职尽责控制进店人流。

排队人群中，有手捧星巴克杯子、特意前来捧场的铁杆星巴克拥趸，有想喝星巴克咖啡、想买城市杯的星巴克爱好者，有想见识星巴克的好奇者，也有"凑热闹"的……有人边排队边呼朋唤友，有人现场忙着拍照发微博微信朋友圈。

(资料来源：星巴克郑州开业. 凤凰网，http://news.ifeng.com/society/2/detail_2011_11/19/10760548_0.shtml，2011-11-19.)

3．社会阶层

消费者均处于一定的社会阶层。同一社会阶层的消费者在行为、态度和价值观等方面具有同质性，不同社会阶层的消费者在这些方面存在较大的差异。社会阶层是依据经济、政治、教育、文化等多种社会因素所划分的社会集团。社会阶层不同于社会阶级，其划分的标准不仅仅是经济因素，还有其他各种社会因素。

（二）社会因素

社会因素包括参照群体、家庭、角色与地位。

1．参照群体

指的是那些直接或间接影响人的看法和行为关系的群体。参照群体可分为直接参照群体和间接参照群体。直接参照群体又称为成员群体，即某人所属的群体或与其有直接关系的群体。成员群体又分为首要群体和次要群体两种。首要群体是指与某人直接、经常接触的一群人，一般都是非正式群体，如家庭成员、亲戚、朋友、同事、邻居等。次要群体是对其成员影响并不很经常但一般都较为正式的群体，如社团组织、职业协会等。间接参照群体是指某人并不具有正式成员资格，但又受其影响的群体。这种参照群体又分为向往群体和厌恶群体。向往群体是指某人推崇的一些人或希望加入的群体，例如体育明星、影视明星就是其崇拜者的向往群体。厌恶群体是指某人讨厌或反对的一些人或群体。一个人总是不愿意与厌恶群体发生任何联系，在各方面都希望与其保持一定距离，甚至经常反其道而行之。企业应设法影响有关参照群体的意见领袖者。

2．家庭

对很多消费者来说，家庭是最重要的社会组织，它强烈影响着人们的价值观、人生态度、自我观念以及购买行为。家庭购买决策大致可分为三种类型：一人独自做主；全家参与意见，一人做主；全家共同决定。

3．角色与地位

每个消费者在工作和生活中都有一定的角色与地位，不同角色与地位必然对其消费行为产生一定的影响。

（三）个人因素

消费者购买决策也受其个人特性的影响，特别是受其年龄所处的生命周期阶段、职业、经济状况、生活方式、个性以及自我观念的影响。生活方式是一个人所表现的有关其活动、兴趣和看法的生活模式。个性是一个人所特有的心理特征，它导致一个人对其所处环境的相对一致和持续不断的反应。

1．经济因素

消费者购买行为首先受其自身经济因素的影响，这些因素主要包括：消费者的经济状况，即消费者的工资、储蓄与资产、信贷能力等。

消费者的消费水平和消费范围受到消费者的经济状况的影响，并且消费者的需求层次和购买能力也是如此。消费者经济状况较好，就可能产生较高层次的需求，购买较高档次的商品，享受较为高级的消费。相反，消费者经济状况较差，通常只能优先满足衣食住行等基本生活需求。

知识拓展 4-1

根据欧睿国际(Euromonitor International)最新数据显示，除亚洲地区以外，全球奢侈品销售额预计将在 2017 年增速会有所放缓。其中中国地区奢侈品销售收入在连续三年出现负增长后，今年已开始逐渐复苏，预计达到 760 亿美元，也就是说，中国将成为全球第二大奢侈品市场。同时，欧睿国际预测，中国将在 5 年内超越美国成全球最大奢侈品市场。

(资料来源：寒冬已过，奢侈品销售回暖，中国将成最大市场. 搜狐网，http://mt.sohu.com/20161207/n475210758.shtml，2016-12-07.)

2．消费者的职业和地位

不同职业的消费者，对于商品的需求与爱好往往不尽一致。一个从事文化类职业的消费者，一般会较多地购买书报杂志等文化商品；而对于时尚类的职业来说，漂亮的服饰和高雅的化妆品则更为需求。消费者的地位不同也影响着其对商品的购买。身在高位的消费者，将会购买能够显示其身份与地位的较高级的商品。

3．消费者的年龄与性别

消费者对产品的需求会随着年龄的增长而变化，在生命周期的不同阶段，相应需求各种不同的商品。如在幼年期，需求婴儿食品、玩具等。而在老年期，则更多需求保健和延年益寿产品。不同性别的消费者，其购买行为也有很大差异。烟酒类产品较多为男性消费者购买，而女性消费者则喜欢购买时装、首饰和化妆品等。

4．消费者的生活方式

生活方式是一个人生活的形式。企业可以通过调查消费者的"AIO 尺度"来了解消费者的生活方式，"AIO 尺度"即活动(activity：工作、爱好、购物、运动、社会活动)、兴趣(interest：食物、时尚、家庭、娱乐)及观念(opinion：关于自己的、社会问题的、商业的、产品的)。

(四) 心理因素

人的行为是受其心理活动支配和控制的。所以，消费的活动中，尽管消费者的购买行为千差万别，但都建立在心理因素的基础上，消费者购买行为要受其个人的需求、知觉、学习以及信念和态度等主要因素的影响。

1．需求

心理学研究表明，人的需求是由于人们自身缺乏某种生理或心理因素而产生的与周围环境的某种不平衡的状态。人们的需求确定了人们行为的目标。因此，需求是推动人们活动的内在驱动力。

美国著名的心理学家马斯洛(A·H·Maslow)在 1951 年提出了"需求层次论"。他根据人们对需求的不同程度，把需求分成若干层次，即生理需求、安全需求、社会需求、尊重需求和自我实现需求(见图 4-1)。根据马斯洛的"需求层次论"，并经过长期的实际观察，证明了人的各种需求具有以下三个特点：

(1) 人总是有需求的。

(2) 人的需求是由低级向高级发展的。

(3) 只有满足了低层次的需求，才能产生高一层次的需求。

图 4-1　马斯洛需求理论

知识拓展 4-2

亚伯拉罕·马斯洛是美国著名社会心理学家，第三代心理学的开创者，提出了融合精神分析心理学和行为主义心理学的人本主义心理学，其中融合了其美学思想。他的主要成就包括提出了人本主义心理学，提出了马斯洛需求层次理论，代表作品有《动机和人格》、《存在心理学探索》、《人性能达到的境界》等

(资料来源：马斯洛. 网络营销学，http://www.wm23.com/wiki/41471.htm，2012-11-18.)

2. 知觉

人们之所以对同一刺激物产生不同的知觉，是因为人们要经历三种知觉过程：

(1) 选择性注意。选择性注意是指在外界诸多刺激中仅仅注意到某些刺激或刺激的某些方面，而忽略了其他刺激。

(2) 选择性扭曲。选择性扭曲是指人们有选择地将某些信息加以扭曲，使之符合自己的意向。在消费品购买中，受选择性扭曲的影响，人们往往会忽视所喜爱品牌的缺点和其他品牌的优点。

(3) 选择性保留。选择性保留是指人们倾向于保留那些与其态度和信念相符的信息。

实例 4-2

农夫山泉已经走过 20 年，进入中国饮用水市场的前三甲。《2016 中国民营企业 500 强》榜单发布，单农夫山泉股份有限公司就以 109.11 亿(2015 年数据)名列榜单第 460 位。而 2016 年前 8 个月销售额超 100 亿，新品茶 π 独占 10 亿。

农夫山泉的"味道有点甜"、"我们不生产水，我们是大自然的搬运工"更是令人拍案叫绝。

2016 年农夫山泉推出新产品茶 π 时，更是破天荒的启用了明星代言，钟睒睒选择的是韩国著名男团 BIGBANG，主攻年轻人市场。在短短 2 分钟的视频里，从 BIGBANG 成员自小学六年级接受练习生训练讲起，背后付出了难以想象的艰辛和汗水，不动摇不放弃直到站在世界的舞台上，直到最后才出现广告语"茶 π，自成一派"。

视频所呈现的锲而不舍的精神和农夫山泉完美契合。此条广告上线 20 小时，就达到了 40 万的播放量，年轻粉丝慕名购买的比比皆是。

农夫山泉的成长史，就是一路打过来的水江湖混战史。每次的"水仗"，事后看来都是一次事件营销，无论誉谤，都直接拓展了农夫山泉的市场份额。

2000 年的纯净水大战，就是一例。在此前，中国瓶装水市场一直是纯净水的天堂。

"原本打算的只是常规发布，直到新闻发布会的前夜，大家还没想出好的新闻点。"但一夜过后，钟睒睒在发布会上的发言令人目瞪口呆。在大部分员工都不知情的情况下，他突然抛出了一个"大新闻"，决定停止生产纯净水，因为经过实验证明，纯净水对健康并无益处。

2007 年，农夫山泉又盯上了新对手，引爆了第二场水战。这次是份额猛增的行业新老大康师傅。当时康师傅矿物质水已达到年销售几十亿的市场份额。

从最初简单大方的红白两色开始，农夫山泉让人"倍感舒服"的包装就一直为人称道。2004 年推出了首款功能饮料"尖叫"，创新的瓶盖设计和"让你心跳，不如让你尖叫"的广告语赢得了一大批青少年的追捧，这也让农夫山泉在功能饮料的市场上博得头筹。

从"东方树叶"再到"打奶茶"每一次新产品的上市都伴随着让人耳目一新的独特包装，品质优、外形美，想不爱都难。

在稳定了低端市场后，钟睒睒开始转向高层次，正式进军高端水行列。

2015 年 2 月 1 日，农夫山泉在长白山抚松工厂举行了新品发布会，宣布推出三款新产品，分别是：农夫山泉玻璃瓶高端水、农夫山泉儿童天然饮用水和农夫山泉学生天然矿泉水。

在这三款水的外包装方面个个别出心裁，农夫山泉高端水的瓶身是钟睒睒邀请了 5 位国际顶尖设计大腕历时 5 年，反复修改了 58 稿后呈现的样子，瓶身的图案上有 8 种长白山特有的野生动植物。

两次水战后，农夫山泉受益巨大。数据显示，截至 2012 年底，农夫山泉系列产品销售第一次突破了百亿。

（资料来源：我喝了这么多年农夫山泉，原来幕后老板这么厉害. 搜狐网，http://mt.sohu.com/20170325/n484756619.shtml，2017-03-25.）

3. 学习

人类行为大都来源于学习。一个人的学习是通过驱使力、刺激物、诱因、反应和强化的相互影响而产生的。学习是指由于经验引起的个人行为的改变。即消费者在购买和使用商品的实践中，逐步获得和积累经验，并根据经验调整自己购买行为的过程。学习是通过驱使力、刺激物、提示物、反应和强化的相互影响、相互作用而进行的。

所谓驱使力，是指存在于人体内驱使人们产生行动的内在刺激力，即内在需求。心理学家把驱使力分为原始驱使力和学习驱使力两种。原始驱使力指先天形成的内在刺激力，如饥、渴等。学习驱使力指后天形成的内在刺激力，如骄傲、贪婪等。

所谓刺激物，是指可以满足内在驱使力的物品。比如，人们感到饥渴时，饮料和食物就是刺激物。如果内在驱使力得不到满足，就会处于紧张情绪中，只有相应刺激物可以使之恢复平静。当驱使力发生作用并寻找相应刺激物时，就成为动机。

所谓诱因，是指刺激物所具有的能驱使人们产生一定行为的外在刺激，可分为正诱因和负诱因。正诱因指吸引消费者购买的因素，负诱因指引起消费者反感或回避的因素。所有营销因素均可成为诱因，如刺激物的品种、性能、质量、商标、包装等。

所谓反应，是驱使力对具有一定诱因的刺激物所发生的反射行为。

📖 知识拓展 4-3

粉丝经济泛指架构在粉丝和被关注者关系之上的经营性创收行为，是一种通过提升用户黏性并以口碑营销形式获取经济利益与社会效益的商业运作模式。以前，被关注者多为明星、偶像和行业名人等，比如，在音乐产业中的粉丝购买歌星专辑、演唱会门票，以及明星所喜欢或代言的商品等。现在，互联网突破了时间、空间上的束缚，粉丝经济被宽泛地应用于文化娱乐、销售商品、提供服务等多领域。商家借助一定的平台，通过某个兴趣点聚集朋友圈、粉丝圈，给粉丝用户提供多样化、个性化的商品和服务，最终转化成消费，实现盈利。

（资料来源：消费升级，Harries. http://www.liuhaihua.cn/archives/416631.html，2016-01-25.）

4. 信念和态度

通过行为和学习，人们获得了自己的信念和态度，而信念和态度又反过来影响人们的购买行为。

信念是指一个人对某些事物所持有的描述性思想。企业应关注人们头脑中对其产品或服务所持有的信念，即本企业产品和品牌的总体形象。

态度是指一个人对某些事物或观念长期持有的好与坏的认识上的评价、情感上的感受和行动倾向。态度的基本特性是持久性和广泛性。

品牌信念、评估品牌和购买意向构成了消费者态度。品牌信念是态度的认知成分，评估品牌是态度的情绪或情感成分，购买意向是态度的意动成分或行为成分。

三、消费者购买决策过程

(一) 消费者购买决策过程的参与者

消费者购买过程(The Buyer Decision Process)是指消费者谨慎地评价某一产品、品牌或服务的属性并进行选择、购买能满足某一特定需求的产品的过程。人们在购买决策过程中可能扮演不同的角色，包括：发起者、影响者、决策者、购买者、使用者。

发起者，即首先提出或有意向购买某一产品或服务的人。

影响者，即其看法或建议对最终决策具有一定影响的人。

决策者，即对是否买、为何买、如何买、何处买等购买决策作出完全或部分决定的人。

购买者，即实际采购人。

使用者，即实际消费或使用产品或服务的人。

知识拓展 4-4

消费者的购买行为按照购物目的的不同可分为个人购物和家庭购物两种模式。个人购物是为了个人消费而购买产品，而家庭购物则是为了家庭成员共同使用购买产品。当消费者进行个人购物时，可能同时扮演上述五种角色，而在进行家庭购物时，往往是由家庭成员承担不同的决策参与角色，而且随着购买环境和产品的不同，家庭成员在购买决策过程中的角色往往也会发生变化。

(资料来源：市场营销学资料. 三亿文库，http://3y.uu456.com/bp_26awq8nv2g4m0xd0pdss_2.html，2016-01-25.)

(二) 消费者购买行为类型

消费者购买决策随着购买行为类型的不同而变化。科特勒 (Kotler)根据阿萨尔(Assael)的研究，根据消费购买过程中参与者的介入程度和品牌差异程度，将消费者购买行为划分为四种类型：

1. 复杂型的购买行为

如果消费者属于高度参与，并且了解现有各品牌、品种和规格之间具有的显著差异，则会产生复杂的购买行为。由于对这些产品的性能缺乏了解，为慎重起见，他们往往需要广泛地收集有关信息，并经过认真地学习，产生对这一产品的信念，形成对品牌的态度，并慎重地做出购买决策。对这种类型的购买行为，企业应设法帮助消费者了解与该产品有关的知识，并让他们知道和确信本产品在比较重要的性能方面的特征及优势，使他们树立对本产品的信任感。

2. 减少失调型的购买行为

是指消费者并不广泛收集产品信息，并不精心挑选品牌，购买决策过程迅速而简单，但是在购买以后会认为自己所买产品具有某些缺陷或其他同类产品有更多的优点，进而产生失调感，肯定或否定原先的购买决策。营销者要提供完善的售后服务，通过各种途径经常提供有利于本企业和产品的信息，使消费者相信自己的购买决策是正确的。

3. 寻求多样型的购买行为

指消费者购买产品有很大的随意性，并不深入收集信息和评估比较就决定购买某一品牌，在消费时才加以评估，但是在下次购买时又转换其他品牌。转换的原因是厌倦原口味或想试试新口味，是寻求产品的多样性而不一定有不满意之处。对于寻求多样化的购买行为，市场领导者和挑战者的营销策略是不同的。市场领导者力图通过占有货架、避免脱销和提醒购买的广告来鼓励消费者形成习惯性购买。而挑战者则以较低的价格、折扣、赠券、免费赠送样品和强调实用新品牌的广告来鼓励消费者改变原习惯性购买行为。

4. 习惯型的购买行为

指消费者只是习惯于购买自己熟悉的品牌，在购买后可能评价也可能不评价产品。消费者有时购买某一商品，并不是因为特别偏爱某一品牌，而是出于习惯。利用价格与销售促进吸引消费者使用，开展大量重复性广告，加深消费者印象，增加购买参与程度和品牌差异。

(三) 消费者购买过程

消费者购买过程是指消费者谨慎地评价某一产品、品牌或服务的属性并进行选择、购买能满足某一特定需求的产品的过程。在复杂的购买行为过程中，消费者购买决策过程由引起需求、收集信息、评价方案、决定购买、购后感觉和行为五个阶段构成。

1. 引起需求

消费者的需求往往由两种刺激引起，即内部刺激和外部刺激。营销人员应注意识别引起消费者某种需求和兴趣的环境，并充分注意到两方面的问题：一是注意了解那些与本企业的产品实际上或潜在地有关联的驱使力；二是消费者对某种产品的需求强度，会随着时间的推移而变动，并且被一些诱因所触发。在此基础上，企业还要善于安排诱因，促使消费者对企业产品产生强烈的需求，并立即采取购买行动。

2. 收集信息

一般来讲，引起的需要不是马上就能满足的，消费者需要寻找某些信息。消费者信息来源主要有个人来源(家庭、朋友、邻居、熟人)、商业来源(广告、推销员、经销商、包装、展览)、公共来源(大众传播媒体、消费者评审组织等)、经验来源(处理、检查和使用产品)等。营销人员应对消费者使用的信息来源认真加以识别，并评价其各自的重要程度，以及询问消费者最初接到品牌信息时有何感觉等。

3．评价方案

消费者对产品的判断大都是建立在自觉和理性基础之上的。消费者的评价行为一般要涉及以下几个问题：

(1) 产品属性，即产品能够满足消费者需要的特性，如计算机的存储能力、图像显示能力、软件的适用性等。但消费者不一定将产品的所有属性都视为同等重要。营销人员应分析本企业产品应具备哪些属性，以及不同类型的消费者分别对哪些属性感兴趣，以便进行市场细分，对不同需求的消费者提供具有不同属性的产品。

(2) 属性权重，即消费者对产品有关属性所赋予的不同的重要性权数。消费者被问及如何考虑某一产品属性时立刻想到的属性，叫做产品的特色属性。但特色属性不一定是最重要的属性。在非特色属性中，有些可能被消费者遗忘，而一旦被提及，消费者就会认识到它的重要性。市场营销人员应更多地关心属性权重，而不是属性特色。

(3) 品牌信念，即消费者对某品牌优劣程度的总体看法。由于消费者个人经验、选择性注意、选择性扭曲以及选择性保留的影响，其品牌信念可能与产品的真实属性并不一致。

(4) 效用函数，即描述消费者所期望的产品满足感随产品属性的不同而有所变化的函数关系。它与品牌信念的联系是，品牌信念指消费者对某品牌的某一属性已达到何种水平的评价，而效用函数则表明消费者要求该属性达到何种水平他才会接受。

(5) 评价模型，即消费者对不同品牌进行评价和选择的程序和方法。

(四) 决定购买

评价行为会使消费者对可供选择的品牌形成某种偏好，从而形成购买意图，进而购买所偏好的品牌。但是，在购买意图和决定购买之间，有两种因素会起作用：一是别人的态度，二是意外情况。也就是说，偏好和购买意图并不总是导致实际购买，尽管二者对购买行为有直接影响。消费者修正、推迟或者回避做出某一购买决定，往往是受到了可觉察风险的影响。可觉察风险的大小随着冒这一风险所支付的价格高低、不确定属性的比例以及消费者的自信程度而变化。营销人员必须了解引起消费者风险感的那些因素，进而采取措施来减少消费者的可觉察风险。

知识拓展 4-5

在日常生活中，很多家庭每天都要做出很多的购买决策。在这些购买决策中，有的极为重要，如购买何种汽车，搬家到何处以及去哪里度假等。另一些决策则普通得多，如决定午餐吃什么。

家庭购买决策是指由两个或两个以上家庭成员直接或间接作出购买决定的过程。家庭购买决策研究中的一个重要问题是，对于不同产品的购买，家庭决策是以什么方式作出的，谁在决策中发挥最大的影响力。戴维斯(H.Davis)等人在比利时作的一个研究识别了家庭购买决策的 4 种方式：

(1) 妻子主导型。在决定购买什么的问题上，妻子起主导作用。
(2) 丈夫主导型。在决定购买什么的问题上，丈夫起主导作用。

(3) 自主型。对于不太重要的购买，可由丈夫或妻子独立作出决定。

(4) 联合型。丈夫和妻子共同作出购买决策。

(资料来源：家庭购买决策. 经理人分享，http://www.managershare.com/wiki/家庭购买决策，2016-01-25.)

(五) 购后行为

消费者在购买产品后会产生某种程度的满意感和不满意感，进而采取一些使营销人员感兴趣的购后行为。所以，产品在被购买之后，就进入了购后阶段。此时，营销人员的工作并没有结束。购买者对其购买活动的满意感(S)是其产品期望(E)和该产品可觉察性能(P)的函数，即 $S=f(E, P)$。若 $E=P$，则消费者会满意；若 $E>P$，则消费者不满意；若 $E<P$，则消费者会非常满意。消费者对其购买的产品是否满意，将影响到以后的购买行为。如果对产品满意，则在下一次购买中可能继续采购该产品，并向其他人宣传该产品的优点。如果对产品不满意，则会尽量减少不和谐感，因为人类都有一种在自己的意见、知识和价值观之间建立协调性、一致性或和谐性的驱使力。具有不和谐感的消费者可以通过放弃或退货来减少不和谐，也可以通过寻求证实产品价值比其价格高的有关信息来减少不和谐感。营销人员应采取有效措施尽量减少购买者购后不满意的程度，因为过去的品牌选择对于未来品牌偏好起强化作用。

实例 4-3

2011 年 9 月开始，老罗英语培训创始人罗永浩连续发布微博，指西门子冰箱存在"门关不严"问题。罗永浩的微博很快得到众多西门子用户的响应，最终形成西门子用户集体维权行动。

2011 年 11 月 20 日，以罗永浩为首的西门子冰箱用户，到西门子公司北京总部进行"维权"，现场砸了三台冰箱。当天晚间，西门子中国官方回应称，所涉冰箱产品系合资公司博西家电独立生产、销售并提供售后服务，产品并无质量问题。罗兰·盖尔克称，除了向消费者道歉外，西门子家电的员工还将尽快解决消费者所遇到的问题。"首先，我们在下周(本周)内，将专门开通微博客户服务平台，用于解决用户的网络投诉和维修申请。其次，我们将为每位遇到冰箱门关闭问题的消费者提供免费上门检测服务。不论您的冰箱是否在保修期内，都可以享受这项免费上门服务。第三，如果消费者觉得冰箱门不能轻松关上，在条件允许情况下，我们也可以为您的冰箱加装一个闭门器，这项服务也是完全免费的。"

(资料来源：指西门子冰箱"门关不严" 罗永浩砸冰箱维权. 每经网，http://www.nbd.com.cn/articles/2011-11-20/617578.html，2011-11-20.)

第二节　组织市场购买行为

组织市场购买行为是指各类组织机构确定其对产品和服务的需要，并在可供选择的品牌与供应商之间进行识别、评价和挑选的决策过程。组织市场是指购买商品或服务以用于生产性消费，以及转卖、出租，或用于其他非生活性消费的企业或社会团体。

一、组织市场的分类与特点

组织市场是由各种组织机构形成的对企业产品和劳务需求的总和。

(一) 组织市场的分类

(1) 产业市场。所谓产业市场，又叫生产者市场或企业组织市场。它是指一切购买产品和服务并将之用于生产其他产品或劳务，以供销售、出租或供应给他人的个人和组织。通常由以下产业所组成：农业；林业；水产业；制造业；建筑业；通讯业；公用事业；银行业、金融业和保险业等。

(2) 中间商市场。所谓中间商市场，是指那些通过购买商品和服务并转售或出租给他人来获取利润的个人或组织。中间商不提供形式效用，而是提供时间效用、地点效用和占有效用。中间商市场由各种批发商和零售商组成。

(3) 非营利组织市场。所谓非盈利组织市场，是指为了维持正常运作和履行职能而购买产品和服务的各类非营利组织所构成的市场。

(二) 组织市场的特点

组织市场和消费者市场虽然相关，却截然不同。因此，搞清楚组织市场的特征有助于区分组织市场和消费者市场，特别是那些与消费者市场特别相似的组织市场。

1. 组织市场的规模化

通常组织市场的消费者数量较消费者市场的少，并且每个消费者每次交易的规模和价值相对比较大。同时组织市场的购买者往往集中在某些区域，以至于这些区域的业务用品购买量在全国市场中占据相当的比重。例如，中国汽车业的零部件供应商把产品卖给为数不多的几个汽车制造企业：一汽集团、上汽集团、北汽集团、广汽集团和东风集团等，它们多集中在北京、上海、广州、武汉等地。显然每个消费者对于供应商都是十分重要的，如果失去任何一个消费者，这将严重的影响供应企业的销售额。大客户一般都是很重要的，要设法与他们建立密切长期的关系，有时要有专门为大消费者服务的营销队伍，进行多次长期的访问，从而赢取并保持持续的订单。

2. 组织市场的复杂化

组织市场在总交易量、每笔交易的当事人数、客户经营活动的规模和多样性、生产阶段的数量和持续时间等方面，要比消费者市场大得多、复杂得多。此外，组织市场的数量并不受其下游消费者市场数量的限制，因为有些组织不参加任何消费者市场。一些组织对消费者提供服务而不直接收取费用(如慈善机构、教堂、学会等)，另外有些组织中则根本看不到消费者这一角色的作用(如军队)。

3. 组织市场需求缺乏弹性

组织市场通过一系列的增值阶段为消费者市场提供产品，所以对最终消费的需求是引发组织市场供给的最终力量。组织市场的需求是从组织市场到消费者市场间各增值阶段一系列需求的派生。例如，出版社用纸市场的需求取决于对书籍和杂志的需求。如果对于最终消费品需求疲软，那么对所有用以生产这些消费品的企业产品的需求也将下降。组织市场的供应商必须密切关注最终消费者的购买类型和影响他们的各种环境因素。

组织市场对产品或服务的总需求量受价格波动影响较小。一般来说，原材料的价值越低或原材料成本在制成品成本中所占的比重越小，其需求弹性就越小。在短期内组织市场的需求特别无弹性，因为任何组织不能随时对其生产方式或运营模式做许多变动。

人们对企业用品和服务的需求要比对消费品及服务的需求更为多变。消费品需求增加一定比例，往往能够引起生产追加产出所必需的工厂和设备上升更大的比例。经济学家把这种现象称为加速原理。有时候，消费品需求仅上升 10%，却能在下一阶段引起企业用品需求上升 200%；而当消费品需求下降 10%，可能会在企业需求上造成雪崩。

4. 组织市场的专业化

由于组织市场具有购买者数量较少，而其购买规模较大的特性，与消费者市场相比，通常影响组织购买决策的人较多。大多数组织有专门的采购委员会，其由技术专家、高层管理人员和一些相关人员组成。特别在购买重要商品时，决策往往是由采购委员会中成员共同做出的。供应企业的营销人员不得不雇用一些受过精良训练、有专业知识和人际交往能力的销售代表和销售队伍，与经过专业训练、具有丰富专业知识的采购人员打交道。

由于专业性采购，且交易涉及的金额较大，组织购买者通常直接从生产厂商那里购买产品，而不经过中间商，那些技术复杂和价格昂贵的项目更是如此。同时，由于组织市场购买者处于谈判强有力的地位，可以让卖方做出让步，反过来购买自己产品。有些情况下，购买者要求卖方反过来购买自己的产品以确保订单的安全。

许多组织购买者日益转向大设备租赁，以取代直接购买。承租人能得到一系列好处：获得更多的可用资本，得到出租人最新的产品和上乘的服务以及一些税收利益。出租人则最终将得到较多的净收益，并有机会将产品出售给那些无力支付全部贷款的消费者。

(三) 组织市场与消费者市场的不同

主要消费对象不同：消费品市场是指个人或家庭为满足生活需要而购买商品或服务的市场。组织市场是指企业事业单位政府社团为生产办公或者服务需要购买商品或服务的市场。

市场需求不同：消费品市场需求是直接性的，是由消费者的直接需求产生的。组织市场需求是一种派生类的需求，是由消费市场派生出来的，因而最终也取决于消费市场需求。

需求弹性不同：虽然消费品市场和组织市场的需求弹性都较大，但是消费品市场需求弹性会因为价格、品种、规格、样式、品质、功能等因素上下浮动，已发生变化。组织市场的需求波动则是因为市场需求波动变化而变化，并且这种变化在短期内不可能回复或者反向波动。

规模、结构以及地理分布不同：消费品市场购买人数多，每次购买的商品数量少，因而市场交易次数频繁，交易场所多样。组织市场买主户数少，规模大的特点和自然条件、交通设施、市场竞争、历史原因等因素的影响导致产业分布趋向集中，组织市场买卖双方关系稳定，并常开展互购。

二、产业市场购买行为

产业市场购买行为是指一切购买产品或服务，并将之用于生产其他产品或服务，以供销售、出租或供应给他人消费的一种决策过程。

产业市场购买行为分析是提供生产资料产品企业营销的研究重点，只有了解了生产者购买行为特点，掌握生产者购买行为的规律性，才能制定相适应的市场营销组合策略，在满足生产者需求的同时，实现企业自身的营销目标

(一) 产业市场购买行为类型

产业市场的购买行为可以分为直接重购、修正重购和全新采购。

(1) 直接重购，是指企业采购部门为了满足生产活动的需要，按惯例进行订货的购买行为。企业采购部门根据过去和供应商打交道的经验，从供应商名单中选择供货企业，并连续订购采购过的同类产品。这是最简单的采购，生产者购买行为是惯例化的。企业要保证稳定的产品质量，努力维护与客户的良好关系，以保持现有客户。

(2) 修正重购，是指企业的采购人员为了更好地完成采购任务，适当改变采购产品的规格、价格和供应商的购买行为。这类购买情况较复杂，参与购买决策过程的人数较多。企业营销必须做好市场调查和预测工作，努力开发新的品种规格，并努力提高生产效率，降低成本，满足修正重购的需要，设法保护自己的既得市场。

(3) 全新采购，是指企业为了增加新的生产项目或更新设备而第一次采购某一产品或服务的购买行为。新购买产品的成本越高、风险越大，决策参与者的数目就越多，需收集的信息也就越多，完成决策所需时间也就越长。这种采购类型对企业营销来说是一种最大的挑战，同时也是最好的机会。全新采购的生产者对供应商尚无明确选择，是企业营销应该大力争取的市场。

✗ 知识拓展 4-6

生产价格指数(Producer Price Index——PPI)是衡量工业企业产品出厂价格变动趋势和变动程度的指数，是反映某一时期生产领域价格变动情况的重要经济指标，也是制定有关经济政策和国民经济核算的重要依据。生产者物价指数(Producer Price Index，PPI)与 CPI 不同，主要的目的是衡量企业购买的一篮子物品和劳务的总费用。由于企业最终要把它们的费用以更高的消费价格的形式转移给消费者，所以，通常认为生产物价指数的变动对预测消费物价指数的变动是有用的。

(资料来源：生产价格指数和工业生产指数. 搜狐财经，http://mt.sohu.com/business/d20170411/133271921_431305.shtml，2017-04-11.)

(二) 产业市场购买行为参与者

(1) 使用者，即具体使用欲购买的某种产业用品的人员。公司要购买实验室用的电脑，其使用者是实验室的技术人员；要购买打字机，其使用者往往是最初提出购买某种产业用品意见的人，他们在计划购买产品的品种、规格中起着重要作用。

(2) 影响者，即在企业外部和内部直接或间接影响购买决策的人员。他们通常协助企业的决策者决定购买产品的品种、规格等。企业的技术人员是最主要的影响者。

(3) 采购者，即在企业中有组织采购工作的正式职权人员。在较复杂的采购工作中，采购者还包括参加谈判的公司高级人员。

(4) 决定者，即在企业中有批准购买产品权力的人。在标准品的例行采购中，采购者常常是决定者；而在较复杂的采购中，公司领导人常常是决定者。

(5) 信息控制者，即在企业外部和内部能控制市场信息流到决定者、使用者的人员，如企业的购买代理商、技术人员等。

（三）影响生产者购买决策的主要因素

(1) 环境因素，企业外部环境因素，包括政治、法律、文化、技术、经济和自然环境等。

(2) 组织因素，企业本身的因素。如企业的目标、政策、业务程序、组织结构、制度等，都会影响生产者购买决策。

(3) 人际因素，主要指企业内部人际关系。生产者购买决策过程比较复杂，参与决策的人员较多，这些参与者在企业中的地位、职权、说服力以及他们之间的关系都会影响他们的购买决策。

(4) 个人因素，各个参与购买决策的人，在决策过程中都会掺入个人感情，从而影响参与者对要采购的产品和供应商的看法，进而影响购买决策。

（四）产业市场购买过程

在直接重购这种最简单的行为类型下，产业购买者购买过程的阶段最少；在修正重购情况下，购买过程的阶段多一些；而在全新采购这种最复杂的情况下，购买过程的阶段最多，要经过八个阶段。

(1) 认识需求。在全新采购和修正重购情况下，购买过程是从企业的某些人员到要购买某种产品以满足企业的某种需要开始的。

(2) 确定需求。所谓确定需求，也就是确定所需品种的特征和数量。确定标准品的特征和数量比较简单易行。至于复杂品种，采购人员要与使用者、工程师等共同研究，确定所需品种的特征和数量。供货企业的营销人员在此阶段要帮助采购人员确定所需品种的特征和数量。

(3) 说明需求。企业的采购组织确定需要以后，要指定专家小组，对所需品种进行价值分析，作出详细的技术说明，作为采购人员取舍的标准。

(4) 物色供应商。指的是选择合作企业。

(5) 征求建议书。征求建议书是指企业的采购经理邀请合格的供应商提出建议。

(6) 选择供应商。

① 确定严格的资格标准以选择优秀的供应商。这些标准可以包括技术水平、财务状况、创新能力、质量观念等。

② 积极争取那些成绩卓著的供应商使其成为自己的合作者。由于这种营销活动与产品流动方向是相反的，故也称为"反向营销"。

(7) 选择订货程序。现代企业日趋采取"一揽子合同"，而不采取"定期采购交货"。

(8) 评价合同履行。即检查合同履行情况。

三、中间商市场购买行为

中间商购买行为是指中间商在寻找、购买、转卖或租赁商品过程中所表现的行为。由于中间商处于流通环节，是制造商与消费者之间的桥梁，因此企业应把其视为消费者采购代理人，全心全意帮助他们为消费者提供优质服务。

(一) 中间商市场购买行为类型

中间商购买行为的类型有三种：购买全新品种、选择最佳卖主、寻求更佳条件。

购买全新品种。购买全新品种是指中间商第一次购买某种从未采购过的新品种。

选择最佳卖主。选择最佳卖主是指中间商对将要购买的品种已确定，但需考虑选择最佳的供应商，确定从哪家卖主进货。

寻求更佳条件。寻求更佳条件是指中间商并不想更换供应商，但试图从原有供应商那里获得更为有利的供货条件，例如，更及时的供货、更合适的价格、更积极的促销合作等。

(二) 中间商市场购买行为参与者

一般来说，中间商购买过程参与者的多少与中间商的规模和类型有关。

以连锁超市为例，参与购买过程的人员和组织主要有：

商品经理——采购商品，收集信息，选择品牌。

采购委员会——审查采购建议，做出购买决策，平衡各方意见，调节关系。

分店经理——掌握分店一级采购权。

知识拓展 4-7

财富中文网于北京时间 2016 年 7 月 20 日晚与全球同步发布了最新的《财富》世界 500 强排行榜。

沃尔玛连续三年排名第一，2015 年营业收入达 4821 亿美元，同比微降 0.7%。前 5 位中有 3 家中国公司。大石油公司的营业收入因油价暴跌而大幅下滑，令国家电网排名跃升至第 2 位，尽管其营业收入也下跌了 2.9%。中石油和中石化紧随其后，分列第 3 和第 4。苹果首次进入前 10 位，排名第 9，2015 年营业收入大涨 27.9%，是前 10 位中唯一实现营收正增长的企业。

《财富》世界 500 强排行榜一直是衡量全球大型公司的最著名、最权威的榜单，被誉为"终极榜单"，由《财富》杂志每年发布一次。今年，上榜 500 家公司的总营业收入为 27.6 万亿美元，净利润之和为 1.48 万亿美元，同比分别下降 11.5% 和 11.3%。入围门槛为 209.2 亿美元，比去年的 237.2 亿美元下降 11.8%。去年榜单最后一名的营业收入在今年可以排到第 449 位。

(资料来源：2016 年财富世界 500 强排行榜. 财富，http://www.fortunechina.com/fortune500/c/2016-07/20/content_266955.htm，2016-07-20.)

(三) 影响中间商购买行为的主要因素

中间商作为组织购买者之一，其购买行为也要受到环境因素、组织因素、集团因素和个人因素的影响。但是，中间商的营销目标、营销活动内容、购买决策及购买行为又有自己的特点，在制定购买决策、采取购买行为时，受到以下因素的制约：

消费者需求。为消费者购买是中间商的一个显著特点，由此中间商有消费者采购代理人之称。中间商购买什么、购买多少、以什么价格购买，都必须考虑其购买者——消费者个人及家庭的需求和愿望，按照他们的需求和愿望制定采购决策。

存货管理。储存是中间商的基本职能之一，储存什么、储存多少是影响中间商购买行为的一个重要因素。

供应商策略。中间商购买商品是为了转售给他人，供应商的策略、供货条件、价格折让、运费折让、促销津贴等对其商品转售有直接关系，因而影响中间商的购买决策。

(四) 中间商市场的购买过程

中间商市场中，中间商采购产品用于转售。与生产企业一样，中间商采购后并不用于个人消费，而是最终要满足消费者的需求。因而，中间商的购买决策过程与产业市场的购买决策过程相似，也经历八大步骤，但在具体环节上存在一些差异。

1. 提出需求

当通过市场分析和预测，发现现有产品需求量将上升，或现有产品滞销，或消费者对新产品的需求欲望加剧而使新产品的需求增加，或现有商品配货组合不尽合理时，就会产生采购欲望。可见，中间商的购买需求直接来自于消费市场中的消费需求，是一种直接性的派生需求，因而，对于中间商来说，加强消费市场的需求调查、分析与预测更为重要。

2. 确定需求

指确定采购产品组合的广度、深度与相关性(关联度)，即决策配货策略。一般而言，中间商的配货策略有四种：

(1) 独家配货，指在同类产品中只销售同一品牌或同一厂家的产品。

(2) 深度配货，即同时经销不同厂商、不同品牌、不同规格型号、花色、款式的同类产品。

(3) 广度配货，即经销某一行业的多个系列、多品种的产品，比深度配货的产品组合要宽。

(4) 综合配货，即同时经销多家厂商生产的互不相关的多种类、多规格的产品，如百货商店、超级市场、仓储式商店等都属于综合配货。与广度配货相比，它的产品组合的关联度要弱。

3. 采购需求说明

指中间商编写采购说明书，详细写明所要采购产品的品种、规格、质量、价格、数量、进货时间等。通过前面的分析已知中间商对商品的需求属直接引发需求，由消费者市场需求决定，因此，中间商购买商品对时间和数量往往有相当苛刻的要求，采购活动计划性强，总希望既能及时、适时、按量满足市场需求，又能最大限度地减少库存，加速资金周转，提高资金效益。

4．寻找供应商

采购人员根据采购说明书寻找合适的供应商。由于中间商采购计划性强，因而对供应商的选择比较慎重，品牌、声誉、价格、商品质量、品种规格、供货能力和及时性、合作诚意等是甄选供应商时需考虑的主要因素。

5．征求供应建议

指要求合格的供应商提供供应建议书和一些相关的产品图片等，为下一步选择供应商提供参考。

6．选择供应商

中间商采购来自于派生需求，中间商不需要对采购的商品进行加工，只需从事转售经营活动，因而，其收益取决于进货价格与销售价格，而销售价格又是影响消费者购买行为的一个重要因素。同时，市场瞬息万变造成的市场风险压力迫使中间商尽可能从供应商那里获得尽量多的优惠购买条件，如价格折扣、促销津贴、广告折让、运费折让等。因此，供应商价格高低和价格折扣程度是中间商选择供应商时考虑的重要方面。此外，由于中间商市场对采购商品的时间和数量有严格要求，因而，选择时还要考虑供应商供货能力和及时性。当然，供应商的合作意愿和态度、诚信状况、促销支持、售后服务、作用条件等也是选择供应商应考虑的重要因素。

7．签订合约

除了新购，中间商也期望与供应商建立长期友好的合作关系，这样，对中间商可以减少采购成本，稳定货源；对供应商，产品有了稳定的销路，可以稳定生产，降低市场风险。

8．运行检查与评估

记录供应商供应状况，然后进行分析，掌握供应商履行合约的质量、信誉、合作热情与态度等状况，并据此进行评价，为是否继续交易和交易策略提供决策依据。

由此看来，中间商购买决策过程与产业市场购买决策过程相同，只是具体操作细节不同。

四、非盈利组织市场购买行为

非营利组织市场购买行为是指国家机关、事业单位和团体组织，使用财政性资金采购依法制定的集中采购目录以内的或者采购限额标准以上的货物、工程和服务的行为。所谓非营利组织泛指一切不从事营利性活动，即不以创造利润为根本目的的机构团体。不同的非营利组织，有其不同的工作目标和任务。在我国，习惯以"机关团体事业单位"称谓各种非营利组织。

知识拓展 4-8

由于收入和支出受到限制，非营利组织往往由公、私部门的捐赠来获得经费，而且经常是免税的状态。私人对非营利组织的捐款有时还可以扣税。

微软公司宣布在 2015 年在世界各地开展了公司员工捐赠计划，其金额已经提高到 1.25

亿美元，与去年同期相比增长了 7%，创造了新的纪录。微软公司内部有 71%，大约 11.8 万名员工参与了这项计划，他们已经为全球超过 1.8 万个非盈利组织提供了不同程度的捐赠。仅仅在西雅图，靠近普吉特海湾地区的 4.2 万余名员工就已经为周围约 4000 家非盈利组织捐赠了大约 6200 万美元。

（资料来源：2015 年微软为非盈利组织捐赠超过 1.25 亿美元. IT 之家，http://www.ithome.com/html/it/206133.htm，2016-02-23.)

（一）非营利组织市场购买行为类型

公开招标与邀请招标。采购项目由于其复杂性和专门性，只能从有限的供应人处获得，或者公开招标成本过高而且与采购项目价值不相称的采购，可采取邀请招标的方式。邀请招标应当向三家以上的供应人发出投标邀请书，并至少有三家符合投标资格的供应人参加投标。

议价合约选购。即非营利组织的采购部门同时和若干供应商就某一采购项目的价格和有关交易条件展开谈判，最后与符合要求的供应商签订合同达成交易。

日常性采购。指非营利组织为了维持日常办公和组织运行的需要而进行采购。

（二）非营利组织购买影响因素

受到社会公众和组织内部的监督的影响。虽然各国的政治经济制度不同，但是政府采购工作都受到各方面的监督。

受到国际国内政治形势的影响。比如，在国家安全受到威胁或出于某种原因发动对外战争时，军备开支和军需物品需求就大；和平时期用于建设和社会福利的支出就大。

受到国际国内经济形势的影响。经济疲软时期，政府会缩减支出，经济高涨时期则增加支出。

受到自然因素的影响。各类自然灾害会使政府用于救灾的资金和物质大量增加。

（三）非营利组织市场的购买过程

非营利组织的采购过程是十分复杂的，要经过许多部门的审核，参与者众多。

一般经历制定采购需求计划、公开采购需求、选择采购方式、签订采购合同、执行采购合同等过程。

理论梳理

（1）消费者购买行为是指人们为满足需求和欲望而寻找、选择、购买、使用、评价及处置产品、服务时介入的过程活动，包括消费者的主观心理活动和客观物质活动两个方面。消费者购买行为主要受到文化、社会、个人和心理因素的影响。消费者购买决策过程由引起需求、收集信息、评价方案、决定购买、购后行为五个阶段构成。

（2）组织市场是指购买商品或服务以用于生产性消费，以及转卖、出租，或用于其他非生活性消费的企业或社会团体。组织市场可分为产业市场、中间商市场、非营利组织市场。组织市场的特点为：组织市场的规模化，组织市场的复杂化，组织市场需求缺乏弹性，组织市场的专业特殊化。

(3) 产业市场购买行为可以分为直接采购、修正采购和全新采购。产业市场生产者购买决策主要受到环境、组织、人际和个人因素的影响。产业市场购买过程主要经过八个阶段，即认识需求、确定需求、说明需求、物色供应商、征求建议书、选择供应商、选择订货程序和评价合同履行。

(4) 中间商购买行为的类型有三种：购买全新品种、选择最佳卖主、寻求更佳条件。中间商市场的购买过程分为提出需求、确定需求、采购需求说明、寻找供应商、征求供应建议、选择供应商、签订合约和运行检查与评估。

(5) 非营利组织市场购买行为类型为公开招标与邀请招标、议价合约选购和日常性采购。非营利组织受到社会公众和组织内部的监督、受到国际国内政治形势、国际国内经济形势和自然因素的影响。非营利组织市场的购买过程包括制定采购需求计划、公开采购需求、选择采购方式、采购合同的签订和采购合同的执行。

📚 知识检测

(1) 消费者购买行为的影响因素。

(2) 消费者购买决策过程。

(3) 组织市场与消费者市场的不同。

(4) 产业市场购买行为。

(5) 中间商购买行为。

(6) 非营利组织市场购买行为。

📖 案例分析

华为兼顾产业市场和消费者市场业务

市场上有这样的魔咒：没有一个成功的世界级品牌能够兼顾产业市场、消费者市场业务，无论目前消费者业务做得多么成功，这都让华为对未来充满了惶恐。

这两年，华为人一直在思考，为什么在一个世界级公司中，消费者市场和产业市场很难兼容，很难同时成为世界级品牌？华为消费者 BG(即 Business Unit，也就是经营单元)的 CEO、终端公司董事长余承东试图去破解产业市场和消费者市场的魔咒，并做了如下分析：

第一，产业市场、消费者市场业务在品牌定位、传播及经营之间存在巨大的鸿沟。在消费者市场产业内部，比如传统电器厂商和 PC 厂商之间有巨大的鸿沟，传统电器厂商(如：海尔、TCL)曾经试探进入 PC 领域但毫无意外地失败；PC 厂商和手机厂商之间同样有巨大的鸿沟，除了联想在局部市场获得成功，DELL、HP 等都毫无意外地失败；甚至在白色家电(如：冰箱、洗衣机、空调)厂商和黑色家电(如：彩电、DVD)厂商之间也存在巨大的鸿沟，中国很多厂商试图跨界经营，结果也基本都失败了。

第二，大家很喜欢把 Nokia 和 Motorola 在终端和设备方面的失败，作为产业市场、消费者市场业务不能共存的案例。而且过去这两个公司和现在华为业务结构非常相似，就让大家更为担心。但我很想挑战这个事情！Nokia 和 Motorola 如日中天的时候，在客户心目中，Nokia 以欧式以人为本和高可靠高质量定位，Motorola 以美式自由和高科技定位，深得人心。Nokia 和 Motorola 的网络业务对其消费者品牌是没有任何负面影响的。它们在消费者品牌的强势对于其在网络设备市场开展业务也没有消极影响，甚至还有一些正面的影响。Nokia 和 Motorola 的产业市场和消费者市场业务不矛盾，甚至还是互补的。它们的失败不能作为产业市场、消费者市场不能共存的理由。事实上 Nokia 和 Motorola 无论是终端业务，还是网络业务，后来都做得相当失败，我认为主要是管理的失败，并不能作为产业市场、消费者市场品牌不能共存的案例，相反前期的成功是可以作为世界级产业市场、消费者市场业务可以共存的经典案例。

　　因此，在一个世界级公司中，消费者市场和产业市场很难兼容、绝少成功，是一个事实，但这是果而不是因。一块业务做到世界级就意味着做得非常非常成功，这种世界级成功就意味着对应这种业务的品牌内涵、思维模式、管理风格、干部素质和评价标准等在公司内形成了强有力的共性，这种共性变成惯性，对其他类型的业务很可能形成巨大的伤害。因为我们知道，不同业务所需要的管理方式相差是很大的，一个业务的成功经验对于另外一个业务可能是毒药，这就是产业市场和消费者市场难以共存的魔障，也就是消费者市场领域内白色家电和黑色家电、家电和 PC、PC 和手机难以共存的魔障。不能解决这里面的管理问题，就不可能打破消费者市场和产业市场难以兼顾的魔障。

　　那对于华为，世界级产业市场和消费者市场业务能不能兼顾到底有没有解呢？余承东认为可能还是有解的，但不能从寻找所谓的共同的强壮的"根"来寻找答案：

　　其一，消费者市场业务的品牌一定要和产业市场业务解耦。要想找出消费者市场和产品市场业务的品牌一致性，并将其作为两个市场品牌定位的共同基础是很难实现的。产业市场业务的品牌核心是解决问题，消费者市场业务品牌的核心一般都是喜悦、快乐、幻想，它们是很难耦合在一起的，即使短时间耦合在一起，长期也会出问题，因为消费者市场业务需要不断地注入新要素，而产业市场业务品牌特性是相当稳定的。在这种情况下，有消费者市场和产业市场业务的公司，有两种做法：

　　一种是对消费者市场业务重启炉灶，搞个新品牌，独立运作。典型就是步步高公司，长期给客户的定位是传统数字家电(如点读机、DVD)，开始做手机的时候就搞了一个独立公司，独立运营 OPPO 品牌。后来步步高自己又进入手机领域，也是独立搞了一个品牌VIVO，都是非常好的品牌，品牌年轻高端时尚，和老化的步步高品牌完全不挂钩。这也是华为公司内部前两年热议的一个事情，就是华为的终端品牌是否单独搞个新品牌，当然后来是妥协了，就是 HUAWEI ASCEND 双品牌，所谓的中间路线。

　　另一种做法就是，不搞新品牌，几乎完全不顾产业市场业务的需求，将品牌几乎全部用于消费者市场业务，业务上两者独立运作。Nokia 和 Motorola 就是如此，运作得也很好，最后结果糟糕只能说是战略上和管理上出了大问题。在这种情况下，品牌所包括的内涵一定要从消费者角度来定位，从竞争角度出发，要符合消费者市场行业特点，这种情况下，从品牌管理来说，应该将产业市场业务基本无视，只要兼顾对产业市场业务非伤害性原则就可以了。华为消费者业务过去几年在品牌上是有问题的，感觉很多时候是在自说自话，太多精力关注于产业市场业务的共性，没有真正在乎最终客户的定位和感知，ASCEND 也似乎正在走 IDEOS 的老路。这么多年过去了，一年华为终端销售量如此之大，你去街上随便抓几个人问问，到底对华为终端有什么印象，能说出哪几个关键词，我们会很汗颜的，消费者说不出来，我们品牌工作价值何在呢？因为品牌核心就是在最终客户的定位！

其二，消费者市场业务和产业市场业务一定要保持相当程度的各自独立运作。我们必须承认业务的差异性，并在每个领域里勇于探索、敢于探索，敢于和同类型的公司在一个竞技台上充分竞争，而不要受公司内部各种成规所束缚。我认为，绝大部分公司就是死在这上面，一块业务成功是另外一块业务失败的根源。我们公司这方面相对较好，但仅仅也就是较好，在管理机制上必须继续对消费者 BG 松绑，坚定不移地松绑，让消费者 BG 真正按行业规律运作。

这个世界总是充满了各种规律，规律就是过去经验的总结，是统计意义的概率总结，存在就是合理。世界级企业中，产业市场和消费者市场业务难以兼顾是事实，突破这种魔障是非常困难的，需要巨大的勇气和清晰、创新的管理思想，破这个魔障的核心还是管理。我们知道，真正世界级企业总是能够打破传统的规律。IBM 发明了计算机，让一体化成为普遍业务规律；Microsoft 和 Intel 重构 PC 产业链，实现产业的分工，芯片、操作系统、应用软件、硬件、整机厂商各自做自己擅长的东西；Apple 再打破产业分工的所谓铁律，用垂直整合颠覆了移动互联网时代的产业模式，获得了巨大的成功。中国厂商黑色家电和白色家电难以打破业务范畴魔障，三星打破了；芯片和整机产品不能兼得，是行业普遍规律，三星一样做到了。

讨论：

1. 消费者市场与组织市场存在哪些差异？

2. 从你掌握的资料来看，华为公司是否真正兼顾了消费者市场和组织市场业务？现有实际做法与案例中的破解思路是否一致？为什么？

（资料来源：余承东. 兼顾 B2B 和 B2C 业务，华为准备怎么做. wow-trend，http://tele.ofweek.com/2014-03/ART-8320511-8460-28791788_2.html，2016-02-23.）

 应用实训

实训目标：

复习巩固并掌握消费者购买行为分析的主要内容，以及影响消费者购买的这些因素对企业营销活动带来的影响。

实训内容：

对目前国产手机的所面对的消费者市场的消费者行为进行分析。

实训要求：

(1) 将班级同学划分为若干项目小组，小组规模一般是 7～10 人，分组时应考虑小组成员在知识、性格、技能方面的互补性。可指定小组长以协调小组的各项工作。

(2) 可利用网络等资源收集信息资料，充分了解国产手机的现状，经销商的现状，居民的收入水平等因素。另外，明确小组成绩将作为每位小组成员的实训成绩。任课教师将及时检查学生参与讨论的进度和实际分析情况，提出必要的指导和建议，并组织同学进行沟通交流，还可针对共性问题在课堂上给予适当讲解。

(3) 课外收集资料，课堂讨论 2 学时，小组最终形成书面实训报告。

第五章

市场调研与预测

//////////////////////////

知识目标 ✍

了解市场调研营销信息的含义、类型及市场营销信息系统的构成；理解市场营销调研的概念与内容；掌握市场营销调研的程序、方法与技术；掌握市场预测的内容、程序和方法。

能力目标 📄

能够掌握市场营销调研的方法与技术，按照市场营销调研程序开展调研工作。

知识结构图 🗿

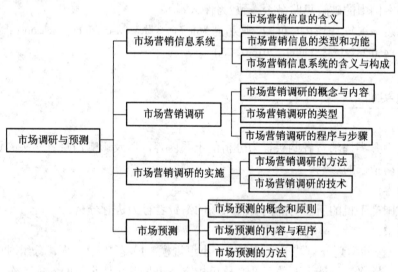

案例导读 🖋

柯达公司的反复市场调查

以彩色感光技术先驱著称的美国柯达公司，目前产品有 3 万多种，年销售额 100 多亿美元，纯利润在 12 亿美元以上，市场遍布全球各地，其成功的关键是重视新产品研制，而新产品研制的成功即取决于该公司采取的反复市场调查方式。以蝶式相机问世为例，这种相机投产前，经过反复调查。首先由市场开拓部提出新产品的意见，意见来自市场调查，如大多数用户认为最理想的照相机是怎样的？重量和尺码多大最适合?什么样的胶卷最便于安装使用等。根据调查结果，设计出理想的相机模型，提交生产部门对照设备能力、零件配套、生产成本和技术力量等因素考虑是否投产，如果不行，就要退出重订和修改。如此反复，直到造出样机。样机出来后进行第 2 次市场调查，检查样机与消费者的期望还有何差距，根据消费者意见，再加以改进，然后进入第 3 次市场调查。将改进的样机交消费者使用，在得到大多数消费者的肯定和欢迎之后，交工厂试产。试产品出来后，再交市场开拓部门进一步调查，新产品有何优缺点？适合哪些人用？市场潜在销售量有多大？定什么样的价格才能符合多数家庭购买力？待诸如此类问题调查清楚后，正式打出柯达牌投产，正是经过反复调查，蝶式相机推向市场便大受欢迎。

(资料来源：易贤网，国外知名企业市场调查策略, http://www.ynpxrz.com/ n1639308c2320.aspx.2016-11-22.)

第一节 市场营销信息系统

一个良好有效率的信息系统可以使公司更贴近客户，及时有效地了解客户的需求、市场环境的变化、竞争者的动态以及行业的发展趋势，不断快速地捕捉新的市场机会，更好地为客户服务，也为公司带来更高的利润。

一、市场营销信息的含义

市场营销信息属于经济范畴，是指在一定时间和条件下，同企业的市场营销及与之联系的多功能服务有关的各种消息、情报、数据、资料的总称，是对市场经济变化和营销活动的客观描述与真实反映。

市场营销信息是商品交换的媒介物，市场营销信息是连接生产和消费的中心环节。企业要有效地开展市场营销活动，分析现状、预测未来，必须掌握和利用市场营销信息。随着社会的进步和市场经济的建立，市场营销信息的作用日渐重要。首先，它是发展市场经济，扩大商品流通的重要手段；其次，它是企业经营决策和编制计划的基础；再次，它是企业监督、控制和调节经营活动的依据；最后，它还是发展外向型经济，开拓国际市场的重要武器。

知识拓展 5-1

信息，指音讯、消息、通讯系统传输和处理的对象，泛指人类社会传播的一切内容。人通过获得、识别自然界和社会的不同信息来区别不同事物，得以认识和改造世界。在一切通讯和控制系统中，信息是一种普遍联系的形式。1948 年，数学家香农在题为"通讯的数学理论"的论文中指出："信息是用来消除随机不定性的东西"。创建一切宇宙万物的最基本万能单位是信息。

(资料来源：MBA 智库，http://wiki.mbalib.com/zh-tw/信息，2017-04-20.)

二、市场营销信息的类型和功能

(一) 市场营销信息的类型

根据不同的标准对市场营销信息进行分类，可得出不同的类型。主要的类型如下：

(1) 依据信息来源划分，可分为外部信息和内部信息。

(2) 依据决策的级别划分，可分为战略信息、管理信息和作业信息。

(3) 根据信息的表示方式的不同，分为文字信息和数据信息。

(4) 根据信息的处理程度分为原始信息与加工信息。

(5) 根据其稳定性分为固定信息和流动信息。

(二) 市场营销信息的功能

(1) 市场营销信息是企业经济决策的前提和基础。企业营销过程中，无论是对于企业的营销目标、发展方向等战略问题的决策，还是对于企业的产品、定价、渠道、促销等战术问题的决策，都必须在准确地获得市场营销信息的基础上，才可能得到正确的结果。

(2) 市场营销信息是制订企业营销计划的依据。企业在市场营销中，必须根据市场需求的变化，在营销决策的基础上，制订具体的营销计划，以确定实现营销目标的具体措施和途径。不了解市场信息，就无法制订出符合实际需要的计划。

(3) 市场营销信息是实现营销控制的必要条件。营销控制，是指按既定的营销目标，对企业的营销活动进行监督、检查，以保证营销目标实现的管理活动。由于市场环境的不断变化，企业在营销活动中必须随时注意市场的变化，进行信息反馈，以此为依据来修订营销计划，对企业的营销活动进行有效控制，使企业的营销活动能按预期目标进行。

(4) 市场营销信息是进行内、外协调的依据。企业营销活动中，要不断地收集市场营销信息，根据市场和自身状况的变化，来协调内部条件、外部条件和企业营销目标之间的关系，使企业营销系统与外部环境之间、与内部各要素之间始终保持协调一致。企业获取信息并非轻而易举，它通常要经过一系列复杂的工作程序，包括信息的收集、整理、传递、存储、使用和反馈等基本环节。这些环节之间的相互关系如图 5-1 所示。

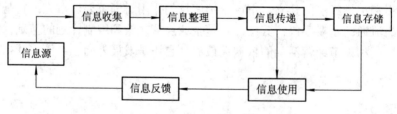

图 5-1　企业信息工作程序图

三、市场营销信息系统的含义与构成

(一) 市场营销信息系统的含义

市场营销信息系统是一个由人员、机器设备和计算机程序所组成的相互作用的复合系统，它有序地收集、挑选、分析、评估和分配恰当的、及时的和准确的市场营销信息，为企业营销管理人员制订、改进、执行和控制营销计划提供依据。

市场营销信息系统的概念强调了三层含义：① 它是人、机器和计算机程序的复合体；② 它提供恰当、及时和准确的信息；③ 它主要为营销决策者服务。

市场营销信息系统是现代企业中的中枢神经，它使企业与外界保持紧密的联系，并综合各种内外信息，对企业的各项决策起着引导作用，并监督协调企业各部门的计划和执行。

知识拓展 5-2

"系统"一词创成于英文 system 的音译，并对应其外文内涵加以丰富。系统是指将零散的东西进行有序的整理、编排形成的具有整体性的整体。在数字信号处理的理论中，人们把能加工、变换数字信号的实体称作系统。由于处理数字信号的系统是在指定的时刻或时序对信号进行加工运算，所以这种系统被看作是离散时间的，也可以用基于时间的语言、表格、公式、波形四种方法来描述。中国著名学者钱学森认为：系统是由相互作用相互依赖的若干组成部分结合而成的，具有特定功能的有机整体，而且这个有机整体又是它从属的更大系统的组成部分。运动着的若干部分，在相互联系、相互作用之中形成的具有某种确定功能的整体，谓之系统。

(资料来源：MBA 智库，http://wiki.mbalib.com/zh-tw/系统.2017-04-19.)

（二）市场营销信息系统的构成

市场营销信息系统由内部报告系统、市场营销情报系统、市场营销调研系统和市场营销分析系统组成，如图 5-2 所示。

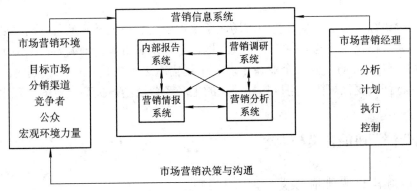

图 5-2　企业市场营销信息系统

图中左边的方框，表示市场营销经理必须注意观察市场营销环境的变化情况。中间方框表示市场营销信息系统的组成要素。右边的方框表示从信息系统获得的信息流向市场营销经理，以帮助其对市场营销活动进行分析、计划、执行和控制。然后，市场营销经理的决策再反馈到外部环境中去。

1．内部报告系统

内部报告系统，是企业营销管理人员最初使用的信息系统，也是最基本的信息系统。它通常提供有关订货、销售成本、库存水平、现金流量、应收和应付账款等最新数据资料。

企业营销管理人员通过分析这些信息资料，比较各项指标的计划和实施情况，就可发现市场机会和存在的问题。

2. 市场营销情报系统

市场情报系统，是企业营销管理人员获取市场环境变化的各种信息所采用的整体程序和过程。它为企业提供外部市场营销环境发展变化的最新消息。获取市场情报的途径主要有：阅读书报和商业杂志；与企业外部顾客、生产者、商人和其他社会公众交谈；进行专门的市场调研工作；专访有关企业的管理和业务人员等。

3. 市场营销调研系统

市场调研系统，是指企业重点收集、记录和分析有关商品和劳务的市场营销状况的数据资料，它主要调查收集与企业有关的一个特定市场的营销问题的信息，并提出调研结论。这种调研，可以由独立的机构承担，也可以由企业或其代理人承担，以解决企业面临的实际问题。

4. 市场营销分析系统

市场分析系统，它是由一组用来分析市场营销资料与市场营销问题的高新技术所组成的。这些技术与依靠直觉来处理资料的方法相比较，能够有更多的发现和更翔实的结论。市场营销分析系统的两个重要组成部分是统计库和模型库。前者为企业收集情报资料、分析资料；后者在研究分析的基础上进行决策。

第二节　市场营销调研

企业面对错综复杂、瞬息万变的市场，不仅需要在心理上做好准备，而且要在行动上做好安排。为了使企业在竞争中立于不败之地，必须做好市场营销调研，尽最大可能充分地了解市场、认识市场，分析企业在生产和市场需求之间的内在联系。同时，分析研究市场需求的特征及变化规律，用以指导企业的生产经营活动，提高企业的管理水平和经济效益。

一、市场营销调研的含义与内容

(一) 市场营销调研的含义

调研是调查研究的简称，是人们了解情况、认识事物、认识社会的有力武器。市场营销调研也称市场调查、市场研究、市场调研等。狭义的市场调研(Market Research)主要是指针对消费者所做的调查，即以购买商品、消费商品的个人或厂商为对象，了解研究其在商品的购买、消费等方面的各种行为、意见和动机。而广义的市场营销调研(Marketing Research)则包括从认识市场到制定营销决策的全过程。如其中的产品分析，需从商品的使用及消费的角度对产品的形态、大小、重量、外观、色彩、价格等进行分析。同时，对销售的途径、市场营销的方法、销售组织、经销人员培训、广告的作用、促销活动等问题进行分析。

总之，市场营销调研的基本含义是指收集和提供与企业经营决策有关的信息的科学方法，它是一种有目的的活动，也是一个系统过程，它通过对信息的判断、收集、记录、整理，最终成为连接企业和消费者、客户间的桥梁。

（二）市场营销调研的内容

（1）调查市场需求情况。市场需求，是指一定时期内消费者在一定购买力条件下的商品需求量。消费者购买力，则是指居民购买消费品的货币支付能力。市场需求调查，就是了解一定时期在企业提供的商品或服务的范围内，根据地区人口的变化，居民收入及消费水平的提高，购买力的投向，消费者的偏好、习惯、需求等的具体情况；了解消费者对商品、服务、金融、旅游等方面的需求变化，以及具体对各类商品在数量、质量、品种、规格、式样、价格等方面的要求及其变化发展趋势等；分析产品在市场的占有率和覆盖率，市场潜在需求量有多少，细分市场对某种产品的需求情况，国内外市场的变化和趋势等。

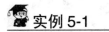 实例 5-1

环球时装公司的侦探式销售调查

日本服装业之首的环球时装公司，从 20 世纪 60 年代创业时的零售企业发展成日本有代表性的大企业，靠的主要是掌握第一手"活情报"。他们在全国 81 个城市顾客集中的车站、繁华街道开设侦探性专营店，陈列公司所有产品，给顾客以综合印象。售货员主要任务是观察顾客的采购动向，事业部每周安排一天时间全员出动，3 个人一组、5 个人一群分散到各地调查，有的甚至到竞争对手的商店观察顾客情绪，向售货员了解情况，找店主聊天。调查结束后，当晚回到公司进行讨论，分析顾客消费动向，提出改进工作的措施。全国经销该公司时装的专营店和兼营店均制有顾客登记卡，详细地记载每一个顾客的年龄、性别、体重、身高、体型、肤色、发色、使用什么化妆品，常去哪家理发店以及兴趣、嗜好、健康状况、家庭收入、现时穿着及家中存衣的详细情况。这些卡片通过信息网储存在公司信息中心，只要根据卡片就能判断顾客眼下想买什么时装，今后有可能添置什么时装。侦探式销售调查，使环球公司迅速扩张，且利润率之高，连日本最大的丰田汽车公司也被它抛在后面。

（资料来源：易贤网. 国外知名企业市场调查策略. http://www.ynpxrz.com/n1639308c2320.aspx. 2016-11-22.）

（2）调查产品生产情况。调查产品生产情况，就是要摸清社会产品资源及其构成情况，包括生产规模、生产结构、技术水平、新产品试制投产、生产力布局、生产成本、自然条件和自然资源等生产条件的现状和未来规划，并据此测算产品产量和产品结构及其发展变化趋势。通过调查，掌握行业生产现状及其发展变化，同行竞争者的地位和作用、优势和劣势，对市场将要产生什么样的影响，以及影响程度的大小等。

（3）调查市场行情。调查市场行情，即具体调查各种商品在市场上的供求情况、库存状况和市场竞争状况，特别是针对影响市场上商品价格变动因素的调查。通常，供求关系的变动会对商品价格产生直接的影响。供不应求时，商品价格就会上升；供大于求时，价格就会下降。要了解有关地区、有关企业、有关商品之间的差别和具体的供求关系，即要了解、对比有关地区、企业同类商品的生产经营成本、价格、利润，以及资金周转、销售情况和发展趋势等重要经济指标。

(4) 调查营销环境。这里指市场营销宏观环境调研，主要目标是搜集、整理、分析并提供影响企业经营活动的政治、经济、社会文化、技术、法律、自然、人口等外部环境因素的信息，这些因素是企业不可控的，企业必须随时掌握其变化趋势。

二、市场营销调研的类型

(一) 按市场调研的研究范围进行分类

按市场调研的研究范围进行分类，可以分为专题性调研和综合性调研。

1. 专题性调研

专题性调研是指为解决某个具体问题而专门进行的市场调研。这种调研具有组织实施灵活方便，所需人力、物力、时间等成本相对较低的特点。由于不是全面性的市场调查，其提供的信息是有局限性的，但一般来说，只要能够满足要求，专题性调研也是可行的选择。

2. 综合性调研

综合性调研是指为全面了解市场的状况而对市场各个方面进行的全面调查。相对于专题性调研，综合性调研涉及市场的各个方面，提供的信息能够全面反映市场的全貌，有助于准确了解和把握市场的基本状况。综合性调研涉及面广，需要投入较多的人力物力，花费的成本相对高昂，对调研人员的要求也较高。综合性调研只在必要时采用。

(二) 按市场调研的功能进行分类

按市场调研的功能分类，可以分为探索性调研、描述性调研和因果性调研。

1. 探索性调研

探索性调研用于探索研究企业所面临问题的一般性质，其目的可以是以下几方面：① 系统地阐述一个市场营销问题；② 识别可供选择的方案；③ 验证某种假设；④ 探询关键的变量和主要线索；⑤ 寻求解决问题的途径等。探索性调研一般处于调研活动的初期，研究的问题和范围规模较大，结论多以定性研究为主。

2. 描述性调研

描述性调研是指通过详细的调查和分析，针对调研问题，如市场的特征或功能等各种变量做出尽可能详尽而准确的描述。描述性调研的结果通常说明事物的表征，并不涉及事物的本质及影响事物发展变化的内在原因，是一种最基本、最常见的市场调研形式。描述性调研通常用于描述不同消费者群体的特征，并将其进行归类分析，确定各种变量对市场营销问题的相关程度等。

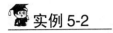 实例 5-2

李维斯公司的分类市场调查

以生产牛仔裤闻名世界的美国李维斯公司，从 20 世纪 40 年代末期的累计销售额 800 万美元，到 80 年代的 20 亿美元，40 年时间增长 250 倍，得益于他们的分类市场调查。公司设有专门机构负责市场调查，在调查时应用心理学、统计学等知识和手段，按不同国别，分析消费者的心理和经济情况的变化、环境的影响、市场竞争条件和时尚趋势等，并据此制定出销售、生产计划。1974 年公司对联邦德国市场的调查表明，多数顾客首先要求合身，公司随即派人在该国各大学和工厂进行合身测验，一种颜色的裤子就定出 45 种尺寸，因而扩大了销路。公司根据市场调查，了解到美国青年喜欢合身、耐穿、价廉、时髦，故把合身、耐穿、价廉、时髦作为产品的主要目标，故而产品长期打入了美国青年人的市场。近年来，在市场调查中，公司了解到许多美国女青年喜欢穿男裤，公司经过精心设计，推出了适合妇女需要的牛仔裤和便装裤，使妇女服装的销售额不断上升。如此，虽然在美国及国际服装市场业竞争相当激烈，但李维斯公司靠分类市场调查，他们制定的生产与销售计划同市场上的实际销售量只差 1%～3%。

（料来源：易贤网. 国外知名企业市场调查策略. http://www.ynpxrz.com/n1639308c2320.aspx.2016-11-22.）

3. 因果性调研

因果性调研目的在于确定有关市场营销问题的因果联系。例如，产品产量、产品价格和各项营销费用之间可能存在的因果关系。因果性调研的目的在于确定因果关系中的自变量和因变量，揭示和鉴别某种变量的变化受哪些因素的影响以及受影响的程度，从而揭示事物发展变化的内在原因。因果性调研是一种重要的、深入的调研形式。

此外，对市场调研还可以从以下不同角度进行分类。比如，按市场调研的主体可以分为：企业的市场调研、政府部门的市场调研、社会组织的市场调研、个人的市场调研等；按照市场调研的区域范围可以分为：地方性市场调研、区域性市场调研、全国性市场调研、国际市场调研等；按调研对象可以分为：消费资料市场调研、生产资料市场调研、广告调研、产品调研、价格调研、分销渠道调研等；按调研的时间可以分为：一次性的市场调研和经常性的市场调研等。市场调研的种类不同，其调研的特征、内容、要求和方法都有所不同。

三、市场营销调研的程序与步骤

（一）市场营销调研的程序

市场营销调研是一项有序的活动，它包括准备阶段、实施阶段和总结阶段三个部分。

(1) 准备阶段。主要任务就是界定研究主题、选择研究目标、形成研究假设并确定需要获得的信息及制定调研方案。

(2) 实施阶段。主要任务是根据调研方案，组织调查人员深入实际收集资料。包括确定资料的来源和收集方法、设计收集资料的工具、决定样本计划以及调研经费预算和时间进度安排等。

(3) 总结阶段。主要任务是对资料进行处理、分析和解释，最后编写和提交调研报告。

(二) 市场营销调研的步骤

市场营销调研一般要经过五个步骤：明确调研主题与调研目标、制定调研计划、收集信息、分析信息、提交调研报告。

(1) 明确调研主题与调研目标。市场营销调研的问题很多，调研人员应从实际出发，进行全面分析，根据问题的轻重缓急，列出调研问题的层次，将企业经营中迫切需要解决的问题放在首位，作为调研要解决的问题。要求问题要适合，既不要太宽，也不要太窄。调研问题明确后，应确定具体的调研目标，它决定了调研题目和内容，选择目标时还需考虑费用能否得到支持。根据调研课题，收集有关资料作初步情况分析研究。许多情况下，调研人员对所需调研的问题尚不清楚或者对调研问题的关键和范围不能抓住要点而无法确定调研的内容，这就需要先收集一些有关资料进行分析，找出症结，为进一步调研打下基础，通常称这种调研方式为探测性调研。探测性调研后，需要调研的问题便已明确。

(2) 制订调研计划。调研计划是指导市场营销调研工作的总纲，一个有效的调研计划应包括以下几方面的内容：信息来源、调研方法、调研工具、调研方式、调研对象、费用预算、调研进度、培训安排等。具体来说，主要应规划好 6W2H 八个方面的内容，见表 5-1。

表 5-1 调研计划的框架

项 目	含 义	任 务
What	调研内容	明确调研主题
Why	调研目的	明确调研目的、意义与目标
Which	调研对象	随机抽样、非随机抽样
Who	调研主体	委托外部机构调研、自己独立调研、内外协调调研
When	调研时间	调研日程、信息时限
Where	调研范围	明确调研总体与总体单位
How to do	调研方法	询问法、观察法、实验法；原始资料，二手资料
How much	调研预算	人、财、物消耗预算

(3) 收集信息。首先是确定资料的来源，明确收集第一手资料的来源和第二手资料的来源。第一手资料是指营销调研所需的信息没有被别人收集或别人已经收集但调研单位无法获取的资料，通常需要调研人员通过现场实地调查直接收集。第二手资料是指经过他人收集、记录、整理所积累的各种数据和资料的总称。第二手信息资料主要来源于企业内部各部门(如档案部门、资料室等)和企业外部(如图书馆、档案馆、政府机构、国际组织、新闻出版部门等)。其次是确定收集资料的方法。收集第一手资料应采用访问法、观察法或实验法，还是多种方法并举。收集第二手资料应采用直接查阅、购买、交换、索取或通过情报网委托收集。

(4) 分析信息。主要包括：① 整理审核。为了发现资料的真假和误差，达到去伪存真的目的。对调查的资料要检查误差，审核情报资料是否可靠。② 分类编码。为了使资料便于查找和利用；将调查的资料按一定标准进行分类，再进行编号。③ 统计制表。通过表格形式表示各种调查数据，反映各种信息的相关经济关系或因果关系。经过制表的资料针对性强，便于研究和分析，提高了资料的适用性。

(5) 提交调研报告。市场营销调研的最后步骤是对营销调研结果作出准确的解释和提出结论，形成调研报告。报告可以分专门报告和综合报告两类。调研报告的内容包括以下几个方面：

① 封面。写明调研题目、调研日期和调研承办单位及其基本情况。

② 前言。调查背景、调查目的、方法及步骤介绍。

③ 正文。即所调研问题的事实材料，分析说明，相当部分内容应是数字、表格，以及对这些内容的解释、分析。

④ 调研结论和建议。主要提出改善建议，因为市场调研的最终目的在于采取改善措施，以增加企业盈利，所以这部分应写得详细具体一些。

⑤ 附件。通常将调查问卷、抽样名单、地址表、地图、统计检验计算结果、表格、制图等作为附件内容。

第三节　市场营销调研的实施

市场营销调研是一个搜集、整理、加工和处理信息的系统工程。在市场营销调研的实施过程中，调研技术和方法使用是否得当，直接影响调研结果的质量，是调研成功与否的关键。

一、市场营销调研的方法

市场营销调研的方法会直接影响到调研的结果，因此，选择市场调研方法至关重要。一般的市场调研方法归纳起来，可分为以下三类：

1. 观察法

观察法是由调查人员直接或通过仪器在现场观察被调查对象的行为并加以记录而获取信息的一种方法。使用观察法进行调查时，调查人员不许向被调查对象提问题，也不需要被调查对象回答问题，只是通过观察被调查对象的行为、态度和表现，来推测判断被调查对象对某种产品或服务是欢迎还是不欢迎、是满意还是不满意等。常用的观察法有以下几种：

(1) 直接观察法。就是派调查人员去现场直接察看。使用这种方法进行调查，要确定是定期观察还是不定期观察及观察的次数等。

(2) 亲身经历法。就是调查人员亲自参与某种活动，来收集有关的资料。如某一工业企业要了解它的经销商服务态度的好坏，就可以派人到他们那里去买东西。通过亲身经历法收集的资料，一般是非常真实的，但应注意不要暴露自己的身份。

(3) 痕迹观察法。这种方法不是直接观察被调查对象的行为，而是观察被调查对象留下的实际痕迹。例如，一家企业想了解自己的产品是否真的在某地销售了，它不是去零售点的柜台上看该产品是否有摆放，而是看垃圾箱中有无被丢弃的该产品的包装物。

(4) 行为记录法。因为观察法不直接向被调查者提出问题，所以，有些观察工作就可以通过录音机、录像机、照相机及其他一些监听、监视设备来进行，这种方法就是行为记录法。

通过观察法能够获得准确性较高的第一手信息资料。但是，这种方式也有一定的局限性。一是它只反映了事物的现象，而不能说明事物发生的原因。二是此种方法调查面窄，花费时间较长。

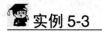 **实例 5-3**

肯德基与"神秘顾客"

肯德基是世界著名的快餐公司，它的连锁店几乎遍布世界各地。为了保证这些连锁店的服务质量，它在世界快餐业首创使用"神秘顾客"。肯德基快餐公司中的"神秘顾客"，很类似中国的质量检查员。之所以被称为"神秘顾客"，是因为他们在工作时，以一般顾客的身份出现，检查监督不动声色，不会让人察觉，带有一定的神秘色彩。

这种"神秘顾客"是肯德基快餐公司的特殊工作人员和特殊的消费者。他们年龄一般在 20~40 岁，每月一次或两次到各连锁店秘密用餐。不管营业员或服务员态度有多差，他们绝不计较，更不会脸红脖子粗地争吵。他们对每个连锁店都看得很仔细，从店堂的招贴画到灯光的亮度，从食品的品质、口味到服务的快捷、周到等，都按公司对各连锁店的统一要求客观公正地进行打分，打分的内容繁杂精细，营业员或服务员如果疏忽了其中的一点，就要被扣分。产品质量则包括对不同食品温度等细致要求。特别值得一提的是，他们打分时都远离被打分的连锁店，但从拿到食物到测试开始，又不能超过 5 分钟。

该公司为了保证"神秘顾客"能随时对连锁店进行全面评估，他们对"神秘顾客"的身份进行严格的保密。在公司内部，除了总经理和品质控制人员以外，其他任何人无权知道或打听"神秘顾客"的身份，"神秘顾客"自己也不得对外宣传，泄露自己的身份。因此，连锁店里的工作人员，根本就无法知道谁是"神秘顾客"，他们会在什么时间来，无法抱侥幸心理，而必须时时脚踏实地履行每一项职责，不能出一点差错。

(资料来源：胡文静，柳彩莲. 现代市场营销学[M]. 重庆：重庆大学出版社，2015.)

2. 访问法

访问法又称采访法、询问法，是收集第一手资料最常用、最基本的一种方法。它是由调查人员通过口头、书面或电信等方式向被调查者了解市场情况、消费者的消费需求、消费心理、消费态度、消费习惯、企业经营等信息的实地调查方法。一般具体又分为以下几种形式：

(1) 面谈访问法。亦称派员法或口头询问法，是由调查人员按照事先拟订的调查项目，向调查对象询问，并将结果记入表内。可以个别面谈，也可以多人集体面谈。面谈访问调查简单方便，灵活自由，可根据情况随机应变地提出问题，使被调查者充分发表意见。集体面谈还可以互相启发，深入探讨，有利于获取较深入、广泛的信息。面谈访问可保证调查的质量(内容规范、清楚、完整)，回答率亦高，但缺点是太花费人力、时间，调查成本高，而且，调查的结果还取决于调查者的素质、调查问题的性质以及被调查者的合作态度。

所以，准备充分，提高访问员本身的素质和询问技巧至关重要。

(2) 电话访问法。电话访问法是由调查人员通过电话与被调查者交谈，获取信息的一种方法。应用电话访问法进行调查，速度快、成本低，访问交谈比较自由。而电话访问法的不足是受通信条件的限制，调查对象的选择可能有局限性，样本结构不一定合理；交谈时间不宜太长；调查员不能看到对方的表情、姿态等形体语言，有时容易遭到被调查者的拒绝。这种方法一般适用于调查者与被调查者之间比较熟悉或者是调查问题比较简单的情况。

知识拓展 5-3

接打电话在商务礼仪中的要点

1. 在电话铃响 2～4 声时接听。

2. 接、打电话的双方都应当主动通报自己的单位、姓名，避免出现"寒暄了几分钟后某一方还没搞清对方是谁"的情况。如果预计谈话时间可能较长，打电话的人应当首先询问对方现在谈话是否方便，给对方留下"通情达理、善解人意"的印象，会对谈话结果产生良好的影响。

3. 长时间外出，应交代清楚去向与联系方法，否则容易失去很多机会。可以由同事转告，也可以用录音电话"代劳"。

4. 电话机旁应常备纸和笔，随时做好记录。必要时重复确认重要信息，避免记录错误。

5. 若是拨打公务电话，应当尽量在受话人上班 10 分钟以后或下班 10 分钟以前拨打，给对方留出比较从容的应答时间。如果没有紧急事件，不要在对方休息的时间之内打电话(比如早晨 7 点之前、晚上 10 点之后、午休时间等)。打电话也应尽量避开对方可能正在用餐的时间。

6. 电话拨通后，如果铃响三四声后无人接听，不要急于挂电话，要耐心等到铃响七八声后再挂断，避免对方刚好拿起电话时断线。

7. 如果拨错了号码，一定要说"对不起，打错了，再见"，然后再挂断。在接到打错了的电话时，应当宽容待人。

(资料来源：徐克茹. 商务礼仪标准培训[M]. 北京：中国纺织出版社, 2015.)

(3) 邮寄访问法。邮寄访问法是通过寄发调查表的形式进行市场营销调研，具体可以采用邮局寄送、随广告发放、随产品发放等方式。有些商品或服务的征订单、征询意见表和评比选票等，也具有调查表性质，一般也被认为是邮寄访问法形式的调研。邮寄访问法具有调查对象和提问范围广泛，调查成本相对较低，可以给被调查者以较充裕的时间考虑，填写较为灵活、方便的优点。但是，应用邮寄访问法进行调研的回收周期较长。调查表回复率通常较低，有时得出的结论并无代表性，一般可采用附赠奖券或赠送小礼品的方法争取被调查者的合作，提高回复率；也可利用互联网提问调查，以提高调查效率。

(4) 留置问卷访问法。留置问卷访问法就是由调查人员将调查问卷或调查表当面交给被调查对象，并说明回答问题的要求，留给被调查对象自行填写，以后由调查人员在约定的时间收回。这种方法结合了面谈访问与邮寄访问的优点，回收率较高，调查过程可以避免调查人员的人为影响，时间也比较充裕。缺点是调查进度不易控制，被调查者答卷的态度、答卷的真实性等较难掌握，因此是一种较为中性的方法。

3. 实验法

实验法是指在特定的条件下，对所研究的对象从一个或多个方面进行调查研究，以测定这些因素之间的关系，用于决定企业的市场营销策略。在因果性的调研中，实验法是一种非常重要的工具。实验法源于自然科学中的实验求证方式，通过小规模范围的实验，记录事件的发展和结果，收集和分析第一手信息资料。

采用实验法时，通常选定两个条件基本相同的小组，一个作为实验组，引入实验因素，使其置于有计划的变化条件之下；另一个作为控制组，保持原来的条件不变。然后比较两个小组的结果，以察看实验因素的影响。常用的实验方法主要有：

(1) 实验室实验。实验室实验即在实验室内，利用专门的仪器、设备进行调研。例如，为评价各种不同的广告媒体进行促销宣传的优劣，可以通过测试实验对象的差异，选择效果较好的一种广告媒体。

(2) 现场实验。现场实验是在完全真实的环境中，通过对实验变量的严格控制，观察实验变量对实验对象的影响。一般在真实的市场中进行小范围的实验。例如，调研人员想要了解某种产品的价格需求弹性，可以选择一家商店，选择几次不同时间，对同一产品确定几种不同价格进行销售。调研人员通过观察分析消费者购买状况(数量)的变化，得出研究结论。又如，新产品在大规模生产销售之前，先将其少量投放到部分有代表性的市场进行销售实验，观察市场及消费者的具体反应，以取得第一手资料，制订进一步的生产和营销策略。

(3) 模拟实验。模拟实验是利用计算机编制模型，来模拟市场情况，观察研究对象的发展变化结果。模拟实验必须建立在对市场情况充分了解的前提下，所建立的各种假设与模型，必须以市场的客观实际为前提。

采用实验调研的优点是：方法具有客观性和科学性，通常能够获得比较真实的信息资料。但是实验法也存在局限性，主要是大规模的现场实验中，难以控制市场变量，使得实验结果的价值降低；实验调研的周期较长，调研成本较高。

二、市场营销调研的技术

(一) 抽样调查技术

抽样调查是一种非全面调查，它是从研究对象中抽取部分单位进行调查，并用调查结果来推断总体的一种调查方法。抽样技术大体可分为两大类：一是随机抽样；二是非随机抽样。

1. 随机抽样

它是按随机原则抽取样本，完全排除人们主观的有意识的选择，在总体中每一个体被抽取的机会是均等的，是一种客观的抽样方法，随机抽样方法主要有：

(1) 简单随机抽样。抽样者不作任何有目的的选择，用纯粹偶然的方法从全体中抽取若干个为样本，使母体里的每个个体都有被抽到的可能性。

① 抽签法。就是将全体中的每一个体逐一编上号码，然后随机抽取，抽的即是样本。

② 随机号码表法。就是利用随机号码表随机摘出样本。

③ 等距抽样法。根据一定的抽样距离从总体中抽取样本，抽样距离用总体除以样本数可以求得。如要调查某城镇 5000 户居民购买电风扇的需求，计划抽出 5% 的样本即 250 家进行调查，因而需要在每隔 20 家选择 1 家。假如起点号码是 3，则后续抽取样本依次是 23，43，63 等。

(2) 分层随机抽样法。先将调查对象的总体按照与调查目的相关的主要特征进行分组，每一组为一层，然后在每一层中随机抽取部分个体，分层时，要尽量使各层之间具有显著不同的特性，而同一层内的个体则具有共性。分层抽样可以避免简单随机抽样中样本可能集中在某地区、某种特征而遗漏掉某种特征的特点。

(3) 分群随机抽样法。先将调查对象的总体分成若干个群体，再从各个群体中随机抽取样本，它抽取的样本是一群，不是一个，然后对抽到的样本群中的每一个体逐一进行调查。分群随机抽样所划分的各群体中，包含不同特性的个体，群体与群体之间个性相近。它具有避免简单随机和分层随机不足的好处，这种方法比较常见。抽出的样本集中在几个区域，调查费用低。而简单随机和分层随机法样本分散在各个区域，调查费用高。

以上随机抽样方法的优点是可进行统计检验，精确度高，抽样误差小。如采取了适当的抽样方法，对一个总体即使抽出 1% 的样本，也能提供良好的可靠性。但抽样法需要有较高的抽样技术，调研人员要有较丰富的经验。

2．非随机抽样

非随机抽样是按调查目的和要求，根据一定标准来选取样本，也就是对总体中的每一个体不给予被抽取的平等机会。其常见的抽样方法有：

(1) 任意抽样法。任意抽样也称便利抽样，这是纯粹以便利为基础的一种抽样方法。街头访问是这种抽样最普遍的应用。这种方法抽样偏差很大，结果极不可靠。一般用于准备性调查，在正式调查阶段很少采用。

(2) 判断抽样法。根据专家意见或调查人员主观分析决定所选择的样本。用这种方法抽样，要求选定样本的人员对调查对象的全体特征有相当的了解，应避免挑选极端的类型，而选取"多数型"或"平均型"的样本作为调查对象。判断抽样法只适合特殊需要，调查回收率高，但容易出现因主观判断有误而导致的抽样偏差。

(3) 配额抽样法。配额抽样与分层抽样法类似，要先把总体按特征分类，根据每一类的大小规定样本的配额，然后由调查人员在每一类中进行非随机的抽样。这种方法比较简单，又可以保证各类样本的比例，比任意抽样和判断抽样样本的代表性都强，因此实际上应用较多。

(二) 调查问卷设计技术

设计有效的调查问卷是进行高质量市场营销调查的基本功，由于一切信息都源自于调查问卷，因此，如果因调查问卷措辞拙劣导致数据发生偏差，或者因调查问卷晦涩难懂难以完成，导致很低的回应率，无论统计数据分析再怎么先进，抽样技术质量再高，其价值都将是极为有限的。

1．调查问卷设计程序

调查问卷设计程序，如图 5-3 所示。

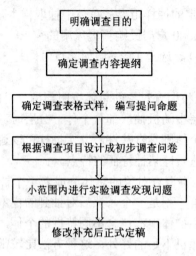

图 5-3　调查问卷设计程序

2. 调查问卷设计技巧

拟订一份完善的问卷需要有相当的技巧与学问，并特别注意所问问题的类型、措辞、形式以及次序。

(1) 在问题的类型上易发生的错误，主要是问一些无法回答、不愿回答、不必回答的问题，而忽略了必须回答的问题。

例如：向一位基层工人询问"您觉得您所在企业今后几年的努力方向是什么？"显然难以得到有效的回应。

(2) 当问题类型确定后，问题形式的不同，也会导致不同的调查结果。问题的形式有开放式和封闭式两种。开放式问题又可采用自由回答法和词语联想法两种形式。自由回答法要求被调查者根据问题要求用文字形式自由表述，即被调查者无任何引导、暗示或限制来回答问题。这种问题可以搜集到调查者所不了解或忽视的信息资料。

例如：您认为佳洁士牙膏的主要优点是什么？您为什么要选择红豆西服？您认为长虹彩电在哪些方面应该加以改进？您为什么选择飘柔而不选潘婷洗发水……

词语联想法则是给被调查者一个有许多意义的词或词表，让被调查者看到词后马上说出或者写出最先联想到的词。表 5-2 给出了词语联想法则。

表 5-2　词语联想法则

洗发水品牌(刺激词)	反　应　词
(1) 飘柔 (2) 润妍 (3) 潘婷 (4) 海飞丝 (5) 风影	(1) 爽 (2) 亮丽 (3) 护发 (4) 去屑 (5) 乌发 (6) 廉价 (7) 营养 (8) 柔顺

封闭式提问又称限制式提问，是指针对调查问卷(表)中提出的问题，已设计了各种可能的答案，被调查者只要从中选择一个或几个即可。其优点是填写方便而且规范，并且便于电子计算机汇总。所以，问卷设计时应尽可能采取封闭式提问。

(3) 在调查表或问卷设计中应注意的问题：

第一，要围绕调查目的来设定问题，并注意调查项目的可行性。可问可不问或过于敏感的项目，如关于个人收入和财产、关于政治态度等方面的问题如果不是十分必要，一般尽量避免涉及。

第二，尽量避免需要大量回忆的问题，否则即使得到答案，也是很不可靠的。

第三，问题应明确和精确，应避免会产生歧义的问题。

第四，避免逻辑错误。即问题的备选答案应互相排斥并完全划分。如婚姻状况仅分为"已婚"和"未婚"两项备选答案就是不完全划分。应列出已婚、丧偶、离婚、分居、未婚五种备选答案。

第五，提问的排列顺序一般是先易后难、由浅入深，敏感的问题放在后面。即询问项目应按人们的思维习惯、逻辑顺序排列，或按照被调查者的兴趣、问题的难易程度排列，使被调查者易于回答，有兴趣回答。

第六，避免诱导性提问，即问题应该客观，不应暗示答案。

第七，问卷题目设计必须有针对性，对于不同层次的人群，应该在题目的选择上有的放矢。必须充分考虑受调查人群的文化水平、年龄层次和协调合作的可能性，除了在题目的难度和题目性质的选择上考虑上述因素外，在语言措辞上也应该进行相应的调整，比如，面对家庭主妇做的调查，在语言上就必须尽量通俗，而对于文化水平较高的城市白领，在题目和语言的选择上就可以提高一定的水准。只有在这样的细节上综合考虑，调研才能够顺利进行。但一般来说，除专业性较强的专家咨询调查表以外，询问项目和备选答案应尽量通俗易懂，使各种层次的被调查者都能理解、接受。

第八，调查项目数量(即提问的数目)应适宜。一份问卷中问题不宜定得过多，否则被调查者会产生厌烦情绪，从而影响问题回答的准确性；当然问题也不宜太少，否则机会和资源没有能得到充分的利用，不能满足调研要求。一般中小规模性质的调查问卷中的问题在 20 个左右，答卷时间在 30 分钟以内为宜。

第九，问卷中的问题及答案都要编码，便于计算机进行处理。尤其对调查资料中属于品质标志的项目要数量化，即需要编制量表以方便汇总计算。

知识拓展 5-4

良好营销调研的七个特征

(1) 科学方法。有效的营销调研使用的科学方法原则是：仔细观察，建立假设，预测和试验。

(2) 调研的创造性。营销调研最好要能发展出创新方法，以解决某个问题。一家服装公司为迎合青少年的需求，挑选出几位男孩，给他们每人一架摄像机，请他们用它记录下在餐馆和其他青少年常去的场合集中小组座谈会的情况。

(3) 采用多种方法。好的营销调研人员懂得避免过分依赖一种方法。他们还认识到需要两三种收集方法来确认调查结果。

(4) 模型和数据的互相依存性。好的营销调研人员懂得从问题的模式中导出事实的意义。这些模式对要收集的信息类型起到指导作用。

(5) 信息的价值和成本。好的营销调研人员应该关心衡量信息的价值与成本之比。研究成本容易计算,而价值却很难预料。价值由研究结果的可靠性和确实性以及管理层对调研结果的接受和行动的程度而定。

(6) 有益的怀疑论。好的市场营销调研者对经理轻率作出的市场运作方式表示怀疑。他们对"营销神话"的问题很警觉。

(7) 道德营销。好的营销调研能给发起公司和消费者两者带来好处。然而,对营销调研的滥用不仅有害并会激怒消费者。

(资料来源:刘治江. 市场营销学教程[M]. 北京:清华大学出版社,2017.)

第四节 市场预测

事物的发展是有规律性的,有规律就可以合理推断和预言,经过认真的市场调研,掌握大量的数据和资料,就可以预测市场的发展变化。

一、市场预测的概念和原则

(一)市场预测的概念

市场预测是指企业在市场调研的基础上,利用一定的方法或技术,测算一定时期内市场供求趋势和营销因素的变化,从而为企业的营销决策提供科学的依据。从哲学的角度看,小至微生物,大至天体,人间万事万物分分秒秒均处于变化中。从表面上看,事物的发展变化由许多偶然因素决定,但实际上存在其客观必然性和规律性。人们可以通过了解事物、认识事物,把握规律,预测未来。

(二)市场预测的原则

(1) 连续性原则。连续性原则是指一切客观事物的发展都具有符合规律的连续性。现在的市场需求状况是过去市场历史的演进;未来的市场需求状况是现在需求发展的继续。收集和掌握市场历史和现实的资料,分析其发展变化规律,按照连续性原则进行逻辑推理,就可预测、分析未来市场的需求情况。

(2) 类推性原则。类推性原则是根据经济结构及其变化的模式和规律推测未来经济发展变化的情况。许多事物相互之间在发展变化上有类似之处,人们根据已知事物的基本结构和发展模式,可以通过类推的方法预测事物未来的情况,这种方法既适用于同类事物之间,也适用于不同类事物之间。这是因为客观事物之间存在着某些类似性,这种类似性表现在两个事物之间在结构、模式、性质、发展趋势方面相互接近。

(3) 关联性原则。关联性原则是指根据事物之间的直接或间接的联系或构成一种事物的各因素之间存在的或大或小的相互联系、相互制约的关系,当一种事物或一种因素发生变化时，去分析预测与之相联系、相依存、相制约的另一事物的发展变化趋势。

二、市场预测的内容与程序

(一) 市场预测的内容

1．市场需求预测

市场需求预测是指消费者、用户在一定时期、一定市场范围内，有货币支付能力，对某种商品的需求。它包括需求量的预测和需求商品的品种、规格、花色、型号、款式、质量、包装、品牌、商标、时间等变动趋势的预测。

2．市场供给预测

市场供给预测，是指对进入市场的商品资源总量及其构成和各种具体商品市场可供量的变化趋势的预测。它同市场需求预测结合起来，可以预见未来市场供求矛盾的变化趋势。

3．科学技术发展预测

科学技术发展预测，是指对科学技术的未来发展及其对社会、生产、生活的影响，以及对企业生产经营活动的影响的预测。特别要预测与企业产品、行业或与材料、工艺、设备等有关的科技发展水平、发展方向、发展速度和发展趋势等方面的情况。

4．企业生产经营能力、研究和发展能力预测

任何企业要从事生产经营活动必须使人力、物力、财力三要素相互结合，相互依赖，不可分割，并且要按一定比例而分别存在。企业要在对其自身生产经营能力进行预测的基础上确定生产经营活动。

研究和发展能力预测，是指企业管理人员对企业经营与环境变动关系作历史考察、现状分析和发展趋势预测。其主要包括：内容企业规模、组织机构的研究；信息接收与判断能力；选择能力；管理改革和创新研究能力以及企业发展水平研究等。

5．企业财务及环境意外事件预测

企业在组织商品实体流动的同时，要引起资金的筹集、分配、使用和管理等一系列财务组织活动。以最少的资金消耗取得最大的经济效果，这是每个企业的共同期望。企业财务预测，就是对未来一定时期内企业经营活动所取得的有效成果和资金消耗这两者进行预测。它为企业经营决策提供财务方面的科学依据，对改善企业经营管理、提高经济效益具有重要意义。

实例 5-4

日本汽车挑战美国汽车

美国汽车制造一度在世界上占霸主地位，而日本汽车工业则是 20 世纪 50 年代学习美国发展而来的，但是时隔 30 年，日本汽车制造业突飞猛进，充斥欧美市场及世界各地，为此美国与日本之间出现了汽车摩擦。

在 20 世纪 60 年代，当时有两个因素影响汽车工业：一是，第三世界的石油生产被工业发达国家所控制，石油价格低廉；二是，轿车制造业发展很快，豪华车、大型车盛行。但是擅长市场调查和预测的日本汽车制造商，首先通过表面经济繁荣，看到产油国与跨国公司之间暗中正酝酿和发展的斗争，以及发达国家消耗能量的增加，预见到石油价格会很快上涨。因此，必须改产耗油小的轿车来适应能源短缺的环境。其次，随着汽车数增多，马路上车流量增多，停车场的收费会提高，因此，只有造小型车才能适应拥挤的马路和停车场。再次，日本制造商分析了发达国家家庭成员的用车情况。主妇上超市，主人上班，孩子上学，一个家庭只有一辆汽车显然不能满足需要。这样，小型轿车得到了消费者的宠爱。于是日本在调研的基础之上作出正确的决策。在 20 世纪 70 年代世界石油危机中，日本物美价廉的小型节油轿车横扫欧美市场，市场占有率不断提高，而欧美各国生产的传统豪华车因耗油大、成本高，使销路大受影响。

(资料来源：姜岚，罗萌，张威. 市场营销[M]. 西安：西安交通大学出版社，2013.)

(二) 市场预测的程序

市场预测的全过程是调查研究、综合分析和计算推断的全过程。一个完整的市场预测，一般要经过以下八个步骤。

(1) 确定预测目标。这是市场预测的首要步骤。确定预测目标是预测的主题，直接影响预测结果。具体说预测目标应规定预测的对象、内容、范围、要求、期限、参加的人员、编制预测计划等。明确预测工作的目标和要求。即为全面开展预测工作从组织上、行动上做好充分准备。

(2) 收集、整理资料。正确的资料是搞好预测的基础。所以营销人员应根据预测目标的具体要求收集所需要用到的各种资料，并且对所收集到的资料进行加工、整理和分析，辨别资料的真实性、完整性、可比性和可用性，对不完整和不可比的资料要进行必要的补充和推算，去掉那些不真实的、对预测无用的资料。

(3) 选择预测方法。进行预测时，应根据预测目标和占有的信息资料，选择适当的预测方法。预测方法不同，预测结果也就不一样。市场预测的方法很多，各种方法都有自己的适用范围和局限性。实际工作中，主要是根据决策对预测结果的要求、占有资料的多少及完整程度、资料所呈现的数据之间的关系及其变化规律等，并结合开展预测工作的环境和条件，按照经济、方便、有效原则，选择合适的预测方法。

(4) 建立预测模型。在预测时，模型的建立首先应根据预测内容和目标，市场供需状态和掌握的资料而定，并注意连续性、类比性、关联性原则和投入—产出的关系，考虑预测费用的多少和对预测精度的要求。对于定量预测，一般是建立数学模型；对于定性预测，可以建立逻辑思维模型。

(5) 评价模型。在对确定的数学模型进行分析计算和预测的过程中，当预测结果和预测值差异较大的时候，应具体分析产生误差的原因，并及时加以修正，重新测算和预测。必要时应重新确定数学模型。

(6) 利用模型进行预测。根据收集到的有关资料，利用经过评价所确定的预测模型，就可以计算或推测出预测对象未来的发展结果。这种计算或推测是在假设过去和现在的规律能够延续到未来的条件下进行的。

(7) 分析预测结果。利用模型得到的预测结果有时并不一定与预测对象发展的实际相符。因此，要分析误差产生的原因。一般情况下，原因主要有环境发生变化、方法选择不当、资料不完整、预测人员的经验不足等。

(8) 编写预测报告。预测报告是对预测工作的总结。其内容包括：资料收集与处理过程、选用的预测方法、建立的预测模型及对模型的评价与检验、对未来条件的分析、预测结果及其分析与评价以及其他需要说明的问题。

三、市场预测的方法

市场预测方法有两种基本形式：定量预测法与定性预测法。如果影响预测对象未来变化的各种因素与过去、现在的影响因素大体相似，呈现一定的规律，并且能够收集到足够的相关历史资料和数据，则可以通过建立数学模型进行定量预测，定量预测法也称为数学模型预测法。如果影响预测对象未来变化的各种因素变动大，难以量化，并且采集不到足够的相关历史数据资料，则数学模型预测法就难以奏效，这时应选用定性预测法。

(一) 定性预测法

定性预测也称为判断预测或调研预测，是指由预测者根据已有的历史资料和现实资料，依靠个人的经验和知识，凭借个人的主观判断来预测市场未来的变化发展趋势。定性预测的方法主要有以下几种：

1. 个人经验判断法

个人经验判断法是预测者根据所收集的资料，凭借自己的知识和经验，对预测目标作出符合客观实际的估计和判断。在企业的市场预测中，使用个人经验判断法的一般是经营管理人员、销售人员以及一些特邀专家。

个人经验判断法带有浓厚的个人主观色彩，预测结果与预测者的个人知识、经验、分析能力、推理能力等相关联。在预测者经验丰富、已有资料详尽和准确的前提下，采用这一方法，往往能作出准确的预测。

2. 集体经验判断法

集体经验判断法是由企业集合有关人员依靠搜集到的市场情报、资料、数据，邀请生产、财务、市场销售等各部门负责人进行集体讨论，广泛交换意见，再作出预测的方法。

集体经验判断法是个人经验判断法的发展。它能够集思广益，相互启发，避免了个人判断的局限，提高了预测的精度。这种预测方法也较为简单可行，常用于产品市场需求和销售额的预测。

3. 专家调查法(德尔菲法)

专家调查法是美国有名的兰德咨询公司率先提出并推广使用的一种方法。此种方法最早出现于 20 世纪 50 年代末，是当时美国为了预测在其"遭受原子弹轰炸后，可能出现的结果"而发明的一种方法。这种方法是采用通讯方式，将所需预测的问题征询专家意见，经过多次信息交换，逐步取得比较一致的预测结果。

专家调查法本质上是一种反馈匿名函询法。其做法是：在对所要预测的问题征得专家的意见后，进行整理、归纳、统计，再匿名反馈给各专家，然后再次征求意见，再次归纳、统计，再反馈给各专家，直至得到稳定的意见。为了消除被征求意见成员之间相互影响，参加的专家可以互不了解。这种运用匿名、反复多次征询意见进行背靠背式交流的方式，可以充分发挥专家们的个人智慧、知识和经验，最后汇总得出一个比较能反映群体意志的预测结果。

专家调查法有以下三个特点：

(1) 资源利用的充分性。由于吸收不同的专家参与预测，这种方法充分利用了专家的经验和学识。

(2) 最终结论的可靠性。由于采用匿名和背靠背的方式，这种方法能使每一位专家独立自由地作出自己的判断，不会受到其他复杂因素的影响。

(3) 最终结论的统一性。由于必须经过多轮的反馈，这种方法能使专家的意见逐渐趋同。专家调查法的各种特点使得它在诸多判断、预测或决策手段中脱颖而出。

这种方法简单易行，具有一定的科学性和实用性，其结果具有一定的客观性。

实例 5-5

某公司销售经理和两位副经理对某地区本公司的产品的销售量进行预测，得到如表 5-3 所示数据，试求预测值。

表 5-3　预测数据表　　　　　　单位：万元

	最高销量	最可能销量	最低销量	权重
经理	2720	2510	2350	0.6
副经理甲	1900	1800	1700	0.2
副经理乙	2510	2490	2380	0.2
概率	0.3	0.4	0.3	

经理的预测值为：
$$0.3 \times 2720 + 0.4 \times 2510 + 0.3 \times 2350 = 2525$$
副经理甲的预测值：
$$0.3 \times 1900 + 0.4 \times 1800 + 0.3 \times 1700 = 1800$$
副经理乙的预测值：
$$0.3 \times 2510 + 0.4 \times 2490 + 0.3 \times 2380 = 2463$$
最终预测值：
$$0.6 \times 2525 + 0.2 \times 1800 + 0.2 \times 2463 = 2367.6 \text{(万元)}$$

(二) 定量预测法

1. 移动平均法

移动平均法是取预测对象最近一组历史数据的平均值作为预测值的方法。这种方法不是仅取最近一期的历史数据作为下一期的预测值，而是取最近一组历史数据的平均值作为下一期的预测值，这一方法使近期历史数据参与预测，使历史数据的随机成分有可能互相抵消，平均所含的随机成分就会相应减少。

移动平均法的"平均"是指对历史数据的"算术平均",而"移动"是指参与平均的历史数据随预测值的推进而不断更新。当一个新的历史数据进入平均值时,要剔除原先参与预测平均的陈旧的一个历史数据,并且每一次参与平均的历史数据的个数是相同的。

其计算公式为

$$F_{i+1} = \frac{1}{n} \sum_{i=i+1-n}^{i} x_i$$

其中,F_{i+1} 表示预测值,x 表示历史数据,n 表示参与平均的数据的个数。

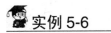**实例 5-6**

移动平均法应用

某公司根据 2016 年 12 月的某产品的销量,采用移动平均法预测 2017 年 1 月份的销售量情况,求预测值并分析其误差。移动平均法计算表见表 5-4。

表 5-4 移动平均法计算表 单位:万元

月序数 (i)	实际销量 (x_i)	3 月移动平均值 (F_{i+1})	预测误差 (x_{i+1}, F_{i+1})	误差平方 (x_{i+1}, F_{i+1})^2
1	190.1			
2	220.0			
3	188.1			
4	198.0	199.4	−1.3	1.7
5	210.0	202.0	8	64
6	207.0	198.7	8.3	68.9
7	238.0	205.0	33	1089
8	241.0	218.3	22.7	515.3
9	220.0	228.7	−8.7	75.7
10	250.0	233.0	17	289
11	261.0	237.0	24	576
12	270.0	243.7	26.3	691.7
		260.3		

2. 指数平滑法

指数平滑法是取预测对象全部历史数据的加权平均值作为预测值的一种预测方法。指数平滑法对移动平均法有两个方面的改进,一是对全部历史数据而不是一组历史数据参与平均;二是对历史数据不是采用算术平均而是采用加权平均,近期历史数据加较大权数,远期历史数据加较小权数。这和近期实际数据对预测有较大影响,远期历史数据影响较小是一致的。

指数平滑法的计算公式为

$$F_{i+1} = ax_i + (1-a)F_i$$

式中，F_{i+1} 表示预测值；x 表示历史数据；a 表示平滑系数，a 在(0，1)中取值。在应用这一公式时直接取 $F_1 = x_1$。

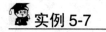 **实例 5-7**

一次指数平滑法应用

某公司根据最近 16 年的销售额，预测第 17 年的销售额情况，用一次指数平滑法进行预测。一次指数平滑法预测值计算表见表 5-5。($a = 0.3$)

表 5-5　一次指数平滑法预测值计算表

年序数(i)	实际销量(x_i)	指数平滑值(F_{i+1})	预测误差($x_i - F_i$)	误差平方($x_i - F_i$)^2
1	140.0	140.0	—	—
2	136.0	140.0	−4	16
3	157.0	138.0	18.2	331.2
4	174.0	144.3	29.7	822.1
5	130.0	153.2	23.2	538.2
6	179.0	146.2	32.8	1075.8
7	180.0	156.0	24	576
8	154.0	163.2	−9.2	84.6
9	170.0	160.4	9.6	92.2
10	185.0	163.3	21.7	470.9
11	170.0	169.8	0.2	0.04
12	168.0	169.9	−1.9	3.6
13		169.3		

关于平滑系数的取值直接影响预测结果的精度。一般平滑系数按如下的原则选取：

(1) 对于斜坡趋势型的历史数据，一般可取较大的平滑系数 $0.6 < a < 1$；

(2) 对于水平型历史数据一般可取较小的平滑系数 $0 < a < 0.3$；

(3) 对于水平型和斜坡趋势型混合的历史数据，一般可取适中的平滑系数 $0.3 < a < 0.6$。

理论梳理

(1) 市场营销信息系统是一个由人员、机器设备和计算机程序所组成的相互作用的复合系统，它连续有序地收集、挑选、分析、评估和分配恰当的、及时的和准确的市场营销信息，为企业营销管理人员制订、改进、执行和控制营销计划提供依据。市场营销信息系统由内部报告系统、市场营销情报系统、市场营销调研系统和市场营销分析系统组成。

(2) 市场营销调研可按不同的标准分类。按市场调研的研究范围进行分类，可以分为专题性调研和综合性调研。按市场调研的功能分类，可以分为探索性调研、描述性调研和因果性调研。市场营销调研是一项有序的活动，它包括准备阶段、实施阶段和总结阶段三个部分。市场营销调研一般要经过五个步骤：明确调研主题与调研目标、制定调研计划、收集信息、分析信息、提交调研报告。

(3) 市场营销调研的方法有观察法、访问法和实验法。市场营销调研技术包含抽样调查技术和市场营销调研问卷设计技术。

(4) 市场预测是指企业在市场调研的基础上，利用一定的方法或技术，测算一定时期内市场供求趋势和营销因素的变化，从而为企业的营销决策提供科学的依据。市场预测内容有市场需求预测、市场供给预测、科学技术发展预测、企业生产经营能力、研究和发展能力预测、企业财务及环境意外事件预测。市场预测方法有定性预测和定量预测两类方法。

📓 知识检测

(1) 市场营销信息系统包含的内容。
(2) 市场营销调研的含义和程序。
(3) 设计调查问卷要遵循的原则。
(4) 随机抽样和非随机抽样的主要区别。
(5) 随机抽样的组织形式。
(6) 常用的定性预测方法。

📚 案例分析

我的市场调研是这样拆穿了消费者的谎言

雀巢公司的一个案例，让市场调研人员意识到消费者会说谎。为了适应人们生活的快节奏，公司率先研制出了速溶咖啡并投入市场，着力宣传它的优点，但出乎意料的是，购买者寥寥无几。厂商请调研专家进行研究。先是用访问法直接询问，很多被访的家庭主妇回答说，不愿选购速溶咖啡，是因为不喜欢速溶咖啡的味道。但这个是真正的答案吗？调研专家实施了口味测试，试饮中，主妇们大多辨认不出速溶咖啡和豆制咖啡的味道有什么不同。显然，消费者说谎了。

1．为什么说谎？

为了寻找真正的原因，调研专家改用了间接的方法进行调查。他们编制了两种购物单，除一张上写的是速溶咖啡，另一张上写的是新鲜咖啡这一项不同之外，其他各项均相同。然后把清单分给两组家庭主妇，请她们描写按购物单买东西的家庭主妇是什么样的妇女。调查发现，两组妇女所描写的两个家庭主妇的形象截然不同。她们认为购买速溶咖啡家庭主妇是个懒惰的、邋遢的、生活没有计划的女人；购买新鲜咖啡的则是勤俭的、讲究生活的、有经验的和喜欢烹调的主妇。原来，速溶咖啡被人们拒绝，并不是由于产品本身，而是由于人们的动机，即都希望做一名勤劳、称职的家庭主妇，而不愿做被人谴责的懒惰的主妇。

(1) 消费者不知道真相。

很多调查是基于这样一个基本问题开始的：请问您需要什么？而实际上，很多消费者并不能准确地表达他们的动机、需求和其他思想活动，当他们努力想要告知调查者他们心中所想时，其实有时候也不完全了解自己的真正需要。一个人没调闹钟，早上 6:00 突然醒来。人们就问他为什么会那么早起床？他的大脑皮层就会产生各种各样的原因去解释他的行为：为了早上起来读英语；为了赶一个工作上的报告等。其实真正的背后原因可能是一阵风吹过，或者是一只蟑螂走过把他惊醒。乔布斯也曾表示"消费者并不知道自己需要什么，直到我们拿出自己的产品，他们就发现，这是我要的东西"。

(2) 消费者故意撒谎。

实际经验告诉我们，很多时候被调查者显然是故意撒谎。有时是因为问题涉及的内容过于敏感，有时是因为答案会导致被调查者外在形象受损。曾经有家手机厂商设计一台老人用的手机，调研了大量的老年人对手机的功能需求，包括大字体、紧急呼叫、语音留言等，可当这台为老年人"量身定做"的手机面市以后，却得不到老年人的认可。原来从老人角度看，使用这款手机就等于向别人承认自己年纪大、老眼昏花。

2016 美国大选中，美国主流媒体就大选结果进行大量的民意调查，尤其是摇摆州。摇摆州的票数直接影响到大选的走向。结果，几次民调显示摇摆州大部分民众均支持希拉里。但是正式投票时，摇摆州却纷纷倒戈，将票投给特朗普。原因是民意调查时摇摆州(和没有表态的)的民众碍于面子(因为如果表示自己支持特朗普将会遭到周边人的冷漠对待)，而做出与正式投票截然相反的票选行为。这就是正式大选结果与民调完全相反的背后根源。

2. 如何不被消费者的谎言"糊弄"？

(1) 观察消费者的决策行为，洞察其隐形需求。

消费者会撒谎，但行为就是决策结果，具有可参考性。因此，关注消费者的购买决策，将行为结果与消费者的回答进行对比。如果两者相同，则证明消费者做出了诚实的回答；如果不一致，则以消费者的决策行为为准。

日本电通传播中心的策划总监山口千秋曾为三得利公司的罐装咖啡 WEST 品牌做市场调研，通过前期市场销售数据将 WEST 咖啡的目标人群定位中年劳工(比如出租车司机、卡车司机、底层业务员等)。当时品牌方对咖啡口味拿捏不准，味道是微苦好，还是微甜好？按一般调研公司的做法，先是请一批劳工到电通公司办公室里，把微苦、微甜 2 种咖啡放在同样的包装里，请他们试饮，大部分人都表示喜欢微苦的。但山口千秋发现办公室并不是顾客日常饮用的场所。于是，他把 2 种口味的咖啡放到出租车站点、工厂等劳工真正接触的场景，发现微甜味咖啡被拿走的更多！真相是："害怕承认自己喜欢甜味后，会被别人嘲笑不会品味正宗咖啡。"

(2) 找准消费者烦恼，戳中其痛点。

人们对痛点往往很敏感，戳到"痛点"，离真相就不远了。心理学家表明，痛点、抱怨往往能够反映消费者真实的想法。如果你是海飞丝市场部工作人员，直接问消费者，没头屑有什么好处，消费者会冷眼无语地看着你，因为即使他知道也很难表达出来。但是如果你问消费者，有头屑会有什么痛点和烦恼，消费者自然就会告诉你，最大的问题就是尴尬。特别是如果有头屑，别人靠近你的时候，你会感到相当尴尬，同时也从不敢穿黑衣服。所以，海飞丝早期的广告就戳中了消费者内心的心声，去除头屑和尴尬。这也诞生了海飞丝许多广告的创意。

(3) 以消费者视角，将自己带入与消费者相同的情境中。

有的时候，调研人员自己就可以充当被调研者，将自己带入消费者角色去看待问题，这样也能挖掘到消费者内心的心声。如负责某二锅头品牌策划的创作部经理曾经遇到一个难题，究竟如何将二锅头的品牌植入受众身上。他没有急着去调研，而是将自己带入，自己去亲身尝试产品，最后他发现二锅头这种烈酒喝起来就是痛快，自己的感受在那一刹是快活的。

(资料来源：七叔. 我的市场调研是这样拆穿了消费者的谎言[J]. 销售与市场，2017(03).)

讨论：

(1) 在市场调研中为什么会出现和实际情况不一样的问题？

(2) 结合案例，谈一谈在市场调研工作中应注意哪些问题？

 应用实训

实训目标：

通过实训，使学生掌握市场调查问卷的设计的技巧和方法。

实训内容：

设计调查问卷，了解在校大学生网购物品的类型。

实训要求：

(1) 班级分为若干小组，以小组为单位根据调查项目进行问卷设计。

(2) 各小组派代表上台用 PPT 展示本小组的调查问卷。

(3) 其他小组成员和教师对各小组的问卷进行点评，并提出修改建议。

(4) 各调查小组根据老师和同学所提建议进行调查问卷的修改。

(5) 上交修改后的调查问卷。

 **第六章**

目标市场营销战略

////////////////////////////////

知识目标 ✎

了解市场细分的意义与原则；掌握市场细分的标准；掌握目标市场选择与目标市场策略；掌握市场定位及其策略。

能力目标 📄

能进行市场细分；会选择目标市场，科学定位市场；增强解决企业市场营销实际问题的能力。

知识结构图 🌐

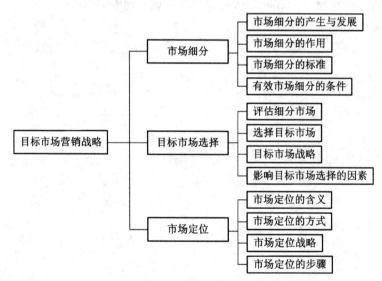

案例导读 ✒

"为发烧而生"的小米手机

小米手机是小米企业研发的一款高性能发烧级智能手机，也是小米科技三大核心之一。

1. 市场细分

小米手机目前已经在大陆和港台地区销售，有多家运营商给予支持，小米手机因其价格低廉，适合中国地区。同时小米手机针对年龄主要集中在 30 至 45 岁之间的有稳定收入的职场用户重点开发了商务型智能手机，既能帮助其实现快速而顺畅的沟通，又能高效地完成商务活动。针对经济能力较弱的学生群体和年轻的上班族，重点开发价格合理，设计时尚，功能多样，娱乐性强的娱乐型智能手机。针对年龄主要是 20～30 岁之间，IT 相关行业工作者或手机发烧友，重点开发了开发型智能手机，满足其对手机有极大的探索热情，不但会使用手机绝大部分功能，还能尽可能地开发自己手机的潜力，包括为开源的手机系统写软件。

2. 目标市场

小米手机在不同时间用同一系列产品征服了追求时尚、对科技高度敏感的群体。小米企业一直将时尚一族的年轻人作为主要的目标顾客。商务人士看重手机的功能，比如文档处理、邮件收发等功能，因此商务人士是小米手机的次要受众。小米手机开源，在网上创建小米社区，MIUI 论坛等交流平台，提供手机 UI 制作交流的一个平台，促使智能手机的改革，其手机配置较高，满足 IT 工程师对其系统改造，以符合自身使用习惯，因此它是一款发烧类型手机产品，其一个非常重要的目标群体是手机发烧友。

3. 市场定位

小米手机把自己定位于"为发烧而生"的智能通讯产品。小米手机通过塑造不同的产品形象以获取差别优势。独特式 MIUI 系统，不一样的安卓体验，给消费者贴心的体验。在其品牌塑造上，强调让消费者参与到营销活动中，企业开设有自己的网站，在网站上进行销售，甚至在微博、微信等社交平台上与消费者互动，使其参与到小米手机营销活动中，实现其服务酷体验。小米手机拥有其它智能手机的基本性能，同时也有其它智能手机所不具备的高端性能，并且它的创新性是无与伦比，比如全新的 MIUI V5 系统，界面改得漂亮了，动画改得华丽了，功能还有很大程度上的加强，其在操作性上与其他品牌的手机相比占有领先地位。

(资料来源：小米手机 STP 案例分析. 百度文库, https://wenku.baidu.com/view/ f7b97e55be1e650e52-ea99d4.html.2013-06-19.)

世界上任何一家企业，无论其资源如何雄厚，都无法满足整个市场的需求，更何况消费者对任何一种产品的需求都可能不同。因此有人称现代营销战略的核心是目标市场营销战略，包括市场细分(Segment)、目标市场选择(Target)和市场定位(Position)，故也称为 STP 战略。企业通过这三个重要步骤，制定和实施有针对性的营销战略和策略。

第一节　市　场　细　分

一、市场细分的产生与发展

市场细分的概念是美国营销学家温德尔·史密斯(Wended Smith)在 1956 年最早提出

的。市场细分就是企业通过市场调研，根据整体市场消费者需求的差异性，以影响消费者需求和欲望的某些因素为依据，将某一产品的整体市场划分为若干需求不同的消费者群的过程。每一个消费者群就是一个细分市场，亦称"子市场"。经过市场细分，同一细分市场的消费者具有较多的相似性，不同细分市场之间的需求具有较多的差异性。

市场细分的前提条件是消费者需求差异的存在，它的实质是辨别具有不同欲望和需求的消费者群。可见，市场细分不是对产品市场进行细分的，而是对同种产品具有不同需求的消费者进行细分的。营销者的任务在于识别细分市场的适当数量和性质，并决定选择哪一个或者几个市场作为目标。市场细分不单纯是一种抽象理论，而且具有很强的实践性，是现代企业营销观念的一大进步。

市场细分理论和实践的发展，大致经历了以下三个阶段：

1．大量营销阶段

19世纪末20世纪初，即资本主义工业革命阶段，市场以卖方为主导。在卖方市场条件下，企业市场营销的基本方式就是大量营销，即大批量生产品种、规格单一的产品，通过广泛、普遍的分销渠道销售产品。在这种市场环境下，大量营销方式降低了产品的成本和价格，获得了较丰厚的利润。这一阶段，企业没必要研究市场需求，市场细分也不可能产生。

2．产品差异化阶段

20世纪30年代，资本主义经济危机爆发，致使产品严重过剩，营销方式从大量营销向产品差异化营销转变。企业根据自己现有的设计、技术能力来生产经营多种不同规格、质量、特色和风格的同类产品，以适应各类顾客的不同需要，为顾客提供较大的选择范围。但是，这种多样化营销并不是建立在市场细分基础上的，不是从目标市场的需求出发来组织生产经营的。

3．目标市场营销阶段

20世纪50年代，在科学技术革命推动下，生产力水平大幅度提高，生产与消费矛盾尖锐，以产品差异化为中心的推销体制不能解决市场供过于求问题。这时企业由产品差异化营销转向以市场为导向的目标营销。即企业通过市场细分选择一个或几个细分部分作为自己的目标市场，专门研究其需求特点，并针对其特点设计适当产品，确定适当价格，选择适当的分销渠道和促销手段，开展市场营销活动，市场细分战略应运而生。

知识拓展 6-1

反 市 场 细 分

实行市场细分是必要的，但不是分的愈细愈好。科学合理的市场细分不是以细分为目的，而应以发掘市场机会为目的。西方企业曾实行"超细分战略"，许多市场被过分地细分，导致产品价格不断增加，影响产销数量和利润。于是，"反细分战略"应运而生。反细分战略并不反对市场细分，而是"异中求同"地将许多过于狭小的市场组合起来，以便能以较低的成本和价格去满足这一市场的需求。

(资料来源：郭国庆. 市场营销学[M]. 武汉：武汉大学出版社，2004.)

二、市场细分的作用

细分市场不是根据产品品种、产品系列来进行的，而是从消费者(指最终消费者和工业生产者)的角度进行划分的，是根据市场细分的理论基础，即消费者的需求、动机、购买行为的多元性和差异性来划分的。市场细分对企业的生产、营销起着极其重要的作用。

1. 市场细分有利于企业分析、发现新的市场机会

通过市场细分，企业可以有效地分析和了解整体市场中存在哪些需求相似的消费群，各部分消费群的消费需求是什么，发现哪些消费需求已经满足，哪些需求满足不够，哪些需求尚需适销对路的产品去满足；发现满足哪些需求的竞争激烈，哪些竞争较少，哪些目前还没有竞争，满足需求有待开发。尚未满足的需求便是企业的市场机会。只有通过细分，企业才能发现这市场机会。

2. 市场细分有利于企业有效的参与市场竞争，取得良好的经济效益

通过市场细分，企业可以面对自己的目标市场，生产出适销对路的产品，既能满足市场需要，又可增加企业的收入。产品适销对路可以加速商品流转，加大生产批量，降低企业的生产销售成本，提高生产工人的劳动熟练程度，提高产品质量，全面提高企业的经济效益。

3. 市场细分有利于企业掌握市场变化动态，有效制定市场营销策略

市场营销组合是企业综合产品、价格、促销形式和销售渠道等各种因素而制定的市场营销方案。通过市场细分，企业可以更清楚了解市场的结构，了解市场上消费者的需求特点，才能制订有针对性的营销策略。比如，A 食店是以脖子上挂着钥匙的小学生为主要对象，应树立的是"薄利多销，诚挚服务"的形象；B 大酒店是以来华经商的富豪、商家为主要对象，应树立的是"豪华排场，一流享受"的形象。其产品、价格、渠道及促销都必须围绕不同的目标市场形象的特点来制定。

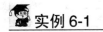 实例 6-1

"细分市场"才能占领市场

宝清县和平谷物农民专业种植合作社生产的富硒大米一斤能卖到 58 元！它之所以这么值钱，是因为它含有一种特殊的营养成分，是以高营养创造了高价值。

2013 年，黑龙江省在三江平原发现罕见富硒带，宝清县就位于富硒核心区。和平谷物农民专业种植合作社带头人刘明军敏锐发现了富硒产业的发展前景。他率先带领村民试种富硒水稻，并注册了"冷泥"富硒米商标。2016 年，和平谷物农民专业种植合作社富硒水稻种植面积由 1500 亩扩大到 15000 亩，总产量达 600 万斤。他们不仅开办了冷泥网上商城，还建起了全省最大的食品安全追溯系统。现在，冷泥富硒大米已远销到台湾、香港、北京、上海、广州、海南等地。合作社当年收入突破 5900 万元，社员人均增收 5 万元。

富硒大米在市场上成功的关键在于，针对市场需求细分大米品种，在营销中打出品牌，

引导消费者认识、接纳富硒大米品种。既满足了消费需求，又引领开创了一个新市场。

（资料来源："细分市场"才能占领市场. 黑龙江手机党报，http://sjdb.hljnews.cn/news/41308.html，2017-03-27.）

三、市场细分的标准

企业要进行市场细分，首先就是要确定按照什么样的标准来进行细分。一般来说，凡是影响消费者需求的一切因素，都可以作为市场细分的依据，市场细分的标准必须能区分不同的需求。企业可以根据行业和自己的情况选择适当的因素作为标准来对市场进行细分。

（一）消费者市场细分的标准

影响消费者需求的因素很多，可以概括为地理因素、人口因素、心理因素和行为因素四个方面。因此，我们可以将影响消费者需求的四个方面因素作为消费者市场细分的标准。每个方面又包括一系列的细分变量，见表6-1。

表6-1　消费者主要细分要素

地　理　因　素	
地理区域	华东、华北、华中、华南、西南、西北、东北
城市规模	少于50万人、50万—100万、100万—500万、500万—1000万、1000万以上
气候	北方、南方、热带、温带、寒带等
人口密度	城市、郊区、乡村
人口年龄	6岁以下、6~15岁、15~34岁……65岁以上
家庭规模	1~2人、3~4人、5人以上
家庭生命周期	单身、新婚、满巢、空巢、孤独
性别	男、女
收入	高收入、次高收入、中等收入、次低收入、低收入
职业	技术人员、经理、官员、手工艺者、退休、大学生……
教育	大学、高中、初中等 工人、农民、公务员、科技人员等
宗教	无宗教、基督教、佛教……
种族	黄种、白种、黑种、棕色人种
民族	汉、回等
社会阶层	上、中、下
生活方式	紧追潮流者、享乐主义者、主动索取者、因循保守者等
性格	随意性、科学性、时髦性、本色性、唯美型、生态型等
行为场所	普通场所，特殊场所
利益诉求	质量、服务、经济、速度
使用者状况	非使用者、曾使用者、潜在使用者、初次使用者、经常使用者等
使用频率	大量使用者、中量使用者、少量使用者
忠诚度	坚定忠诚者、动摇忠诚者、喜新厌旧者、无固定偏好者
接纳程度	知晓、认识、喜欢、偏好、确信、购买
对产品的态度	热爱、肯定、冷淡、拒绝、敌意等

1. 地理因素

地理因素指按照消费者所处的地理位置、自然环境细分市场，具体变量包括国家、地区、城市规模、不同地区的气候及人口密度等。不同地理环境下的顾客，由于气候、生活习惯、经济水平等不同，对同一类产品往往会有不同的需求和偏好，以至于对企业的产品、价格、销售渠道及广告等营销措施的反应也常常存在差别。

2. 人口因素

人口因素指各种人口统计变量。包括：年龄、婚姻、职业、性别、收入、受教育程度、家庭生命周期、国籍、民族、宗教、社会阶层等。比如不同的人口统计变量的消费者，会有不同的价值观念、生活情趣、审美观念和消费方式，因而对同一类产品，必定会产生不同的消费需求。

(1) 年龄。不同年龄段的消费者，由于生理、性格、爱好、经济状况的不同，对消费品的需求往往存在很大的差异。因此，可按年龄将市场划分为许多各具特色的消费者群，如儿童市场、青年市场、中年市场、老年市场等。如保健酒行业中，椰岛鹿龟酒就定位在中老年人市场，针对他们提出"不起夜、睡觉香、腿脚好、少感冒"的卖点，深受广大中老年人群的喜爱，成为年轻人孝敬父母长辈的首选产品。而劲酒则定位在中青年男士，针对他们工作压力大、应酬多、亚健康状态等特点，强调保健养生、增强免疫力等功能，并提出健康饮酒等诉求，由于这群顾客购买力强，消费量大，成就了劲酒长销不衰的销售业绩。从事服装、食品、保健品、药品、健身器材、书刊等商品生产经营业务的企业，经常采用年龄变数来细分市场。

(2) 性别。按性别可将市场划分为男性市场和女性市场。不少商品在用途上有明显的性别特征，如男装和女装、男表与女表。在购买行为、购买动机等方面，男女之间也有很大的差异，如妇女是服装、化妆品、节省劳动力的家庭用具、小包装食品等市场的主要购买者，男士则是香烟、饮料、体育用品等市场的主要购买者。因此，美容美发、化妆品、珠宝首饰、服装等许多行业，长期以来按性别来细分市场。

(3) 收入。收入的变化将直接影响消费者的需求欲望和支出模式。根据平均收入水平的高低，可将消费者划分为高收入、次高收入、中等收入、次低收入、低收入五个群体。收入高的消费者就比收入低的消费者购买更高价的产品，如钢琴、汽车、空调、豪华家具、珠宝首饰等；收入高的消费者一般喜欢到大百货企业或品牌专卖店购物，收入低的消费者则通常在住地附近的商店、仓储超市购物。因此，汽车、旅游、房地产等行业一般按收入变量细分市场。

(4) 民族。世界上大部分国家都拥有多种民族，我国更是一个多民族的大家庭，除汉族外，还有 55 个少数民族。这些民族都各有自己的传统习俗、生活方式，从而呈现出各种不同的商品需求，如我国西北少数民族饮茶很多、回族不吃猪肉等。只有按民族这一细分变数将市场进一步细分，才能满足各族人民的不同需求，并进一步扩大企业的产品市场。

(5) 职业。不同职业的消费者，由于知识水平、工作条件和生活方式等不同，其消费需求存在很大的差异，如教师比较注重书籍、报刊方面的需求，文艺工作者则比较注重美容、服装等方面的需求。

(6) 教育状况。受教育程度不同的消费者，在志趣、生活方式、文化素养、价值观念等方面都会有所不同，因而会影响他们的购买种类、购买行为和购买习惯。

(7) 家庭人口。据此可分为单身家庭(1 人)、单亲家庭(2 人)、小家庭(2～3 人)、大家庭(4～6 人，或 6 人以上)。由于家庭人口数量不同，在住宅大小、家具、家用电器乃至日常消费品的包装大小等方面都会出现需求差异。

3．心理因素

心理因素指按照消费者的心理特征细分市场。心理因素包括性格、购买动机、生活方式。生活格调、追求的利益等变量。

(1) 生活方式。生活方式是人们对工作、消费、娱乐的特定习惯和模式，不同的生活方式会产生不同的需求偏好，如"传统型"、"新潮型"、"节俭型"、"奢侈型"等。这种细分方法能显示出不同群体对同种商品在心理需求方面的差异性，如有的服装企业就把妇女划分为"朴素型妇女"、"时髦型妇女"、"男子气质型妇女"三种类型，分别为她们设计不同款式、颜色和质料的服装。越来越多的企业，如服装、化妆品、家具、娱乐等行业，重视按人们的生活方式来细分市场。

(2) 性格。性格可以用外向与内向、乐观与悲观、自信、顺从、保守、激进、热情、老成等词句来描述。性格外向、容易感情冲动的消费者往往好表现自己，因而他们喜欢购买能表现自己个性的产品；性格内向的消费者则喜欢大众化，往往购买比较平常的产品；富于创造性和冒险心理的消费者，则对新奇、刺激性强的商品特别感兴趣。

(3) 购买动机。即按消费者追求的利益来进行细分。消费者对所购产品追求的利益主要有求实、求廉、求新、求美、求名、求安等，这些都可作为细分变量。例如，有人购买服装为了遮体保暖，有人是为了美的追求，有人则为了体现自身的经济实力等。因此，企业可对市场按利益变量进行细分，确定目标市场。

4．行为因素

行为因素指按照消费者的购买行为细分市场，包括消费者进入市场的程度、使用频率、偏好程度等变量。

(1) 购买时间。许多产品的消费具有时间性，烟花爆竹的消费主要在春节期间，月饼的消费主要在中秋节以前，旅游点在旅游旺季生意最兴隆。因此，企业可以根据消费者产生需要、购买或使用产品的时间进行市场细分，在适当的时候加大促销力度，采取优惠价格，以促进产品的销售。比如航空公司、旅行社在寒暑假期间大做广告，实行优惠票价，以吸引师生乘坐飞机外出旅游；商家在酷热的夏季大做空调广告，以有效增加销量；双休日商店的营业额大增，而在元旦、春节期间，销售额则更大等。

(2) 购买数量。据此可分为大量用户、中量用户和少量用户。大量用户人数不一定多，但消费量大，许多企业以此为目标，反其道而行之也可取得成功。如文化用品大量使用者是知识分子和学生，化妆品大量使用者是青年妇女等。

(3) 购买频率。据此可分为经常购买、一般购买、不常购买(潜在购买者)。如铅笔、小学生经常购买，高年级学生按正常方式购买，而工人、农民则不常买。

(4) 购买习惯(对品牌忠诚度)。据此可将消费者划分为坚定品牌忠诚者、多品牌忠诚者、转移的忠诚者、无品牌忠诚者等。例如，有的消费者忠诚于某些产品，如柯达胶卷、海尔电器、中华牙膏等；有的消费者忠诚于某些服务，如东方航空企业、某某酒店或饭店等，或忠诚于某一个机构、某一项事业等。为此，企业必须辨别他的忠诚顾客及特征，以便更好地满足他们的需求，必要时给忠诚顾客以某种形式的回报或鼓励，如给予一定的折扣。

（二）生产者市场的细分标准

消费者市场的细分标准有很多都适用于生产者市场的细分，如地理环境、气候条件、交通运输、追求利益、对品牌的忠诚度等。但由于生产者市场有它自身的特点，企业还应采用其他一些标准和变量来进行细分，最常用的有：最终用户要求、用户规模、用户地理位置等变量。

1．最终用户要求

最终用户要求是生产资料市场细分量常用的标准。不同的用户对同一产品有不同的需求，如晶体管厂可根据晶体管的用户不同将市场细分为军工市场、工业市场和商业市场，军工市场特别注重产品质量；工业用户要求有高质量的产品和服务；商业市场主要用于转卖，除要求保证质量外，还要求价格合理和交货及时。飞机制造企业对所需轮胎要求的安全性比一般汽车生产厂商要高许多。同是钢材，有的用做生产机器，有的用于造船，有的用于建筑等。因此，企业应针对不同用户的需求，提供不同的产品，设计不同的市场营销组合策略，以满足用户的不同要求。

2．用户规模

用户规模也是细分生产资料市场的重要标准。用户经营规模决定其购买能力的大小。按用户经营规模划分，可分为大用户、中用户、小用户。大用户户数虽少，但其生产规模、购买数量大，注重质量、交货时间等；小客户数量多，分散面广，购买数量有限，注重信贷条件等。许多时候，和一个大客户的交易量相当于与许多小客户的交易量之和，失去一个大客户，往往会给企业造成严重的后果。因此，企业应按照用户经营规模建立相应联系机制和确定恰当的接待制度。

3．用户地理位置

每个国家或地区大都在一定程度上受自然资源、气候条件和历史传统等因素影响，形成若干工业区，例如江浙两省的丝绸工业区，以山西为中心的煤炭工业区，东南沿海的加工工业区等。这就决定了生产资料市场往往比消费品市场在区域上更为集中，地理位置因此成为细分生产资料市场的重要标准。企业按用户的地理位置细分市场，选择客户较为集中的地区作为目标，有利于节省推销人员往返于不同客户之间的时间，而且可以合理规划运输路线，节约运输费用，也能更加充分地利用销售力量，降低推销成本。

除了用户变量外，生产者市场还有多种细分变量，美国的波罗玛(Bouoma)和夏皮罗(Shapiro)两位学者，提出了一个生产者市场的主要细分变量表(见表 6-2)，比较系统地列举了细分生产者市场的主要变量，并提出了企业在选择目标顾客时应考虑的主要问题，对企业细分生产者市场具有一定的参考价值。

表 6-2　细 分 变 量 表

人口变量	1. 行业：我们应该服务于哪个行业？
	2. 用户规模：我们应该服务于多大规模的企业上？
	3. 地理位置：我们应该服务于哪些地区？
经营变量	4. 技术：我们应把重点放在那些顾客所重视的技术上？
	5. 使用者/非使用者地位：我们应把重点放在大量、中度、少量使用者。还是非使用者上？
	6. 顾客能力：我们应该服务与需要大量服务的客户，还是少量服务的客户？
采购方式	7. 采购职能组织：我们应该服务于拥有高度集中采购组织还是分散采购组织的企业？
	8. 权力结构：我们应该服务于工程导向、财务导向企业，还是其他企业？
	9. 现有业务关系的本质：我们应该服务于现在和我们有牢固关系的企业，还是简单地追求最理想的企业？
	10. 总体采购政策：我们应该服务于喜欢租赁、签订合同、进行系统采购，还是采用投标的企业？
	11. 购买标准：我们应该服务于追求质量的企业、重视服务的企业，还是注重价格的企业？
环境变量	12. 紧急性：我们是否应该服务于需要快速、随时交货或提供服务的企业？
	13. 具体应用：我们是否应该关注于我们产品的某一种应用而不是所有应用？
	14. 订货量：我们应该注重于大订单还是小订单？
个性变量	15. 购买者与销售者相似性：我们是否应该服务于那些人员和其价值观与本企业相似的企业？
	16. 对风险的态度：我们应该服务于偏好风险的企业还是规避风险的企业？
	17. 忠诚度：我们是否应该服务于对供应商表现出高忠诚度的企业？

(资料来源：菲利普·科特勒，凯文·莱恩·凯勒. 营销管理. 15 版. 何佳讯，等译. 上海：格致出版社，上海人民出版社，2016.)

以上从消费者市场和生产者市场两方面介绍了具体的细分标准和变量。为了有效地进行市场细分，有这样几个问题应引起注意：

第一，动态性。细分的标准和变数不是固定不变的，如收入水平、城市大小、交通条件、年龄等，都会随着时间的推移而变化。因此，应树立动态观念，适时进行调整。

第二，适用性。市场细分的因素有很多，各企业的实际情况又各异，不同的企业在细分市场时采用的细分变数和标准不一定相同，究竟选择哪种变量，应视具体情况加以确定，切忌生搬硬套和盲目模仿。如牙膏可按购买动机细分市场，服装按什么细分市场合适呢？

第三，组合性。要注意细分变数的综合运用。在实际营销活动中，一个理想的目标市场是有层次或交错地运用上述各种因素的组合来确定的。如化妆品的经营者将 18～45 岁的城市中青年妇女确定为目标市场，就运用了四个变量：年龄、地理区域、性别、收入。

四、有效市场细分的条件

企业进行市场细分的目的是通过对顾客需求差异予以定位，来取得较大的经济效益。众所周知，产品的差异化必然导致生产成本和推销费用的相应增长，所以，企业必须在市场细分所得收益与市场细分所增成本之间做一权衡。由此，我们得出有效的细分市场必须具备以下条件：

1．可衡量性

可衡量性是指用来细分市场的标准和变数及细分后的市场是可以识别和衡量的，即有明显的区别，有合理的范围。如果某些细分变数或购买者的需求和特点很难衡量，细分市场后无法界定，难以描述，那么市场细分就失去了意义。一般来说，一些带有客观性的变数，如年龄、性别、收入、地理位置、民族等，都易于确定，并且有关的信息和统计数据，也比较容易获得；而一些带有主观性的变数，如心理和性格方面的变数，就比较难以确定。

2．可区分性

可区分性是指不同的细分市场的特征可清楚地加以区分。比如女性化妆品市场可依据年龄层次和肌肤的类型等变量加以区分。

3．可盈利性

可盈利性即所选择的细分市场有足够的需求量且有一定的发展潜力。在市场细分中，被企业选中的子市场还必须有一定的规模，即有充足的需求量，能够使企业有利可图，并实现预期利润目标。如果细分市场的规模过大，企业"吃不了，无法消化"，在竞争中就会处于弱势；如果规模过小，企业又"吃不饱"，现有的资源得不到最佳利用，利润都难于确保。因此，细分出的市场规模必须恰当，才能使企业得到合理的利润。

4．可进入性

可进入性即指企业所选择的目标市场是否易于进入，根据企业目前的人、财、物和技术等资源条件能否通过适当的营销组合策略占领市场。企业能够进入所选定的市场部分，能进行有效的促销和分销，实际上就是考虑营销活动的可行性。一是企业能够通过一定的广告媒体把产品的信息传递到该市场众多的消费者中去，二是产品能通过一定的销售渠道抵达该市场。

第二节　目标市场选择

市场经过细分之后，摆在企业面前的是若干个细分市场，究竟哪个细分市场对本企业来说存在着市场机会，也就是哪个市场可以作为本企业的目标市场，企业可以集中自己有限的资源并发挥自己的优势为目标市场的消费者服务，同时也取得相应的经济回报。我们必须对细分市场进行分析和评价，确定本企业的目标市场。

目标市场是企业准备用产品或服务以及相应的一套营销组合为之服务或从事经营活动

的特定市场。

一、评估细分市场

评估细分市场是进行目标市场选择的基础。评估细分市场是指对各细分市场在市场规模增长率、市场结构吸引力和企业目标与资源等方面的情况进行详细评估，在综合比较、分析的基础上，择出最优化的目标市场。

1. 有一定的规模和发展潜力

企业进入某一市场是期望能够有利可图，如果市场规模狭小或者趋于萎缩状态，企业进入后难以获得发展，此时，应审慎考虑，不宜轻易进入。当然，企业也不宜以市场吸引力作为唯一取舍，特别是应力求避免"多数谬误"，即与竞争企业遵循同一思维逻辑，将规模最大、吸引力最大的市场作为目标市场。大家共同争夺同一个顾客群的结果是，造成过度竞争和社会资源的无端浪费，同时使消费者的一些本应得到满足的需求遭受冷落和忽视。现在国内很多企业动辄将城市尤其是大中城市作为其首选市场，而对小城镇和农村市场不屑一顾，很可能就步入误区，如果转换一下思维角度，一些目前经营尚不理想的企业说不定会出现"柳暗花明"的局面。

2. 细分市场结构的吸引力

细分市场可能具备理想的规模和发展特征，然而从盈利的观点来看，它未必有吸引力。波特认为有五种力量决定整个市场或其中任何一个细分市场的长期的内在吸引力。五种力量分别为同行业内现有竞争者的竞争能力、潜在竞争者进入的能力、替代品的替代能力、供应商的讨价还价能力、购买者的讨价还价能力。他们具有如下五种威胁性：

(1) 同行业内现有竞争者的威胁。如果某个细分市场已经有了众多的、强大的或者竞争意识强烈的竞争者，那么该细分市场就会失去吸引力。如果出现该细分市场处于稳定或者衰退，生产能力不断大幅度扩大，固定成本过高，撤出市场的壁垒过高，竞争者投资很大，那么情况就会更糟。这些情况常常会导致价格战、广告争夺战，企业要参与竞争就必须付出高昂的代价。

(2) 潜在竞争者的威胁。某个细分市场的吸引力随其进退难易的程度而有所区别。根据行业利润的观点，最有吸引力的细分市场应该是进入的壁垒高、退出的壁垒低。在这样的细分市场里，新的企业很难打入，但经营不善的企业可以安然撤退。如果细分市场进入和退出的壁垒都高，利润潜量就大，但也往往伴随较大的风险，因为经营不善的企业难以撤退，必须坚持到底。如果细分市场进入和退出的壁垒都较低，企业便可以进退自如，然而获得的报酬虽然稳定，但不高。最坏的情况是进入细分市场的壁垒较低，而退出的壁垒却很高。于是在经济良好时，大家蜂拥而入，但在经济萧条时，却很难退出，其结果是大家都生产能力过剩，收入下降。

(3) 替代品的威胁。如果某个细分市场存在着替代品或者有潜在替产品，那么该细分市场就失去吸引力。替代品会限制细分市场内价格和利润的增长，企业应密切注意替代产品的价格趋向。如果在这些替代产品行业中技术有所发展，或者竞争日趋激烈，这个细分市场的价格和利润就可能会下降。

(4) 购买者讨价还价能力加强的威胁。如果某个细分市场中购买者的讨价还价能力很强或正在加强，该细分市场就没有吸引力。购买者便会设法压低价格，对产品质量和服务提出更高的要求，并且使竞争者互相斗争，所有这些都会使销售商的利润受到损失。如果购买者比较集中或者有组织，或者该产品在购买者的成本中占较大比重，或者产品无法实行差别化，或者顾客的转换成本较低，或者由于购买者的利益较低而对价格敏感，或者顾客能够向后实行联合，购买者的讨价还价能力就会加强。销售商为了保护自己，可选择议价能力最弱或者转换销售商能力最弱的购买者，较好的防卫方法是提供顾客无法拒绝的优质产品供应市场。

(5) 供应商讨价还价能力加强的威胁。如果企业的供应商——原材料和设备供应商、公用事业、银行、公会等，能够提价或者降低产品和服务的质量，或减少供应数量，那么该企业所在的细分市场就会没有吸引力。如果供应商集中或有组织，或者替代产品少，或者供应的产品是重要的投入要素，或转换成本高，或者供应商可以向前实行联合，那么供应商的讨价还价能力就会较强大。因此，与供应商建立良好关系和开拓多种供应渠道才是防御上策。

3．符合企业目标和能力

某细分市场具有适合企业的规模、良好的发展前景和富有吸引力的结构，能否作为企业的目标市场，企业仍需结合自己的目标和资源进行考虑。

企业进行市场细分的根本目的就是要发现与自己的资源优势能够达到最佳结合的市场需求。企业的资源优势表现在其资金实力、技术开发能力、生产规模、经营管理能力、交通地理位置等方面。既然是优势，必须是胜过竞争者的。消费需求的特点如能促进企业资源优势的发挥将是企业的良机，否则，会出现事倍功半的情况，是对企业资源的浪费，严重时，甚至造成很大的损失。

二、选择目标市场

细分市场经过评估后，得出多个可能选择的子市场，这时就需要进一步作出决策，即关于企业将为哪个或哪几个细分市场服务的决策，通常有五种可供参考的模式，见图6-1。

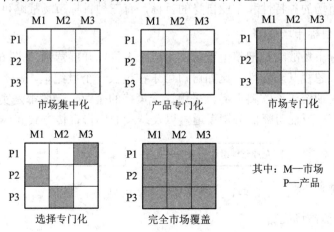

图6-1　目标市场选择的五种模式

1. 市场集中化

企业选择一个细分市场，集中力量为之服务。较小的企业一般这样专门填补市场的某一部分。集中营销使企业深刻了解该细分市场的需求特点，采用针对的产品、价格、渠道和促销策略，从而获得强有力的市场地位和良好的声誉，但同时也隐含较大的经营风险。

2. 产品专门化

企业集中生产一种产品，并向所有顾客销售这种产品。例如服装厂商向青年、中年和老年消费者销售高档服装，企业为不同的顾客提供不同种类的高档服装产品和服务，而不生产消费者需要的其他档次的服装。这样，企业在高档服装产品方面树立很高的声誉，但一旦出现其它品牌的替代品或消费者流行的偏好转移，企业将面临巨大的威胁。

3. 市场专门化

企业专门服务于某一特定顾客群，尽力满足他们的各种需求。例如企业专门为老年消费者提供各种档次的服装。企业专门为这个顾客群服务，能建立良好的声誉。但一旦这个顾客群的需求潜量和特点发生突然变化，企业要承担较大风险。

4. 有选择的专门化

企业选择几个细分市场，每一个对企业的目标和资源利用都有一定的吸引力。但各细分市场彼此之间很少或根本没有任何联系。这种策略能分散企业经营风险，即使其中某个细分市场失去了吸引力，企业还能在其他细分市场盈利。

5. 完全市场覆盖

企业把所有细分市场都作为目标市场，并生产不同的产品以满足各种不同的目标市场消费者的需求。一般只有实力强大的大企业才能采用这种策略。例如 IBM 企业在计算机市场，可口可乐企业在饮料市场开发众多的产品，满足各种消费需求。

三、目标市场战略

根据各细分市场的独特性和企业自身的目标，有三种目标市场战略可供选择。

1. 无差异性目标市场战略

无差异性目标市场战略是把整个市场作为一个大目标开展营销(见图 6-2)，它们强调消费者的共同需要，忽视其差异性。比如可口可乐在过去一个世纪里，只有一种口味，一种形状瓶装饮料，长期统治着饮料世界。采用这一策略的企业，一般都是实力强大进行大规模生产方式，又有广泛而可靠的分销渠道，以及统一的广告宣传方式和内容。

图 6-2　无差异性目标市场战略

2. 差异性目标市场战略

差异性目标市场战略通常是把整体市场划分为若干细分市场作为其目标市场(见图

6-3)。针对不同目标市场的特点，分别制订出不同的营销计划，按计划生产目标市场所需要的商品，满足不同消费者的需要。

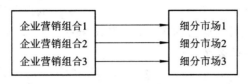

图 6-3　差异性目标市场战略

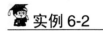实例 6-2

在美国，有一家名叫西尔维亚·奇的小旅馆，共有 20 间客房，其布置和摆设都极为奇特。每个房间的设计都以世界一位著名作家为主题。旅客通过房间中的摆设联想到不同作家名作品的精辟句子和情节，从而引起一连串遐想。这家"小说旅馆"吸引了众多爱好读书的游客，生意十分兴隆。"小说旅馆"生意兴隆的原因在于这个旅馆与其他旅馆相比独具特色，有特色，差异化是其制胜的关键。

(资料来源：世界经典营销案例解析(经典市场营销案例 149 篇). MBA 智库文档, http://doc.mbalib.com/view/04c7e90b3861f8eb03923dc660bce076.html.)

3．集中性目标市场战略

集中性目标市场战略是选择一个或几个细分化的专门市场作为营销目标，集中企业的优势力量，对某细分市场采取攻势营销战略，以取得市场上的优势地位(见图 6-4)。一般说来，实力有限的中小企业多采用集中性市场战略。

图 6-4　集中性目标市场战略

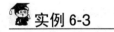实例 6-3

把工夫下在"小处"

曾经宁波一家军工厂效益不好，厂长组织几个人到上海滩找生路，他们在市区租下一家十几平方米的门面房，卖什么呢？经理夏奇民苦苦思索，有人建议卖彩电。夏奇民偶尔走过南京西路上一仅有 3 平方米的小小店，门口人头拥挤，生意兴隆。一打听，这家店从解放初期一直到今天，专卖小小的"女人头饰"，品种达 400 多种，不仅养活了家里几代人，而且收益相当可观，老板还准备拿出钱来再开几家连锁店。受到启示，夏奇民决定：东企企业专卖小机子"沃尔曼"。

一时间，十几平方米的东企企业成了上海滩"沃克曼发烧友"心中的圣地。几年间，小小的机子一共卖掉了 90 多万台。在小机子上，东企企业做足了文章，他们分别在市百一店、华联商厦、大中华交电家电商店、上海文化用品商店等大店名店设立"东企信誉连锁专柜";在市中心繁华地段——大世界附近设特约维修点;给消费者"信誉卡"凭卡延长保修期并终身享受免费修理。就这样,东企成功了,在小小的沃克曼机上赢得了信誉,树立了形象,当然也赚到了相当可观的利润。全国各地一些名牌家电厂纷纷找到东企企业,要求东企做江、浙、沪三地的经销总代理。

(资料来源:世界经典营销案例解析(经典市场营销案例 149 篇). MBA 智库文档, http://doc.mbalib.com/view/04c7e90b3861f8eb03923dc660bce076.html.)

四、影响目标市场选择的因素

无差异性、差异性和集中性目标市场战略各有利弊,企业在制定营销战略时,一定要综合考虑以下五个因素。

1. 企业的实力

企业的实力包括企业的资金、人才、技术、管理、服务和营销能力等方面。当企业实力雄厚时,可选择差异性或无差异性目标市场战略;当企业实力有限时,可选择集中性市场战略。

2. 市场同质性

市场的同质性是指各细分市场消费者需求、购买行为等方面的相似程度。相似度高则同质性高;反之,则同质性低。同质性高的市场,应该选择无差异性市场战略。例如我国的桶装水市场,无论北方、南方,还是都市、乡镇,其需求都是一致的,应该选择无差异性市场战略。同质性程度低的市场,应该选择差异性市场战略或集中性市场战略,例如服装市场的需求,男性、女性不同,老人、儿童不同,学生、工人也不同。

3. 产品同质性

产品同质性是指在消费者眼里,不同企业产品的相似程度。相似程度高,则同质性高;反之,则同质性低。同质性高的产品如面粉、白糖、食盐等,适合采取无差异性市场战略。而同质低的产品如汽车、电脑等,适合采取差异性市场战略或集中性市场战略。

4. 产品的生命周期

产品的生命周期包括四个阶段:投入期、成长期、成熟期和衰退期。产品投入期应采用无差异性市场战略,以启发和试探市场。因为此时同类产品较少,竞争不激烈,无差异性市场战略可以最大限度地吸引消费者。当产品进入成长期、成熟期,竞争日益激烈,消费者需求也呈现多元化,企业应采用差异性市场战略,增加产品的品种、样式,不断开拓新市场;也可实行集中性市场战略,强调产品的差异性,更有针对性地适应消费者需求的变化,确立产品的特殊地位,保持原有市场,不断开拓新市场,以维持和延长产品的生命周期。

5. 竞争者

若竞争对手采取无差异性市场战略,企业应采取差异性市场战略或集中性市场战略,蚕食其市场并取而代之;若竞争对手已采取差异性市场战略,企业应采取集中性市场战略。

第三节 市场定位

　　企业进行市场细分，确定目标市场之后，紧接着应考虑目标市场各个方面的竞争情况，因为在企业准备进入的目标市场中往往存在一些捷足先登的竞争者，有些竞争者在市场中已占有一席之地，并树立了独特的形象，新进入的企业如何使自己的产品与现存的竞争者产品在市场形象上相区别，这就是市场定位的问题。

一、市场定位的含义

　　市场定位是 20 世纪 70 年代美国营销学家艾尔·里斯和杰克·特劳特提出的，是指企业根据竞争者现有产品在市场上所处的位置，针对顾客对该类产品某些特征或属性的重视程度，为本企业产品塑造与众不同的，给人印象鲜明的形象，并将这种形象生动地传递给顾客，从而使该产品在市场上确定适当的位置。简单地说，市场定位就是确定企业及产品在目标市场上所处的位置。

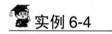 实例 6-4

顺丰快递的优质高价定位

　　在价格设计上，顺丰长期坚持优质高价的策略，在其他快递企业 500 克以内的快件收取 10～15 元快递费用的时候，顺丰始终坚持 20 元。事实证明顺丰所谓的高价并没有吓走客户，原因在于这种定价策略符合了顺丰一贯的市场定位：为中端客户提供高端服务，收取高端价格。此外，顺丰相信口口相传的口碑效应，从来不进行广告投资，而把资源用于提升快递速度和质量，结果是有限的成本付出取得不错的质量提升，更好地满足客户需求的同时保障了利润的空间。因此"优质高价"的定价策略正是顺丰准确市场定位策略的延伸。

　　(资料来源：张如云. 市场定位策略案例分析. 豆丁网, http://www.docin.com/p-1373585383.html.)

二、市场定位的方式

1. 避强定位

　　避强定位是指企业力图避免与实力最强的或较强的其他企业直接发生竞争，而将自己的产品定位于另一市场区域内，使自己的产品在某些特征或属性方面与最强或较强的对手有比较显著的区别。比如七喜饮料的非可乐定位。

　　这种定位方式的优点是能使企业较快地在市场上站稳脚跟，并能在消费者或用户中树立形象，风险小。缺点是避强往往意味着企业必须放弃某个最佳的市场位置，很可能使企业处于最差的市场位置。

2. 迎头定位

迎头定位是指企业根据自身的实力，为占据较佳的市场位置，不惜与市场上占支配地位的、实力最强或较强的竞争对手发生正面竞争，而使自己的产品进入与对手相同的市场位置。比如在碳酸饮料市场上，可口可乐与百事可乐之间持续不断的争斗。

这种定位策略优点是竞争过程中往往相当引人注目，甚至产生所谓轰动效应，企业及其产品可以较快地为消费者或用户所了解，易于达到树立市场形象的目的。缺点是具有较大的风险性。

3. 创新定位

创新定位是指寻找新的尚未被占领但有潜在市场需求的位置，填补市场上的空缺，生产市场上没有的、具备某种特色的产品。采用这种定位方式时，企业应明确创新定位所需的产品在技术上、经济上是否可行，有无足够的市场容量，能否为企业带来合理而持续的盈利。

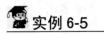 实例 6-5

"万圣" 书店的生意经

北京有一家书店名叫"万圣"，铺面不大，在经营上却颇有特色，有些地方甚至有悖"常理"。比如，书店规模不大理应节约开支，但这家书店却买进一辆货车，涂上店名并写上"招手即停"、"流动书架"、"来往各大专学院"；再比如，按常理书店内不应设有座位，以免顾客坐下来阅读而影响书的出售，但这家书店却全部开架，地毯铺地，音乐轻柔，店中间设有几张桌椅，顾客可以坐在那里翻阅或抄写。

据书店负责人刘化敏女士介绍，这样做是因为该书店将顾客定位在高等院校师生、科研机构工作人员。事实上，"万圣"的这些做法取得了颇为丰厚的物质回报和精神回报。各大专学院每月都要举办 1 至 2 次的书市，"万圣"书店则总是他们的主要邀请单位。通过这些书市，"万圣"得到了可观的经济收入。同时，这些大专学院的学生以及毕业后走向工作岗位的人士普遍认同"万圣"，许多人宁愿舍近求远，从距离较远的地方赶来，到"万圣"阅读、购书。

(资料来源：世界经典营销案例解析(经典市场营销案例 149 篇). MBA 智库文档, http://doc.mbalib.com/view/04c7e90b3861f8eb03923dc660bce076.html.)

4. 重新定位

企业在选定了市场定位目标后，如定位不准确或虽然开始定位得当，但市场情况发生变化时，如遇到竞争者定位与本企业接近，侵占了本企业部分市场，或由于某种原因消费者或用户的偏好发生变化，转移到竞争者方面时，就应考虑重新定位。重新定位是以退为进的策略，目的是为了实施更有效的定位。

实例 6-6

万宝路的重新定位

万宝路刚进入市场时，是以女性作为目标市场，它的口味也特意为女性消费者而设计：淡而柔和。它推出的口号是：像五月的天气一样温和。从产品的包装设计到广告宣传，万宝路都致力于的目标消费者——女性烟民。然而，尽管当时美国吸烟人数年年都在上升，万宝路的销路却始终平平。40 年代初，莫里斯企业被迫停止生产万宝路香烟。后来，广告大师李奥贝纳为其做广告策划时，作出一个重大的决定，万宝路的命运也发生了转折。李奥贝纳决定沿用万宝路品牌名对其进行重新定位。他将万宝路重新定位为男子汉香烟，并将它与最具男子汉气概的西部牛仔形象联系起来，吸引所有喜爱、欣赏和追求这种气概的消费者。通过这一重新定位，万宝路树立了自由、野性与冒险的形象，在众多的香烟品牌中脱颖而出。从 80 年代中期到现在，万宝路一直居世界各品牌香烟销量首位，成为全球香烟市场的领导品牌。

（资料来源：百度文库, https://wenku.baidu.com/view/ebe850fadd88d0d233d46a74.html.）

市场定位是设计企业产品和形象的行为，以使企业明确在目标市场中相对于竞争对手自己的位置。企业在进行市场定位时，应慎之又慎，要通过反复比较和调查研究，找出最合理的突破口。避免出现定位混乱、定位过度、定位过宽或定位过窄的情况。而一旦确立了理想的定位，企业必须通过一致的表现与沟通来维持此定位，并应经常加以监测以随时适应目标顾客和竞争者策略的改变。

三、市场定位的步骤

企业市场定位的全过程通过识别潜在竞争优势、企业核心竞争优势定位和制定发挥核心竞争优势的战略三个步骤来实现。

1. 识别潜在竞争优势

市场定位的关键是企业要设法在自己的产品上找出比竞争者更具有竞争优势的特性。

企业的竞争优势通常表现在两个方面：成本优势和产品差别化优势。成本优势是指企业能够以比竞争者低廉的价格销售相同质量的产品，或以相同的价格水平销售更高一级质量水平的产品。产品差别化优势是指产品独具特色的功能和利益与顾客需求相适应的优势，即企业能向市场提供在质量、功能、品种、规格、外观等方面比竞争者更好的产品。

这一步骤要回答以下三个问题：一是竞争对手产品定位如何？二是目标市场上顾客欲望满足程度如何以及确实还需要什么？三是针对竞争者的市场定位和潜在顾客的真正需要的利益要求企业应该及能够做什么？要回答这三个问题，企业市场营销人员必须通过一切调研手段，系统地设计、搜索、分析并报告有关上述问题的资料和研究结果。通过回答上述三个问题，企业就可以从中把握和确定自己的潜在竞争优势在哪里。

2. 企业核心竞争优势定位

企业核心竞争优势是指与主要竞争对手相比，在产品开发，服务质量，销售渠道，品牌知名度等方面所具有的可获得明显差别利益的优势。选择竞争优势实际上就是一个企业与竞争者各方面实力相比较的过程。比较的指标应是一个完整的体系，只有这样，才能准确地选择相对竞争优势。通常的方法是分析、比较企业与竞争者在经营管理、技术开发、采购、生产、市场营销、财务和产品等七个方面究竟哪些是强项，哪些是弱项。借此选出最适合本企业的优势项目，以初步确定企业在目标市场上所处的位置。

3. 制定发挥核心竞争优势的战略

企业在市场营销方面的核心能力与优势，不会自动的在市场上得到充分的表现，必须制定明确的市场战略来加以体现。这一步骤的主要任务是企业要通过一系列的宣传促销活动，将其独特的竞争优势准确传播给潜在消费者，并在消费者心目中留下深刻印象。为此，企业首先应使目标消费者了解、熟悉、认同、喜欢和偏爱本企业的市场定位，在消费者心目中建立与该定位相一致的形象；其次，企业通过各种努力强化目标消费者形象，保持目标消费者的了解，稳定目标消费者的态度和加深目标消费者的感情来巩固与市场相一致的形象；最后，企业应注意目标消费者对其市场定位理解出现的偏差或由于企业市场定位宣传上的失误而造成的目标消费者模糊、混乱和误会，及时纠正与市场定位不一致的形象。

企业的产品在市场上定位即使很恰当，但在下列情况下，还应考虑重新定位：

(1) 竞争者推出的新产品定位于本企业产品附近，侵占了本企业产品的部分市场，使本企业产品的市场占有率下降。

(2) 消费者的需求或偏好发生了变化，使本企业产品销售量骤减。

四、市场定位战略

市场定位的核心是与众不同，即差异化，所以市场定位战略可以理解为差异化战略，具体表现在以下四个方面。

1. 产品差别化

产品差别化是从产品质量、产品款式等方面实现差异化。寻求产品特征是产品差别化经常使用的手段。

(1) 质量差别化。企业生产高品质的产品，如一些名牌产品，便是走这条路子，产品质量相当好。奔驰车、金利来产品、雅戈尔西服、意大利老人头皮鞋、海尔电器等，产品的品质比同类产品质量普遍要好。

(2) 价格差别化。与竞争对手保持不一样的价格。可能走高价、中价、低价的路子。名牌产品一般走高价路子，也有走中价或低价路子的。

(3) 款式差别化。采用独具特色的款式：服装、家具、手机等产品，很注重款式的差别。

(4) 功能差别化。与竞争对手保持不同的产品功能，或者功能更为优化。一些技术含量高、发展快的产品，很注重功能差别化。

(5) 顾客群体差别化。如劳力士手表定位于事业有成的高薪人士；法国名牌香水定位于豪华贵妇、时髦女郎、影视明星、青春少女等。

(6) 使用场合差别化。某些产品特别强调在某种特殊场合下使用。如：喜临门酒、双喜牌香烟，在吉利日子好卖。

(7) 分销渠道差别化。建立本企业独特的分销渠道体系，比如我国生产空调的企业，海尔、春兰、格力、奥克斯、志高等品牌，分销渠道有很大的不同。

(8) 广告等促销方式的差别化。同类产品采用与众不同独具特色的广告形式和其他促销方式。

产品差别化可以说是多种多样，作为企业来说，要将各种差别化进行有效的组合，比如，前面讲到的产品质量、价格、渠道、促销、款式、功能、使用场合、目标顾客群体等各方面，要进行有效的整合。而产品质量和价格定位是企业运用最普遍的，也是消费者最熟悉的定位。

2．服务差别化

服务差别化是企业向目标市场提供与竞争对手不同的优质服务。企业的竞争力越能体现在顾客服务水平上，市场差异化就越容易实现。服务差异化战略能够提高顾客购买总价值，保持牢固的顾客关系。企业打造服务差异化，可以从及时准确的传递产品各方面信息、订货的方便性、交货及时与方便性，帮助顾客安装调试、为客户提供培训、客户咨询、维修等方面考虑。

3．人员差别化

人员差别化是指通过聘用和培训比竞争者更为优秀的人员以获取差别优势。市场竞争归根到底是人才的竞争。一个受过良好训练的员工应具有以下基本的素质和能力，一是能力，具有产品知识和技能；二是礼貌。友好对待顾客，尊重和善于体谅他人；三是诚实。使人感到坦诚和可以信赖；四是可靠。强烈的责任心，保证准确无误地完成工作；五是反应灵敏。对顾客的要求和困难迅速反应；六是善于交流。尽力了解顾客，并将有关信息准确地传达给顾客。

4．企业形象差别化

企业形象差别化是指在产品的核心部分与竞争者类同的情况下塑造不同的产品形象以获取差别优势。企业或产品想要成功地塑造形象，必须具有创造性思维，需要持续不断的利用企业所能利用的所有传播工具。

知识拓展 6-2

产品定位的两大武器："语言钉"和"视觉锤"

每一个品牌都有名字、Logo、传播，但很少有品牌具备强有力的视觉锤。在品牌传播的世界，人最容易记住的是什么？精准、纯粹的具象！当图文共同出现的时候，多数人选择眼见为实、先看图片。视觉传播比文字传播更有力量，如何让你的品牌具备视觉锤呢？你不能期望对方在你的品牌上关注太久，人的关注时间不超过两秒钟，具象更容易被记住。如何不用文字，也能打造强烈冲击的品牌传播呢？如果品牌和受众是两块木板，定位就是钉子，敲打钉子最有效的工具就是：视觉锤。教你十招打造视觉锤的方法：简洁、颜色、具象、产品、包装、认知、动物代言、植入、动态、重复。

什么样的品牌认知最容易建立？具象的、感性的、容易激发人感官的视觉。为什么要到视觉？品牌认知 70%来源于视觉，视觉是首要的。看到视觉与文字信息相违背时，大家会选择眼见为实，所以视觉传播比文字传播更有力量。

强大品牌，都有强大的视觉力量，我们将之称为"视觉锤"。传播有内容，视觉是工具。什么是视觉锤？定位是确定企业与品牌在目标受众心智中的位置。如果将品牌和目标受众比喻成两块木板，定位是形成强关系一个钉子，而最有效的工具是视觉，敲打最有效的工具则是视觉锤，让你的定位与受众形成强关联，品牌视觉被称为"视觉锤"。

最后，如何找到品牌的视觉锤？从品牌定位、感性、不同出发！

1. 视觉，从定位出发

如果在目标受众的心智中有位置，你的品牌则完成了传递。没有位置，则需要改变方式。视觉传递前必须要有清晰的品牌定位。

2. 视觉，从感性出发

定位是理性的，传递是感性的。定位越简单越好，受众无法收到太多，使用感性的方式传递，是最有效的表达。

3. 视觉，从不同出发

品牌定位是在做减法，想代表太多，最后什么都代表不了，要敢于建立不同。品牌调研是了解过去，无法了解将来。例如汽车的创造，当时的人只想要一匹更快的马。品牌如同人，什么样的人会被一眼认出？有个性、不同、有亲和力的人。要敢于做不同的、对立的品牌，品牌主可以低调，但品牌一定要高调。

(资料来源：产品定位的两大武器："语言钉"和"视觉锤". 佳酿网, http://www.jianiang.cn/yingxiao/111I45U2013.html，2013-11-17.)

理论梳理

(1) 目标市场营销战略由三个步骤组成：市场细分、目标市场选择和市场定位。市场细分要依据一定的细分标准来进行。消费者市场的细分标准主要有地理因素、人口因素、心理因素和行为因素等四类。生产者市场的细分标准，有一些与消费者市场细分标准相同外，生产者市场细分的常用标准还有最终用户要求、用户规模、用户地理位置等。有效的细分市场的条件主要有：可衡量性、可进入性、可盈利性和可区分性。

(2) 企业在选择目标市场营销战略时需考虑五个方面的因素，即企业的实力、产品同质性、市场的同质性、产品所处的生命周期、竞争对手的目标市场战略。具体有三种战略可供选择：无差异性目标市场营销战略、差异性目标市场营销战略和集中性目标市场营销战略。

(3) 市场定位通过三大步骤来完成，即识别本企业潜在的竞争优势、企业核心竞争优势定位和制定发挥核心竞争优势的战略。市场定位的方式主要有避强定位、迎头定位、创新定位和重新定位。市场定位战略可以理解为差异化战略，具体表现在四个方面：产品差别化、服务差别化、人员差别化和企业形象差别化。

知识检测

(1) 市场细分的含义及有效市场细分的原则。

(2) 消费者市场细分的标准。

(3) 目标市场策略及影响因素。

(4) 市场定位的含义、方式、步骤及战略。

案例分析

红牛校园营销密码

2015 年 8 月，红牛联手全国 10 余所高校举办了"能量校园，手机换红牛"活动；9 月，红牛玩转开学季。10 月 31 日，第三届红牛校园品牌经理新星大赛在佛山拉开帷幕。红牛以事件营销和产品体验营销为载体，开展品牌活动，不断开创品牌校园营销的新方式。对红牛来讲，校园品牌经理新星大赛的基本目标当然是培育消费者，与消费者沟通，建立和强化红牛品牌形象。近两年来，红牛一直持续在高校举行各种营销活动，在高校和社会上都产生了很大影响，校园品牌经理新星大赛的火爆则反映出红牛在校园营销上的持续创新与精耕细作。

红牛校园营销战略分析

1. 市场细分：找准分类方法，切入细分市场

高校市场和大众市场是两个不同的市场，有各自的特点，自然也需要不同的营销策略。高校市场潜力大，大学生一毕业就能够成为红牛的消费者，而大众市场消费者多，消费能力强。两个市场，一个是潜在市场，一个是主要市场。

大学生群体都是年轻人，缺乏收入来源，但是有活力有激情，受教育程度高，这是一个比较明确的市场。大众群体自己掌握经济大权，受教育程度不确定，性格习惯等不确定，但是这些消费者是红牛目前主要的消费群体。

2. 目标市场：走进校园，理解"90 后"，培育市场

走进校园。红牛的主要消费者其实并不在校园，作为一款功能饮料，单价一般 6 元，这样的功能和价格，使其主要消费群体是职场白领和某些特定人群。生活中，你也许见到过这样的场景：深夜，办公室里很多人在加班，旁边备着几罐红牛，困了来一罐红牛继续工作。然而，明天的职场加班群体，今天就在高校。

高校特殊的环境也使高校市场需求不同于大众市场。大一大二的学生有完成学业、培养兴趣爱好、形成朋友圈的需求，大三大四的学生则有社会实践、专业考试、就业规划和求职的需求。正是洞察到高校学生市场的特殊需求，红牛设计了校园品牌经理新星大赛。红牛通过尽心尽力为大学生量身打造品牌活动，一方面可以精准培育市场，另一方面可以体现红牛的社会责任感，强化品牌认知，达到传播品牌的目的。

理解"90 后"。"90 后"是时代赋予一个群体的标签，也有着独特的内涵。"90 后"是自我意识膨胀，追求个性化成长的一代，他们热衷娱乐，喜欢在网上消磨时光，充满着表达欲望，情感需求很强烈。在消费上，他们喜欢网购，喜欢个性化的品牌，社交对他们的

消费能够产生很大影响。

红牛抓住了自身品牌特点和"90后"大学生性格特点的契合之处。"90后"大学生是一个敢于挑战、追求时尚、追求个性自由的群体，这和红牛挑战、活力、能量、时尚、个性的品牌特点深切契合，红牛的一系列比赛项目的设置也深刻体现了这一点，让大学生在活动过程中既能真正学到东西，又觉得有趣，有挑战性，酷。

3．活动定位：大学生职业生涯的第一个起点

红牛以"功能性饮料市场先入者"的地位和优势，填补了国内饮料市场的空白，并迅速使产品遍布全国市场，逐步发展成为中国饮料行业的知名品牌。近年来，红牛不断进行品牌年轻化的尝试，其品牌口号从广为传播的"渴了，喝红牛；困了，累了，更要喝红牛"；历经"有能量，无限量"；再到现在的"你的能量，超乎你想象"，其诉求从最初的功能性转向精神性，从品牌功能转向品牌个性，实现了品牌的初步升级。

围绕自身的品牌定位，红牛校园品牌经理新星大赛致力于为大学生提供一个营销培训和实战的平台，使红牛成为大学生职业生涯的第一个起点。

（资料来源：学习啦. http://www.xuexila.com/chuangye/shichangyingxiao/1311001.html.）

讨论：

结合案例内容，从STP战略角度，解读红牛校园营销密码。

应用实训

实训目标：

假如你是某产品的营销经理，针对你所经营的产品，通过分析研究，找准你的目标市场，实施市场定位。

实训内容：

根据消费者需求的差异性和一定的细分标准，将整体市场划分为两个或者两个以上的子市场。在市场细分的基础上，选择具有一定规模的，能够进入，可以盈利的一个或者几个细分市场作为自己的目标市场。并结合消费者的偏好及竞争者的市场定位状况，确定企业产品特色即对产品进行市场定位。

实训要求：

(1) 以实地调查为主，通过查阅图书，搜索网络电子资源，搜集相关材料，集体讨论、分析，最终得出结论。

(2) 学生自由组合，分成学习小组，以小组为单位，搜集、选择拟进行分析的产品的相关资料。

(3) 根据资料信息，运用市场细分方法，分析该产品的细分市场特色。

(4) 在小组讨论的基础上，初步进行可行性分析，提交研究报告。

(5) 结合STP理论知识，初步拟定市场定位。

 第七章

产 品 策 略

/////////////////////////////

知识目标

掌握产品整体概念的内涵和外延；了解产品整体概念对企业营销的意义；理解品牌、商标、包装的含义；了解品牌、包装的意义；掌握品牌、包装策略。

能力目标

能够分析产品的五个层次，明白每个层次的意义，并根据具体问题制定相应营销对策；能够明确品牌的价值和包装的重要性；能为企业初步制定品牌、包装策略。

知识结构图

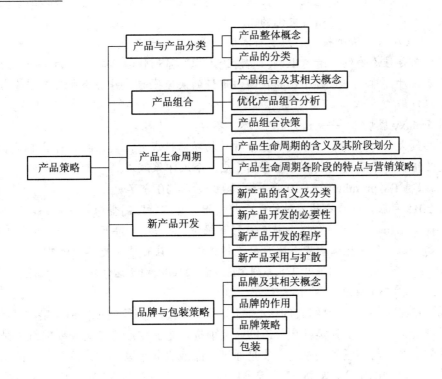

案例导读

2017 年，娃哈哈重推 7 大系列 18 款新品！

娃哈哈每年的销售会议都会发布大量新品，并得到经销商的高度关注。2017 年，娃哈哈将重点推广七大系列重磅新品！

1. "酵苏"酵素饮品——清空身心，健康加分

功能化是未来饮品行业的重要趋势。"酵苏"酵素饮品定位清晰，瞄准重视身体健康、拥有美颜瘦身需求的女性。包装凸显"酵苏"品牌，展现出娃哈哈欲打造高附加值饮品新品牌的规划。

2. MIAO 妙酸奶——清爽美味，妙不可言

妙酸奶从营养、品质、口感三个方面打造产品"妙不可言"的独有特色。瓶身上两只猫咪自拍的图片展现了娃哈哈非常关注年轻群体，比较容易产生情感共鸣。

3. 娃哈哈果蔬酸奶——一种选择，三重营养

从可爱动物形象产品包装到多种营养、高蛋白的产品卖点，我们可以看出该款产品瞄准儿童群体的定位。娃哈哈从儿童营养液产品起家，之后推出的爽歪歪系列也取得了较大成功，但近两年受网络谣言等不利因素影响，爽歪歪销量下滑严重。据企业介绍，此款产品是爽歪歪 2017 年替代产品。

4. 娃哈哈养生粥(小米红枣、百合莲子)——五谷素养，一罐好粥

娃哈哈小米红枣粥、百合莲子粥是娃哈哈阿胶核桃粥、山药芡实粥之后推出的又一养生粥系列。该产品一改之前包装方式，融入中国古代养生哲学，并结合著名画家的画作，从画面设计到卖点描述，都颇具文化韵味。

5. Little CoCo 清透小椰——想要补水快，喝点小椰子

清透小椰是娃哈哈继"清透小橘"、"清透小檬"系列饮料后，推出的又一款清淡饮料产品。随着椰汁、椰子水等椰子制品在国内市场的快速崛起，娃哈哈也在谋划抢占潜力巨大的椰子水市场。

6. Burnlaxy 燃烧系——植物能量~燃~不停

该产品最大的特点就是，融入了近十种植物功能性成分，使产品同时具备了多种功能效果。火焰组成的产品英文名与中文名相呼应，令人印象深刻。

7. 百维特 BV-premium——10 分蛋白 10 分营养 10 分享受

早在 2015 年底，娃哈哈就曾对外表示将推出"百维特"高蛋白奶昔产品，但不知何种原因，娃哈哈 2016 年的销售会议上并未看到百维特的身影。一年后，百维特终于闪亮登场，仍旧以"高蛋白"作为核心卖点，同时补充钙、维 E，让百维特更具价值感。

(资料来源：张月荣.娃哈哈推出 3 大系列含乳新品，2017 年计划这么做.中国食品招商网，http://www.foodszs.com.2016-11-19.)

产品策略是市场营销 4P 组合的核心，是价格策略、分销策略和促销策略的基础。从社会经济发展看，产品的交换是社会分工的必要前提，企业生产与社会需要的统一是通过产品来实现的，企业与市场的关系也主要是通过产品或服务来联系的，从企业内部而言，产品是企业生产活动的中心。威廉.H.达维多曾说过："一家企业要在市场中总是占据主导地

位，那么它就要永远做到第一个开发出新一代产品，第一个淘汰自己的产品"。因此，产品策略是企业市场营销活动的支柱和基石。

第一节　产品与产品分类

通常人们所说的产品是指具有一定形状和用途，能够看得见或摸得着的东西，这是狭义的产品的定义。在市场营销学中，产品不仅包括具有一定形状的实体产品，而且延伸到了非物质形态的产品。掌握产品整体概念更有利于企业在当前市场条件下开展营销活动。

一、产品整体概念

产品一般是指能够通过交换提供给市场的，能满足消费者或用户的某一需求或欲望的任何有形产品或无形服务。有形产品包括产品实体及其品质、款式、特色、品牌和包装；无形产品包括可以给消费者的满足感、信任感，各种售后支持和服务保障等。

关于产品整体概念，学术界曾用核心产品、形式产品和延伸产品三个层次内容加以表达。但近年来，以菲利普·科特勒为代表的北美学者提出产品整体概念包括核心产品、形式产品、期望产品、延伸产品和潜在产品五个层次内容。他们认为，五个层次的表述方式能够更深刻、更准确地表述产品整体概念的含义。

1. 核心产品

核心产品是指向消费者提供的产品的基本效用和利益。从根本上讲，每个产品实质上都是为解决问题而提供的服务。比如，消费者购买口红的目的不是为了得到某种颜色某种形状的实体，而是为了通过使用口红提高自身的形象和气质。又如，人们购买空调机不是为了获取装有某些电器零部件的物体，而是为了获取适宜的温度，满足舒适的需求。因此，营销人员向消费者销售的任何产品，都必须具有反映消费者核心需求的基本效用或利益。

知识拓展 7-1

不要给我衣服，我要的是迷人的外表。

不要给我鞋子，我要的是两脚舒适，走路轻松。

不要给我房子，我要的是安全、温暖、干净和快乐。

不要给我书籍，我要的是阅读的愉悦与知识的益处。

不要给我磁带，我要的是美妙动听的乐曲。

不要给我工具，我要的是用处和创造美好物品的快乐。

不要给我家具，我要的是舒适、美观和方便。

不要给我东西，我要的是想法、情绪、气氛、感觉和收益。

请，不要给我东西。

(资料来源：百度文库, https://wenku.baidu.com/view/5faad78f76a20029bd642d8d.html，2014-09-11.)

从上述对话中，我们可以知道：消费者想要的不是产品，而是通过产品获得的利益。

2．形式产品

形式产品是指核心产品借以实现的形式或目标市场对需求的特定满足形式。形式产品一般有五个特征构成，即品质、式样、特征、商标及包装。核心产品必须通过形式产品才能实现，营销人员应努力寻求更加完善的外在形式以满足消费者需求。

3．期望产品

期望产品是指购买者在购买产品时期望得到的与产品密切相关的一整套属性和条件。比如旅馆的客人期望得到清洁的床位、洗浴香波、浴巾、电视等服务。营销人员应了解作为期望产品的属性，以满足消费者的期望。期望产品往往能够给企业的产品带来特色。

4．延伸产品

延伸产品是指消费者购买形式产品和期望产品时，附带获得的各种利益的总和，包括说明书、保证、安装、维修、送货、技术培训等，它能给消费者带来更多的利益和更大的满足。美国学者西奥多·莱维特曾经指出"未来竞争的关键不在于企业能生产什么产品，而在于其产品提供的附加价值：包装、服务、广告、用户咨询、消费信贷、及时交货、仓储以及人们以价值来衡量的一切东西。"能够正确发展延伸产品的企业，必将在竞争中赢得主动。

5．潜在产品

潜在产品是指现有产品包括所有附加产品在内的，可能发展成为未来最终产品的潜在状态的产品。潜在产品是产品的第五个层次，也是指产品最终可能的所有的增加和改变，是企业努力寻求的满足消费者并使自己与其他竞争者区别开来的新方法。

产品整体概念的五个层次，清晰地体现了以顾客为中心的现代营销观念。这一概念的内涵和外延皆以顾客需求为标准，由顾客的需求来决定。可以说，产品整体概念是建立在"需求=产品"这样一个等式基础上的。没有产品整体概念，就不可能真正贯彻现代营销观念。

二、产品的分类

1．产品根据其耐用性、是否有形性分类

产品根据其耐用性和是否有形性，分为耐用品、非耐用品和服务。

(1) 耐用品。耐用品是使用年限较长、价值较高的有形产品，如住房、冰箱等，因为消费者不经常购买此类产品，薄利多销就不太适用了。此类商品适合采用人员推销的方法，提供更多的售后服务，同时利润率可以适当地提高。

(2) 非耐用品。非耐用品指消费周期短的低值易耗品，如啤酒和肥皂等。因为消费者需要经常购买，所以售价不能太高，可以利用广告宣传来使消费者形成偏好。

(3) 服务。服务是指为出售而提供的活动、利益或满意，它是不可分离、不可储存、易消失的无形产品，如理发服务和音乐会。一般来说，质量控制和商家信用就显得至关重要了。

2．消费品分类

消费品是指最终用途处于个人消费的目的而购买的产品和服务。根据消费者购买习惯分类，消费品可分为便利品、选购品、特殊品和非渴求品四类。这四类产品在消费者购买方式上存在差异，因此营销方式也有所不同，见表7-1。

表 7-1　消费品的营销考虑因素

营销考虑因素	消费品类型			
	便利品	选购品	特殊品	非渴求品
顾客购买行为	经常购买，几乎没有计划、比较和购买努力，顾客卷入程度低	较少购买，计划和购买努力很多，并就价格、质量和款式对各品牌进行比较	具有较强的品牌偏好和忠诚，愿做出特别购买努力，很少对品牌进行比较，价格敏感度低	对产品的知晓和了解很少(即使是知道，也没有什么兴趣购买，或只是负面印象)
价格	价格便宜	价格较高	高价格	价格多样
分销渠道	广泛分销	选择性分销	在各个市场区域进行单店或几个商店独家分销	渠道多样
促销	生产者发起的大众促销	生产者和销售者发起的广告和人员推销	生产者和销售者发起的定位更为精确的促销	生产者和销售者发起的强烈的广告攻势和人员推销
例子	牙膏、杂志和洗涤剂	重要的家用电器、电视、家具和服装	奢饰品，如劳力士手表和精美水晶	人寿保险、红十字会献血

(资料来源：加里·阿姆斯特朗，菲利普·科特勒. 市场营销学[M]. 9 版. 吕一林，译. 北京：中国人民大学出版社，2010.)

(1) 便利品。便利品指消费者通常购买频繁，希望有需要即可买到，并且只花最少的精力和最少的时间去比较品牌、价格的消费品。如洗衣粉、糖果、报纸等。

(2) 选购品。选购品是指顾客需要对产品的质量、价格、式样等进行反复比较和权衡才能决定购买的商品。对于这类商品，经营者应提供更多的品牌、款式，注重产品特色和质量，以满足不同消费者的消费需求，同时还应利用优秀的推销人员为顾客提供信息和咨询。比如服装、家具等。

(3) 特殊品。特殊品是指具有独特特征和特定品牌标记的产品，而且许多消费者习惯上愿意多花时间和精力去购买。比如供收藏的名画、古董、特定品牌的汽车、名牌服装等。购买者通常不会对特殊品做出比较，只关心拥有所需产品需要多长时间。

(4) 非渴求品。非渴求品是指消费者不知道，或即使知道通常也不考虑购买的产品。对非渴求品，需要付出广告和人员推销等大量的营销努力。比如保险、墓碑及百科全书等。

3．产业用品分类

产业组织需要购买各种产品和服务。一般把产业用品分成三类。

(1) 材料和部件。材料和部件指完全转化为制造商成品的一类产品，包括原材料、半制成品和部件。如农产品、构成材料(铁、面纱)和构成部件(轮胎、马达)。

(2) 资本项目。资本项目是指部分进入产成品的商品，包括生产装备和辅助设备。生产装备包括大件购买，如建筑物(厂房、办公室)和固定设备(发电机、机床)。辅助设备包括轻型设备和工具(手工工具、叉车)，以及办公设备(桌子、电脑)。它们比生产设备的使用寿命短，且生产过程中只起到简单的辅助作用。

(3) 供应品和服务。供应品包括经营用耗材及维修和维护用品(油漆、钉子)。供应品是产业市场中的便利品，因为在采购时的努力和比较很少。企业服务包括维护和维修服务，以及管理咨询服务，提供这些服务通常需要签订协议。

第二节　产品组合

一、产品组合及其相关概念

企业营销要设计一个优化的产品组合方案，首先要明确产品组合及其相关的几个概念。

1．产品组合、产品线及产品项目

产品组合是指一个企业生产经营的所有产品线和产品品种的组合方式，即全部产品的结构。产品组合通常由若干条产品线组成。

产品线也称产品系列或产品大类，是指在功能上、结构上密切相关，能满足同类需求的一组产品。每条产品线内包含若干个产品项目。

产品项目是指产品线中各种不同品种、规格、型号、质量和价格的特定产品。产品项目是构成产品线的基本元素。

2．产品组合的宽度、长度、深度和关联度

产品组合包括四个衡量变量：宽度、长度、深度和关联度。

产品组合的宽度又称广度，是指一个企业生产经营的产品系列的多少，即拥有产品线的多少。产品线多，则产品组合宽度宽，反之则较窄。

产品组合的长度是指产品组合中产品项目的总数，以产品项目总数除以产品线数目可得到产品线的平均长度。

产品组合的深度是指产品项目中每一品牌所包含不同花色、规格、质量的产品数目。统计每一品牌的不同花色、规格、质量的产品的总数目，除以品牌总数，即为企业产品组合的平均深度。

产品组合的关联度是指企业各条产品线在最终使用、生产条件、分销渠道或其他方面的相关程度。比如，某家用电气公司拥有电视机、收音机等多条产品线，但每条产品线都与电有关，这一产品组合具有较强的关联度。相反，实行多元化特别是非相关多元化经营的企业，其产品组合的关联度则可能较小或无关联。

二、优化产品组合分析

产品组合状况直接关系企业销售额和利润水平。企业必须对现有的产品组合做出系统的分析和评价，并决定是否加强或剔除某些产品线或者产品项目。优化产品组合的过程，通常是分析、评价和调整现行产品组合的过程。

优化产品组合包括两个重要步骤：

(1) 分析、评估现行产品线上不同产品项目所提供的销售额和销售利润水平，即产品线销售额和利润水平。

(2) 分析产品线上的各产品项目与竞争者同类产品的对比状况，即产品线市场轮廓分析。其目的在于全面衡量各产品项目与竞争产品的市场地位。

三、产品组合决策

产品组合决策是指企业根据市场需求和自身能力条件，确定生产经营规模和范围的决策。可供选择的产品组合策略一般有以下几种。

1. 扩大产品组合

扩大产品组合包括拓展产品组合的宽度、长度和加强产品组合的深度。当企业预测现有产品大类的销售额和利润额在未来一段时间内有可能下降时，就应考虑在现行产品组合中增加新的产品线，或加强有发展潜力的产品线。根据产品组合的四种尺度，企业可以采取以下四种方法拓展业务。

(1) 拓展产品组合的宽度，在原产品组合基础上增加产品线，拓展企业的经营领域，实行多样化经营，分散企业投资风险。

(2) 延伸产品组合的长度，使产品线充裕，成为更全面的产品线企业。

(3) 增加产品组合的深度，在原有产品线基础上增加新的产品项目，占领同类产品更多的细分市场，满足更广泛的市场需求。

(4) 加强产品组合的一致性，使企业在特定市场领域内增强竞争力和赢得良好的声誉。

扩大产品组合可以充分利用企业的人力、物力和财力，避免企业资源能力的浪费，提高企业经营效果；分散由于市场需求变动带来的风险，降低损失；更好地满足不同偏好的消费需求，提高市场占有率，并提高企业的声誉。这种策略也有局限性，它会增加企业的生产成本和销售费用。

2. 缩减产品组合

缩减产品组合是指原产品组合中缩短产品线和减少产品项目，减少经营范围。企业为了更好节约资源，发挥自己的优势，趋向于取消一些产品线或产品项目，力求通过缩减产品组合，取消需求减弱的产品，集中力量发展销售潜在需求量可观的产品。特别是在市场不景气或原料、能源供应紧张时期，缩减产品组合反而会增加企业利润。

3. 产品线延伸

产品线延伸是指部分或全部地改变企业原有产品线的市场定位，具体有三种实现方式。

(1) 向上延伸，是指企业原来定位于低档市场的产品线向上延伸，在原有产品线内增加高档产品项目。采取这一策略适用于：高档产品市场具有较大的成长潜力和较高利润率；企业的技术、设备和营销能力已具备加入高档市场的条件；企业要重新进行产品线定位。这一策略的风险在于改变产品在顾客心目中的地位有困难。

(2) 向下延伸，是指企业原来定位于高档市场的产品线向下延伸，在高档产品线中增加中低档产品项目。采取这种策略，可以使企业利用高档名牌产品的声誉，吸引不同层次的顾客，从而增加产品销量，扩大市场份额。但也有一定的风险，如果处理不慎，甚至会影响原有产品的产品形象。

(3) 双向延伸，是指原定位于中档产品市场的企业掌握市场优势以后，向产品线上下两个方向延伸。这一策略可以满足顾客需求的变化，配齐产品线的所有规格和品种，提高企业的竞争力，有利于充分利用剩余的生产能力，开辟新的市场，提高经济效益。

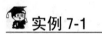 **实例 7-1**

"海尔"的产品线扩展

海尔不断通过推出产品的新档次和新规格来满足多样化需求，提高市场份额。在冰箱上，海尔相继推出了"小王子"、"双王子"、"大王子"、"帅王子"、"金王子"等；在空调上，海尔先后推出了"小超人"变频空调、"健康空调"和"小英才"窗机等；在洗衣机上，海尔推出了"神童"、"小小神童"、"海尔—即时洗"等。

一般来说，向上延伸可以有效地提高品牌地位，改善品牌形象，一些著名品牌，特别是定位在中低档产品市场的品牌为达到上述目的，不惜花费重金，向上延伸。20世纪80年代末，在国内冰箱价格战打得火热的时候，琴岛—利勃海尔(海尔前身)为提高其自身形象反其道而行之，冒着经营失败的危险将全部产品提价10%，取得了巨大的成功，并且将海尔冰箱提高到了一个"高质量、高档次"的水平，避免了与其他厂家的"价格大战"，同时也形成了自己的顾客忠诚度。

(资料来源：智库百科，http://wiki.mbalib.com/wiki.)

4. 产品线现代化决策

产品线现代化决策是强调把现代化的科学技术应用到生产过程，对现有产品线的技术进行更新或改造。具体方式有渐进更新和快速更新。渐进更新可以节省资金，并能试探市场反应，但容易被竞争者洞察和模仿。快速更新速度快，不易被竞争者察觉，可使竞争者措手不及，但所需要的资金投入也相对较高。

5. 产品线特色化和削减决策

产品线特色化是指在产品线中抓典型，选择一个或少数几个产品项目进行特色化，以此提高整条产品线的形象。另外企业还必须定期检查产品项目，研究削减问题。如果产品线中含有会使利润减少的薄弱项目，或者企业缺乏足够的生产能力，这时就要考虑缩短产品线，实施削减决策。

第三节 产品生命周期

一、产品生命周期的含义及其阶段划分

(一) 产品生命周期的含义

产品生命周期是指产品从投入市场到被市场淘汰退出市场为止所经历的全部过程，即产品的市场寿命周期或者经济寿命周期。产品生命周期是相对于产品的物质寿命或使用寿命而言的。物质寿命反映产品物质形态消耗的变化过程，市场寿命则反映产品的经济价值在市场上的变化过程。产品经过研究开发、试销，然后进入市场，产品进入市场标志着产品生命周期的开始，产品退出市场，标志着其生命周期的结束。

产品生命周期由需求技术的生命周期决定，而需求技术生命周期又由需求生命周期决定。市场营销活动的思维视角下不应从产品开始，而要从需求出发，任何产品都只要作为满足特定需求或解决问题的特定方式而存在的。新技术的出现，必将带来相关产品的市场变化，由于技术更新，许多产品的生命周期会加速缩短。如果企业过分地注重自身现有产品形式，忽视产品生命周期趋势的变化，将导致"营销近视症"，最终会使企业失去优势。

(二) 产品生命周期阶段划分

典型的产品生命周期一般可分为四个阶段：导入期、成长期、成熟期和衰退期，如图 7-1。

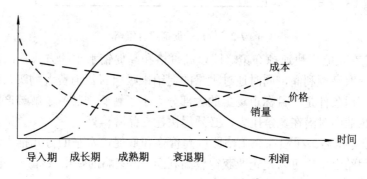

图 7-1 产品生命周期图

导入期又称引入期，是指在市场上推出新产品，产品销售呈缓慢增长状态的阶段。成长期是指产品在市场上迅速为顾客所接受、销售额迅速上升的阶段。成熟期是指大多数购买者已经接受该项产品，市场销售额缓慢增长或下降的阶段。衰退期是指销售额急剧下降、利润趋于零的阶段。产品生命周期概念能够用来分析一个产品种类、一种产品形式、一种产品或一个品牌。产品种类具有最长的生命周期，品牌产品显示了最短的产品生命周期历史。

二、产品生命周期各阶段的特点与营销策略

产品生命周期四个阶段的划分是相对的，划分各阶段的依据主要是产品的销售量和利润额的变化情况，各阶段也具有不同的特点，因而应采取不同的营销策略。

(一) 导入期的特点及可采取的营销策略

1. 导入期的营销特点

导入期是新产品进入市场的最初阶段，该阶段的主要特点是：① 消费者对该产品还不太了解，购买者较少，产品销量低；② 价格决策风险大，高价可能会限制购买，低价则不宜尽快收回成本；③ 产品生产成本较高，利润较低甚至为负；④ 有效的分销渠道尚未完全建立，广告及其促销开支大；⑤ 市场竞争者少。

2. 导入期的市场营销策略

在导入期，企业的主要营销目标是迅速使产品进入和占领市场，并在尽可能短的时间内扩大产品的销售量。企业可通过一系列促销活动，广泛宣传产品信息，在最短时间内让消费者了解产品特性，提高其认知程度，消除其疑虑，并根据市场反馈情况适时进行产品改进。与此同时，可选择图 7-2 中的价格—促销组合策略来达到目的。

促销水平

		高	低
价格	高	快速掠夺策略	缓慢掠夺策略
水平	低	快速渗透策略	缓慢渗透策略

图 7-2　价格—促销组合策略

(1) 快速掠夺策略。快速掠夺策略即以高价格和高促销水平的方式推出新产品。企业制定高价格，获取高额利润，同时通过大量的促销来吸引目标消费者购买，以加快市场渗透。该策略的使用条件是：目标市场上的大部分人不了解新产品；了解该产品的消费者愿意支付高价；企业面对潜在竞争压力，必须尽快建立品牌偏好。

(2) 缓慢掠夺策略。缓慢掠夺策略即以高价格和低促销水平的方式推出新产品。高价格和低促销费用结合使用可以使企业获得较高利润。该策略的使用条件是：市场规模有限；竞争威胁不大；了解该产品的消费者愿意支付高价。

(3) 快速渗透策略。快速渗透策略即以低价格和高促销水平推出新产品。其目的是抢占市场先机，尽快将产品打入市场，赢得最大的市场渗透率和最高的市场占有率，从薄利多销中获得适当利润。该策略的使用条件是：市场规模大；潜在客户对价格十分敏感；竞争十分激烈；单位开发成本可随着开发规模的扩大而迅速下降。

(4) 缓慢渗透策略。缓慢渗透策略即以低价格和低促销水平的方式推出新产品。企业制定低价格有利于市场渗透，易于被潜在客户所接受；而低促销费用又能降低企业的成

本。该策略的使用条件是：市场容量大；促销效果不明显；潜在客户对价格的敏感程度较高。

(二) 成长期的特点及可采取的营销策略

1．成长期的市场特点

新产品经过导入期后，开始进入成长期，其主要特点为：① 消费者对该产品比较熟悉，销售习惯基本形成，销售量迅速增长；② 产品基本定型，步入大批量生产阶段，大量的竞争者也开始生产此类产品，竞争比较激烈；③ 产品成本降低，市场价格趋于下降；④ 消费者开始重视产品性能、质量、特色与品牌；⑤ 单位产品促销费用随销售额的迅速增长而相对降低，利润开始较大地提高。

2．成长期的市场营销策略

根据成长期的市场特点，企业一般可采取以下营销策略：① 改善产品品质、增加产品性能，提高产品质量；② 加强促销，创建名牌，树立良好的形象；③ 加强市场细分，拓展市场；④ 重视产品价格、渠道、促销方式的巧妙组合。

(三) 成熟期的特点及可采取的营销策略

1．成熟期的市场特点

一般说来，成熟期可分为 3 个时期，其不同时期特点也不尽相同。

(1) 成长成熟期。其特点主要有：销售渠道处于基本饱和的状态；销售增长率缓慢上升；购买者人数增加缓慢。

(2) 稳定成熟期。其特点主要有：市场趋于饱和状态；消费平稳，产品销售量比较稳定；价格稳定；顾客偏好稳定，顾客人数稳定，新的购买者较少。

(3) 衰退成熟期。其特点主要有：销售量有较大地减少，利润开始降低；出现大量的替代产品或其他新产品，顾客的购买注意力开始转移；全行业的同类产品出现过剩，价格有较大的下降；各企业的市场份额变化较小，新加入的竞争者较少，竞争格局比较稳定。

2．成熟期的市场营销策略

根据成熟期不同阶段的市场特点，企业一般可采取以下三种营销策略：市场改良策略、产品改良策略和营销组合改良策略。

(1) 市场改良策略也称为市场多元化策略，即开发新市场，寻求新用户。企业可以通过鼓励顾客更频繁地使用该产品、努力使用户每次使用时增加该产品的使用量或者发现该产品的各种新用途来实现。比如：强生公司将婴儿爽身粉、婴儿润肤露等婴儿护肤品扩展到母亲市场，成功做大市场。

(2) 产品改良策略，是指改进产品品质或服务后再投放市场。企业可以通过质量改进、特点改进或者样式改进来实现。

(3) 营销组合改良策略，是指企业通过改变定价，销售渠道及促销方式来延长产品的成熟期。

(四) 衰退期的特点及可采取的营销策略

1. 衰退期的市场特点

进入衰退期，产品的销售量和利润额都大幅度下降，其主要特点为：① 产品销售量急剧下降，性能和质量更好的新产品吸引了消费者的注意力；② 价格降到最低水平，利润迅速下降，已无利可图，甚至出现亏损现象；③ 大量的竞争者退出市场；④ 消费趋势发生新的变化，消费习惯与偏好已经转移；⑤ 留在市场上的企业也开始减少服务，削减营销费用，处于维持经营的状态。

2. 衰退期的市场营销策略

面对处于衰退期的产品，企业要认真分析，对症下药，可采取的策略主要有：维持策略、集中策略、收缩策略和放弃策略。

(1) 维持策略，即保持原有的细分市场和营销组合策略，把销售维持在一个低水平上。

(2) 集中策略，即把资源集中使用在最有利的细分市场、最有效的销售渠道和最易销售的品种、款式上。

(3) 收缩策略，即大幅度降低促销水平，尽量降低促销费用，以增加目前的利润。这样可能导致产品在市场上的衰退加速，但仍能从忠实于这种产品的顾客中得到利润。

(4) 放弃策略，即对于衰落比较快的产品，当机立断，放弃经营，可以采取全部放弃的形式，也可以采取逐步放弃的形式，使其所占用的资源逐步转向其他的产品。

第四节　新产品开发

一、新产品的含义及分类

从不同角度去理解新产品，可以得出不同的含义。从市场营销的角度看，凡是企业向市场提供的过去没有生产过的产品都叫新产品。具体地说，只要是产品整体概念中的任何一部分的变革或创新，并且给消费者带来新的利益、新的满足的产品，都可以认为是一种新产品。按新产品创新程度分类：

(1) 全新新产品。全新新产品是指利用全新的技术和原理生产出来的前所未有的产品。

(2) 改进新产品。改进新产品是指在原有产品的技术和原理的基础上，采用相应的改进技术，使外观、性能有一定进步的产品。企业根据市场的变化和产品不同生命周期阶段不断推出各种不同的改进产品，是增强产品竞争能力、延长产品生命周期、减少研制风险、提高经济效益的好办法。

(3) 换代新产品。采用新技术、新结构、新方法或新材料在原有技术基础上有较大突破的新产品。开发换代新产品相对容易，并且不需要花费巨额资金，企业风险不大。

(4) 仿制新产品。仿制新产品是指企业模仿市场上已有的产品而自己首次生产，又称为企业新产品或者新牌子产品。仿制新产品可以有效利用其他企业的成功经验和技术，风险较小。

二、新产品开发的必要性

企业之所以要大力开发新产品，其必要性体现在以下几方面：

1. 新产品开发是提高企业核心竞争力的需要

面对越来越激烈的市场竞争，企业需要不断地创新、开发新产品，才能保持竞争优势，在市场上占据领先地位。竞争，没有疲软的市场，只有疲软的产品。定期推出新产品，可以提高企业在市场上的信誉和地位，提高竞争力，并扩大市场份额。

2. 新产品开发是适应消费需求变化的需要

随着生产的发展和人们生活水平的提高，消费需求也发生了很大变化，方便、健康、轻巧、快捷的产品越来越受到消费者的欢迎。消费结构的变化加快，消费选择更加多样化，产品生命周期日益缩短，一方面给企业带来了威胁，不得不淘汰难以适应消费需求变化的老产品；另一方面也给企业提供了开发新产品适应市场变化的机会。

3. 新产品开发是产品生命周期理论的要求

企业同产品一样存在着生命周期。如果不开发新产品，当产品走向衰落时，企业也同时走到了生命周期的终点。相反，不断开发新产品，就能在原有产品退出市场时，利用新产品占领市场。

4. 新产品开发是科学技术发展的结果

科学技术的迅猛发展加快了产品更新换代的速度。科技进步有利于淘汰过时产品，生产性能更优越的产品，并把新产品推向市场。企业只有不断运用新的科学技术改造自己的产品，开发新产品，才不至于被排挤出市场。

三、新产品开发的程序

新产品开发是指企业从事新产品的研究、试制、投产，以更新或扩大产品品种的过程。一个完整的新产品开发过程要经历八个阶段：

1. 新产品构思

新产品构思是新产品开发的首要阶段。构思是创造性思维，即对新产品进行设想或创意的过程。缺乏好的新产品构思已成为许多行业新产品开发的瓶颈。一个好的新产品构思是新产品开发成功的关键。

新产品构思的来源既可以是企业内部，也可以是企业外部。企业内部来源包括：研究开发人员、市场营销人员、高层管理者及其他部门人员。这些人员与产品的直接接触程度各不相同，但他们的共同点是都熟悉企业业务的某一或某几方面，对企业提供的产品较外人有更多的了解与关注，因而能针对产品的优缺点提出改进或创新产品的构思。企业可寻找的外部构思来源有：顾客、中间商、竞争对手、企业外的研究和发明人员、咨询公司、营销调研公司等。

2. 构思筛选

新产品构思筛选是指采用适当的评价系统及科学的评价方法对各种构思进行分析比

较，从中把最有希望的设想挑选出来的一个过滤过程。在这个过程中，力争做到除去亏损最大和必定亏损的新产品构思，选出潜在盈利大的新产品构思。构思筛选的主要方法是建立一系列评价模型。评价模型一般包括：评价因素、评价等级、权重和评价人员。其中确定合理的评价因素和给每个因素确定适当的权重是评价模型是否科学的关键。

3．新产品概念的形成与测试

新产品概念是企业从消费者的角度对产品构思进行的详尽描述，即将新产品构思具体化，描述出产品的性能、具体用途、形状、优点、外形、价格、名称、提供给消费者的利益等，让消费者能一目了然地识别出新产品的特征。因为消费者不是购买新产品构思，而是购买新产品概念。新产品概念形成的过程亦即把粗略的产品构思转化为详细的产品概念。任何一种产品构思都可转化为几种产品概念。新产品概念的形成来源于针对新产品构思提出问题的回答，一般通过对以下三个问题的回答，可形成不同的新产品概念。即，谁使用该产品？该产品提供的主要利益是什么？该产品适用于什么场合？

4．初拟营销规划

对已经形成的新产品概念初拟营销规划是新产品开发过程的一个重要阶段。该计划将在以后的开发阶段中不断完善。营销规划包括三个部分：第一部分是描述目标市场的规模、结构和消费者行为，新产品在目标市场上的定位，市场占有率及前几年的销售额和利润目标等。第二部分是对新产品的价格策略、分销策略和第一年的营销预算进行规划。第三部分则描述预期的长期销售量和利润目标以及不同时期的营销组合。

5．商业分析

商业分析的主要内容是对新产品概念进行财务方面的分析，即估计销售量、成本和利润，判断它们是否满足企业开发新产品的目标。

6．新产品实体开发

新产品实体开发主要解决产品构思能否转化为在技术上和商业上可行的产品这一问题。它是通过对新产品实体的设计、试制、测试和鉴定来完成的。根据美国科学基金会调查，新产品开发过程中的产品实体开发阶段所需的投资和时间分别占总开发总费用的30%、总时间的40%，且技术要求很高，是最具挑战性的一个阶段。

7．市场试销

市场试销是对新产品正式上市前所做的最后一次测试，且该次测试的评价者是消费者的货币选票。通过市场试销将新产品投放到具有代表性地区小范围的目标市场进行测试，企业才能真正了解该新产品的市场前景。市场试销是对新产品的全面检验，可为新产品是否全面上市提供全面、系统的决策依据，也为新产品的改进和市场营销策略的完善提供启示，有许多新产品是通过试销改进后才取得成功的。

新产品试销应对以下问题做出决策：

(1) 试销的地区范围：试销市场强调应是企业目标市场的缩影。

(2) 试销时间：试销时间的长短一般应根据该产品的平均重复购买率决定，再购买率高的新产品，试销时间应当长一些。

(3) 试销过程资料的搜集汇总：一般应了解首次购买情况和重复购买情况。

(4) 试销所需要的费用。

(5) 试销的营销策略及试销成功后应进一步采取的战略行动。

8. 商业化

新产品的商业化阶段的营销运作，企业应在以下几方面慎重决策：何时推出新产品；何地推出新产品；如何推出新产品。企业必须制定详细的新产品上市的营销计划，包括营销组合策略、营销预算、营销活动的组织和控制等。

知识拓展 7-2

产品创意开发的三维思考

产品创意开发是建立在三维思考的基础上进行的，这是开发新产品的一个最基础的步骤。没有三维思考，新产品的开发就好比在黑夜里摸索前行。那么，什么是三维思考呢？

1. 需求点与痛点思维

市场基于需求，需求是产生一切市场行为的基础，没有需求，就没有市场。市场容量由需求容量决定，需求越强烈，市场越容易形成，需求越广谱，市场容量也将越大。对于需求的判断源于以下两个方面：一是目前在消费者中已存在的显性需求和未满足点。二是未来可能成为发展趋势的需求。能否形成强烈的、稳定的和广泛性的需求，这就需要看有没有形成消费者痛点。没有消费者痛点，需求就难以成立，市场就难以形成。

2. 竞争思维

现代商业社会，产品同质化严重，竞争白热化，企业产品的开发必须导入竞争思维，不仅要考虑消费者需求，还要考虑这些需求是否被竞争品牌满足，考虑消费者的未满足点。未满足点在本质上也满足了消费者的潜在需求，但这种需求是目前市场上其他竞品都不能解决的消费者需求。因此，竞争思维的本质是满足差异化需求，建立差异化价值。

3. 趋势思维

产品创意开发一定要借势，如果能抓住市场先机，把握行业的发展大势，锁定正在或即将大幅上升的市场机会，开发出符合大势的产品，新品上市就很容易成功。相反，逆势而行，新产品的上市离退市只有一步之遥。

(资料来源：高继中. 产品创意开发的三维思考. 中国营销传播网，http://www.emkt.com.cn/article/651/65133.html，2016-10-30.)

三、新产品采用与扩散

新产品的市场扩散是指新产品上市后随着时间的推移不断地被越来越多的消费者采用的过程。也就是说，新产品上市后逐渐扩散到其潜在市场的各个部分。

1. 购买行为与市场扩散

消费者接受新产品一般要经历五个阶段：知晓、兴趣、评价、试用、采用。

(1) 知晓。消费者对该新产品有所察觉，但缺乏关于它的信息。这是消费者获得新产品的初始阶段。人们在此阶段获得的信息还不够系统，只是一般性了解。

(2) 兴趣。消费者受到刺激，产生兴趣，寻找该新产品的信息，进行对比分析。如果满意，将会产生初步的购买动机。

(3) 评价。这一阶段消费者权衡采用新产品的边际价值，考虑是否试用新产品。

(4) 试用。消费者对该新产品进行试用，评价对新产品的认识及购买决策的正确性。

(5) 采用。消费者通过试用达到了理想效果，决定全面和经常地使用该新产品。

营销人员应仔细研究各个阶段的不同特点，采取相应的营销策略，引导消费者尽快完成采用过程的中间阶段。

2．消费者对新产品的反应差异与市场扩散

在新产品市场扩散过程中，由于社会地位、消费心理、产品价值观、个人性格等多种因素的影响制约，不同消费者对新产品的反映具有很大差异，如图 7-3。

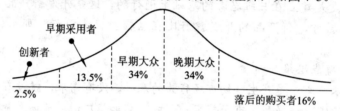

图 7-3　基于创新采用的相对时间的采用者分类

(资料来源：菲利普·科特列，凯文·莱恩·凯勒. 营销管理. 15 版. 何佳讯，等，译. 上海：格致出版社，上海人民出版社，2016.)

(1) 创新者。创新者通常富有个性，愿意冒风险试用新产品，喜欢研究新产品，容易受广告等促销手段的影响，是企业投放新产品时极好的目标。

(2) 早期采用者。早期采用者是意见领袖，它们仔细寻求新技术，以便能够给他们带来竞争者优势。对价格不那么敏感。

(3) 早期大众。早期大众是深思熟虑的实用主义者，当发现新产品被大量采用，并且事实证明会带来某种利益，就会采用新产品。它们构成市场的主流。

(4) 晚期大众。晚期大众是较晚地跟上消费潮流的人，对新事物、新环境多持怀疑态度或观望态度，往往在产品成熟阶段才加入购买，并且对价格敏感。

(5) 落后的购买者。这些人受传统束缚、拒绝一切创新，直到发现无法维持现状了，才会使用新产品。

企业如果想要推动其创新完成整个产品生命周期，需要针对不同的采用者采取不同的营销方式。

实例 7-2

百草味大单品战略抱抱果上市营销

百草味于 2016 年推出超级大单品战略，抱抱果是大单品战略的第一款产品，一经推出就占据了大量年轻市场。它是怎么做到的？

　　首先，百草味为枣夹核桃重新定义一个新的名字——抱抱果，让抱抱果成为枣夹核桃代名词。抱抱果，一方面体现了产品红枣抱着核桃的物理特性，另一方面用"抱抱"来表达治愈拥抱的情感，让这个年轻又有温度的产品名称成为新品和外界沟通的首要资产。

　　其次，为抱抱果设计全新产品形象，用六款萌系插画动物"抱着"枣夹核桃，来体现产品的温暖治愈形象。还研发了高科技 NFC 版的抱抱果包装，消费者手机贴近这款包装的时候能够自动推送两只熊抱的画面，让消费者进行分享，给抱抱增加了更多年轻科技感的互动。

　　再次，将抱抱果定位为治愈系健康小食，抱抱果不仅可以补充健康所需营养，而且能够试图探索消费者或低落或快乐的时机，给他们拥抱和快乐。

　　百草味将传统的枣夹核桃产品做了全新的创意，从定位、命名到设计都大大颠覆了传统电商品牌做产品的思路，推出短短 18 天，抱抱果月销售额突破 1000 万，现在抱抱果推出只有 4 个多月，市占率排名行业领先。

　　（资料来源："2016 年度新零售十大营销事件"出炉 百草味上榜.中国经济网，http://mini.eastday.com/a/170331114900022.html，2017-03-31.)

第五节　品牌与包装策略

　　品牌是产品管理中重要的方面，品牌提供了顾客识别产品的手段与方法，同时也是企业赢得竞争的重要营销工具。因此，品牌已成为资本和经济中的原子核。

一、品牌及其相关概念

1. 品牌

　　品牌是用以识别某个销售者或某群销售者的产品或服务，以便同竞争者的产品或服务区别开来的商业名称及标志，通常由文字、标记、符号、图案、设计和颜色等要素或它们的组合构成。

　　品牌是一个集合概念，包括品牌名称和品牌标志两部分。品牌名称是指品牌中能够被发音，能被语言读出来的部分。如"海尔"品牌中的"Haier 海尔"。品牌标记是指品牌中能够被辨别，但不能发音或由语言明确读出的部分。如"海尔"品牌中的两个拥抱的儿童形象。

　　品牌是复杂的符号，它可以向消费者表达出六层含义：

　　(1) 属性。指品牌所表达的产品或企业的特定属性，它可能代表着某种质量、功能、工艺、服务、效率或声誉。

　　(2) 利益。指属性给消费者带来的功能和情感利益。从消费者来看，品牌往往是不同程度的利益的象征。消费者会以品牌所表达的利益大小来对品牌进行评价。

　　(3) 价值。品牌会因其所代表的产品属性、安全和威信，从而在顾客心目中形成对企业特定的价值感。

　　(4) 文化。品牌是一种文化的象征和载体，它所代表的产品或企业所具有的文化特征，会使人们产生同其文化背景相应的各种联想。

(5) 个性。不同品牌也会具有独特的个性特征，不仅在表现形式上与众不同，而且会使人联想到某种具有鲜明个性特征的人或物。

(6) 使用者。某些品牌被某一特定顾客群所选择和钟爱，是因为该品牌所代表的价值、文化与该特定顾客群体个性之间互为映衬，能够象征该顾客群体的社会地位。

2. 商标

商标是指商品的生产者、经营者或者服务的提供者在其商品或服务上使用的，由文字、图形、字母、数字、三位标志和颜色组合构成的，具有显著特征的，便于识别商品或服务的可行性标志。在我国，商标有注册商标和非注册商标之分。

商标专用权，也称商标独占使用权，是指品牌经过政府有关主管部门核准后独立享有其商标使用权。国际上对商标权的认定，有两个并行的原则：一个是注册在先。它是指品牌或商标的专用权归属依法首先注册并获准的企业。另一个是使用在先。它是指品牌或商标的专用权归属该品牌的首先使用者。在具体的商标权认定实践中，还有对上述原则主次搭配、混合使用的"使用优先辅以注册优先"和"注册优先辅以使用优先"等原则。

驰名商标是国际上通用的为相关公众所熟知的享有较高声誉的商标。国际上的驰名商标认定的一个最基本的原则是：驰名商标是一种个案认定，而不是批量评选。这种个案认定往往是某个商标在市场上遭到伪冒、仿造等侵权危害时，由商标所有者向有关部门提出法律请求后依法认定的。大多数国家由商标主管机构认定，也有一些国家由最高法院或其他法律部门来认定。在我国，驰名商标的认定由国家商标局负责。

3. 品牌与商标的关系

品牌与商标之间既有联系也有区别。两者之间存在密切的关联，品牌与商标都是用以识别不同企业不同产品的商业名称及其标志的。所有的商标都是品牌，但并非所有的品牌都是商标，商标是品牌的重要组成部分。商标是经政府有关部门注册获得专用权而受到法律保护的一个品牌或品牌的一部分。

品牌与商标之间也有一定的区别。一是两者的概念不同。品牌是泛指产品的牌子，是市场概念，而商标是法律概念，是获得专利权并受法律保护的品牌。二是两者的外延不同。品牌的外延大，包括产品的名称、属性、品质和标志等；而商标则是品牌的一部分，商标经过注册。三是两者的价值不同。品牌必须结合特定的产品和服务投放市场，才有价值；而商标只要注册，不管是否使用，都有一定的价值。

知识拓展 7-3

2016 年(第十三届)《中国 500 最具价值品牌》部分榜单　　　　　单位：亿元人民币

排名	品牌名称	品牌拥有机构	品牌价值
1	国家电网	国家电网公司	3055.68
2	腾讯	腾讯控股有限公司	2875.92
3	工商银行	中国工商银行股份有限公司	2748.32
4	中国人寿	中国人寿保险(集团)公司	2536.28

排名	品牌名称	品牌拥有机构	品牌价值
5	海尔	海尔集团	2218.65
6	华为	华为技术有限公司	2196.45
7	中化	中国中化集团公司	2025.72
8	CCTV	中国中央电视台	2018.53
9	中国一汽	中国第一汽车集团公司	1918.28
10	中国移动	中国移动通信集团公司	1875.23
11	中国银行	中国银行股份有限公司	1865.36
12	阿里巴巴	阿里巴巴(中国)网络技术有限公司	1862.37
13	苏宁	苏宁云商集团股份有限公司	1582.68
14	中国石油	中国石油天然气集团公司	1565.72
15	联想	联想集团	1451.92

这份报告是从世界品牌实验室(World Brand Lab)主办的"世界品牌大会"发布的《中国 500 最具价值品牌》得来的。主要从财务、消费者行为和品牌强度等角度来分析,国家电网以 3055.68 亿元的品牌价值荣登本年度品牌价值榜首。报告显示,2016 年"中国 500 最具价值品牌"的总价值为 132696.30 亿元,比去年增加 24564.74 亿元,增加幅度为 22.72%。

世界品牌实验室主席、诺贝尔经济学奖得主 Robert Mundell 说:"今年是世界品牌实验室编制中国品牌报告的第 13 个年头。2004 年入选门槛仅为 5 亿元,前 500 名品牌的平均价值为 49.43 亿元。13 年以后的 2016 年,入选门槛已经提高到 22.65 亿元;而前 500 名品牌的平均价值高达 265.39 亿元,增加幅度为 436.90%。"

(资料来源:2016 年中国品牌 500 强终于公布:华为排名惊呆了!搜狐首页,http://mt.sohu.com/20160627/ n456549723.shtml,2016-06-27.)

二、品牌的作用

品牌的功能决定了品牌必将在市场中发挥极其重要的作用。品牌的重要性来源于品牌对消费者和企业所发挥的作用。

(一) 品牌对消费者的作用

(1) 品牌便于消费者辨认、识别、选购所需的商品。这是品牌最基本的作用。消费者可以根据品牌信息来评价产品的特性、品质和价值,从而作出购买决策。当面对种类繁多的商品时,品牌能帮助消费者快速识别其预购产品,节省时间和精力。

(2) 品牌有利于维护消费者的利益。品牌是生产者做出的品质承诺和保证。产品打上品牌就注定了生产者必须承担责任。一旦产品质量有问题,消费者可以根据其品牌与企业进行交涉,依法索赔,维护自身权益。

（二）品牌对企业的作用

（1）品牌有助于促进产品销售，树立良好的企业形象。通过品牌可以培养品牌忠诚者，保持销售收入的稳定性和持续性。此外，品牌还可以通过口碑传播，树立企业良好的企业形象。

（2）品牌有利于保护品牌所有者的合法权益。品牌注册成为商标后，受法律保护，可以防止伪劣产品的侵害。同时，品牌还能够约束企业的行为，促使企业重视长远利益、消费者利益和社会利益。

（3）品牌有利于扩大产品组合，提高市场占有率。企业可以利用消费者对某一品牌的偏好，推出新的产品，使新产品顺利进入市场，提高市场整体占有率。

实例 7-3

异军突起的白酒品牌洋河蓝色经典

大多数白酒品牌都采用红色作为主色调，蓝色经典采用与之相反的蓝色，并采用了类似与洋酒的瓶子造型，使品牌从众多的白酒品牌中脱颖而出。从普遍的认知上看，蓝色并非白酒最佳选择，因为蓝色给人现代高科技的感觉，并不符合中国白酒强调的历史、喜庆的特性。但最重要的是蓝色的白酒品牌具有足够的差异性，市场上有红色，黑色、黄色作为主色调的白酒品牌，唯独没有蓝色。

由此产生的效果是，当消费者看到一个其他颜色包装的白酒时，可能无法确定是哪个品牌，但如果看到一瓶蓝色包装的白酒，几乎立刻就可以确定是它是蓝色经典。实际上，蓝色经典至今没能找到一个差异化的"语言定位钉子"但借助初期的品类聚焦以及视觉锤，其已经成为近10年来成长较快的白酒品牌，成功进入中国三大白酒品牌之列。

（资料来源：产品定位的两大武器："语言钉"和"视觉锤".佳酿网，http://www.jianiang.cn/yingxiao/111I45U2013.html，2013-11-17.）

三、品牌策略

品牌策略是企业品牌运营的谋略，它是企业面向市场的重要决策。品牌策略主要包括以下内容：

1. 品牌化策略

品牌化策略即确定产品是否要使用品牌。一般有以下两种情况：

（1）使用品牌。在市场经济条件下，一般产品都应使用品牌，以利于增强产品的竞争力，培养品牌的忠诚度和树立企业形象。但是，为节省品牌的设计、广告和包装费用，降低产品的营销成本和销售价格，有时也可不用品牌。

（2）不使用品牌。其主要原因有：一是同性质产品；二是人们不习惯认牌购买的产品；三是生产简单、无一定技术标准的产品；四是临时或一次性生产的产品。

2．品牌归属策略

品牌归属策略即决定使用什么样的品牌类型做出决策，可以选择生产者品牌、中间商品牌(批发商或者零售商使用的品牌)或者使用混合品牌(生产者品牌和中间商品牌同时使用)。比如海尔、美的、联想、苹果使用的是生产者品牌；苏宁、国美则使用的是中间商品牌。

3．品牌统分策略

如何运用企业自己的品牌，需要决策产品是统一使用一种品牌，还是按品种、类别分别使用不同品牌。有以下主要策略可供选择。

(1) 统一品牌。统一品牌是企业所有的产品都统一使用一个品牌名称。企业采用统一品牌策略，能够降低新产品的宣传费用；可在企业品牌已赢得良好市场信誉的情况下实现顺利推出新产品的愿望；同时也有助于显示企业实力，塑造企业形象。不过，一旦某一产品出现问题，就有可能影响全部产品和整个企业的信誉。

(2) 个别品牌与多品牌策略。个别品牌策略是指企业对各种不同产品分别使用不同的品牌。这种策略的优点是：企业不会因为某一个品牌信誉下降而承担较大的风险；有利于新产品和优质产品的推广；可以发展多种产品线和产品项目，开拓更广阔的市场。缺点是加大了产品的促销费用，不利于竞争；品牌过多，不利于企业创立名牌。

多品牌策略是指同时为一种产品设计两种或两种以上的相互竞争的品牌。多品牌是个别品牌实施的结果，个别品牌是多品牌的一种具体做法和表现形式。这种策略能避免统一品牌下的负面株连效应；可以吸引多种不同需求的顾客，提高市场占有率。

(3) 分类品牌策略。分类品牌策略是指企业在产品分类的基础上，对分类产品分别使用不同的品牌。分类品牌可以使需求具有显著差异的产品区分开来，避免混淆，造成误解。

4．品牌扩展策略

品牌扩展就是利用成功的品牌声誉和潜在价值来推出新产品和新的产品系列，如"娃哈哈"从儿童专用营养液延伸到 AD 钙奶、八宝粥、纯净水等。品牌扩展可以加快新产品的推广，节省宣传促销费用，也有利于扩大原品牌的影响力。

知识拓展 7-4

21 世纪的品牌化

早期品牌研究领域的先驱，现今活跃的品牌战略家戴维·阿克有很多品牌如何成功的经验。以下是营销人员十大"待办事项"——打造卓越品牌的必要知识。

1. 将品牌看成资产。品牌战略需要与企业发展战略一致。
2. 展示品牌建设的战略回报。展示企业发展战略成功对品牌资产依赖的程度。
3. 认识到品牌的丰富性，不仅仅停留在两三个词的描述语上。尽管通常 2~4 个联想是最重要的，还是要知道品牌暗示的所有联想。
4. 超越功能利益。情感和自我表达以及品牌个性可以为持续差异化和深刻的客户关系提供基础。

5. 考虑组织联想——对企业来说独一无二，对顾客有意义的人、项目、价值观和遗产。

6. 向榜样看齐。哪些公司在相似的品牌化努力下取得了成功？公司内部是否有任何产品可以体现品牌的特征？

7. 理解品牌关系的变动区间和新产品分离的合适程度。

8. 寻求品牌差异点。即使是功能利益，如果一开始就赋予其强势的品牌识别，就算被复制，也能保持与众不同。

9. 利用品牌激发器——可以与品牌相关联的品牌化名人或者项目。

10. 赢得品牌关联战役——使你的竞争对手看起来毫不相关。

(资料来源：菲利普·科特勒，凯文·莱恩·凯勒. 营销管理. 15 版. 何佳讯，等，译. 上海：格致出版社，上海人民出版社，2016.)

四、包装

包装是整体产品的一个组成部分，是实现产品价值与使用价值、共同提高产品价值的一种重要手段。包装有两层含义：从动态意义上来看，包装是指产品设计、制作包装物的活动过程；从静态意义上来看，包装是指包装物。从市场营销学角度来看，包装的上述含义是紧密联系在一起的，即包装是对商品设计、制作容器或外部包扎物的一系列活动。

(一) 包装的分类

产品包装一般包括以下 3 个层次：

(1) 首要包装。首要包装是指最接近产品的容器，也称内包装。比如盛装啤酒的瓶子等。

(2) 次要包装。次要包装是指保护首要包装的包装，又叫中包装。

(3) 储运包装。储运包装是指为了便于储存和运输而进行的包装，又称外包装。

(二) 包装在营销中的作用

产品包装最初的作用是保护产品、方便运输。随着市场竞争的发展，包装已成为强有力的营销手段。良好的包装能为企业带来营销价值。产品包装的具体作用表现在以下三个方面：

(1) 保护商品，便于储运。产品包装最基本的功能便是保护商品，便于储运。有效的产品包装可以起到防潮、防热、防冷、防挥发、防污染、保鲜、防易碎、防变形等系列保护产品的作用。比如深颜色啤酒包装能避免强光对啤酒品质的影响。因此，在产品包装时，要注意对产品包装材料的选择以及包装的技术控制。

(2) 美化商品，促进销售。设计和制作精美的包装，可以使产品具有令人赏心悦目的外观，比起没有包装的产品，可更令消费者喜爱或激起顾客的购买欲，促进销售。

(3) 创造价值，增加利润。良好的包装设计不但能扩大销售，而且可以增加利润，使顾客愿意以较高的价格购买精美包装的商品，而高出的价格可以远远超过包装的附加成本。

知识拓展 7-5

包装——营销的第 5 个 P

面对琳琅满目的商品，只要 7 秒钟，消费者就可以确定对这些商品是否有兴趣。在这短暂而关键的 7 秒内，包装——特别是色彩的作用达到 67%。营销 4P 是所有营销人都耳熟能详并且一直在使用的营销法则，也有人把营销 4P 扩展为营销 5P，那第 5 个 P 就是包装。

(资料来源：郑直. 包装：营销的第 5 个 P. 销售与市场(评论版)，2014(2).)

(三) 包装设计的要求

现代市场营销中，包装不仅起到保护商品的基本功效，更肩负着推销产品的重要使命，为了极大程度上发挥包装的作用，一个好的包装设计应符合以下要求：

(1) 包装要有利于保护产品。包装材料以及包装物的制作，都必须适合被包装产品的物理、化学、生物性能，要能保证产品不损坏、不变质、不变形、不渗漏、不串味等。

(2) 包装要便于运输、保管、陈列、携带和使用。产品包装的体积、容量和形式应多种多样，大小轻重应适当；在保证包装封口严密的条件下，力求容易打开。

(3) 包装应美观大方。包装具有美化和宣传产品的作用，要充分显示产品的特色、风格和艺术性，能给消费者留下深刻、美好的印象。高档商品和艺术品的包装尤其要能烘托出其高贵典雅的特点，给消费者以美的享受。一般的低价商品也要精心设计，巧妙装扮，使人感到其价廉物美，与众不同。

(4) 包装应考虑社会效益。包装的设计和使用，应防止增加不必要的昂贵的包装成本，努力减轻消费者的负担，节约社会资源，对易造成环境污染和浪费的包装应加以限制或取缔。

(5) 包装要讲求信誉。包装设计体现了一个企业的职业风范和道德水准。企业应注重维护消费者利益，为消费者着想，给消费者方便，杜绝在包装上弄虚作假、欺骗蒙蔽消费者的不道德行为，树立企业良好的信誉。另外，包装要准确、鲜明，能直观地传递产品的信息，文字与图案说明要规范、统一、准确，实事求是。

(6) 包装要尊重消费者的宗教信仰和风俗习惯。不同的国家、地区和民族都有各自不同的宗教信仰、价值观念和风俗习惯。在包装设计中，企业应根据不同国家或地区消费者的文化环境和风俗习惯，设计不同的包装以适应不同目标市场的需求。

(四) 包装策略

(1) 类似包装。类似包装又称统一包装，是指企业生产的各种产品，在包装上采用相同或相似的图案、标志和色彩，以体现共同的特征。这种方法，可以降低包装的成本，扩大企业的影响，特别是在推出新产品时，可以利用企业的声誉，使顾客首先从包装上辨认出产品，迅速打开市场。该策略一般只适用于品质较为接近的产品，如果企业的各种产品品质过分悬殊，有可能影响到优质产品的声誉。

(2) 组合包装。组合包装又称配套包装，是指按照人们消费的习惯，将多种相关产品配套放置在同一包装物中出售，例如工具箱、救急箱、化妆包、针线包等。这种策略可以方便消费者的购买和使用，有利于促进企业产品销售。但要注意的是不能把毫不相干的产品搭配在一起，更不能乘机搭售积压或变质产品，坑害消费者。

(3) 附赠品包装。附赠品包装，是指利用消费者的好奇和获取额外利益的心理，在包装物内附赠实物或奖券，来吸引消费者购买。这种策略对儿童尤为有效，如在儿童饮料或食品包装里放入图片或小型玩具等。我国某企业出口的"芭蕾珍珠膏"，在每个包装盒内附赠珍珠别针一枚，消费者购买一定数量就可以串成一条美丽的珍珠项链，这使得珍珠膏在国际市场十分畅销。

(4) 再使用包装。再使用包装是指原包装内的商品用完后，包装物还能移作他用，如啤酒瓶、喝完之后可以做水杯使用的果汁瓶等。这种策略可以节约材料，降低成本，有利于环保。同时包装上的商标、品牌标志还可以起到广告宣传的作用。

(5) 等级包装。等级包装是指对同一种产品，可以根据消费者的不同需要，采用不同级别的包装。如用作礼品，则可以精致地包装，若自己使用，则只需简单包扎。此外，对不同等级的产品，也可采用不同包装。高档产品，包装精致些，表示产品的身份；中低档产品，包装简略些，以减少产品成本。

(6) 变更包装。当由于某种原因使产品销量下降，市场声誉跌落时，企业可以在改进产品质量的同时，改变包装的形式，从而以新的产品形象出现在市场，改变产品在消费者心目中的不良地位。这种做法，有利于迅速恢复企业声誉，重新扩大市场份额。

企业制定包装策略，应综合运用各种包装策略，拟定适应竞争的最佳方案，并在运用中灵活机动，适时调整。

理论梳理

(1) 产品一般是指通过交换提供给市场的，能满足消费者某一需求或欲望的任何有形产品和无形服务。产品整体概念包括五个基本层次：核心产品、形式产品、期望产品、延伸产品和潜在产品，体现了以顾客为中心的现代营销观念。

(2) 产品生命周期是指产品从投入市场到被市场淘汰所经历的全部过程，亦即产品的市场寿命周期。产品生命周期包括导入期、成长期、成熟期和衰退期四个阶段。由于各个时期具有不同的特点，企业在调整和优化产品组合时应采用不同的策略以满足变化的需求。

(3) 新产品的开发是企业生命的源泉。其实质是推出不同内涵和外延的新产品。新产品的开发需要经过新产品的构思、筛选、概念的形成与测试、初拟营销规划、商业分析、新产品研制、市场试销和商业性投放八个程序。新产品采用与扩散包括认知、兴趣、评价、试用和采用五个阶段。

(4) 品牌和包装策略是企业和产品差异化的重要来源。品牌策略主要包括品牌化策略、品牌归属策略、品牌统分策略和品牌扩展策略等。包装策略主要包括类似包装、组合包装、附赠品包装、再使用包装、等级包装和变更包装策略等。

知识检测

(1) 产品整体概念的含义及营销意义。

(2) 产品组合、产品线和产品项目的概念。

(3) 产品生命周期及其各阶段的特征。

(4) 品牌的内涵及品牌策略。

(5) 包装种类、作用及包装策略。

案例分析

娃哈哈的产品营销

产品是企业生命的载体，企业要想不断地跨越新的台阶，往往是需要有新品推广做支撑的。国内一流饮料企业杭州娃哈哈集团，2016 年集团上缴税金 48 亿元，企业规模和效益已连续 19 年位居中国饮料行业第一，为中国 500 强企业、中国民营 500 强企业。至今公司现金充沛，没有一分钱银行贷款，"娃哈哈"为中国驰名商标、中国名牌。

目前产品涵盖含乳饮料、瓶装水、碳酸饮料、茶饮料、果汁饮料、罐头食品、医药保健品、休闲食品、婴儿奶粉等 11 大类 160 多个品种。

探究娃哈哈这些年的新品开发和推广策略有下面几个特点：

一、小步快跑

娃哈哈这些年新品开发的最大特点就是"跟随策略"，用掌门人宗庆后的话叫"小步快跑"。在食品饮料行业，新品开发的难度往往不大，难度最大的还是在市场的培育过程。很多产品经历了市场的检验，从产品特性、包装、容量、卖点、定价和消费者接受度等方面都得到了认可后，往往会引起娃哈哈的关注。

每月的例会上，宗庆后都会让各省的经理带回当地有卖点的产品，然后交给科委开发。这样找到的肯定是已经有市场、有销量、有利润的产品。有些公司限于推广能力，往往还是一些地方品牌。如当时的"小洋人"在东北、华北地区就卖得很好，但是在南方就鲜以见到，娃哈哈跟进后开发了"营养快线"，这个产品在湖南、广东一炮走红，随后的 3 年内燃遍了大江南北，远远把小洋人甩在了后面，甚至很少有人能把这两个产品联系在一起，如今的小洋人已经无法与营养快线同日而语了。

娃哈哈的很多产品都是这样卖红的。由于这样开发新品，省去了市场开拓的很多环节，可以单刀直入，因此成为宗氏的"小步快跑"。

二、多品种、多系列

娃哈哈产品多系列最原始的想法是：平衡季节、平衡产能的需要。很多年以前，饮料消费还比较奢侈，淡旺季的差别非常大，饮料生产企业设备和大量的季节工，在旺季的半年忙得要死，淡季的半年却闲得要死。1991 年娃哈哈收购了全国十大罐头厂之一的杭州罐头厂后，正值出口罐头被欧美全面封杀。要让设备、工人都运转起来，娃哈哈开发了果奶和八宝粥，拓展了国内市场，盘活了罐头厂。

在饮料方面，经营大师宗庆后的嗅觉十分敏感，他捕捉到春节前后是可乐和果汁饮料的销售旺季，而这恰恰是饮料的淡季，因此 1998 年开发了非常可乐，后来又开发了果汁饮料、营养快线，这些产品都大大平衡了产能的最大化，同时也保证了经销商一年四季有东西可卖。

三、低风险

企业要上台阶必须要推新品，但对企业来说，新品开发的风险都是巨大的，每次推广新品都会让企业耗费巨大的研发费、广告费和各种推广费用等。

对娃哈哈来说，新品推广的费用并不多。新品生产出来，几乎每个经销商都必须要报站、发货。如果这个产品卖起来了，经销商利润是比较丰厚的。如果卖不起来，风险都分散了下去，相当于经销商已经买断了这些产品，最后"八仙过海各显其能"，都能够消化在渠道中。

四、高淘汰率

高淘汰率也是娃哈哈推新品的一个特点，很多产品不成功不是产品不好也不是包装不好，而是销量达不到 2 亿。对很多企业来说，如果有一两个产品销售能够上亿已经很好了，但是在娃哈哈这个产品就面临被淘汰了。

因为饮料生产线的通用性很强，很多产品都是"共线"生产的，到了旺季水和茶的生产压力很大，各个分厂都不愿意翻线生产小品项的产品。这时哪个经销商卖得好一些小品项，肯定会断货，报站后发不到货，就不得不改单，一年中如果有几次断货，那这个产品在市场上也就慢慢消亡了。

娃哈哈如果不是全国性的产品，是很难生存的，从广告、促销品、原材料的采购供应等方面来看，所有的配套也是无法跟上的。所以，各省的省级经理最苦恼的莫过于推新品时，没有选中大多数省推广的产品，而是做了少数(往往有几个新品可供选择)。到头来第二年又要找其他的新品，来弥补前一年新品的销售增长，否则就会容易负增长了。

尽管娃哈哈目前基本上每个省都有分厂了，也鼓励分厂开发区域性的产品，但是成功的还很少。

五、利润驱动产品的成长

在娃哈哈众多的产品中，旺销的产品往往也是利润较好的产品。前些年娃哈哈一直是瓶装水的龙头老大，但是这两年康师傅赶了上来。这与瓶装水的利润较低有关，娃哈哈的分厂利润是单独考核的，如果同时有几个产品的单子时，厂长肯定优先安排利润率较高的产品，甚至会多生产一些，再与调度协调多调一些单子。所以经常会在旺季时，水的发货非常紧张。造成现在很多省茶的销量已经大于了水的销量(按箱计算)。但是，从中国饮料协会公布的数据来看，瓶装水的销量是茶饮料的 2 倍左右。

六、推新丢旧

新品推广中，产品升级很大程度是为了拉宽消费层次，加大市场占有率。但是往往新品推广成功后，很多老品却慢慢消退了。如：在推广成功 AD 钙奶后，果奶慢慢退出了主流市场；在推广成功了大 AD 后，小 AD 的销量在很多地方骤减；2006 年爽歪歪推成功后，AD 钙奶的销量连年下滑。随着时尚潮流的加快，产品更新的速度也在加快，其实这对企业来说是不太好的，我们应该让产品的生命周期最大化，这对一个企业来说，才能够效益最大化。

娃哈哈最成功的产品之一应该是 AD 钙奶了，很多年前就有人预计它会走下坡路，可是这个产品的生命周期已经长达 20 多年。如果每个产品都能像 AD 钙奶，那是何等的厉害！

如何保持 1+1＞2，也是很多企业都会面临的问题。

结束语

回顾娃哈哈这么多年的产品推广，总体是比较成功的，是比较符合中国国情的。因为还没有那家公司有那么丰富的产品线，销售增长得那么快。

随着区域化分公司的建立，区域性的产品有机会得到长足的发展。

但娃哈哈也有很多方面值得改进，产品是企业生命的载体，也是品牌的载体，众多的产品有时会让企业发展偏离主线。我们在询问很多消费者时发现，他们对娃哈哈的产品主线并不是十分清楚，这说明品牌积累的效率不高，品牌价值没有最大化的牵动消费者，随意购买的比例不在少数，这会给竞争对手留下不少机会。造成很多竞争对手在渠道上与娃哈哈竞争吃力时，就转向终端和消费者竞争，去抢夺、培养这部分消费者。

因此，如何让产品和品牌之间的关联度最大化，是娃哈哈需要提升的。

讨论：

(1) 结合本案例和你进一步查阅的资料，说明娃哈哈的产品组合的构成(长度、宽度、深度、关联度)

(2) 分析娃哈哈的产品组合策略，有何优缺点？

(3) 以营养快线为例，运用产品寿命周期理论，分析其在不同阶段的营销策略？

(4) 娃哈哈是如何开发新产品的？

(资料来源：1. 娃哈哈集团简介.娃哈哈官网,http://www.wahaha.com.cn/news/155，2017-03-01.

2. 娃哈哈的新产品开发. 百度文库, https://wenku.baidu.com/view/795b31ce910ef12d2bf9e70f.html，2013-11-21.)

应用实训

实训目标：

让学生学会分析产品的功效和利益；比较不同企业的产品采用的品牌策略、包装策略。

实训内容：

任选某几个知名企业，搜集其产品和品牌信息，根据企业的性质、经营范围、经营目标、产品及特点、服务项目等方面对企业品牌及其包装做出评价。

实训要求：

(1) 以实地调查为主，通过查阅图书，搜索网络电子资源，搜集相关材料，注意第一手搜资料和二手资料的配合使用。

(2) 学生自由组合，分成学习小组，以小组为单位，搜集、整理资料。

(3) 认真分析资料信息，写出书面实训报告。

 第八章

定 价 策 略

/////////////////////////

知识目标 ✍

理解定价的影响因素及定价一般方法；掌握定价的基本策略；了解价格调整变动的反应及应对策略。

能力目标 📄

在实践中理解定价的影响因素及定价一般方法，能够运用定价策略分析企业定价行为。

知识结构图 🌐

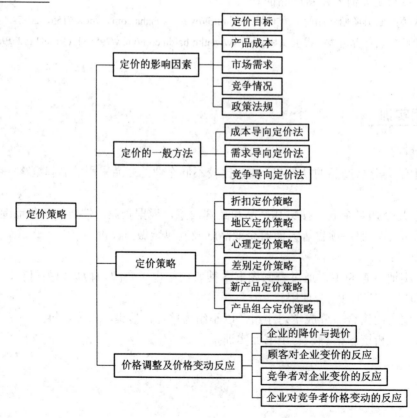

案例导读

"双十一"顺丰快递的价格策略

离 2013 年"双十一"还有十天，一些热衷网购的消费者此时已开始在网上搜寻自己心中满意的商品，而那些精明的商家也提前开始了促销活动，为"双十一"大战取得更好的销售成绩做准备。除了买卖双方，网购还有一个环节就是快递。面对 2013 年的"双十一"，顺丰快递试图通过降价抢占市场份额。2013 年 10 月 29 日，顺丰快递在其官方网站上发布消息，称将于 11 月 1 日起正式推出"电商特惠"。

而此前顺丰在电商市场中的表现是不温不火，其价格因素起到了主导作用。从价格上分析，一向以中高端快递形象示人的顺丰快递品牌，的确存在降价空间，但其主打的客户群多属"高富帅"，且并不以电商市场为主。相关数据显示，每逢淘宝大促顺丰均有参战，但在淘宝系的快件量中仅占 4%，相反，中通、圆通两家快递公司则要占据将近 70%。据了解，目前天猫、淘宝上使用顺丰快递的主要集中在部分商品单价较高的卖家，这些卖家通常有能力消化顺丰快递的高价格。或者买家多属于非价格敏感型人群，并对运送质量、安全有特殊要求。

但是，2013 年的"双十一"，顺丰决定采取价格策略参与电商的竞争，推出"电商特惠"。所谓"电商特惠"是专门针对月发件量在 2000 票以上的电商客户，其主要优惠就是降低了快件首重(顺丰首重为 1 千克)的价格，优惠后顺丰同城件首重价格为 8 元，省内件首重价格为 9 元，省外件首重为 10~17 元。而按照顺丰目前的价格体系，其同城件首重一般为 12 元，省内件首重大概在 15 元，省外件首重则至少也要 22 元，以此计算，其同城件首重价格降幅为 33%，省内件首重价格降价幅度为 40%，省外件首重价格降价幅度最高更是在 50%以上。

对于这次推出的"电商特惠"，顺丰则表示，就是为了要赢得电商市场。那么降价以后的顺丰快递竞争力如何呢? 以电商使用最多的省外件为例，目前"三通一达"，也就是申通、圆通、中通和韵达这四家快递公司的首重价格均在 10 元以上，最高的可达 15~18 元，这个价格相比顺丰"电商特惠"省外件首重 10~17 元的价格已没有优势。而顺丰服务一向比较好，物流速度又快于上述几家快递公司，因此顺丰在快递市场的竞争中无疑具有了很大的优势。

另外，顺丰速运还将在"双十一"期间针对天猫、淘宝、聚划算等淘宝系电商平台的快件，实施全面 5 折优惠。业内人士认为，顺丰在"双十一"期间打出 5 折的底牌，对淘宝卖家而言的确具有诱惑力。尤其是在面对爆仓、送货迟缓等老问题上，顺丰的低价介入，可在一定程度上缓解卖家的发货烦恼，从而借机在"三通一达手"中"劫走"大批客户。

"但顺丰绝对不会将 5 折持续下去，因为这样做不仅会折损品牌价值，也会让其陷入价格战的泥沼。"某上海快递公司人士称，虽然降价会很有竞争力，但"三通一达"等快递企业以价换量的做法，已经让快递价格降至谷底，缺乏下调的空间，而随着人力、土地、燃油成本的日益上扬，价格战根本无法持久。

另一方面，降价策略的背后实则是一种降低市场效率的行为。以顺丰此前推出的"顺丰特惠"为例，虽然与顺丰标准快件相比首重价格优惠了 4~6 元、续重价格低至 5~7 折，但由于选择陆运，在配送速度上比顺丰标准快递慢一天以上。

不过，对于刚刚拿到首轮外部融资的顺丰而言，如果能够借"双十一"之势，顺利杀入淘宝快件市场，则会进一步稳固其市场地位。未来阶段，面对"菜鸟"智能物流网络的兴起，也会起到一定的牵制作用。

（资料来源："双十一"在即顺丰打响价格战第一枪. 凤凰网，http：//newsifeng.comn/gundog/detail20131031/30811040_0shtml，2013-10-31.)

第一节　定价的影响因素

价格是营销组合的重要组成部分，敏感而又难以控制，价格直接关系到市场对产品的接受程度，影响着市场需求和企业利润，涉及生产者、经营者和消费者等多方利益。为有效开展市场营销，增加销售收入和提高利润，企业不仅要给产品制定基本价格，而且还需要对制定的基本价格适时地进行修改。

一、价格的含义

在市场营销学的诸多术语中，价格是最为古老的词汇，它伴随着商品经济的产生而产生。早于营销学科诞生之前，价格就被广泛地应用于经济学、管理学等其他诸多学科中。商品经济中，价格通常被认为是交易时买方所需要付出的代价或款项，而以经济学视角来看，价格指买卖双方就买卖商品所订立的兑换比率，或者说价格是价值的货币表现。营销学将价格视为产品或服务的货币表现，即产品或服务价值的衡量尺度。因此，商品价值的大小是决定价格高低的基本因素。在现实经济生活中，价格还受市场供求、竞争、币值变化和国家政策等其他因素的直接制约和影响，其中市场供求对价格影响最直接、最显著。

价格构成是商品价格的形成要素及其组合，亦称价格组成。反映商品在生产和流通过程中物质耗费的补偿，以及新创造价值的分配，一般包括生产成本、流通费用、税金和利润四个部分。

二、影响产品定价的因素

影响产品定价的因素是多方面的，包括定价目标、成本、市场需求、竞争者同类产品的价格等。一般来说，产品定价的上限通常取决于市场需求，下限取决于该产品的成本、费用等。在上限和下限内如何确定价格水平，取决于一个企业的定价目标、政府的政策法规和竞争者同类产品的价格，其中竞争因素构成了对产品价格上限最基本的影响，企业定价目标则提出了最低限价的问题。

1. 定价目标

企业制定价格，除了必须考虑目标市场选择及市场定位外，还要考虑一些具体的经营目标，如利润额、销售额、市场占有率等，它们都会对定价产生重要影响。企业每一可能的定价选择，对利润、收入、市场占有率均有不同影响。企业的定价目标主要有：

(1) 维持生存。如果企业产能、产量过剩，或面临激烈竞争，则会把维持生存作为主要目标。为了确保继续生产和存货售出，企业必须制定较低价格，并希望市场是价格敏感型的。许多企业通过大规模的价格折扣来保持企业活力。只要其销售收入能弥补可变成本和部分固定成本，企业的生存便可得以维持。

(2) 当期利润最大化。有些企业希望制定能使当期利润最大化的价格，它们估计需求和成本，并据此选择一种价格，使之能产生最大的当期利润、现金流量或投资报酬率。假定企业对其产品的需求函数和成本函数有充分了解，借助需求函数和成本函数，便可制定确保当期利润最大化的价格。

(3) 市场占有率最大化。有些企业通过定价取得控制市场的地位，也就是使市场占有率最大化，因为这些企业确信，赢得最高市场占有率，将享有最低成本和最高的长期利润，所以，在单位产品价格不低于可变成本的条件下，制定尽可能低的价格，追求较高的市场占有率。企业也可能追求某一特定的市场占有率，计划一年内将市场占有率从 10% 提高到 15%，为实现这一目标企业要制定相应的市场营销计划和价格策略。

(4) 产品质量最优化。企业也可考虑质量领先这样的目标，并在生产和市场营销过程中始终贯彻产品质量最优化的指导思想。这就要求用高价弥补高质量和研发的高成本。产品优质优价的同时还应辅以相应的优质服务。

实例 8-1

劳斯莱斯一直秉持自己的高价，动辄上十万、百万，甚至千万。一方面显示了自身的与众不同，另一方面，通过高价使消费者感受产品的高质量。据说该车的许多部件都是手工制作，精益求精。出厂前要经过上万公里的无故障测试。内饰十分豪华，拥有劳斯莱斯的顾客中：2/3 的人拥有自己的公司，或者是公司的合伙人；几乎每个人都有多处房产；每个人都拥有一辆以上的高级轿车；50% 的人有艺术收藏；40% 的人拥有游艇；他们的平均年龄在 50 岁以上。可见，在这些顾客心中，劳斯莱斯已不仅仅是一辆汽车了。

(资料来源：张帆，齐斐. 市场营销[M]. 4 版. 西安：西北工业大学出版社，2013.)

2. 产品成本

任何企业都不能随心所欲地制定价格。从长远看，任何产品的销售价格都必须高于成本费用，这样才能以销售收入抵偿生产成本和经营费用。因此企业制定价格前必须估算相关成本。对于已有的产品，相关成本是指与生产、分销有关的直接成本和分配的间接成本；对于新产品，相关成本是在未来的整个生命周期里的直接成本和分配的间接成本。

知识拓展 8-1

企业在发展过程中总会遇到瓶颈，觉得运营成本高涨，却又难以找到成本的所在，我们称之为"隐形成本"。这如同生命体暗藏的疾病，久治不愈，挥之不去，让经营者颇为头疼。发现并有效降低隐形成本，是企业进步的有力举措。

1. 会议成本。
2. 采购成本。
3. 沟通成本。
4. 人才流动成本。

5. 岗位错位成本。

6. 流程成本。

7. 停滞资源成本。

8. 企业文化成本。

9. 信用成本。

10. 风险成本。

11. 企业家成本。

12. 加班成本。

（资料来源：唐佐宏.企业不知道的隐形成本.销售与市场，http://www.cmmo.cn/，2015-6-17.）

3. 市场需求

市场需求受价格和收入变动的影响。因价格或收入等因素引起的需求相应的变动叫需求弹性。需求的价格弹性反映需求量对价格的敏感程度，以需求变动的百分比与价格变动的百分比之比值计算，即价格变动百分之一会使需求变动百分之几。需求价格弹性的分类根据需求价格弹性系数的大小可以划分为五类：完全无弹性、缺乏弹性、单位弹性、富有弹性和无限弹性。其中，缺乏弹性的商品，适宜于稳定价格或适当提价；富有弹性的商品，适宜于适当降价以扩大销量。

4. 竞争者

企业必须采取适当方式了解竞争者的产品质量和价格，比质比价，以便更准确地制定自己的产品价格。如果质量大体一致，价格一般也应大体相同或略低一些，否则可能卖不出去；如果本企业产品质量较高，价格也可定得高一些；如果质量较低，价格就应低一些。

此外，竞争者可能针对本企业的价格策略调整其价格，也可能不调整价格而通过调整市场营销组合的其他变量与本企业争夺顾客。对竞争者的价格变动，要及时掌握有关信息，并做出恰当的反应。

5. 政府的政策法规

企业制定价格还必须考虑政府有关政策、法令的规定。在我国，规范企业定价行为的法律和相关法规，有《价格法》、《反不正当竞争法》、《制止牟取暴利的暂行规定》、《价格违反行为行政处罚规定》、《关于制止低价倾销行为的规定》等。

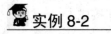 实例 8-2

联合利华逆市涨价

2011 年 3 月中旬，联合利华、宝洁、立白、纳爱斯这四大日化企业"不约而同"地计划在 4 月初涨价，引起了国家发展和改革委员会的关注。国家发展和改革委员会随即派出调查组约谈企业，调查涨价情况。被约谈后，联合利华中国公司作出了暂不涨价的承诺。最终，联合利华被罚了 200 万元，成为政府价格主管部门针对散布涨价信息干扰市场秩序开出的首张高额罚单，被罚是因为"散布涨价信息"，并不是针对涨价行为。联合利化再次发表声明作出回应：我们充分了解中国国情，尊重国家发展和改革委员会及市物价局的决定。因散布涨价信息被处罚 200 万元不到 20 天，联合利华旗下夏士莲、力士两个品牌悄悄涨价 10%。一时间，舆论对联合利华议论纷纷，外界说它是"顶风作案"，认为它傲慢、有些不识时务。联合利华中国公司方面对此不予置评。

有外国媒体评论说，此次涨价归结于公司这些年销售额持续增长的诉求。2011 年第一季度，联合利华在西欧市场也曾提价，但由于调高产品价格的时间早于竞争对手，导致其销售量有所下滑。联合利华首席财务官表示，自公布 2010 年度业绩以来，原油价格持续上涨，这对公司旗下卫生和个人护理业和部门的影响尤其严重，棕榈油等食用油价格的上涨也对联合利华业务造成了损害。业内人士分析，原料成本上涨超过五成，物流运输费用上涨 20%，原本就竞争激烈的日化企业面临巨大生存压力。

(资料来源：王艳，程艳霞. 现代营销理论与实务[M]. 北京：人民邮电出版社，2012.)

第二节　定价的一般方法

定价工作复杂，必须全面考虑各方因素，采取一系列步骤和措施。一般来说定价决策有六个步骤，即选择定价目标、估算成本、测定需求的价格弹性、分析竞争产品与价格、选择适当的定价方法和选定最后价格。本节仅就定价方法作一阐述。

企业产品价格的高低，受市场需求、成本费用和竞争等因素的影响和制约，制定价格理应全面考虑这些因素。但是在实际工作中，往往只能侧重某一方面，大体上企业定价有三种导向，即成本导向、需求导向和竞争导向，对应的定价方法也有下面三种。

一、成本导向定价法

成本导向定价法是一种主要以成本为依据的定价方法，包括成本加成定价法、增量分析定价法和目标定价法三种具体方法。其特点是简便、易用。

1．成本加成定价法

所谓成本加成定价，是指按照单位成本加上一定百分比的加成制定销售价格。加成的含义就是一定比率的利润。所以成本加成定价公式为：

$$P = C(1 + R)$$

式中：P 为单位产品售价；C 为单位产品成本；R 为成本加成率。

与成本加成定价的方法类似，零售企业往往以售价为基础进行加成定价。其加成率的衡量方法有两种：① 用零售价格来衡量，即加成(毛利)率 = 毛利(加成)/售价；② 用进货成本来衡量，即加成率 = 毛利(加成)/进货成本。

2．增量分析定价法

增量分析定价法主要是分析企业接受新任务后是否有增量利润。增量利润等于接受新任务引起的增量收入减增量成本。此定价法与成本加成定价法的共同点是都以成本为基础，不同点是前者以全部成本为基础，后者则是以增量成本(或变动成本)为定价的基础。只要增量收入大于增量成本(或价格高于变动成本)，这个价格就是可以接受的。

在企业经营中，增量分析定价法大致适用于三种情况：

(1) 企业是否要按较低的价格接受新任务。为了进一步挖掘多余的生产能力，需要决定要不要按较低的价格接受新任务。接受新任务不用追加固定成本，只要增加变动成本即可，所以新任务的定价就以变动成本为基础。条件是接受新任务不会影响原来任务的正常进行。

(2) 为减少亏损，企业可以通过降价争取更多任务。市场不景气，企业任务很少，这时企业的主要矛盾是求生存，即力求少亏一点。它可以通过削价争取多承揽一些任务这样可以减少亏损。在这种情况下进行定价决策就要使用增量分析定价法。

(3) 企业生产互相替代或互补的几种产品。其中一种变动价格，会影响到其他有关产品的需求量，因而价格的决策不能孤立地考虑一种产品的效益，而应考虑对几种产品的综合效益，这时也宜采用增量分析定价法。

3. 目标定价法

所谓目标定价法，是指根据估计的总销售收入(销售额)和估计的产量(销售量)来制定价格。这种定价法有一个主要缺陷，即企业以估计的销售量求出价格，而价格恰恰是影响销售量的重要因素。

二、需求导向定价法

需求导向定价法是一种以市场需求强度及消费者感受为主要依据的定价方法，包括感知价值定价法、反向定价法和需求差异定价法。其中需求差异定价法(也称为差别定价)既是一种定价方法，又涉及灵活多变的定价策略，在本章第三节定价基本策略中专门论述。

1. 感知价值定价法

所谓感知价值定价，就是根据购买者对产品的感知价值制定价格。感知价值定价与现代市场定位观念相一致。企业为目标市场开发新产品时，在质量、价格、服务等各方面都需要体现特定的市场定位。因此，首先要决定所提供的价值及价格；其次，要估计依此价格所能销售的数量，再根据销售量决定所需产能、投资及单位成本；再次，还要计算此价格和成本能否获得满意的利润。能获得满意的利润则继续开发这一新产品，否则就放弃开发这一产品。

感知价值定价的关键在于准确计算产品提供的全部市场感知价值。企业如果过高地估计感知价值，便会定出偏高的价格；反之，过低地估计，则会定出偏低的价格。如果价格大大高于感知价值，消费者会感到难以接受；如果价格大大低于感知价值，也会影响产品在消费者中的形象。

2. 反向定价法

反向定价法是企业依据消费者能够接受的最终价格，计算自己经营的成本和利润后逆向推算产品的批发价和零售价。这种方法不是以实际成本为主要依据，而是以市场需求为定价出发点，力求使价格为消费者所接受。在分销渠道中，批发商和零售商多采取这种定价方法。

三、竞争导向定价法

竞争导向定价法通常有两种方法，即随行就市定价法和投标定价法。

1．随行就市定价法

随行就市定价法指企业按照行业的平均现行价格水平定价。遇到下述情况，往往采取这种定价方法：

(1) 难以估算成本。

(2) 企业打算与同行和平共处。

(3) 如果另行定价，很难了解购买者和竞争者对本企业价格的反应。

2．投标定价法

采购机构刊登广告或发函说明拟购品种、规格、数量等项目的具体要求，邀请供应商在规定的期限内投标，采购机构在规定日期开标，一般选择报价最低，最有利的供应商成交，签订采购合同。供货企业如果想做这笔业务，就要在规定期限内填写标单，填明可供品名称、品种、规格、价格、数量、交货日期等，密封送达招标人。投标价格根据对竞争者报价的估计制定，而不是按供货企业自己的成本费用制定，目的在于赢得合同，所以一般低于对手的报价。

然而，企业不能将报价定得过低。确切地讲，不能将报价定得低于边际成本，以免使经营状况恶化。反之，报价远远高出边际成本，虽然潜在利润可能增加，但会减少取得合同的机会。

第三节　定价策略

依据成本、需求和竞争等因素决定的产品基础价格，是单位产品在生产地点或者经销地点的价格，并未计入折扣、运费等的影响。在实践中，企业还需考虑和利用灵活多变的定价策略，修正或调整产品价格。

一、折扣定价策略

企业为了鼓励顾客及早付清货款，大量购买，淡季购买，可酌情降低基本价格，这种价格调整叫做价格折扣。具体包括：

1．现金折扣

指企业为了鼓励顾客在一定期限内早日还货款而给予顾客的折扣优惠，现金折扣一般表示为"2/10，1/20，n/30"等。2/10 表示如果顾客在 10 天内偿付货款，给予 2% 的折扣；1/20 表示如果顾客在 20 天内偿付货款，给予 1% 的折扣；n/30 表示若顾客在 30 天内付款，则应付全价，无折扣。

2．数量折扣

指按购买数量的多少，分别给予不同的折扣，购买数量越多，折扣越大。鼓励大量购买，或集中向本企业购买。数量折扣实质上是将大量购买时所节约费用的一部分返回给购买者。数量折扣分为累计折扣和非累计折扣。

(1) 非累计数量折扣，指规定一次购买某种产品达到一定数量或购买多种产品达到一定金额，给予折扣优惠。

(2) 累计数量折扣，指规定顾客在一定时间内，购买商品达到一定数量或金额时，按总量的大小给予不同的折扣。这可以鼓励顾客经常向本企业购买，成为可信赖的长期客户。

3．功能折扣

又称为贸易折扣，是制造商给批发商或零售商的一种额外折扣，促使它们执行某种营销功能(如推销、储存、服务)。

4．季节折扣

指企业给购买过季商品或服务的顾客的减价。例如，滑雪橇制造商在春夏季给零售商以季节折扣，以鼓励零售商提前订货；旅馆、航空公司等在旅游淡季给旅客以季节折扣。

5．价格折让

折让也是市场营销中常用的定价策略。实质上它也是一种折扣形式。折让策略主要有以下几种：

(1) 促销折让。当中间商为产品提供各种促销活动时，如刊登地方性广告、设置样品陈列窗等，生产者乐意给予津贴，或降低价格作为补偿，有人称为销售津贴。

(2) 以旧换新折让。进入成熟期的耐用品，部分企业采用以旧换新的折让策略，刺激消费需求，促进产品的更新换代，扩大新一代产品的销售。国内市场采用以旧换新折让策略的是部分家电产品，国外市场主要用于汽车的市场销售。

二、地区定价策略

指企业对于卖给不同地区（包括当地和外地）顾客的某种产品，是分别制定不同价格，还是相同价格。一般来说，一个企业的产品，不仅卖给当地顾客，同时也可能卖给外地顾客。而卖到外地，要把产品从产地运到顾客所在地，需要花费装运成本。也就是说，企业要决定是否制定地区差价。地区定价策略的形式有下面几种。

1．FOB 原产地定价

FOB 原产地定价就是顾客(买方)按照厂价购买某种产品，企业(卖方)负责将这种产品运到产地某种运输工具(如卡车，火车、船，飞机等)上交货。交货后从产地到目的地的一切风险和费用概由顾客承担。这种定价对企业的不利之处是远地顾客可能不购买这个企业的产品，转而购买其附近企业的产品。

2．统一交货定价

这种形式和前者相反。所谓统一交货定价，就是企业卖给不同地区顾客，按照相同的厂价加相同的运费(按平均运费计算)定价。不同地区的顾客不论远近，实行一个价格，这种定价又叫邮资定价。

3．分区定价

这种形式介于前二者之间。企业把整个市场(或某些地区)分为若干价格区，卖给不同价格区顾客的产品分别制定不同的地区价格。距离较远的价格区定价较高，较近的价格区定得较低，同一价格区范围实行统一价格。

采用分区定价存在的问题：

(1) 即使在同一价格区，也有的顾客距离企业较近，有的较远。前者就会感觉不合算。

(2) 处在两个相邻价格区边界上的顾客，相距不远，但要按不同价格购买同一产品。

4．基点定价

所谓基点定价，是企业选定某些城市作为定价基点，然后按一定的厂价加从基点城市到顾客所在地的运费定价，而不管货物实际是从哪个城市起运。有些企业为了提高灵活性，选定多个基点城市，按照离顾客最近的基点计算运费。基点定价的产品价格结构缺乏弹性，竞争者不易进入，利于避免价格竞争。顾客可在任何基点购买，企业也可以将产品推向较远市场，有利于市场扩展。

基点定价方式比较适合下列情况：

(1) 产品运费成本所占比重较大。

(2) 企业产品市场范围大，许多地方有生产点生产。

(3) 产品的价格弹性较小。

5．运费免收定价

企业负担全部或部分运费。有些企业认为如果生意扩大，平均成本就会降低，足以抵偿这些开支。运费免收定价可使企业加强市场渗透，并在竞争日益激烈的市场上站住脚，例如，现在的网购免邮费。

三、心理定价策略

1．声望定价

声望定价指企业利用消费者仰慕名牌商品或名店的声望所产生的心理，把价格定成整数或高价。质量不易鉴别的商品定价适宜此法，因为消费者崇尚名牌，往往以价格判断质量，认为高价代表高质量。但价格也不能高得离谱，使消费者不能接受。

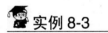 **实例 8-3**

国外奢侈品再次掀起涨价潮

2011 年 4 月 1 日起，LV 再次启动了新一轮调价，Dior、Burberry、Bally、杰尼亚也无一例外地调高了部分货品的售价，幅度在 5%～15%。

"国际一线奢侈品品牌每年都会涨价，这基本上可算是诸多奢侈品的价格战略。"广州丽柏广场的高层告诉记者。不过没想到的是，LV、Chanel2010 年 7 月经过一轮涨价潮后，相隔 8 个月的时间，众多的奢侈品品牌又迫不及待地开始了新一轮的调价。有专家指出，此轮奢侈品涨价的原因无外乎是为了增加奢侈品的神秘感，满足消费者对身份、地位、品位的心理追求，也通过精致的服务、良好的购物环境以及强有力的广告宣传成功转移了消费者对价格的敏感性。

(资料来源：国外奢侈品再次掀起涨价潮. 中国产经新闻网，http://www.cien.com.cn/，经作者修改。)

2. 尾数定价

尾数定价是利用消费者数字认知的某种心理，尽可能在价格数字上不进位、保留零头，使消费者产生价格低廉和卖主认真核算成本的感觉，使消费者对企业产品及定价产生信任感。

知识拓展 8-2

使用尾数定价，可以使价格在消费者心中产生三种特殊的效应：

1. 便宜：标价 99.97 元的产品和 100.07 元的产品，虽仅相差 0.1 元，但前者给消费者的感觉是还不到"100 元"，后者却被认为"100 多元"，因此前者可以给消费者一种价格偏低、产品便宜的感觉，使之易于接受。

2. 精确：带有尾数的定价可以使消费者认为产品定价是非常认真、精确的，连几角几分都算得清清楚楚，进而会产生一种信任感。

3. 中意：由于民族习惯、社会风俗、文化传统和价值观念的影响，某些数字常常会被赋予一些独特的涵义，企业在定价时如能加以巧用，则其产品将因此而得到消费者的偏爱。例如，我国南方某市一个号码为"9050168"的电话号码，拍卖价竟达到十几万元，就是因为其谐音为"90 年代我一定一路发"。当然，某些为消费者所忌讳的数字，如西方家的"13"、日本的"4"等，企业在定价时则应有意识地避开，以免引起消费者的厌恶和反感。

（资料来源：张帆，齐斐. 市场营销[M]. 4 版. 西安：西北工业大学出版社，2013.）

3. 招徕定价

招徕定价是零售商利用消费者求廉心理，将某些商品定价较低以吸引顾客。一些商店随机推出降价商品，每天，每时都有一两种降价出售，吸引顾客经常光顾，同时也选购其他正常价格的商品。

知识拓展 8-3

高 效 定 价

1. 从行为经济学来说，人的行为是不理性的，价格背后蕴藏着大量心理奥秘，挖掘顾客心理的认知，价格是一场心理战，什么价格陪衬什么价格，什么价格主推什么价格，这是定价者要思考的，利用价格诱饵，从而使得销量翻番。

2. 价格和成本没有必然联系，消费的关联度、消费的场景、消费的心情，对于定价者引发消费者的场景消费很重要。

3. 消费者很难界定价格的高低，买的是感觉，通过对比，制造出一种让消费者获利喜悦方便的价格排序。

（资料来源：彭志平. 三分钟学会高效定价. 销售与市场，http://www.cmmo.cn/，2016-8-15.）

四、差别定价策略

所谓差别定价又称需求差异定价，是指企业按两种或两种以上不反映成本费用的比例差异的价格销售产品或服务。

(1) 顾客差别定价，即企业按不同的价格把同一产品或服务卖给不同顾客，例如同一件商品对一般顾客按照商品的全价销售，而对消费者俱乐部成员的长期顾客给予优惠价。这种差别价格表明，顾客的需求强度和商品知识有所不同。

(2) 产品形式差别定价，即企业对不同型号或形式的产品，分别制定不同价格，但是不同型号或形式产品的价格差额和成本费用之间的差额并不成比例。

(3) 产品地点差别定价，即企业对处在不同位置的产品或服务，分别制定不同价格即使这些产品或服务的成本费用没有任何差异。例如影剧院，不同座位票价有所不同，因为人们对不同座位偏好不同。

(4) 销售时间差别定价，即企业对不同季节，不同时期甚至不同钟点的产品或服务分别制定不同价格。例如，电信服务，电力供应在一天中某些时段，周末和平常收费不同。

五、新产品定价策略

1. 撇脂定价

撇脂定价是在产品生命周期的最初阶段，把价格定得很高，以攫取最大利润，犹如从鲜奶中撇取奶油。企业之所以能这样做，是因为有购买者主观认为某些商品具有很高价值。

从实践上看，具备以下条件时企业可采取撇脂定价：

(1) 市场有足够的购买者，需求缺乏弹性。即使价格定得很高，需求也不会大量减少。

(2) 高价使需求减少一些，产量减少一些，单位成本增加一些，但不致抵消高价带来的利益。

(3) 高价情况下依然可以独家经营，无其他竞争者。例如，有专利保护的产品。

(4) 产品价格很高，可使人产生高档的印象。

知识拓展 8-4

苹果解释 iPad mini 定价：消费者选择更好的产品

苹果新产品的发布让华尔街欢欣鼓舞，但不少分析师都对新产品高出预期的定价感到担忧，担心一些消费者会因为价格原因放弃苹果产品。

谷歌公司的 Nexus 和亚马逊的 Kindle Fire HD 两款平板电脑定价都为 199 美元，而苹果公司刚刚推出的 iPad mini 的价格明显要高出这两款产品。产品参数方面，iPad mini 要更加整薄，屏幕尺寸方面也要超过竞争对手的产品。

对价格敏感的消费者是否会因为 iPad mini 的价格转而去购买 Nexus 7 和 Kindle Fire HD 呢？席勒接受路透社采访时表示，他相信消费者会把苹果的 iPad mini 看成是一款物有所值的、值得购买的高端产品。

席勒表示："iPad mini 是同一品类中最成功的产品，没有之一。之前我们推出的平板电脑产品中最廉价的一款价格是 399 美元，即使是那样的价格，用户还是会选择我们的产品不是其他产品。而现在我们推出一款新产品，价格仅为 329 美元，我认为很多客户都会对此感到兴奋。"

亚马逊 2011 年进军平板电脑市场并推出 7 寸平板电脑 Kindle Fire，该公司表示一个多月前推出的 Kindle Fire HD 上市之后立刻成为亚马逊网站上最热销的产品。外界认为亚马逊在产品的定价方面接近成本，但 Kindle Fire HD 同时也是亚马逊的营销策略之一，可以吸引更多的移动设备用户登录该公司的电商网站。而谷歌公司也同样被认为是以成本价出售由华硕代工的 Nexus 7 平板电脑。

苹果公司 2010 年推出第一代 iPad 并开创了平板电脑市场，但如今苹果则备受压力，因其必须捍卫其在市场上的统治地位。席勒反常地将 iPad mini 和谷歌的 Nexus 7 进行了比较。"其他公司试图推出比 iPad mini 更小的平板电脑，但它们可悲地失败了，那些产品并没有很好的用户体验。"席勒在发布会上表示。

(资料来源：路透社，http/tech.163.com/12/1024/15/8EJES47I000915BD.html，2012-10-24，有删改。)

2．渗透定价

所谓渗透定价，是指企业把其新产品价格定得相对较低，以吸引大量顾客，提高市场占有率。

从实践看，渗透定价需要具备以下条件：

(1) 需求对价格极为敏感，低价刺激市场迅速增长。

(2) 企业的生产成本和经营费用，会随着生产经营经验的增加而下降。

(3) 低价不会引起实际和潜在的过度竞争。

实例 8-5

共享单车市场格局再生变数　资本注血或引烧钱大战

今年 3 月以来，共享单车企业纷纷加入价格战，红包车、彩票红包、免费骑……可谓好不热闹。

有消息称，摩拜单车在全国派发的单个红包最高金额达到 2000 元，总金额则达上亿元。而 ofo 方面也相继推出了红包活动，红包最高达 5000 元，有分析指出，ofo 为此每天需支付约 3500 万元的红包费用。

一场在共享单车领域的"烧钱大戏"已然燃起。

根据易观《2017 年 1 季度 App TOP1000》报告显示，备受人们关注的城市出行 APP 中，摩拜单车表现抢眼，成为新进入 TOP200APP 第一名。另外，在月活跃用户量超越 ofo 的 170 万，巩固了其行业领先地位。值得一提的是，比之易观报告 2 月份城市出行 APP 月活跃度排行榜数据(721.30 万人)，摩拜单车月活用户规模几乎翻番，增长速度和巨大发展潜力都十分惊艳。另外，今年 3 月份摩拜单车月活跃度达 1321.1 万，环比上涨 83.2%，榜单排名上升至 153 位；ofo 共享单车月活跃度 1148.0 万，榜单排名 167 位。

(资料来源：杨守玲. 共享单车市场格局再生变数资本注血或引烧钱大战，http://www.cien.com.cn/，2017-427.经作者整理。)

3．满意定价

满意定价介于上述两种定价策略之间，又称温和定价策略或君子定价策略，即企业将价格定在适中水平上。当市场环境既不适合撇脂定价策略，也不适合渗透价格策略时，企业可采用该定价策略，以达到产品价格既能够被消费者接受，企业又有一定利润可图的目的。满意定价策略的优点是：满意价格可避免高价策略带来风险，又防止低价策略导致生产经营问题，企业在正常情况下可按期实现所制定的利润目标。其缺点是：定价比较保守，不适于竞争激烈或复杂多变的市场环境。这一策略适用于需求价格弹性较小的商品，如生活必需品。此外，重要的生产资料往往也采用这一定价策略。

三种新产品定价策略各有利弊，并有相应的适用环境，企业在具体运用时，应从市场环境及企业自身的实际情况进行综合分析并灵活选择。

六、产品组合定价策略

当产品只是产品组合的一部分时，必须对定价方法进行调整。企业要研究出一系列价格，使整个产品组合的利润最大化。由于各种产品之间存在需求和成本的联系，而且会带来不同程度的竞争，所以定价十分困难。

1．产品大类定价

通常企业开发出来的是产品大类，而不是单一产品。企业生产的系列产品存在需求和成本的内在关联性时，为了充分发挥这种内在关联性的积极效应，需要采用产品大类定价策略。在定价时首先确定某种产品的最低价格，它在产品大类中充当领袖价格，以吸引消费者购买产品大类中的其他产品；其次，确定产品大类中某种商品的最高价格，它在产品大类中充当品牌质量和收回投资的角色；最后，产品大类中的其他产品也分别依据其在产品大类中的角色不同而制定不同的价格。

在许多行业，企业都为产品大类中某一种产品事先确定价格点。例如，某品牌化妆品一般有三个价位的化妆品：1500元、2500元和3500元。顾客会从三个价格点上，联系到低、中、高三种质量水平。即使三种价格同时提高，消费者可能仍然会按自己偏爱的价格点购买。营销管理的任务就是确立认知质量差别，使价格差别合理化。

2．选择品定价

许多企业在提供主产品的同时，会附带一些可供选择的产品或服务，例如，饭店定价，顾客除了饭菜，也会购买酒水。许多饭店酒水价格高，食品价格相对低。食品收入可弥补食品成本和饭店其他成本，酒水收入可带来利润。也有饭店酒水价格定得较低，食品制定高价，吸引饮酒的消费者。

3．补充产品定价

有些产品需要附属或补充品配合才能使用，如打印机与墨盒或色带。许多生产商喜欢为主产品(如打印机)制定较低价格，给附属品(如墨盒、色带)制定较高价格。但是，补充品定价过高，也会出现问题。

4．分部定价

服务性企业经常收取一笔固定费用，再加上可变的使用费。例如电话用户每月要支付一笔最少的使用费，如果使用次数超过还要再交费。游乐园一般先收门票费，如果玩的地方超过规定，就再交费。

服务性企业面临着和补充品定价同样的问题，即收多少基本服务费和可变使用费固定成本较低，可以推动人们购买服务，利润从使用费中获取。

5．副产品定价

在生产加工肉类，石油产品和其他化工产品的过程中，经常产生副产品。如果副产品价值低，处置费用昂贵，就会影响主产品定价——其价格必须能弥补副产品处置费用。如果副产品能够发挥作用，可按其价值定价。副产品如果能带来收入，则有助于企业在面对竞争时制定较低价格。

6．产品系列定价

也有企业经常打包出售一组产品或服务，如化妆品、计算机、假期旅游公司提供的系列活动方案。这就是产品系列定价，也称价格捆绑，目标是刺激产品线的需求，充分利用整体运营的成本经济性，同时努力提高利润。

在实践中，价格捆绑可有多种形式：

(1) 纯粹的捆绑，指只能一次买下所有东西，不能分开购买。如微软将视窗操作系统和 IE 浏览器捆绑，这种做法可能引起法律问题，如捆绑是否导致垄断。

(2) 混合捆绑，指顾客可以选择捆绑购买，也可分开购买。通常，产品系统的捆绑价格低于单独购买其中每一产品的费用总和，因为顾客原本可能不打算购买所有产品，这一组合的价格有较大降幅，才能推动购买。混合捆绑包括：① 混合引导捆绑，消费者全价购买一种产品，则对购买另一产品给予折扣，例如，有线电视顾客全价购买第一个付费频道，就可按折扣月费购买第二个付费频道；② 混合联合捆绑，只对一系列产品或服务的组合给出一个价格。

当然，有些顾客可能不需要整个产品系列。假设一家医疗设备公司免费提供送货上门和培训服务，某一顾客就可能要求免去送货和培训服务，以获取较低价格。有时顾客要求产品系列拆开，在这种情况下如果企业节约的成本大于向顾客提供其所需商品的价格损失，利润会上升。比如供应商不提供送货上门可节省 100 元，向顾客提供的价格的减少额为 80元，则利润增加 20 元。

知识拓展 8-4

基于互联网的定价策略

企业基于互联网的定价策略有以下几方面。

1．低价定价策略

在定价时采用成本加较低利润，有的甚至是零利润。这种方式一般是企业在网上进行直销时采用的定价方式，前提是通过互联网可以节省大量销售费用。

2．定制生产定价策略

通过互联网确定定制产品的过程，在计算机帮助下由买方自己完成，使企业有可能以较低成本给买方提供定制服务，满足买方个性化需求。

3. 使用定价策略

买方通过互联网注册后可直接使用企业的产品，根据使用次数分，不需要将产品完全购买。这一方面减少了企业为完全出售进行的大量生产和包装；另一方面还可吸引过去有顾虑的买方使用，扩大市场份额。买方按使用次数付款，可节省购买、安装、处置产品的支出。目前比较适合的产品有软件、电影等。

4. 拍卖竞价策略

网上拍卖是发展较快的领域。英式拍卖是目前网上拍卖最流行的一种方式，一旦竞买人发现感兴趣的物品，就能浏览当前最高出价，并决定是否竞价。当竞买人提交竞价后，可继续观察拍卖状态。当目前竞价高于该竞买人的竞价时，拍卖站点会自动通过E-mail通知竞买人。

目前，网上拍卖已逐渐从单件物品拍卖，向多件相同物品拍卖和组合拍卖方向发展。网上拍卖竞价策略将成为基于互联网的产品定价主要策略之一。

5. 数字化产品的免费定价策略

目前电子市场上，数字化产品主要指诸如计算机软件、股票行情、书籍、杂志、音乐、影像、电视节目、在线学习等信息产品。这些数字化产品具有非毁坏性、可改变性和可复制性等特点，所以生产的边际成本几乎为零。许多网络公司更加热衷于采取免费价格策略，进行网络营销。

第四节 价格调整及价格变动反应

企业处在一个不断变化的环境中。为了生存和发展，有时需要主动降价或提价，有时又要对竞争者的变价做出适当反应。

一、企业的降价与提价

（一）企业降价

企业降价的主要原因有：

(1) 生产能力过剩，需要扩大销售，又不能通过产品改进和加强销售等扩大市场。这种情况下，企业就需考虑降价。

(2) 在强大竞争压力下，企业市场占有率下降。例如，美国的汽车、消费用电子产品、照相机、钟表等，曾经由于日本竞争者的产品质量较高，价格较低，丧失了一些市场。在这种情况下，美国一些公司不得不降价竞销。在我国市场上，家电行业的价格战风起云涌，也出现了类似问题。

(3) 企业成本费用比竞争者低，企图通过降价提高市场占有率，从而扩大生产和销售量，进一步降低成本费用。

企业经营过程中最常见的降价方式是让利降价，即企业通过削减自己的预期利润来直接调低产品的价格。由于企业向市场提供的产品在质量和功能等方面没有任何变化，因此能够吸引消费者的大量购买。由于直接让利降价可能引发行业内的价格战，造成与竞争对手两败俱伤的局面，企业在通常情况下更愿意通过间接的方式来降低产品的价格。常用的间接降价的方式有第三节价格策略中的价格折扣、心理降价等。

 实例 8-6

自动降价，顾客盈门

在美国波士顿城市的中心区，有一自动降价商店，它以独特的定价方法和经管方式而闻名遐迩。

这个自动降价商店里的商品摆设与其他商店并无区别。架子上挂着一排各种花色样式的时装，货柜上分门列类地摆放着各类商品，五花八门应有尽有，商店的商品并非低劣货，处理品，但也没有什么非常高格的商品。

这家商店的商品不仅全都标有价格，而且标着首次陈列的日期，价格随着陈列日期的延续而自动降价，在商品开始陈列的头 12 天，按标价出售，若这种商品未能卖出，则从第 13 天起自动降价 25%，再过 6 天仍未卖出，即从第 19 天开始自动降价 50%，若又过 6 天还未卖出，即从第 25 天开始自动降价 75%，价格 100 元的商品，只花 25 元就可以买走，再经过 6 天，如果仍无人问津，这种商品就送到慈善机构处理。

该店利用这种方法取得了极大的成功，受到美国人及外国旅游者的欢迎，从各地到波士顿的人，都慕名而来，演员、运动员，特别是妇女，格外喜欢这家商店，波士顿的市民更是这家商店的常客。商店每天接待的顾客比波士顿其他任何商店都多，熙熙攘攘，门庭若市。现在，自动降价商店在美国已有 20 多家分店。

(资料来源：张帆，齐斐. 市场营销[M]. 4 版. 西安：西北工业大学出版社，2013.)

(二) 企业提价

虽然提价会引起消费者、经销商和推销人员不满，但是成功的提价可以使企业利润大大增加。引起企业提价的主要原因如下：

1. 通货膨胀导致物价上涨，成本费用高

在通货膨胀条件下，企业往往采取种种方法提高价格。诸如：

(1) 采取推迟报价的策略，即企业不制定最后价格，等到产品制成或交货时规定最后价格。工业建筑和重型设备制造等行业，一般喜欢这种定价策略。

(2) 在合同上规定调整条款，即企业在合同中加上一定时期内(一般到交货时为止)，可按某种价格指数调整价格的条款。

(3) 采取不包括某些商品和服务的定价策略，即在通货膨胀，物价上涨的条件下，企业决定保持产品价格不动，但原来提供的某些服务另行计价。这样，原来提供的产品的价格实际上提高了。

(4) 降低价格折扣，即消减正常的现金和数量折扣，并限制销售人员以低于价目表的

价格拉生意。

(5) 取消低利产品。

(6) 降低产品质量，减少产品特色和服务。采取这种策略可保持一定的利润，但会影响其声誉和形象，失去忠诚的顾客。

2．产品供不应求，不能满足所有顾客

在这种情况下，企业必须提价。企业可采用取消价格折扣，在产品大类中增加价格较高的项目，或者开始提价。为了减少顾客不满，提价时应向顾客说明提价原因，并帮助顾客寻找节约的途径。

知识拓展 8-5

想涨价，get 这 4 个技能

1．定价的数字，要基于消费者心理

很多商家定价喜欢 99 元、599 元、1999 元，理论上称为非整数定价法(即尾数定价策略)，即当商品的价格处于整数与零头的分界线时，不取整数而取零头。这就是基于消费者心理的定价策略，不仅会给消费者便宜、精确、吉利的感觉，而且带有尾数的价格会使顾客认为定价是非常认真、精确的，连零头都算得清清楚楚，会产生对商家的信任感。

2．不是涨价，是推新品哦!

对于有研发能力的餐饮店，推新品是个不错的"间接涨价法"。每月或配合节日推出两款新品，价格直接设定在预期涨价的位置。或是尝试在现有产品分类中挑出 20% 涨价(如人气产品、基础产品、高利润产品各出一款)。观察新定价产品的销售情况和顾客反映，经过一个周期后，再逐渐将产品进行调价。何况，菜单的更新能够很直观地带来升级效果。

3．推套餐，"悄无声息"把价涨!

一杯饮品从 15 涨到 18 元，第二杯立减 3 元，原本总计 30 元的价格，优惠下来两杯成了 33 元，实际上单杯价格已经涨到 16.5 元，而消费者心里也更容易接受。另外，充值卡也是个不错的方式。一个简单的道理，对于花"看不见的钱"，总是不那么容易肉疼嘛。

4．不单纯涨价，要绑定营销!

为什么要涨价，是不是有故事可以说? 本身能不能形成一个传播热点? 更重要的是，价格上涨后如果效果不错，是不是应该考虑回馈消费者? 舍得把自己的利润掏出来回馈市场，甚至有节奏地形成常态，才是一种想要做长久品牌的态度体现。

(资料来源：啡姐，谭飞鹏.学不会这 4 个技能，再牛的企业都可能被涨价弄死[J].销售与市场杂志渠道版，2016(10).)

二、顾客对企业变价的反应

无论提价或降价，都必然使购买者、竞争者、经销商和供应商的利益受到影响，政府对企业变价也会关心。这里首先分析购买者对变价的反应。

对于企业某种产品降价，顾客可能这样理解：① 这种产品的式样老了，将被新型产品代替。② 这种产品存在某些缺点，销售不畅。③ 企业遇到财务、资金困难，难以继续经营。④ 价格还会下跌。⑤ 这种产品的质量下降了。

提价通常会影响销售，但是购买者对某种产品提价也可能这样理解：① 这种产品畅销，不赶快买就买不到了。② 这种产品有价值。③ 卖主想尽量取得更多利润。

一般来说，购买者对于价值高低不同的产品价格的反应也有所不同。对于价值高，经常买的产品价格变动敏感，对于价值低，不常买的商品即使单位价格较高也不大注意，购买者虽然关心产品价格变动，但是也可能更关心取得、使用和维修产品的总费用。如果卖主能使顾客相信某种产品取得，使用和维修的总费用较低，那么它就可以把产品价格定得比竞争者高。企业考虑改变价格，不仅要重视购买者的反应，而且必须关注竞争者的反应。一个行业企业很少，产品同质性强，购买者颇具辨别力与知识，竞争者的反应就越发显得重要了。

三、竞争者对企业变价的反应

企业在考虑改变产品价格时，不仅要考虑顾客的反应，还要考虑竞争对手的反应，推断他们对本企业的行动会如何应对。当存在几个竞争者时，企业必须预测每位竞争者可能的反应，如果所有的竞争者的行为比较相似，就可以从中选取一个典型的竞争对手加以分析。

企业如何去估计竞争者可能的反应呢？了解竞争者反应的途径一般包括内部情报和统计分析两种，在获取相关资料的基础上，企业可以对竞争者的反应进行推断。一般来说，竞争者对企业价格变动反应主要包括跟进、不变、战斗三种类型。如果竞争对手采取老一套的办法来对付本企业的价格变动，那么企业可以很容易预测竞争对手的反应，从而进行应对；如果竞争对手把每一次价格变动都看作是新的挑战，根据当时的利益做出反应，这时企业必须了解竞争对手的利益是什么，可能会出现什么应对措施，在此基础上结合市场变化情况确定价格调整的幅度与时机。

四、企业对竞争者价格变动的反应

企业同样也要对竞争对手的调价行为做出反应。企业主动调整价格一般会经过深思熟虑，但是竞争对手突然实施调价行为时，企业常常措手不及，为了避免在竞争过程中处于被动，企业需要密切注视竞争对手的行为，建立竞争者价格变动的应急措施和方案，以便在受到价格攻击时迅速地做出决策。

在同质产品市场上，如果竞争者降价，企业必须随之降价，否则顾客就买竞争者的产品而不购买本企业的产品。在异质产品市场上，企业对竞争者降价的反应有更多的选择余地，因为在这种市场上，顾客选择企业的产品不仅考虑价格因素，还会考虑产品的质量、功能、包装、服务等多方面的因素，企业可以根据市场竞争状况和消费者的需求偏好进行价格应对。

知识拓展 8-6

远期交易定价策略与再销售价格保证策略

远期交易定价策略

是企业为了有计划地组织生产和经营，预先由买主与卖主签订商品销售契约，并规定交货的具体时间、数量和商品的价格。如在交货期间发生价格变动，不管涨价或跌价，仍按契约价成交。买卖双方共同承担市场的风险和分享市场利益。

再销售价格保证策略

对知名度较高的产品、名牌优质的高档产品，生产者担心中间商和零售商削价竞争，损害企业的形象或产品形象。在供货时就明确规定，中间商和零售商必须按商品目录规定的价格浮动范围出售该商品。这一定价策略，既维护了企业形象和产品形象，又创造一种相对公平的竞争环境，保护了中小零售商的利益。

(资料来源：吴建安，钟育赣.市场营销学[M].北京:清华大学出版社，2015.)

理论梳理

(1) 营销学将价格视为产品或服务的货币表现，即产品或服务价值的衡量尺度。影响定价的因素包括定价目标、成本、需求、竞争者同类产品价格水平以及政府的政策法规等，其中，企业定价目标主要有维持生存、当期利润最大化、市场占有率最大化、产品质量最优化。定价过程要采取的步骤是：选择定价目标、估算成本、测定需求的价格弹性、分析竞争产品与价格、选择适当的定价方法、选定最后价格。

(2) 企业定价有成本导向定价法、需求导向定价法和竞争导向定价法三种方法。成本导向定价法是指按照单位成本加上一定百分比的加成制定销售价格，加成的含义就是一定比率的利润。需求导向定价法是一种以市场需求强度及消费者感受为主要依据的定价方法，包括感知价值定价法、反向定价法和需求差异定价法。竞争导向定价法通常有两种，即随行就市定价法和投标定价法。

(3) 企业定价策略包括折扣定价策略、地区定价策略、心理定价策略、差别定价策略、新产品定价策略以及产品组合定价策略。价格折扣有五种类型：现金折扣、数量折扣、功能折扣、季节折扣和价格折让。地区定价包括 FOB 原产地定价、统一交货定价、分区定价、基点定价和运费免收定价。心理定价包括声望定价、尾数定价和招徕定价。差别定价的主要形式有：顾客差别定价、产品形式差别定价、产品地点差别定价和销售时间差别定价。新产品定价包括撇脂定价、渗透定价和满意定价。产品组合定价包括产品大类定价、选择品价、补充产品定价、分部定价、副产品定价和产品系列定价。

(4) 企业处在不断变化的环境中，有时候需要主动降价或提价，有时候又需要对竞争者的变价做出适当反应。

知识检测

(1) 影响企业定价的主要因素。

(2) 定价的主要方法。

(3) 定价策略。

(4) 价格调整。

案例分析

O2O 成价格战利器　苏宁双线"万人抢"连番出击

比武之时，怕就怕对手连环出击，招招凶狠，直击命门，"斗志"极顽强，"拼劲"不泯灭。进入 2013 年后，苏宁就扮演了这样一个"终极对手"的角色。从 5 月下旬到现在，先后推出"万人空巷/在线抢空调、冰洗、3C、彩电"四波超大力度促销活动，而当前"万人抢彩电"正如火如荼地进行，有望在 8 月这个彩电销售传统淡季掀起大波澜。

在"万人抢"活动中，苏宁凭借自身线上线下融合优势，以"同价"双线联动展现出 O2O 运营实力，接连释放令市场惊羡的经营实力，事实上进一步稳固了其在家电零售市场的绝对领先地位，线上其他电商与线下传统零售企业都因此受到极大冲击。值得注意的是，传统线下零售企业或因"上有电商企业价格'屠刀'、下有苏宁门店价格'逼宫'"而身心俱疲，它们"转型同价"的日程表看来应该要提前了。

"万人抢"不是传统促销　O2O 模式成主力

表面看来，"万人抢"是零售商换了个名号的传统促销手段而已。对此，苏宁云商总裁金明笑言："这话既对，也不对。'对'是因为这是苏宁集合自身家电品类资源实力，与各大品牌厂家精心沟通、筹备的'促销'，以优惠公道价格吸引顾客；'不对'是因为'万人抢'是苏宁首次双线联动的'促销'，在'同价'的基础上，让消费者能够享受随时随地选购、支付方式任选的消费新方式。"近年来，苏宁在推进线上线下融合方面下了不少心思，进入 2013 年后更在组织架构、业务经营、品牌形象等方面采取了一系列重大动作，为的就是推进 O2O 模式的顺畅运行。在"万人抢"活动中，苏宁 O2O 优势就得到了集中爆发。据悉，在整个活动中，苏宁采购部门确保商品货源、促销资源，实体门店与苏宁易购同步推进销售，同时发力，物流、售后等各部门协同配合，在活动推广方面，除了通过电视、报纸等传统渠道告知消费者外，还发挥了"人"的优势，发动员工在线下入小区、进单位、走街口宣传，利用微博、微信、QQ 等社交媒体进行传播，实现精准营销，完全有别于传统粗放式营销。

作为中国家电零售第一渠道的苏宁，在电器领域拥有绝对领先优势，"万人抢"的连续出击，就是建立在苏宁出色的供应链管理基础之上，以 2013 年 8 月这次"万人抢彩电"为例，在过去 2 个月中，苏宁就与国内外创维、夏普等十几家彩电厂商密集互访洽谈，取得了大量货源优势，而一般商家很难争取到这样的支持。

"万人抢"活动是苏宁同价战略实施之后非常成功的营销活动，销售取得了越常规的迅猛增长，可以说是屡试不爽，苏宁在激烈的市场竞争中有胆量，也有实力在家电零售市场牢牢占据第一，有能力为消费者提供优质低价的商品与服务。

一石二鸟　打破低价假象抢份额

对于"万人抢"活动，细心的人稍稍留意就会发现，下至门店员工，上至公司总裁，每人嘴边总离不开"同价"二字。有业内人士一针见血地指出，实施"同价"标志了苏宁O2O模式全面运营，这样双线联动的"万人抢"便得以顺畅实施。

自2013年6月8日起正式实施以来，社会舆论对苏宁"线上线下同价"一直保持高度关注，苏宁实施"同价"可谓是"一石二鸟"，一是打破纯电商一直以来所塑造的"网上低价"的假象，让利于消费者，杜绝门店客户流失；二是以"同价"进一步推动线上线下融合发展，提升整体服务能力，进一步扩大苏宁线上线下的总体市场份额，目前，苏宁店自提、门店支付、门店快递、融合展示等一系列双线融合服务都在陆续浮出水面，越来越多消费者开始享受到苏宁的便利服务，苏宁整体竞争力得到了大幅提升。

在苏宁"一石二鸟"的政策面前，除了纯电商感到打击之外，线下零售企业同样压力不小。诸多线下零售企业由于没有建立类似苏宁高度信息化的集成管理系统，对价格统一控制能力还不健全，加之因想保住利润而左顾右盼等因素，所以尚没有第二家企业宣布同价，不过从长远来看，如果不转型同价，自己的市场份额肯定会逐步丢失，在激烈竞争中地位岌岌可危。由此看来，线下零售企业转型同价的日程表不得不提前。其实，这样线下企业一同"联手"，便能彻底颠覆"电商低价"这一假象。

(资料来源：太平洋电脑网，www.pconline.com，cn/askpic/341/341871-pic，html，2013-08-08.)

讨论：
(1) 从本案例中你得到什么启示。
(2) 结合上述案例讨论企业如何正确运用价格策略。

应用实训

实训目标：
学生通过对现实生活中企业定价行为的调查和分析，在掌握定价理论知识的同时，对现实生活中企业的定价策略获得实际的认识，强化知识应用能力和社会实践能力。

实训内容：
将全班同学分成小组，每组选择一个行业(如餐饮业、服装业、理发业等)，对企业的规模不做要求，也可以选择一家店铺，如小餐馆、理发店、服装店、摄像馆等，但要求每组选择的必须是不同的行业。以小组为单位，对所选调研企业或店铺进行实地现场访谈，收集资料，分析企业或店铺的定价行为，然后进行讨论、分析和总结，形成讨论成果。

实训要求：
要求结合所学知识，选择一个行业的企业或者店铺实际调研，了解其定价策略，着重关注以下问题：
(1) 该企业或店铺所采取的定价策略。
(2) 该企业或店铺采取这种定价策略的原因。
(3) 这种定价策略产生的效果，以及对该企业或店铺是否合适。
(4) 该企业或店铺的定价策略值得借鉴或改进的地方。

第九章

分 销 策 略

////////////////////////////

知识目标

理解分销渠道的含义、作用及类型；掌握批发商和零售商的基本类型；掌握影响分销渠道选择的因素及分销渠道决策过程；掌握分销渠道的管理过程。

能力目标

能够熟知各种类型的批发商和零售商；能够掌握企业的分销渠道决策与管理的基本流程。

知识结构图

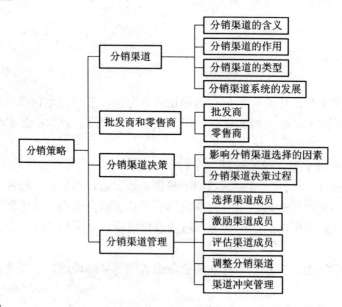

案例导读

"山特红星渠道拓展计划"是伊顿旗下山特品牌 2016 年面向渠道合作伙伴的系列活动，旨在通过加深与下级渠道之间的沟通，来提升下级渠道与区域分销平台之间的黏度和张力，从而提高区域分销平台的销售管理能力以及加深山特品牌的市场影响力。

该计划 2016 年在全国二十几个城市内全面推进，在拓展渠道的同时，使广大渠道合作伙伴了解、熟知山特的产品和渠道政策，同时使更多的合作伙伴享受到更广阔的盈利成长空间。

除举办招募活动之外，"山特红星渠道拓展计划"还包含对渠道伙伴的激励措施：新产品推介，品牌保护动态以及相关的培训课程。这些措施不仅对授权经销商的销售工作提供了有力的支持，同时对帮助渠道提高鉴别"正品山特"的能力、创造健康的渠道环境起到了重要的作用。

(资料来源：2016 卓越渠道策略. 商业伙伴，http://www.cnbp.net/news/detail/14197，2017-3-17.)

第一节　分销渠道

一、分销渠道的含义

企业光有好产品是远远不够的，还必须建立、开发和设计一个有效畅通的分销渠道。企业以不同的分销渠道销售同一种产品，其成本和利润可能相差甚远。因此，在竞争日趋激烈的市场上，如何选择快捷的分销渠道，就成了企业面临的最复杂和最富有挑战性的问题。

分销渠道通常是指促使某种产品或服务能顺利地经由市场交换过程，转移给消费者(用户)消费使用的一整套相互依存的组织。分销渠道包括商人中间商和代理中间商，以及处于渠道起点和终点的生产者与消费者，但是不包括供应商和辅助商。

分销渠道的特征主要有以下几个方面：

(1) 分销渠道反映某一特定商品价值实现的过程和商品实体的转移过程。分销渠道一端连接生产，另一端连接消费，是从生产领域到消费领域的完整的商品流通过程。

(2) 分销渠道的主体是参与商品流通过程的商人中间商和代理中间商，只有通过这些机构和人员，产品才能从生产者流向最终消费者或用户。

(3) 商品从生产者流向消费者的过程中，商品所有权至少转移一次。大多数情况下，生产者必须经过一系列中介机构转卖或代理转卖产品。所有权转移的次数越多，商品的分销渠道就越长。

(4) 在分销渠道中，与商品所有权转移直接或间接相关的，还有一系列流通辅助形式，如物流、信息流、资金流等，它们发挥着相当重要的协调和辅助作用。分销渠道流程图见图9-1。

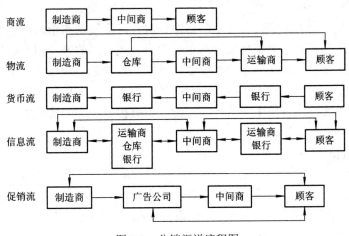

图 9-1　分销渠道流程图

二、分销渠道的作用

1. 分销渠道是企业生产经营活动得以正常进行的基础

在现代社会经济条件下，由于企业目标市场范围的不断扩大，所以大部分生产企业并不是将产品全部直接销售给最终消费者或用户，而是借助于一系列中间商的转卖活动进行的。企业只有合理地选择和利用分销渠道，才能将生产出来的产品以最高的效率和最低的费用送到适当的地点，在适当的时间以适当的价格销售给消费者或用户，通过满足他们的需要实现商品的价值，保证企业生产经营活动的正常进行。

2. 分销渠道的选择直接制约和影响着企业其他方面营销策略的确定

分销渠道的选择与目标市场策略、市场定位策略、产品策略、价格策略、促销策略等方面密切相关。例如，分销渠道的选择会影响到价格制定，因为产品价格的确定不仅要考虑产品的生产成本而且要考虑流通费用的补偿，而不同类型的分销渠道以及分销渠道运行的状况直接影响着流通费用的多少。因此，企业在制定分销渠道策略时不仅要分析渠道本身的利弊，还要考虑到分销渠道策略与其他营销策略之间的关系。

3. 分销渠道反馈的市场信息是企业调整生产经营行为的重要依据

对一个生产企业来说，分销渠道不仅是"产品输送"的手段，而且是实现"市场信息反馈"功能的工具。分销渠道选择不当，市场信息不能及时反馈、传递，致使信息滞后或失真，将给企业的生产经营决策造成不良影响，使企业蒙受巨大损失。

三、分销渠道的类型

由于受生产企业、产品、中间商、竞争者、消费者等各种因素影响，分销渠道也呈现多种类型。了解分销渠道的类型可以使企业选择正确的渠道。

(一) 直接渠道和间接渠道

按是否使用中间商，可以分为直接渠道和间接渠道。

1. 直接渠道

直接渠道是指生产者不经过任何中间环节，将产品直接销售给最终消费者或用户的分销渠道。直接渠道是产业用品销售采用的主要渠道，因为多数产业用品的技术比较复杂，特别是那些高技术产品，需要厂家给予安装、维护、指导使用和培训人员等方面的协助。产业用品的用户比较集中而且购买批次少、批量大，易于集中供货。例如大型设备、专用工具及技术复杂需要提供专门服务的产品，都采用直接分销。消费品中也有部分采用直接分销渠道，诸如鲜活商品等。

直接渠道的优点主要有：

(1) 了解市场。生产者通过与用户直接接触，能及时、具体、全面地了解消费者的需求和市场变化情况，从而能及时地调整生产经营决策。

(2) 减少费用。销售环节少，商品可以很快地到达消费者手中，从而缩短商品流通时间，减少流通费用，提高经济效益。

(3) 扩大销售。技术含量较高的商品，生产者可以对推销员进行训练，有利于扩大销售。较之中间商，消费者往往更信赖生产者直销的商品。

(4) 控制价格。一般情况下，分销渠道越长，生产者对产品价格控制的能力越差；分销渠道越短，对价格控制能力也越强。

(5) 提供服务。生产者能够直接给用户提供良好的服务，增强企业竞争力，促进产品销售。

但是直接渠道也存在缺点：生产者增设销售机构、销售设施和销售人员，就相应增加了销售费用，同时也分散生产者的精力；由于生产者自有的销售机构总是有限的，致使产品市场覆盖面过窄，易失去部分市场；由于生产者要自备一定的商品库存，这就相应减缓了资金的周转速度，从而减少了对生产资金的投入；商品全部集中在生产者手中，一旦市场发生什么变化，生产者要承担全部损失。

2．间接渠道

间接渠道是指生产者通过若干中间环节，包括经销商、代理商、批发商、零售商等，把产品销售给最终消费者或用户的分销渠道。间接分销渠道是消费品分销的主要类型，工业品中有许多产品诸如化妆品等采用间接分销渠道。

间接渠道的优点主要有：

(1) 为生产企业缩短了买卖时间，在一定程度上帮助生产企业节约了营销费用，有利于生产企业把人、财、物等资源集中用于发展生产。

(2) 中间商具有较丰富的市场营销知识和经验，又与顾客保持着密切而广泛的联系，了解市场情况及顾客的需求特点，因而能够有效地促进商品的销售，弥补生产企业销售能力弱的缺陷。

(3) 在间接渠道中，中间环节承担了采购、运输和销售的任务，起到了集中存储、平衡与扩散商品的作用，进而调节了生产与消费需求之间的商品数量、花色品种和等级方面的矛盾。

但是，间接渠道也存在一定的缺点：流通环节多，销售费用增多，也增加了流通时间；生产者获得市场信息不及时、不直接；中间商对消费者提供的售前售后服务，往往由于未掌握技术等原因而不能使消费者满意。

(二) 长渠道和短渠道

按使用的流通环节的多少，可以分为长渠道和短渠道。

长渠道是指经过两个或两个以上的中间环节把产品销售给消费者的分销渠道。该渠道的优点是：市场覆盖面广；企业(厂家)可以将渠道优势转化为自身优势；一般消费品销售较为适宜；可以减轻企业的费用压力。但是长渠道也存在缺点：厂家对渠道的控制程度较低；增加了渠道服务水平的差异性和不确定性；加大了对经销商进行协调的工作量。

短渠道是指没有或只经过一个中间环节的销售渠道。其优点是：厂家对渠道的控制程度较高；专用品、时尚品较为适用。但是短渠道也存在缺点：厂家要承担大部分或全部渠道功能，必须具备足够的资源方可使用；市场覆盖面较窄。

分销渠道的长短一般按流通环节的多少来划分，具体包括以下四层：

零级渠道：制造商——消费者。

一级渠道：制造商——零售商——消费者。

二级渠道：制造商——批发商——零售商——消费者，或者是制造商——代理商——零售商——消费者。

三级渠道：制造商——代理商——批发商——零售商——消费者。

可见，零级渠道最短，三级渠道最长。

(三) 宽渠道和窄渠道

按各环节使用同种类型中间商的数目，可以分为宽渠道和窄渠道。

企业使用的同类中间商多，产品在市场上的分销面广，称为宽渠道。如一般的日用消费品(毛巾、牙刷、水杯等)，由多家批发商经销，又转卖给更多的零售商，能大量接触消费者，大批量地销售产品。

企业使用的同类中间商少，称为窄渠道，它一般适用于专业性强的产品，或贵重耐用消费品，由一家或几家中间商经销。生产企业容易控制分销渠道，但市场分销范围受到限制。

四、分销渠道系统的发展

随着信息时代的到来，互联网渗透到生活中的方方面面，也给企业的渠道策略创新带来机会，一些不同于传统渠道的分销渠道形式开始出现。

1. 垂直渠道系统

这是由生产企业、批发商和零售商组成的统一系统。垂直分销渠道的特点是专业化管理、集中计划，为了共同的利益目标，销售系统中的各成员都采用不同程度的一体化经营或联合经营。垂直渠道系统有利于消除渠道成员间的冲突，实现规模效益。

它主要有三种形式：

(1) 公司式垂直系统。公司式垂直系统是指一家公司拥有并统一管理若干生产企业、批发机构和零售机构，综合经营生产、批发和零售业务，以此控制分销渠道的若干层次甚至控制整体分销渠道的垂直渠道系统。

(2) 管理式垂直系统。制造商和零售商共同协商销售管理业务，其业务涉及销售促进，库存管理，定价，商品陈列，购销活动等。

(3) 契约式垂直系统。契约式垂直系统是指不同层次的生产企业和销售企业，以契约为基础建立的一种关系较为紧密的联营分销系统。

2. 水平渠道系统

指由两家或两家以上的公司横向联合起来，共同开拓新的营销机会的分销渠道系统。这些公司或因资本、人力、生产技术、营销资源不足，无力单独开发市场机会、或因惧怕承担风险，或因与其他公司联合可以实现最佳协同效益而组成共生联合的渠道系统。这种系统可发挥群体作用，获取最佳效益。

3. 多渠道系统

多渠道系统是对同一或不同的细分市场，采用多条渠道的分销体系。如美国通用电气公司不但经由独立的零售商(百货公司、折扣商店)，而且直接向建筑承包商销售大型家电产品。多渠道营销系统大致有两种形式：一种是制造商通过两条以上的竞争性分销渠道销售同一商标的产品；另一种是制造商通过多条分销渠道销售不同商标的差异性产品。此外，还有一些公司通过同一产品在销售过程中的服务内容与方式的差异，形成多条渠道以满足不同顾客的需求。多渠道系统为制造商提供了三方面利益：扩大产品的市场覆盖面、降低渠道成本和更好地适应顾客要求。但该系统也容易造成渠道之间的冲突，给渠道控制和管理工作带来更大难度。随着经济的发展，会有更多细分市场供生产商选择，生产商将会越来越多地采用多渠道营销系统。

4．基于互联网的分销渠道

指应用互联网提供产品或服务，使用计算机或其他技术手段的目标客户通过电子手段进行并完成交易。在互联网环境下，分销渠道不再仅仅是实体的，而是虚实结合的，甚至完全是虚拟的。在线销售、网上零售、网上拍卖、网上采购、网上配送等新的分销形式，使分销渠道多元化，由实变虚，由单向静止变互动。

知识拓展 9-1

全渠道包括实体渠道、电子商务渠道、移动商务渠道，其中实体渠道类型又包括实体自营店、实体加盟店、电子货架、异业联盟等；而电子商务渠道类型则包括了自建官方 B2C 商城、进驻电子商务平台等；移动商务渠道的类型目前主要体现为自建官方手机商城、APP 商城、微商城、进驻移动商务平台等。

中国企业营销渠道历经了三部曲。1990 年至 1999 年是单渠道时代，也是巨型实体店连锁时代，主要是覆盖周边顾客。2000 年至 2012 年则是多渠道时代，网上商店时代到来。厂商采取线上和线下双重渠道，相比单渠道路径更丰富。2013 年开始，全渠道时代理念慢慢在国内兴起。

中国正在进入渠道融合与整合的时代，购物者不再忠诚于单一渠道，而是期待各种渠道组合所提供的无时无处不在的便利。把握全渠道的发展趋向，从自身实际出发，与时俱进地选择渠道组合方案，对于零售连锁企业来说无疑是今后成功的关键。

(资料来源：吴勇毅. 全渠道营销新革命离"春天"还有多远[N]. 中国商报，2015-1-14(P06).)

第二节　批发商和零售商

一、批发商

批发商是指那些主要服务于生产者和零售企业，满足其产品销售需要的专业化、大批量经营的中间商。批发商处于商品流通起点和中间阶段，交易对象是生产企业和零售商，一方面它向生产企业收购商品，另一方面它又向零售商批销商品，并且是按批发价格经营大宗商品。其业务活动结束后，商品仍处于流通领域中，并不直接服务于最终消费者。批发商是商品流通的大动脉，是关键性的环节，它是连接生产企业和商业零售企业的枢纽，是调节商品供求的蓄水池，是沟通产需的重要桥梁，对企业改善经营管理及提高经济效益、满足市场需求、稳定市场具有重要作用。

批发商主要有三种类型，即商人批发商、经纪人和代理商、生产者的销售机构。

(一) 商人批发商(也称为独立批发商)

商人批发商，指的是自己进货，取得商品所有权后再批发出售的商业企业。商人批发商是批发商的最主要的类型。商人批发商按职能和提供的服务是否完全可以分为两种类型：

(1) 完全服务批发商。完全服务批发商执行批发商的全部职能，他们提供的服务主要有保持存货、提供信贷、运送货物以及协助管理等。完全服务批发商又分为批发商人和工业分销商，批发商人主要是向零售商销售商品，工业分销商主要是向制造商销售商品。

(2) 有限服务批发商。有限服务批发商为了减少成本费用，降低批发价格，因而只执行批发商的部分职能。有限服务批发商主要有以下五种类型：

① 现购自运批发商。现购自运批发商不赊销不送货，客户要自备货车去批发商的仓库选购货物并即时付清货款，自己把货物运回来。现购自运批发商主要经营食品杂货，客户主要是小食品杂货商、饭馆等。

② 承销批发商。承销批发商拿到客户(包括其他批发商、零售商、用户等)订货单后，向生产者求购，并通知生产者将货物直接运送给客户。承销批发商不需要有仓库和商品库存，只需要一间办公室或营业所办公，因而也被称为"写字台批发商"。

③ 卡车批发商。卡车批发商从生产者处把货物装车后立即运送给各零售商店、饭馆等客户。由于卡车批发商经营的商品多是易腐或半易腐商品，所以一接到客户的要货通知就立即送上门。实际上卡车批发商主要执行推销员和送货员的职能。

④ 托售批发商。托售批发商在超级市场和其他食品杂货店设置货架，展销其经营的商品，商品卖出后零售商才付给其货款。这种批发商的经营费用较高，主要经营家用器皿、化妆品、玩具等商品。

⑤ 邮购批发商。邮购批发商指那些全部批发业务均采取邮购方式的批发商，主要经营食品杂货、小五金等商品，其客户主要是边远地区的小零售商等。

⑥ 生产者合作社。主要是农民(农场)组建的负责组织农产品到当地市场销售的批发商类型。

(二) 经纪人和代理商

经纪人和代理商是从事购买、销售或二者兼有的洽商工作，但不取得商品所有权的商业单位。与商人批发商不同的是，他们对其经营的商品没有所有权，所提供的服务比有限服务商人批发商还少，其主要职能在于促成商品的交易，借此赚取佣金作为报酬。与商人批发商相似的是，他们通常专注于某些产品种类或某些顾客群。经纪人和代理商主要有以下几种：

(1) 商品经纪人。商品经纪人的作用是为买卖双方牵线搭桥，协助双方进行谈判，成功后向雇用方收取一定的费用。商品经纪人不备有存货，不参与融资，也不承担货主风险。

(2) 生产者代理商(也称为生产者代表)。生产者代理商代表两个或若干个产品线种类互补的生产者，分别和每个生产者签订有关定价政策、销售区域、订单处理程序、送货服务、各种保证以及佣金比例等方面的正式书面合同。生产者代理商了解每个生产者的产品情况，利用其广泛关系为代表的生产者销售产品，生产者代理商多为小型企业。服饰、家具、电器等产品生产企业以及无力为自己雇用销售人员的小公司往往雇用生产者代理商，某些大公司也利用生产者代理商开拓新市场。

(3) 销售代理商。销售代理商是在签订合同的基础上，为生产者销售某些特定产品或全部产品，对价格条款及其他交易条件可全权处理的代理商。尽管销售代理商与生产者代表一样，同许多生产者签订长期代理合同，替这些生产者代销产品，但两者也有显著不同。两者的不同表现为：第一，每一个生产者只能使用一个销售代表商，而且将其全部销售工作委托给某一个销售代表商以后不得再委托其他代理商代销产品，也不得再雇用推销员去推销产品；而每一个生产者可以同时使用几个生产者代理商，生产者还可以设置自己的推销机构。第二，销售代理商通常替生产者代销全部产品，没有销售地区限定，在规定销售价格和其他销售条件方面有较大的权力；生产者代理商则要按照生产者规定的销售价格或价格幅度及其他销售条件，在一定地区内替生产者代销一部分或全部产品。所以，销售代理商实际上就是生产者的独家全权销售代理人。纺织、木材、某些金属制品、某些食品、服装等行业的生产者以及没有力量自己推销产品的小企业较多地使用销售代理商。

(4) 采购代理商。采购代理商一般与委托人有长期关系，代委托人采购、收货、验货、储运。由于采购代理商消息灵通，因而可以向委托人提供有价值的市场信息，而且能以最低价格买到最好的货物。

(5) 佣金商。佣金商是指对委托销售的商品实体具有控制力并参与商品销售谈判的代理商。大多数佣金商从事农产品的委托代销业务。佣金商通常备有仓库，可以替委托人储存、保管货物；佣金商还执行替委托人发现潜在买主、获得最好价格、分等、打包、送货、给委托人和购买者以商业信用(即预付货款和赊销)、提供市场信息等职能。佣金商卖出货物扣除佣金和其他费用后将余款汇给委托人。

(三) 自营批发机构

这是由卖方(制造商)或买方(零售商)自设机构经营批发业务的批发商。主要有两种类型：

(1) 生产者的销售机构。这是生产者为改进存货控制、销售和促销工作而设立的销售分支机构或办事处。

(2) 采购办事处。这是零售商在一些中心市场设立的采购批发机构。主要办理本公司的采购业务，也兼做批发业务。其功能与经纪人和代理商相似，但它是买方组织中的一个组成部分。

二、零售商

零售商是指将商品直接销售给最终消费者的中间商，处于商品流通的最终阶段。零售商的基本任务是直接为最终消费者服务，它的职能包括购、销、调、存、加工、折零、分包、传递信息、提供销售服务等。在地点、时间与服务方面，方便消费者购买，它又是联系生产企业、批发商与消费者的桥梁，在分销途径中具有重要作用。

零售商可以分为三种基本类型，即商店零售商、非商店零售商、零售组织。

（一）商店零售商

随着社会经济的进步，零售商业也在不断发展，新型零售商店日趋增多。最主要的零售商店类型有以下几种：

（1）专业商店。专门经营一类商品或某一类商品中的某种商品。经营特点是品种、规格齐全。如北京国美电器有限公司、江苏苏宁电器集团公司等。

（2）百货商店。百货商店是指经营的商品类别多样，每一类别的商品品种齐全，经营部门是按商品的大类进行设立，是多个专业店集中在一起经营。经营特点是类别多、品种规格全，服务质量好。如北京王府井百货、上海新世界百货、百盛百货等。

（3）超级市场。超级市场是规模相当大、成本低、毛利低、销售量大的顾客自我服务的经营单位，主要经营各种食品、洗涤用品和家庭日用品等。超级市场的主要竞争对手是方便食品店、折扣食品店和超级商店等。如家乐福、沃尔玛、上海华联超市等。

（4）方便商店。方便商店是指设在居民区附近、营业时间长、销售品种范围有限、周转率高的小型商店。一般方便商店的价格要高一些。

（5）超级商店。超级商店比传统的超级市场大，主要销售各种食品和非仪器类日用品，同时也提供有关的服务项目。目前又出现了比超级商店更大的联合商店和特级商场，花色品种超出了日常用品的范围，包括家具、大型和小型家用器具、服装以及许多其他品种。

（6）折扣商店。折扣商店经常以低价销售商品，但质量有保障。在自助式、设备最少的基础上经营。店址设置主要着眼于吸引较远处的顾客。随着折扣商店数量的不断增加，折扣商店之间、折扣商店与百货商店之间的竞争非常激烈，从而导致许多折扣商店在经营项目、经营环境、经营方式、店址位置等方面需要不断进行改进。

（7）仓库商店。仓库商店是一种以大批量、低成本、低售价和微利方式经营的连锁式零售商业，一般以工薪阶层和机关团体为主要服务对象，销售价格低廉，出售最畅销的商品，以会员制为基本的销售和服务方式。采用先进的计算机管理系统，及时记录分析各连锁店的销售情况，不断适应市场需要更新经营的品种。

（8）产品陈列推销店。这类商店将产品目标推销和折扣原则用于品种繁多、加成高、周转快的品牌商品销售，如箱包、珠宝饰物、动力工具等。

（二）非商店零售商

近年来非商店零售发展得比较快，非商店零售商主要有以下两种形式：

1. 直接销售

直接销售主要有挨门挨户推销、逐个办公室推销和举办家庭销售会推销等形式。由于需要支付雇用、训练、管理和激励销售人员的费用，因而直接销售的成本费用很高。目前，直接销售所存在的问题已经引起很多人对这种销售方式的反感。从发展来看，除某些特定种类商品及以某些特定顾客为对象的直接销售外，一般的直接销售很可能被网络销售所代替。

实例 9-1

特斯拉汽车公司成立于 2003 年，致力于成为全球电动智能汽车领域的开拓者和领导者。2016 年特斯拉 Model X 被冠以"史上最强、最具颠覆的 SUV"，特斯拉从诞生之日起便以创新和颠覆者的姿态受到业界瞩目，这其中也包括一直坚持的"线上销售+线下体验和服务"的直销模式。

特斯拉直销模式的主要操作流程：车型了解、意向购买→门店体验、预约试驾→官网预订、支付定金→工厂接单、定制生产→支付尾款、车辆交付。特斯拉采用的直销模式与国内汽车主机厂普遍采用的经销商 4S 店销售模式有很大的不同。

对于消费者而言，因为取消了经销商，减少了中间环节，简化了购买流程，有机会降低用户的购买成本。自营的线下体验店可以提供标准化、专业化以及不以现场直接成交为目的的体验服务。线上购买明码标价，可以让消费者公平、透明消费。因为车辆采用定制化生产，为消费者提供了选择的多样性，凸显消费的差异化和个性化。

对于特斯拉公司而言，采用直销模式，接单生产，可以有效降低产品库存和资金占用。通过直营门店，可以减少与消费者之间的隔阂，获得最直接有效的信息反馈，以提高产品的适应性和快速应变能力，进而提升产品的市场竞争力。另外，特斯拉为消费者提供在线金融服务，包括购车贷款及融资租赁方案，这或许可以成为特斯拉公司未来突出的利润贡献点。

(资料来源：杨东. 汽车界的苹果：特斯拉直销模式揭秘[J]. 销售与市场(管理版)，2016(11).)

2. 直复营销

美国直复营销协会(ADMA)的营销专家将它定义为"一种为了在任何地点产生可以度量的反应或达成交易而使用一种或几种广告媒体的互相作用的市场营销体系"。目前，根据所使用的媒体不同，直复营销主要有以下几种具体形式。直接邮件营销、目录营销、电话营销、电视营销、网络营销等。

直复营销起源于美国，它以 1872 年蒙哥马利·华尔德创办第一家邮购商店为代表。20 世纪 20—30 年代由于连锁店的大力兴起而衰落；20 世纪 80 年代以后，又由于信息化社会的迅速发展和人们图方便的购物心理而再次兴起。现在直复营销几乎遍及全球所有市场经济发达国家。

知识拓展 9-2

直播营销完美地解决了发布会人流拥挤和混乱的问题，打破了时间、空间的双重制约，企业参与直播的热情也被点燃，多元化组合的营销模式逐渐得到实践和创新。

由于企业种类和渠道不同，所采用的直播模式也不同。

1. 国际大牌或者有较高知名度的企业可以采用"直播＋网红＋发布会"的营销形式。2016 年 4 月中旬，美宝莲在纽约举行的新品发布会上就出现了 50 位美妆界网红的身影。植美村也邀请多达百位网红达人举行了一场以"100 位网红带你出游"为主题的霸屏直播。美宝莲等国际大牌是较早采用"直播＋网红＋发布会"形式进行品牌宣传推广活动的企业，效果转化直接。

2. 国内大牌或中大型知名企业可以采用"直播＋明星＋品牌"的营销形式。2016 年 12 月 30 日、31 日，香飘飘与《放弃我抓紧我》中 Tiffany 的扮演者陈燃、珍妮的扮演者刘萌萌分别做了一场直播。对于香飘飘来说，这次直播具有多重价值：获取海量关注度(观看人数、新闻曝光)、传递品牌形象、直接形成购买和聚集潜在用户等。

3. 中小企业可以采取"直播＋网红＋论坛"的营销形式。

4. 电商平台由于自身名气较高，多采用"直播＋网红＋电商"的营销形式。

（资料来源：张旭. 从网红到明星，直播营销需要打好组合战[J]. 销售与市场(管理版)，2017(4).)

3. 自动售货

自动售货就是利用自动售货机进行商品销售。由于自动售货的成本很高，因此商品的销售价格比一般水平要高。售货机被广泛安置在工厂、办公室、加油站、街道等地方，方便了人们的购买。自动售货的产品一般是一些经常购买的产品，如饮料、糖果、香烟、报纸、食品、化妆品、书刊、唱片、胶卷、袜子、鞋油等。

（三）零售组织

零售组织主要有连锁商店、消费者合作社、特许经营组织和销售联合大企业这几种类型。

1. 连锁商店

连锁店，包括两个或者更多的共同所有和共同管理的商店，它们销售类似产品线的产品，实行集中采购和销售，还可能具有相似的建筑风格。连锁店有各种零售经营形式，如超级市场、折扣商店、杂货店、专用品商店和百货公司等。目前连锁商店在零售业中较为常见。

连锁经营起源于美国，1859 年美国纽约的"大西洋茶叶公司"开启了连锁经营的先河，但直到 20 世纪 30 年代这种经营方式才得以在美国零售业中推广普及。从世界各国的情况看，连锁经营方式已经渗透到零售、饮食、服务业的各个领域，现已发展到大型百货店、大宾馆饭店、综合批发企业的连锁商店，而且在深度和广度方面仍存在着进一步发展的潜力。在发达国家和地区，连锁销售一般都占到市场销售额的较大比例。目前，连锁经营在我国仍处于起步阶段，因而发展前景十分广阔。

实例 9-2

屈臣氏财报数据显示，2013 年屈臣氏业绩增长 23%，2014 年是 14%，2015 年是 9%，2016 是 -4%。从增速可以看到，从 2013 年以来整个业绩是直线下降的。虽然屈臣氏依然是今天中国市场所有的个人护理用品店，或者化妆品店的经营能力标杆，但它所犯的错误值得我们更多人去思考：

1. 过多国内本土品牌影响店铺形象。据了解，屈臣氏在最高峰的时候，有超过 20 个国内品牌排队要进入屈臣氏，过多的国内品牌的进入，客观上拉低了屈臣氏的形象。

2. 缺乏国际新品与高价值商品。一二线城市的消费者更希望得到新颖的商品，这时候高质量的国际品牌正好能满足他们的需求。

3. 缺乏彩妆等潮流时尚品。在屈臣氏的门店，除了美宝莲之外，很少有知名的彩妆进驻，以至于它的门店形成了一种非常浓厚的个人护理品氛围。

4. 过多店内促销，影响店内购物。这是被普遍诟病的一点，各个品牌导购争相给消费者做兜售，购物行为变成了一次摆脱导购推荐的突围，购物体验很不愉悦。

5. 店内体验缺乏时尚感与专业感。在屈臣氏刚刚进入中国时，它是标准的国际零售店的时尚标杆，而如今屈臣氏的时尚感与专业度远远没有达到消费中心的预期。

(资料来源：屈臣氏业绩大面积下滑 李嘉诚的零售业犯了什么错. 销售与市场(第一营销网)，http://www.cmmo.cn/article-205351-1.html，2017-4-18.)

2. 消费者合作社

消费者合作社是一种消费者自发组织、自己出资、自己拥有的零售单位。某一社区的消费者出资自发组织消费者合作社的原因很多，如社区居民购物很不方便；当地的零售商店服务欠佳；物价太高；提供的产品质量低劣。

3. 特许经营组织

特许经营是指特许权授予人与特许权被授予人之间通过协议授权受许人使用特许人已经开发出的品牌、商号、经营技术、经营规模的权利。为此受许人必须先付一笔首期特许费，以后每年按销售收入的一定比例支付特许权使用费，换得在一定区域内使用该商号出售该商品或服务的权利，并必须遵守合同中的其他规定。一些独特的产品、服务、专利、商标或经营模式，常可采取特许经营组织方式经营。

4. 销售联合大企业

销售联合大企业是一种组合公司，它以多种所有制的形式将不同类型、不同形式的零售商组合在一起从事多样化零售，并通过综合性、整体性的管理运作为所属零售商创造良好的经营环境与条件。

第三节 分销渠道决策

一、影响分销渠道选择的因素

影响分销渠道选择的因素很多。生产企业在选择分销渠道时，必须对下列几方面的因素进行系统的分析和判定，才能作出合理的选择。

(一) 产品因素

(1) 产品本身的物理化学性质。如有的产品容易腐烂，产品有效期短，有的是危险品。这些产品应采取较短的分销渠道甚至专用渠道，尽快送到消费者手中。还有一些鲜活产品，也尽可能选择最短的分销渠道。

(2) 产品单价高低。一般来说，产品单价越高，越应注意减少流通环节，否则会造成销售价格的提高，从而影响销路，这对生产企业和消费者都不利。而单价较低，市场较广的产品，则通常采用多环节的间接分销渠道。

(3) 产品的技术复杂程度。对于有些产品，具有很高的技术性，或需要经常的技术服务与维修，应以生产企业直接销售给用户为好，这样可以保证向用户提供及时良好的销售技术服务。

(4) 产品的标准化程度。标准化程度越高的产品，其通用性也越强，因而可选择较长较宽的分销渠道。反之，则选择较短较窄的分销渠道。

(5) 产品新旧程度。许多产品在试销阶段需要大量的售后服务工作，加上市场需求不稳定，商业利润低，中间商往往不愿意经销，迫使生产企业组织自己的销售队伍，直接与消费者见面，推介新产品和收集用户意见。

(二) 市场因素

(1) 购买批量大小。购买批量大，多采用直接销售；购买批量小，除通过自设门市部出售外，多采用间接销售。

(2) 消费者的分布。某些商品消费地区分布比较集中，适合直接销售。反之，适合间接销售。工业品销售中，本地用户产需联系方便，因而适合直接销售。外地用户较为分散，通过间接销售较为合适。

(3) 潜在消费者的数量。若潜在消费者的数量多，需求量大，市场范围大，需要中间商提供服务来满足消费者的需求，宜选择间接分销渠道。若潜在消费者的数量少，需求量小，市场范围小，生产企业可选择直接销售。

(三) 生产企业本身的因素

(1) 资金能力。企业本身资金雄厚，则可自由选择分销渠道，可建立自己的销售网点，采用产销合一的经营方式，也可以选择间接分销渠道。企业资金薄弱则必须依靠中间商进行销售和提供服务，只能选择间接分销渠道。

(2) 销售能力。生产企业在销售力量、储存能力和销售经验等方面具备较好的条件，则应选择直接分销渠道。反之，则必须借助中间商，选择间接分销渠道。另外，企业若能和中间商进行良好的合作，或对中间商能进行有效地控制，则可选择间接分销渠道。若中间商不能很好地合作，将影响产品的市场开拓和经济效益，则不如进行直接销售。

(3) 可能提供的服务水平。中间商通常希望生产企业能尽多地提供广告、展览、修理、培训等服务项目，为销售产品创造条件。若生产企业无意或无力满足这方面的要求，就难以达成协议，迫使生产企业自行销售。反之，提供的服务水平高，中间商则乐于销售该产品，生产企业则选择间接分销渠道。

(4) 发货限额。生产企业为了合理安排生产，会对某些产品规定发货限额。发货限额高，有利于直接销售；发货限额低，则有利于间接销售。

(四) 环境因素

环境因素包括微观和宏观两个层面。在微观层面，企业应尽量避免使用与竞争者相同的分销渠道。宏观层面，分销渠道设计的因素主要包括社会文化环境、经济环境、竞争环境等。如在宏观经济不景气的情况下，生产者要控制销售费用，降低售价，减少流通环节，使渠道变短变窄。

二、分销渠道决策过程

企业在设计分销渠道时，必须在理想的渠道和实际可能利用或新建渠道之间作出选择。这一决策过程一般要经过下述几个阶段：分析渠道需要；明确渠道目标与限制条件；确定各主要渠道选择方案；评估各主要渠道选择方案。

(一) 分析渠道需要

渠道设计首先必须仔细了解渠道存在的一个重要前提——购买者的需要。也就是说，企业必须了解目标市场的购买者对渠道的要求所在。目标市场对渠道的要求是多样化的，包括：购买者对购买地点的要求；购买者对购买的便利性的要求；目标市场对渠道包容产品范围的要求以及交货速度的要求；购买者对产品附加服务的要求等。企业在设计渠道时，对这些目标市场的需要，要结合自己的资源条件来把握可行性和运作成本，以购买者可以接受的价格来满足他们的需求。

(二) 明确渠道目标与限制条件

在考虑市场需求以及产品、中间商、竞争者、企业政策和环境等其他影响渠道的因素的基础上，企业要合理地确定渠道目标，明确渠道限制。渠道目标包括渠道对目标市场的满足内容、水平，以及中间商与企业应该执行的职能，为企业分销产品到达目标市场提供最佳途径。

(三) 确定各主要渠道选择方案

确定各主要渠道的选择方案包括两个基本问题：确定中间商的类型与数目；规定渠道成员的责任与条件。

1. 确定中间商的类型与数目

企业必须识别、明确适合自己产品分销的中间商类型。在确定了中间商类型之后，企业还必须确定每一层次渠道上的成员即中间商的数目。企业通常可以有独家分销、选择性分销和密集式分销三种策略选择。

(1) 独家分销，即企业在某一地区只选择一个中间商经销自己的产品，双方通过签订经销合同的方式来确定各自的权力与义务，以达到调动中间商的积极性，扩大经营规模，充分利用中间商的商誉和经营能力，有效地控制市场的目的。这种策略比较适合于特殊品的销售(如专利产品、具有品牌优势的产品、面向专门用户的产品等)。

(2) 选择性分销，即企业在某一地区仅选择几个合适的有信誉的中间商经销自己的产品，目的在于维护产品的品牌信誉，建立稳固的市场，形成比较固定的消费群体。这种策略比较适合于消费品中的选购品(如时装、家用电器等)的销售，尤其是一些新产品在试销阶段适宜采用这种策略。

(3) 密集式分销，即企业尽可能地扩大批发商、零售商的数量，以密集的销售网点推销其产品，以求扩大市场覆盖面或快速进入并覆盖一个新市场。这种策略比较适合于便利品(如日用品、低值易耗品等)的销售，产业用品中的通用机器也经常采用这种策略。

2. 规定渠道成员的责任与条件

一般情况下，渠道成员的职责和服务内容包括供货方式、促销的相互配合、产品的运输和储存、信息的相互沟通等。交易条件主要包括价格政策、销售条件、区域权利等方面。价格政策要求企业必须制定出其产品具体的价格，并有具体的价格折扣条件，如数量折扣、促销折扣、季节性折扣等政策。这样可以刺激中间商努力为企业推销产品，扩大产品储备，更好的满足顾客的需求。销售条件要求企业制定出相应的付款条件，如现金折扣，对中间商的保证范围，如不合格产品的退还，价格变动风险的分担等方面的保证，这样有利于中间商及早付款，加速企业的资金周转，同时还引导中间商大量购买。区域销售权利是中间商比较关心的一个问题，尤其是独家分销的中间商。

(四) 评估分销渠道方案

每一个分销渠道选择方案都是企业将产品送达目标顾客的可能路线，为了从已经拟定的方案中选择出能够满足企业长期目标的最好方案，企业就必须对各种可供选择的方案进行评估。分销渠道方案的评估标准有以下三个方面：

1. 经济性标准

判别一个分销渠道方案好坏，不应单纯看其能否导致较高的销售额或较低的成本，而应看其能否取得最大利润。

经济分析的三个步骤是：估计每个渠道方案的销售水平，因为有些成本会随着销售水平的变化而变化；估计各种方案实现某一销售额所需花费的成本；分析各种方案的投资收益率及其可能得到的利润额。

2. 控制性标准

产品的流通过程是企业营销过程的延续，从生产企业出发建立的分销渠道，如果生产企业不能对其运行有一定的主导性和控制性，分销渠道中的物流、商流、货币流、促销流、信息流就不能顺畅有效地进行。

3. 适应性标准

生产者是否具有适应环境变化的能力，与其建立的分销渠道是否具有弹性密切相关。但是，每个渠道方案都会因生产企业某些固定期间的承诺而失去弹性。例如，当某一生产者决定利用销售代理商推销产品时可能要签订 5 年的合同，这段时间内即使采用其他销售方式更有效，生产者也不得任意取消销售代理商。因此，生产者在选择和设计分销渠道时必须考虑分销渠道的环境适应性和可调整性问题。

总之，一个分销渠道方案只有在经济性、控制性和适应性等方面都较为优越时才可予以考虑。

第四节　分销渠道管理

企业在进行渠道设计之后就需要对渠道进行管理，即选择渠道成员、激励渠道成员、评估渠道成员、调整分销渠道及渠道冲突管理等问题。

一、选择渠道成员

生产者在招募中间商时经常出现两种情况：一是毫不费力地找到愿意加入渠道系统的中间商；二是必须费尽心思才能找到期望数量的中间商。不论遇到哪一种情况，生产者都必须在明确有关中间商的优劣的基础上，根据分销渠道的设计要求对中间商作出选择。生产者对中间商的评估可从以下几个方面着手：

(1) 中间商的销售能力。中间商销售能力的大小，对生产者产品的销售有着直接地影响。它主要包括中间商经销年数的长短、销售人员的数量和素质、市场覆盖面的大小、为顾客提供服务的种类和质量、所经营其他产品的情况等。

(2) 中间商的偿付能力。中间商偿付能力的强弱，会影响生产者资金的周转速度。如果中间商偿付能力较弱，生产者就无法及时收回资金，就会降低资金的周转速度，增加生产者的收账费用和坏账损失。

(3) 中间商的经营管理能力。中间商经营管理能力的高低，会直接影响销售渠道的运行质量和生产者的竞争能力。它包括中间商管理人员的才干、知识水平和业务经验等。

(4) 中间商的信誉。具有较高信誉的中间商，能吸引更多的消费者购买产品或服务。因此，选择具体中间商时应考虑其信誉的好坏。

(5) 中间商的地理位置。中间商的地理位置是否有利，能否接近企业的目标市场，也是应考虑的一个方面。一般应选择有较好的交通及仓储条件的批发商，选择位于顾客流量较大地段的零售商。

二、激励渠道成员

最终确定了渠道成员，就意味着组建了一个分销渠道网络。这个网络的有效运行需要渠道的每个成员做出贡献，保证每条渠道的低成本和畅通。要做到这一点，需要对渠道成员进行激励。对渠道成员的激励是指制造商为了实现其渠道战略和分销目标所采取的一系列行动，这些行动确保渠道成员之间的合作。

在现实的渠道成员激励决策过程中，出现了两种偏激的做法：一是以我为主，生产者完全视如何激励渠道成员为自己的事，忽视了渠道成员的需要；二是以人为主，渠道成员要什么就给什么。这两种决策过程都是非科学化的，难以实现理想的激励效果。

伯特·罗森布罗姆先生提出了激励渠道成员决策过程的三个阶段：了解渠道成员的需要、满足他们的需要和提供持续指导。其本质就是了解成员的需要并满足他们的需要。这意味着生产者所采取的激励措施必须恰好满足渠道成员的急需。内部和外部渠道成员有着不同的需要，同是内部渠道成员或同是外部渠道成员也有着不同的需要。需要就像是一种病症，而激励就像是处方，对症下药才能取得最佳疗效。从零售商选择生产商、销售人员选择企业所考虑的因素中，可以分析出渠道成员的一般需要，这些需要就是生产商确定激励措施的依据。

三、评估渠道成员

生产者除了选择和激励分销渠道成员外，还必须定期评估他们的绩效。如果某一渠道成员的绩效过分低于既定标准，则须找出主要原因，并考虑可能的弥补办法。

(一) 评估方法

测量中间商的绩效，主要有两种办法可供使用：

(1) 将每一中间商的销售绩效与上期的绩效进行比较，并以整个群体的升降百分比作为评价标准。对低于该群体平均水平以下的中间商，必须加强评估与激励措施。如果对后进中间商的环境因素加以调查，可能会发现一些不可控因素，如当地经济衰退、主力推销员退休等。对此，生产商就不应对中间商采取惩罚措施。

(2) 将各中间商的绩效与该地区的销售潜量分析所设立的计划相比较。即在销售期过后，根据中间商实际销售额与其潜在销售额的比率，将各中间商按先后名次进行排列。这样，企业的调查与激励措施可以集中于那些未达到既定比率的中间商。

(二) 评估的内容

对中间商的评估并不仅仅着眼于销售量的分析，一般比较全面的评估应包括以下内容：检查中间商的销售量及其变化趋势；检查中间商的销售利润及其发展趋势；检查中间商对推销本公司产品的态度是积极的、一般的，还是较差的；检查中间商同时经销有几种与本企业产品相竞争的产品，其状况如何；检查中间商能否及时发出订货单，计算中间商每个订单的平均订货单；检查中间商对用户的服务能力和态度，是否能保证满足用户的需要；检查中间商信用的好坏；检查中间商对收集市场情报与提供反馈的能力。

四、调整分销渠道

生产者在设计了一个良好的分销渠道后，不能放任其自由运行而不采取任何纠正措施。事实上，为了适应市场需要的变化，整个渠道或部分渠道成员必须随时加以调整。

分销渠道的调整可以从三个层次来考虑：从经营的具体层次看，可能涉及增减某些渠道成员；从特定市场规划的层次看，可能涉及增减某些特定分销渠道；在企业系统计划阶段，可能涉及整个分销系统构建的新思路。

1. 增减渠道成员

在分销渠道的管理与改进活动中，最常见的就是增减某些中间商的问题。企业在进行这方面决策时，应注意渠道上成员之间业务上的相互联系与影响，要着重弄清增减某些渠道成员后企业的销售量、成本与利润将如何变化。只有各个方面都朝着有利的方向变化时调整才是可行的。

2. 增减分销渠道

随着市场需求、环境条件以及自身生产经营活动的不断变化，企业的某些分销渠道可能会失去作用，同时又需要新的分销渠道进入新的市场。因而，企业在分销渠道的管理活动中应注意分销渠道的增减调整。

3. 调整改进整个渠道

调整改进整个渠道是生产企业最困难的渠道变化决策，因为这种决策不仅涉及渠道系统本身，而且涉及营销组合等一系列市场营销策略的相应调整，因此必须慎重对待。

五、渠道冲突管理

渠道冲突是指某渠道成员从事的活动阻碍或者不利于本组织实现自身的目标，进而发生的种种矛盾和纠纷。分销渠道的设计是渠道成员在不同角度、不同利益和不同方法等多因素的影响下完成的，因此，渠道冲突是不可避免的。

(一) 渠道冲突类型

1. 水平渠道冲突

指的是同一渠道模式中，同一层次中间商之间的冲突。产生水平冲突的原因大多是生产企业没有对目标市场的中间商数量分管区域作出合理的规划，使中间商为各自的利益互相倾轧。这是因为在生产企业开拓了一定的目标市场后，中间商为了获取更多的利益必然要争取更多的市场份额，在目标市场上展开"圈地运动"。例如，某一地区经营 A 家企业产品的中间商，可能认为同一地区经营 A 家企业产品的另一家中间商在定价、促销和售后服务等方面过于进取，抢了他们的生意。如果发生了这类矛盾，生产企业应及时采取有效措施，缓和并协调这些矛盾，否则，就会影响渠道成员的合作及产品的销售。另外，生产企业应未雨绸缪，采取相应措施防止这些情况的出现。

2. 垂直渠道冲突

指在同一渠道中不同层次企业之间的冲突，这种冲突较之水平渠道冲突要更常见。例如，某些批发商可能会抱怨生产企业在价格方面控制太紧，留给自己的利润空间太小，而提供的服务(如广告、推销等)太少；零售商对批发商或生产企业，可能也存在类似的不满。

3. 不同渠道间的冲突

不同渠道间的冲突指的是生产企业建立多渠道营销系统后，不同渠道服务于同一目标市场时所产生的冲突。例如，越来越多的生产企业同时利用互联网销售平台、销售队伍、中间商三条渠道进行商品销售，那么互联网销售平台、销售队伍、中间商三条渠道之间的冲突就是多渠道冲突。这种冲突主要表现在销售网络紊乱、价格差异等方面。

实例 9-3

2013 年 11 月 4 日，五粮液在投资者平台上针对投资者关心的电商"普五"价格跌破最低限价一事，曾表示"明显低于公司出厂价为假货"。五粮液做上述表态的背景是，当年在十月，在五粮液宣布对"普五"进行保价限量的情况下，电商渠道如天猫、京东等都挂出低于 659 元/瓶的最低市场操作价。

2016 年 1 月 6 日，贵州茅台集团发表声明称，在近期的市场服务和打假维权过程中，发现有明显低于成本销售贵州茅台酒。以普通 53%，500 ml 贵州茅台酒为例，声明人向经销商的统一供货价格为 819 元/瓶，在正常情况下，经销商销售产品一般存在相应的财务成本、人员工资、店面费用等。若消费者发现市场终端价格低于 850 元/瓶时，可能涉嫌低价倾销及假冒伪劣等违法行为，大家要谨慎购买。

2016 年 8 月 18 日，酒类垂直电商巨头酒仙网宣布，未来该公司将发力互联网定制酒战略，以回避标品线上线下价格冲突问题。

（资料来源：马建忠(记者).酒水线上线下渠道冲突一触即发？[N].南方都市报(深圳)，2016-09-08.)

（二）渠道冲突的原因

导致渠道冲突的根本原因，一是利益目标不一致，如供货商要以高价出售，并倾向于现金交易，而购买者则要支付低价，并要求优惠的商业信用；二是渠道成员的任务和权利不明确，如销售区域的划分、权限和责任界限不明确；三是中间商对生产企业的依赖过高，如汽车制造商的独家经销商的利益及发展前途直接受制造商产品设计和定价决策的影响，这也是产生冲突的隐患。所有这些都可能使渠道成员之间的关系因相互缺乏沟通趋于紧张。

（三）渠道冲突的管理与控制

(1) 目标管理。渠道成员就共同追求的基本目标达成协议，如是否能够生存、市场份额多少、品质高低或消费者是否满意。这样做的前提是双方有维持良好关系的愿望。

(2) 建立人员互换机制。在两个或两个以上渠道成员之间通过互派人员来加强沟通。互相派人员到对方相关部门工作一段时间，使彼此之间更为了解，更好地从对方角度考虑问题。

(3) 合作。包括相互参加咨询委员会和董事会等。加强合作对一个组织赢得另一个组织领导的支持是有效的，后者会感到其观点被另一方所倾听。一旦倡导合作的组织认真对待另一组织的领导，该合作就会减少冲突。但前者如果想赢得对方支持的话，它也会在其政策和计划的妥协上付出代价。

(4) 发挥行业组织的作用。许多冲突的解决也可以通过贸易协会之间的联合。例如，美国杂货制造商协会与代表大多数食品连锁店的食品营销协会进行合作，产生了通用产品条形码。可以推测，该协会能够考虑食品制造商和零售商的共同问题并有次序地解决它们。

当冲突是长期性或比较尖锐时，冲突各方必须通过协商或仲裁解决。协商是一方派人员与对方面对面解决冲突。两方人员或多或少地共同工作产生共识以避免冲突尖锐化。调解意味着由一位经验丰富的中立的第三方根据双方的利益进行调停。仲裁是双方同意把纠纷交给第三方(一个或更多的仲裁员)，并接受他们的仲裁决定。

📖 知识拓展 9-3

窜货是经销网络中的公司分支机构或中间商受利益驱动，把所经销的产品跨区域销售，造成市场倾轧、价格混乱，严重影响厂商声誉的恶性营销现象。窜货是商业行为，其目的是赢利。

1. 窜货的类型

根据性质不同，窜货可分为：(1) 恶性窜货：经销商为了牟取非正常利润，蓄意向非辖区倾销货物；(2) 自然性窜货：一般发生在辖区临界处或物流过程，非供销商恶意所为；(3) 良性窜货：经销商流通性很强，货物经常流向非目标市场。

按照发生地点不同，窜货可分为：(1) 同一市场内部的窜货：甲乙互相倒货；(2) 不同市场之间的窜货：两个同一级别的总经销之间相互倒货；(3) 交叉市场之间的窜货：经销区域重叠。

2. 窜货的危害

恶性窜货给企业带来的危害是巨大的。一旦价格混乱，将使中间商利润受损，导致中间商对厂家不信任，对经销其产品失去信心，直至拒售；供应商对假货和窜货现象监控不力，地区差价悬殊，使消费者怕假货、怕吃亏上当而不敢问津；损害品牌形象，使先期投入无法得到合理的回报；竞争品牌会乘虚而入，取而代之。

3. 窜货的原因

窜货的发生有很多原因。比如多拿回扣，抢占市场；供货商给予中间商的优惠政策不同；供应商对中间商的销货情况把握不准；辖区销货不畅，造成积压，厂家又不予退货，经销商只好拿到畅销市场销售；运输成本不同，自己提货，成本较低，有窜货空间；厂家规定的销售任务过高，迫使经销商去窜货；市场报复，目的是恶意破坏对方市场。

4. 对窜货问题的防治

(1) 选择好经销商。

(2) 创造良好的销售环境。包括制定科学的销售计划；合理划分销售区域等。

(3) 制定完善的销售政策。包括完善价格、促销和专营权政策等。

(资料来源：窜货. 360 百科，http://baike.so.com/doc/5681977-5894652.html)

理论梳理

(1) 分销渠道指促使某种产品或服务能顺利地经由市场交换过程，转移给消费者(用户)消费使用的一整套相互依存的组织。分销渠道可分为多种类型。按是否使用中间商，可以分为直接渠道和间接渠道；按使用中间环节的多少，可以分为长渠道和短渠道；按各环节使用同种类型中间商的数目，可以分为宽渠道和窄渠道。随着分销渠道的发展，出现了垂直渠道系统、水平渠道系统、多渠道营销系统等模式。

(2) 批发商主要有三种类型，即商人批发商、经纪人和代理商、生产者的销售机构。零售商可以分为三种基本类型，即商店零售商、非商店零售商、零售组织。

(3) 影响分销渠道选择的因素有产品因素、市场因素、企业本身的因素以及环境因素。企业的分销渠道是在考虑上述影响因素基础上设计的，一般可分为以下几个步骤：分析渠道需要；明确渠道目标与限制条件；确定各主要渠道选择方案；评估渠道选择方案。

(4) 企业在进行渠道设计之后就需要对渠道进行管理，即选择渠道成员、激励渠道成员、评估渠道成员、调整分销渠道及渠道冲突管理等问题。

案例分析

2016 实体店创新大记事：从这里看到实体零售的希望

1. 新零售"诞生"：意识到电商不是对手，而是伙伴

2016 年圣诞，银泰商业与阿里巴巴联手推出"首家新零售线下体验馆"House Selection(生活选集)。这家作为"未来实体店"打造的全国首家家居行业全自助式购物门店，

囊括家居设计、咖啡吧、音乐 party 等跨界体验，并入驻了摄影类商家 Catch。且实现了线上线下同款、同时、同价。

出生线上的阿里巴巴近年来开始逐渐将目光转投线下，尤其是马云提出"新零售"概念以来，阿里巴巴在线下的拓展一直动作不断。2016 年即推出了首家支付宝体验店"盒马鲜生"、首家 O+O 设计师跨界集合模型"素型生活"。

2．淘品牌"下线"：不止开实体店，更要打造体验空间

就试·试衣间这家新零售概念店将线上线下结合，产品均为线上原创设计师知名品牌，涵盖服装、配饰、围巾、包、墨镜、鞋等产品，线上线下同款同价，并且上新速度超快时尚。以"门口设置闸机，下载 app 方可进门"的方式形成了消费场景体验闭环，能精准筛选客流。其主要目标消费群体为 85—95 后女生，门店中打造了不同主题的 11 间试衣间，让消费者试衣、自拍、走秀、看展览，还设有小型集市和 DIY 专区、每周沙龙活动等，体验感十足。

3．IP 商业化：实体落地实现 IP 套现

2016 年 12 月底，火爆朋友圈的 LINE FRIENDS 在深圳海岸城开出深圳首店，LINE FRIENDS CAFé & STORE 每一家店都会结合当地特色，这次专门为深圳设计的是"布朗熊啤酒 Bar"。从单一零售店到如今的简餐零售一体门店，这个火爆 2016 的 IP 积极尝试不同的实体店形态，并根据各地文化为实体店增加创新元素。

4．售卖生活方式：从单一业态到复合业态的转变

全球首个无印良品旗舰店、餐厅及酒店三合一项目将入驻深业上城商场。MUJI BOOKS、Found MUJI、IDEE 以及 Open MUJI 四类品牌及业态为首次引入深圳，并且将开展各项和"食"有关的主题活动，为消费者提供多元化的生活体验。

5．智能科技植入：数字智能构建更加丰富多样的消费场景

全球最大的美妆实体零售商 Sephora 推出全新概念门店 TIP。TIP 的核心区域为美妆教室，配备 iPad 观看在线教程、设置公共 Wifi 让顾客分享化妆体验等。店内还提供空间更大、品牌更多的互动区域，包括护发产品演示吧及流行趋势展示台。丝芙兰 TIP 概念店内采用了一系列虚拟试用技术，丝芙兰计划将这家店作为未来其他门店设计的蓝本。在首家店运营成功后，继续拓展，最终形成规模化发展。

6．电商打通全渠道：因为纯线上零售是不可持续的

亚马逊实体书店是仿照亚马逊网站设计的，所有的书都封面朝外摆放、书页下显示该书的亚马逊星级以及网上的顾客评价。书店电子屏会推荐相似图书以及近期最火热的新书。

中国网上书城当当网的第一家线下实体书店，也于 2016 年 9 月初在长沙开业。一方面是通过线下体验让用户产生购买冲动，另一方面更主要的目的是为了给线上导流。

7．打造主题零售空间：通过文化和体验提高消费者忠诚度

2016 年 12 月开业的 Adidas 纽约第五大道旗舰店，展现了更多运动零售店未来可能的延伸方向。店内空间通过通道式入口，体育馆式照明、售票处风格收银台、看台等设计，复制真正的体育场馆的感觉。通过"科技 + 定制 + 生活方式"，打造最佳购物体验。

8．除了解决衣食住行，更多新奇业态诞生

在 2016 年激烈的市场竞争中，引入新奇业态，推动体验再升级，是提升购物中心回报

值的有效手段之一。

新奇业态出现在了休闲娱乐、文创、生活服务、儿童亲子等多个方面，其中运动馆、体验馆、主题乐园最受青睐。

众创空间、理发店、宠物、花艺、医疗等业态则出现了良好的发展态势，内容开始涵盖了消费者的生活各方面。

总结

实体店未来转型方向不外乎三个关键点：组合、体验、颜值。

而 2016 年这些出彩的实体店创新案例，给我们提供了更宽广的思考空间：新零售、淘品牌、IP 商业化、生活方式、智能科技、全渠道、主题零售空间以及更多意想不到的新奇业态的出现……都让我们看到了未来实体店的雏形和希望！

（资料来源：新店商研习社. 2016 实体店创新大记事：看到实体零售希望. 搜狐公众平台，http://mt.sohu.com/20170128/n479672535.shtml，2017-01-28.）

讨论：

结合案例分析未来实体店转型方向。

📚 知识检测

(1) 分销渠道的类型。

(2) 批发商的基本类型。

(3) 零售商的基本类型。

(4) 分销渠道决策过程。

(5) 分销渠道管理。

📖 应用实训

实训目标：

掌握企业分销渠道决策与管理的基本流程。

实训内容：

通过背景资料的阅读和对实际企业的访谈或研究，对一家企业的分销渠道策略进行分析，并提出渠道设计与管理建议。

实训要求：

(1) 学生 6~8 人为一组，阅读背景资料，对一家本地的手机、小家电或消费电子产品类企业进行访谈或研究，对该企业目前的渠道策略与模式进行分析。

(2) 根据该企业实际情况、所处行业的发展及宏观环境的变化，对其渠道设计与管理提出小组建议与意见。

 第十章

促 销 策 略

//////////////////////////////////

知识目标 ✍

理解促销的含义及促销组合；掌握人员推销的步骤及推销人员的管理；理解广告的功能、目标和预算；掌握广告策略与广告效果评估；理解公共关系含义、活动方式及实施步骤；掌握营业推广方法。

能力目标 📄

在实践中能够运用促销及促销组合策略分析企业的促销活动。

知识结构图 🎨

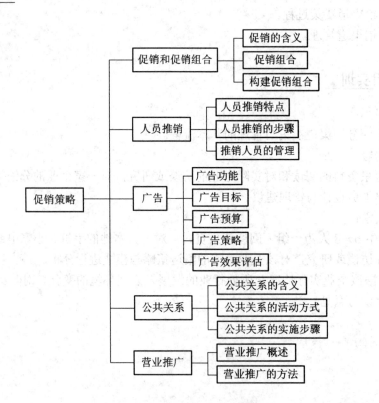

案例导读

君乐宝在下一盘好棋

猴年春节，国内首个"孝道综艺"节目《旋风孝子》在湖南卫视热播。君乐宝开啡尔酸奶作为近两年常温高端酸奶领域最具成长性的代表品牌，不仅成为《旋风孝子》第一合作伙伴，并与参与节目的当红明星"教主"黄晓明签署合作代言协议，伴随节目的热播备受关注。黄晓明、开啡尔、湖南卫视三者携手推"孝"，共同在春节为观众奉上一场合家共享、养身暖心的快乐盛宴，营造一种开心过年，带爱回家的温馨氛围。

三大"现象级"元素聚变

据悉，《旋风孝子》是湖南卫视携手国际知名金牌制作人打造的原创综艺节目，节目以中华传统"孝"文化为核心，呈现 6 位明星的"父母赡养记"，是 2016 年湖南卫视倾力打造的现象级综艺节目。当红"一哥"黄晓明作为 6 位节目嘉宾中的头号大咖，携母加盟《旋风孝子》，不仅令节目未播先热，也为其代言产品、节目第一合作伙伴开啡尔带来了新一轮的市场关注。

从冠名《中国成语大会》，弘扬中国传统文化，到独家赞助中国首部关注儿童性格养成的动画片《小小鲁班》，关爱儿童健康成长，再到成为《旋风孝子》第一合作伙伴，全国知名乳业品牌君乐宝始终在品牌传播中延续着传统的尊老爱幼传统与爱的温情，这种温情与君乐宝"至诚、至善、至爱"的企业理念极其吻合，将君乐宝创"心"营销阐释得淋漓尽致。随着当代老龄化趋势和家庭亲情的需求越发凸显，君乐宝再度出击，借助《旋风孝子》的强势登陆与代言人黄晓明的号召力，倡导回归传统价值的家庭关爱。

"一个是现象级的创新酸奶产品，一个是现象级的原创孝道综艺，一个是现象级的当红'一哥'，三方的首度合作令人期待。"业内人士指出，开啡尔常温酸奶、湖南卫视《旋风孝子》和"教主"黄晓明三方合力在年末团圆季出招，势必引发新一轮的关注热潮。

开啡尔携手黄晓明　倡导暖心孝道

君乐宝乳业副总裁陈君透露，之所以倾力支持《旋风孝子》，一方面是对企业长久以来坚持弘扬传统文化的贯彻，另一方面也是进一步加强与其新晋代言人黄晓明的深度合作，借力向外界展示君乐宝这一老牌乳业越来越年轻化的品牌形象转变，巩固开啡尔酸奶在消费者心中高端、健康的轻奢产品形象。

"开啡尔作为一款高端常温酸奶，能够满足不同季节、不同人群对酸奶产品的需求，特别适合冬天给不愿冷食的父母补充营养。"陈君介绍，开啡尔是国内首款由 8 种益生菌构成的 kefir 菌群发酵而成的常温酸奶，富含 3.0g 优质乳蛋白，不添加防腐剂，奶香浓郁，柔滑醇厚，可在常温下存储 150 天，在寒冷冬日也可随时畅饮。产品上市以来已先后摘得 SIAL（国际食品展览会）国际创新大奖、妇儿博览会优秀产品等多项大奖。

"在寒冷的冬日和团圆的季节，给父母一包开啡尔，陪 TA 一起看黄晓明加盟的《旋风孝子》，也是一种暖心孝道的方式。开啡尔倡导，陪伴就是对父母最好的爱和滋养。"陈君表示。

(资料来源：李娜. 君乐宝在下一盘好棋[J]. 销售与市场杂志管理版，2016(03).)

第一节　促销和促销组合

一、促销的含义

促销(promotion)，即促进销售，是企业通过人员和非人员的方式沟通企业与消费者之间信息，引发和刺激消费需求，从而促进消费者购买的活动。

促销方式分为人员促销和非人员促销两大类。非人员促销包括公共关系、营业推广和广告三个方面。促销方式的选择运用是促销策略中需要认真考虑的重要问题。促销策略的实施也是各种促销方式的组合编排和具体运作。

促销的实质是达成消费者与企业买卖双方的信息沟通，企业作为产品的供应者或卖方，需要把有关企业自身及所生产的产品、服务的信息广泛传递给消费者。这种由卖方向买方传递的信息，是买方借以作出购买决策的基本前提。另一方面，作为买方的消费者，也需要把对企业及产品、服务的认识和需求动向反馈到卖方，促使卖方根据市场需求进行生产。这种由买方向卖方的信息传递，是卖方借以作出营销决策的重要前提。可见，促销是一种由卖方到买方和由买方到卖方的不断循环的双向式沟通，交易双方信息沟通过程见图 10-1。

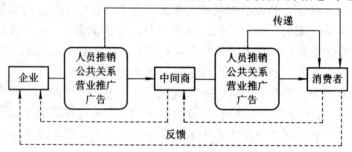

图 10-1　交易双方信息沟通

促销的最终目的是引发和刺激消费者产生购买行为。通过运用各种促销方式，对本企业产品进行有效宣传，刺激消费者的欲望，引发消费需求和购买动机，促成消费者的购买行为，实现产品和服务的转移。

二、促销组合

(一) 促销组合含义

促销组合，又称为营销沟通组合，由广告、公共关系、人员推销、营业推广等工具的特定组合构成，用于有说服力地沟通顾客价值和建立顾客关系。以下是四种主要的促销工具及其定义。

广告(advertising)，由特定广告主出资发布的非人格化的对观念、商品或服务的各种形式的展示和促销。

营业推广，又称销售促进(Sales Promotion)，是指为鼓励产品和服务的购买或销售而进行的短期激励。

人员推销(Personal Selling)是指销售人员为实现达成销售和建立客户关系的目的而进行的商品介绍和展示。

公共关系(Public Relations)是指通过获得有利的宣传，建立良好的企业形象，处理或应对不利的流言、事故和事件，与公司的各种公众建立良好的关系。

每一种促销方式都有与消费者沟通的特殊工具。例如，广告包括广播、印刷、互联网、移动、户外以及其他形式。营业推广包括折扣、优惠券、陈列和示范。人员推销包括销售展示、展销和激励计划。公共关系包括新闻发布会、赞助、特殊事件以及网页。

同时，市场营销沟通并不局限于这些具体的促销工具。产品的设计、价格、形状和包装，以及出售它的商店，都会向消费者传递产品或企业的信息。因此，尽管促销组合是企业主要的沟通活动，但是为了取得最佳的沟通效果，整个市场营销组合—促销与产品，定价和渠道，都必须协调一致。

(二) 促销组合影响因素

确定促销组合策略，主要应考虑以下因素。

(1) 促销目标。促进销售的总目标是通过报道、诱导和提示，促进消费者产生购买动机，影响消费者的购买行为，实现产品由生产领域向消费领域的转移。但在总目标的前提下，在特定时期对特定产品又有具体的促销目标。例如，针对某些产品，企业的促销目标可以是引起社会公众的注意，报道产品存在的信息；也可以重点突出产品特点、性能，以质量造型或使用方式吸引顾客；还可以强调优良的售后服务等。总之，要根据具体的营销目标对不同的促销方式进行适当选择，组合使用，从而达到促进产品销售的目的。

(2) 产品性质。不同性质的产品，消费者状况以及购买要求不同，因而采取的促销组合策略也有不同，一般来说，消费者众多、价值比较低、技术度较小的消费品，促销组合中广告的比例要大一些；而有较集中的消费者、价值较高、技术难度较大的工业品，运用人员推销方式的比例要大一些。公共关系、营业推广两种方式在不同性质产品的应用相对较均衡，见图 10-2。

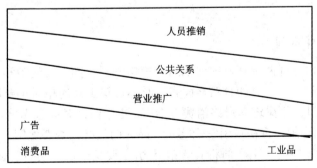

图 10-2 不同性质产品的促销方式选择

(3) 产品生命周期。产品生命周期的不同阶段，企业促销的重点和目标不同，要相应制定不同的促销组合。引入期重点是让消费者了解产品，主要采取广告方式，同时也可通过人员推销诱导中间商采购。成长期和成熟期重点是增进消费者的兴趣与偏好，多采取不同形式的广告介绍商品特点。衰退期重点是促成持续的信任和刺激购买，多做广告效果已不大，适宜多采取营业推广的方式增进购买。产品生命期各阶段的促销方式见表10-1。

表 10-1　产品生命周期各阶段的促销方式

产品生命周期	促销重点目标	促销主要方式
引入期	认识了解产品	各种广告
成长期	增进兴趣与爱好	改变广告形式
成熟期		
衰退期	促成信任购买	营业推广为主，辅以广告
生命周期各阶段	消除不满意感	改变广告内容，利用公共关系

(4) 市场性质。市场地理范围、市场类型和潜在顾客的数量等因素，决定了不同的市场性质；不同的市场性质又决定了不同的促销组合策略。一般来说，消费品市场的空间大，潜在顾客较多，促销组合中广告的比例要大一些；反之，工业品市场的空间小，潜在顾客的数量有限，促销组合中推销的比例则要大一些。

(5) 促销预算。促销预算因不同的竞争格局、企业和产品而有所不同。促销预算往往采取按营业额确定比例或者针对竞争者预算来确定预算额度的方法。不同的预算额度，从根本上决定了企业可选择的促销方式。例如，促销预算高，就可以选择电视广告等费用较高的促销方式。反之，则只可能选择费用较低的促销方式。企业应根据自己的促销目标和其他要素，全面衡量主客观条件，采取经济全面又有效的促销组合。

三、构建促销组合

在实践中，企业必须仔细地协调各种促销工具，构建高度整合的促销组合。企业应当如何决定运用哪些促销工具呢？即使同一行业内的公司在设计促销组合时，也会存在很大差别。在本节第二部分学习了选择各种促销工具的影响因素基础上，进行企业促销组合策略的选择。

(一) 促销组合策略

市场营销者可以选择两种基本的促销组合策略——"推"式促销和"拉"式促销。图10-3 比较了这两种策略。对这两种策略而言，具体促销工具的相对重要性是不同的。"推"式战略是将产品通过分销渠道向最终消费者推广，生产商针对渠道成员开展营销努力(主要是人员销售和交易促销)，旨在吸引它们购买产品并向最终消费者促销。

运用"拉"式策略时，生产商将其营销努力(主要是广告和消费者促销)集中在最终消费者身上，引导他们购买产品。例如，联合利华运用电视和平面广告、品牌网站、Youtube频道、脸书主页和其他渠道，直接向年轻的目标顾客推广 Axe 美容产品。如果"拉"式战略有效的话，消费者会向诸如沃尔玛等零售商求购产品，这些零售商就会向联合利华订货。因此，在"拉"式策略下，消费者需求在整个渠道中"拉动"产品。

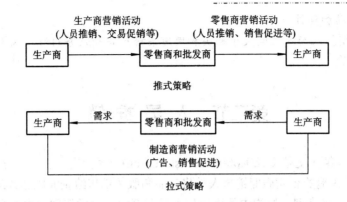

图 10-3 "推"式与"拉"式促销策略

有些工业产品公司只运用"推"式策略。但是，大多数大公司综合使用两种策略。例如，联合利华每年在消费者营销和销售促进上的花费超过 91 亿美元，旨在建立品牌偏好和吸引消费者进店购买其产品。同时，它依靠自己和分销商的销售人员、开展交易促销活动在渠道中推动产品，以便当消费者需要某种产品时，货架上有充足的货源。企业在设计其促销组合策略时，需要考虑许多因素，包括产品和市场类型，以及产品生命周期阶段。例如，在消费品市场和产业市场，不同促销工具的重要性存在差异。B2C 公司通常更多地采用"拉"式策略，将资金更多地投入到广告中，其次是销售促进、人员推销和公共关系。反之，B2B 市场营销者更倾向于"推"式策略，在人员销售上投入更多资金，其次才是销售促进、广告和公共关系。

（二）整合促销组合

在企业整体沟通战略的指导下，各种促销要素应该相互合作传递企业独特的品牌信息和卖点。整合促销组合应该从顾客出发。无论是广告、人员推销，还是营业推广、公共关系，在每个顾客接触点上的沟通必须传递一致的信息和定位。整合的促销组合确保每一个顾客接触点上的沟通努力在顾客希望的时间和地点，以顾客偏爱的方式进行。为实现整合促销组合，企业所有职能部门必须合作，共同计划沟通努力。整合的促销组合能使企业所有促销努力的协同效应最大化。

知识拓展 10-1

促销新方式

菲利普·科特勒和凯文·莱恩·凯勒在《营销管理》(第 14 版)中，将促销组合提炼为营销传播组合，其主要方式除原有的广告、人员推销、营业推广、公共关系外，还总结营销现实提出了 4 种新的方式：

(1) 实践和体验。由公司赞助的项目，目的在于建立与品牌相关的互动。

(2) 直销。利用信件、电话、传真、电子邮件或互联网直接与特定的顾客或潜在顾客沟通，或者引发其反馈或对话。

(3) 互动营销。旨在吸引顾客或潜在顾客并直接或间接地提高知名度、改善形象或促进销售的在线活动和项目。

(4) 口碑营销。人与人之间关于购买和使用某种产品和服务的好处或体验的口头、书面或电子邮件沟通。

第二节　人员推销

罗伯特·路易斯·史蒂文森(Robert louis stevenson)曾经指出："每个人都靠推销某种东西来生活。"世界各地的企业雇佣销售人员将产品和服务销售给企业顾客或最终消费者。我们也可以在其他许多类型的机构中找到销售人员。例如，大学依靠招生人员来招收新生，博物馆和艺术团体利用资金筹措者联系捐款人并筹集款项。即使政府也聘用销售人员。例如，美国邮局用销售人员将快递和其他服务推销给公司客户。在本节，我们将从人员推销特点，人员推销步骤，以及推销人员管理决策三方面进行学习。

一、人员推销特点

人员推销(Personal selling)是指通过推销人员深入中间商或消费者进行直接的宣传介绍，使其采取购买行为的促销方式。与非人员推销相比，人员推销的最大特点是具有直接性。无论是采取推销人员面对面地与顾客交谈的形式，还是采取推销人员电话访问顾客的形式，推销人员都在通过自己的声音、形象、动作或拥有的样品、宣传图片等直接向顾客展示、操作、说明，直接发生相互交流。人员推销的这种直接性的特点，决定了实施过程中既具有优于非人员推销的一面，也有劣于非人员推销的一面。

人员推销的优点主要表现在以下方面：

1．作业弹性大

推销人员与顾客保持直接联系，在促销过程中可以直接展示商品，进行操作表演，帮助安装调试，并且根据顾客反映出来的欲望、需求、动机和行为，灵活地采取必要的协调措施，对顾客表现出来的疑虑和问题，也可以及时进行讨论和解答。此外，推销人员尚可兼做许多相关性的工作，如服务、调研、情报收集等。

2．针对性强

采取广告方式等非人员推销方式，面对的是广泛的社会公众，他们可能是也可能不是该产品的顾客。而人员推销在作业之前往往要事先对顾客进行调查研究，选择潜在顾客，直接针对潜在顾客进行促销活动，具有较强的针对性，促销绩效也比较明显。

3．及时促成购买

人员推销缩短了从促销活动到采取购买行为之间的时间间隔。如果采取广告促销方式，顾客尚有一个接收、思考、比较、认定以及到店购买的时段。而人员推销活动可以使顾客的种种问题迎刃而解，促进顾客立即采取购买行为。

4．巩固营业关系

推销人员在与顾客长期反复的交往过程中，往往培养出亲切友好的关系。一方面，推销人员在帮助顾客选择称心如意的商品，解决产品使用过程中的种种问题，使顾客对推销人员产生亲切感和信任感；另一方面，顾客对推销人员的良好行为予以肯定和信任也会积极宣传企业的产品，帮助推销人员拓展业务，从而形成长期稳定的营业关系。

人员推销最主要的缺点是：当市场广阔面又分散时，推销成本较高；推销人员的管理比较困难；理想的推销人员也不容易获得。

二、人员推销的步骤

人员推销包括如下七个步骤：

1．发现潜在客户和核查资格

不仅要了解和熟悉现有顾客的需求动向，而且要尽力寻找新的目标市场，发现潜在顾客，从事市场开拓工作。销售人员也需要知道如何核查顾客，即如何识别好的并过滤不好的潜在顾客。通过查看潜在顾客的财力、营业额、特殊需求、所在位置以及增长潜力，销售人员可以确定潜在顾客是否合格。

2．销售准备

在拜访潜在顾客之前，销售人员应该尽可能多地了解企业客户(它的需求是什么，谁将参与购买)及其采购人员(采购人员的性格和购买风格)。这一步称为销售准备。一次成功的销售早在你踏进潜在顾客的办公室之前就已开始。销售准备始于细致的调查。销售人员可通过查找行业标准指南和在线资源、熟人和其他人来搜集潜在顾客有关资料，还可以仔细搜索潜在客户的网站和社交媒体网站了解关于潜在顾客的消费偏好、购买行为等信息。然后，销售人员根据调查结果有针对性地制定推销策略。

销售人员应该设定拜访目标，可以是核查顾客、收集信息或是马上达成交易。另一项工作是确定最好的接近方法，可以是亲自拜访、电话联络、信函或电子邮件。还需考虑一天或一周中最佳的拜访时机，因为很多潜在顾客在某些时候会很忙。最后，销售人员应该针对该客户制定一个总体销售策略。

3．接近顾客

在接近顾客阶段阶段，销售人员要知道如何会见客户，并使彼此的关系有个良好开端。这一步涉及销售人员的仪表、开场白以及随后的谈话。开场白应该积极，力求在双方关系的开始阶段就建立好感。开场白之后，可以接着洽谈几个关键的问题以更多地了解顾客的需求，或者展示陈列或样品以吸引顾客的注意力和好奇心。在销售的全过程中，倾听顾客的想法非常重要。

4．介绍示范

解释公司的产品如何能够解决顾客的问题。顾客问题解决型销售人员比那些强硬推销型或急速交易型的销售人员更符合当今的关系营销观念。

5．处理异议

通常，在倾听销售人员讲解产品或被要求下订单时，绝大多数顾客会表示异议。这些异议有些是合理的，有些完全是出于顾客个人心理的，并且有很多异议并没有直接说出来。在处理异议时，销售人员应该采取积极的态度，寻找隐含的异议，要求顾客陈述清楚他们的异议，并把这些异议作为提供更多信息的机会，最终把这些异议转变为购买的理由。每一位销售人员都需要在异议处理能力方面接受培训。

6. 成交

在处理顾客异议之后，销售人员应该设法达成交易。有些销售人员无法进入这一成交阶段，或者不能把它处理好。他们可能对自己缺乏信心，或是对向顾客要求订单有罪恶感，或是没有掌握适当的成交时机。

销售人员应该知道如何识别购买者发出的成交信号，包括身体的动作、言辞或者意见。销售人员可以使用各种达成交易的技巧。他们可向潜在顾客要求订单，重申双方协议的要点，提议帮助顾客填写订单，询问顾客想要这一型号还是另一种型号的产品，或者告诉购买者现在如果不买会有所损失。销售人员也可向购买者提供一些成交的特殊理由，例如特价优惠或额外赠送。

7. 顾客跟进和维持

推销过程的最后一步是顾客跟进和维持。如果销售人员希望保证客满意并日后重购，这一步非常重要。在达成交易后，销售人员应该安排送货时间，购买条款等一切细节问题。当货物送达后，销售人员应该安排一次跟进拜访，确保产品的安装、指导以及服务都正确无误。这次拜访能够帮助销售人员发现新的题，展现自己对顾客的关心，并减少顾客的担忧。

三、推销人员的管理

推销人员是企业与消费者之间的纽带，一方面是企业的代表，另一方面又与消费者紧密联系，反映着市场需求状况。企业应认真研究推销人员的管理问题，推销人员的管理主要包括招聘和选拔、培训、激励、监督等。

1. 推销人员的招聘和选拔

企业高效率的推销取决于拥有一支高素质的推销队伍。选拔优秀的推销人员。对于企业拓展市场极为重要。如果优秀的推销人才为竞争者所罗致，对企业将是双重的损失，企业家的重要任务之一，就在于识别和选拔优秀的推销人才。推销人员的甄选，可选自企业内部，亦可对外公开招聘。从企业内部挑选，由于被选人员已具备企业产品技术知识，对企业的政策及经营计划也比较清楚，可以减少培训的时间与内容，迅速扩充销售力量。招聘方式一般包括以下几个方面：

(1) 表格遴选。通常由应征人员先填写应征表格，据以判别是否符合候选人的基本条件。

(2) 卷面测验。设计有关推销知识，商品知识，市场知识的试卷，用以考核备选人员的知识水平。

(3) 个别交谈。个别交谈或面试，可以比较满意地评定一个人的语言能力，仪表风度，推销态度、面临窘境的处置方法以及知识的深度、广度等。

(4) 心理测验。主要类型及内容有能力测验，智力测验、性向测验，成就测验等。

知识拓展 10-2

一般来说，优秀的推销人员要具备以下素质：

1. 富于进取心。销售人员肩负联系企业与消费者的重任，工作艰巨。因此，推销人员应具有对企业和产品高度的热忱，有坚定的信心，有勤劳的习惯，有任劳任怨的精神和克服困难的勇气。优秀的推销人员有一种内驱力，具有强烈要求完成推销任务的内在需要。

2. 服务精神好。推销人员不仅是企业的代表，也是消费者的顾问。要想顾客之所想，急顾客之所急，勇于服务，不辞辛苦。不仅能把握推销机会，还能作为客户的顾问，帮助顾客获取购买和消费的利益。优秀的推销人员，能设身处地为顾客多着想。

3. 知识层面广。推销人员必须有旺盛的求知欲，善于学习为完成推销工作所必需的广泛知识。推销人员的知识主要包括：企业知识、产品知识，用户知识、市场知识。优秀的推销人员，是一个"万事通"，是熟悉本行业产品的行家里手。

4. 推销技巧熟。销售人员要举止适度，谦恭有礼，仪表端庄，态度从容，谈吐文雅，口齿流利，平易近人，谨慎机敏。绝对避免与顾客争吵，保持好的礼貌与风度。为了获得推销的成功，推销人员要准确地了解顾客的愿望、需要、爱好，职业和购买习惯，利用推销艺术，帮助顾客克服疑虑，把握良好的成交机会。优秀的推销人员，能做到不卑不亢，知己知彼，灵活机动，运用自如。

(资料来源：吴建安. 营销管理(精讲版)[M]. 2 版. 北京：高等教育出版社，2010.)

2. 推销人员的培训

企业通过甄选把推销人员确定后，接下来就该对本企业的准推销人员开始进行认真的培训，当然了，原有的推销人员每隔一段时间也应组织集训。推销训练的方法可分集体训练和个别训练两种。集体训练的方法有专题讲演、示范教学、按学习纲要进行考试与品评、分组研讨、职位演练等。个别训练的方法有在职训练、个别谈话，函授课程、采用手册或其他书面资料、利用视听教辅器材等。

3. 推销人员的薪酬与激励

为了吸引高素质的推销人员，企业应拟订一个具有吸引力的薪酬计划。推销人员的薪酬水平一般应以同类销售工作和所需能力的"当前市场价格"为依据。销售代表的薪酬一般采取三种方式：① 纯薪金制。固定的薪金给推销人员很高的安全感，易于管理，但是缺少有效的物质激励，难以激发推销人员的进取心。② 纯佣金制。薪酬完全与其销售额或利润挂钩。使用该种方法有利于激励推销人员，但是容易使推销人员缺乏安全感。③ 薪金佣金混合制。薪酬分成两大部分：一部分是相对固定的薪金；另一部分是佣金。

4. 评估销售人员和团队业绩

管理部门应该如何与销售人员进行沟通，使他们明白自己的任务，并激励他们完成任务。这个过程需要良好的反馈，也就意味着要收集有关销售人员的日常信息，以评估他们的业绩。管理部门可以从几个方面获得有关销售人员的信息，最重要的来源是销售报告，包括每周、每月工作计划以及区域的长期营销计划。销售人员还要对所完成的活动撰写访问报告，并提交部分或全部报销的费用报告。公司也可以监控销售人员所在区域的销售和利润业绩数据。其他一些信息来自个人观察、顾客调查以及与其他销售人员的谈话。

销售管理部门可以使用各种销售报告以及其他信息，评估每一位销售人员。评估围绕销售人员规划工作的能力和完成计划的能力两个方面进行。正式的评估要求管理层制定清晰的业绩评估标准并及时沟通。评估必须为销售人员提供建设性的反馈，激励他们更努力地工作。

在更大的范围上，管理层要评估整个销售团队的业绩。销售团队是否实现了既定的顾客关系、销售额和利润目标？是否与营销部门的其他团队和公司的其他部门有效合作？销售人员产生的成本是否与其产出相匹配？与其他营销活动一样，公司同样要衡量销售投入的回报。

第三节 广 告

一、广告功能

广告是指由特定的广告主有偿使用一定的媒体传播商品和劳务信息给目标顾客的促销行为。广告的功能主要包括以下几方面：

1. 认识功能

广告传播面广，及时深入社会各个角落。对某些商品购买者而言，人员推销不易接近，唯有广告才能迅速缩短与其距离，减少隔阂。广告可以促使消费者认识企业以及产品品牌、质量、性能、用途、使用方法、购买地点、购买程序、各种售后服务活动等。

2. 心理功能

广告可以建立目标消费者对企业和产品的良好印象，诱发感情，引起购买欲望，促进购买行为。广告可以促进老顾客对企业和产品的偏爱，增加习惯性购买，防止销路萎缩，延长产品生命周期。在大多数情况下，利用广告扩大销路比降价更为有效。削价不仅易遭到竞争者的报复，而且引起消费者的不信任感。生产者的广告活动还可增强中间商对产品的信心，密切工商关系。

3. 美学功能

广告也是一种艺术，好的广告给人以美的享受，使店容店貌更加宜人，美化市容环境。广告设计选择令人感兴趣的题材进行艺术加工，形成形式与内容的统一，就更加引人入胜。

知识拓展 10-3

2016 年年度十大广告片

1. 小肥羊《寻味之旅》。
2. BBC《动物界的奥运健儿》。
3. 苹果《快闪广告》。
4. 宜家《Let's Relax》。

5. 方太《宋词广告》。

6. 台湾 104 基金会《不怎么样的 25 岁》。

7. Shachihata《50 岁的不合格》。

8. SK-II《最后她去了相亲角》。

9. 华为《梦想成真》。

10. 阿里《你所热爱的，全在这里》。

(资料来源：2016 年年度十大广告片. 广告狂人 mp.http://mt.sohu.com，2016-12-24.)

二、广告目标

广告决策的第一步是确定广告目标。广告目标的确定应建立在前期目标市场选择、市场定位和营销组合的基础上，将明确广告在整体营销规划中的作用。总体广告目标是通过顾客价值沟通过程，帮助企业建立起良好的顾客关系。

广告目标是在特定期间内针对特定目标受众设定的特定沟通任务。广告目标可以根据主要意图加以分类。

1. 告知性广告

告知性广告在引入新产品大类时被企业广泛应用。此时，消费者和经销商对新产品不了解，企业多采用告知性广告促进消费者了解和认识产品的特点，广告的目标是建立基本的市场需求。

2. 说服性广告

说服性广告在竞争激烈的市场里非常重要。这类广告的目标是消费者和用户不仅知道企业产品的名称，还要使他们了解、记忆企业及产品的特点。这种广告在产品成长期配合差异性市场营销策略特别有效。

3. 比较性广告

比较性广告即企业直接或间接地将自己的品牌和其他企业的品牌进行比较。比较性广告使用广泛，从软饮料、啤酒、止痛片到计算机、电池、汽车租赁服务和信用卡。例如，在经典的比较性广告案例中，艾维斯汽车租赁公司(Aviis)将自己直接与行业领先者赫兹汽车租赁公司(Hertz)进行比较，运用比附定位策略获得成功。

4. 提示性广告

提示性广告对于成熟期产品非常有效，它能促使消费者想起该产品，维持与消费者的关系。昂贵的可口可乐电视广告主要就是为了建立和维护可口可乐品牌与消费者的关系，而不是告知消费者或是说服他们在短期内购买。一旦广告主认为畅销产品再无需广告，忽视提示性广告，就会招致市场无情的报复。

5. 促销性广告

促销性广告要求广告刊播后取得立竿见影的效果，因此，在广告表现上要突出画面、标题和内文，用生动的语言和引人注目的图画引起受众的兴趣，达到立即购买的目的。例如，夏普图像公司(Sharperimage)设计的 Bionicbreeze 空气净化器的直接回应式电视广告，目的就是促使消费者马上拿起电话直接购买产品；希尔斯商场的周末促销广告就是为了即时增加周末客流量。

三、广告预算

公司面临的最艰难的营销决策之一是，应该在促销上花多少钱。百货业巨头约翰·华纳梅克(John wanamaker)曾经说过："我知道我的广告费有一半被浪费了，但不知道是哪一半。我花费 200 万美元做广告，但我不知道这笔钱是只够一半还是多花了一倍。"因此，不同的行业和公司在促销支出上存在很大差别就不足为奇了。消费者包装商品的促销费用可能占销售总额的 10%～12%，化妆品大约为 1%，工业机械产品只有 1%。在特定的行业中，既有促销费用很低的公司，也有在促销上投入大笔金钱的公司。

企业可采用量力而行法、销售百分比法、竞争对等法和目标任务法四种常见的预算方法，确定广告预算，进而实现本企业的广告目标。

1．量力而行法

量力而行法指企业把自己的财力状况作为确定广告预算的依据。即在其他营销活动的经费被优先分配之后，尚有剩余者再供广告之用。企业根据其财力情况来决定广告开支多少并没有错，但应看到，广告是企业的一种重要促销手段，企业做广告的根本目的在于促进销售。因此，企业做广告预算时要充分考虑企业需要花多少广告费才能完成销售指标。所以，严格说来，量力而行法在某种程度上存在着片面性。

2．销售百分比法

销售百分比法指企业按照销售额或单位产品售价的一定百分比来确定广告开支。这就是说，企业按照每完成 100 元销售额(或每卖 1 单位产品)需要多少广告费来计算和决定广告预算。使用销售百分比法确定广告预算的主要优点有：

(1) 广告费用随着企业所能提供的资金量的大小而变化，可以促使那些注重财务的高级管理人员认识到，企业所有类型的费用支出都与总收入的变动有密切关系。

(2) 可促使企业管理人员根据单位广告成本、产品售价和销售利润之间的关系去考虑企业的经营管理问题。

(3) 有利于保持竞争的相对稳定。因为只要各竞争企业都在让其广告预算随着销售额的某一百分比而变动这一点上达成默契，就可以避免广告战。

3．竞争对等法

竞争对等法指企业比照竞争者的广告开支来决定本企业广告开支。采用竞争对等法的前提条件是：

(1) 企业必须能获悉竞争者确定广告预算的可靠信息，只有这样才能随着竞争者广告预算的升降而调高或调低。

(2) 竞争者的广告预算能代表企业所在行业的集体智慧。

(3) 维持竞争均势能避免各企业之间的广告战。

(4) 企业与竞争者生产、销售规模相仿，同属于一个层次。

4．目标任务法

目标任务法是依据预定的广告目标确定广告预算的方法。

(1) 目标任务法的实施步骤：

前面介绍的几种方法都是先确定一个总的广告预算，然后再将广告预算总额分配给不同的产品或地区。目标任务法的实施步骤是：① 明确地确定广告目标。② 决定为达到这种目标而必须执行的工作任务。③ 估算执行这种工作任务所需的各种费用，这些费用的总和就是计划广告预算。

(2) 目标任务法的广告预算申请书：

采用目标任务法制定广告预算，要准备一份广告预算申请书。① 尽可能详细地限定其广告目标，最好能用数字表示。② 列出为实现该目标所必须完成的工作任务。③ 估计完成这些任务所需要的全部成本。这些成本之和就是各自的经费申请额，所有经理的经费申请额即构成企业所必需的总的广告预算。

目标任务法的缺点是没有从成本的观点出发来考虑某一广告目标是否值得追求。如，企业的广告目标是下年度将某品牌的知名度提高 20%，这时所需要的广告费用也许会比实现该目标后利润的贡献额超出许多。因此，企业应当按照成本来估计各目标的贡献额(即进行成本效益分析)。然后再选择最有利的目标付诸实现。实际上，这种方法也就被修正为根据边际成本与边际收益的估计来确定广告预算。

四、广告策略

广告策略包括两个主要方面：广告创意和媒体决策。过去，媒体计划通常被认为是次要的，广告创意才是最重要的。广告创意部门先创作出好的广告，然后媒体部门针对期望的目标受众选择最好的媒体刊登这些广告。这么做经常引发创意部门与媒体部门之间的摩擦。

然而现在，暴涨的媒体成本、更加聚焦的目标市场营销策略，以及新型数字媒体和社交媒体的发展，都提升了媒体策划的重要性。关于广告运动使用什么媒体的决策—电视、报纸、杂志、视频、网站或者网上社交媒体、移动电话或者电子邮件，有时比广告运动的创意元素更重要。而且，如今更为常见的是通过品牌与消费者之间、消费者与消费者之间的互动来共同创造品牌内容和信息。所以，越来越多的广告主致力于努力实现精心策划的创意与表达该创意的媒体之间的珠联璧合。

(一) 广告创意

1. 含义

"创意"，从字面上理解，是"创造意象之意"。从这一层面进行挖掘，我们认为广告创意是介于广告策划与广告表现、制作之间的艺术构思活动，即根据广告主题，经过精心思考和策划，运用艺术手段，把所掌握的材料进行创造性的组合，以塑造意象的过程。简而言之，即广告主题意念的意象化。

创意是广告活动全过程的一个重要环节，它处在广告主题的选择与广告表现和制作之间。我们知道，广告主题仅仅是一种思想或观念，这种抽象的意念必须借助于特定的形象来表现。

2．广告创意的表达

为把广告主题呈现在顾客面前，企业的创意团队必须找到最恰当的方法、风格、格调、用词和格式来表达创意。常见的广告创意的表达有：

(1) 生活片段：显示一个或数个典型人物在日常生活中使用产品的情景，如 Silk Soymilk 豆奶"成长的希望"广告，描述了一名年轻职员以一顿健康的早餐开启了充满希望的一天。

(2) 生活方式：强调产品如何满足人们的生活方式。例如，Liquidlogic 皮艇的广告中，一群皮艇手在挑战激流。结尾时广告说道："地球表面 2/3 的面积都是游乐场—拥抱湿润的生活!"

(3) 幻境：对产品及其用途，设想一种引人入胜的奇景。很多广告围绕幻想构建主题，如在阿迪达斯运动鞋广告中，一个男孩幻想自己穿上阿迪达斯运动鞋后跑起来遥遥领先，广告的结尾处呈现阿迪达斯的经典广告语"没有什么是不可能的(Impossible is nothing)。

(4) 气氛或想象：围绕产品或服务渲染一种感情或形象，如美丽、爱情或宁静。除了渲染氛围之外，这种文体一般很少对产品本身进行过多宣传。例如，新加坡航空公司的广告展现了在柔和的灯光下，彬彬有礼的空乘人员细心照料旅客，让他们感到轻松愉快的情景。

(5) 音乐：一个或几个人物，或卡通角色演唱一首有关产品的歌曲。例如可口可乐的音乐广告"我想教世界唱歌(I'd Like to Teach the World to Sing)"成为史上最著名的广告之一。同样，奥斯卡梅尔肉品(Oscar Mayer)长期播放的广告中，一群孩子愉快地唱着现在著名的歌曲"我希望我是奥斯卡梅尔小香肠……"。

(6) 个性象征：广告创造一个代表产品的角色。广告角色可以是动画人物(如清洁产品 Mr.Clean、儿童食品汤尼虎 Tony the Tiger、车险公司盖可壁虎)，也可以是真实角色(如万宝路香烟的牛仔、美国家庭寿险 AFLAC 的鸭子形象)。

(7) 技术专长：展示产品制作过程中企业的专长和经验。麦斯维尔咖啡向观众展示其精选咖啡豆的过程；波士顿啤酒公司(Boston Beer Company)的吉姆·柯克(Jim koch)向消费者讲述自己多年来酿造 Samuel Adams 牌啤酒的经验。

(8) 科学证据：提出调查结果或科学证据，从而证明该品牌优于其他品牌。多年来，佳洁士牙膏一直采用科学证据使消费者相信佳洁士比其他品牌有更强的防龋齿能力。

(9) 证词证言：通过有很高威信、受人欢迎的人或行家认可产品。证词证言广告可以通过普通人之口表达他们多么喜爱某一产品，如捷蓝航空(Jetblue)广告；或请明星代言产品，如佳得乐饮料(Gatorade)的广告展示了佳得乐饮料如何帮助几年前险些因脱水而死的运动员克里斯·雷获得铁人三项赛冠军。

知识拓展 10-4

2016 年度十大创意广告视频盘点

1. Keep 首支品牌广告片 "自律给我自由" 导演：Matthias Zentner (欧美)。
2. Olay 沐浴露.90 后只能洗洗睡? 导演：孙凡 (中国大陆)。
3. 兰芝 Laneige.BB Cream. 宋慧乔 导演：Hwang Beom Seon （韩国） 。

4.　轩尼诗 Hennessy - Each drop of Hennessy X.O 导演：Nicolas Winding Refn(欧美)。

5.　H&M - Hong Kong Spring Fashion Campaign　品牌：H&M。

6.　斯柯达 Skoda - Yeti 携手古惑仔：一起兄弟　导演：孔玟燕(台湾)。

7.　庆祝中国共产党成立95周年公益广告《我是谁》　导演：郭育明(中国大陆)。

8.　必胜客.爱分享.胡歌最新广告　导演：关锦鹏(香港)。

9.　豆瓣.我的精神角落.导演：罗景壬(台湾)。

10.　赫拉 Hera.2016 韩国时尚篇.全智贤 导演：Yu Gwang Goeng(韩国)。

(资料来源：2016年度十大创意广告视频盘点，http://www.ad-cn.net/，2016-12-25.)

(二) 广告媒体

广告媒体是用于向公众发布广告的传播载体。企业媒体计划人员还必须评估各种主要媒体到达特定目标沟通对象的能力，以便决定采用何种媒体。

1. 广告媒体类型

主要的媒体类型有：报纸、杂志、广播、电视、直接邮售、户外广告和网络广告。

2. 广告媒体特性

媒体计划人员选择媒体前需了解各媒体的特性。

(1) 报纸。优点是弹性大，及时，当地市场的覆盖率高，易被接受和信任。缺点是时效短，转阅读者少。

(2) 杂志。优点是可选择适当的地区和对象，可靠且有名气，时效长，转阅读者多展露时间长。缺点是广告购买前置时间长，有些发行量是无效的。

(3) 广播。优点是可大量使用，可选择适当的地区和对象，成本低。缺点是仅有音响效果，传播效果不如电视，转瞬即逝，不便记忆。

(4) 电视。优点是视、听紧密结合易于引人注意，送达率高。缺点是绝对成本高，展露瞬间即逝，对观众无选择性。

(5) 直接邮寄。优点是沟通对象已经过选择，媒体形式灵活。缺点是成本较高，容易造成滥寄现象。

(6) 户外广告。优点是比较灵活，展露重复性强，成本低、竞争少。缺点是不能选择对象，创造力受到局限等。

(7) 网络广告。优点是非强迫性、交互性、实时性、广泛性、经济性，形式多样。缺点是广告位置有限，创意设计空间有限，受众情况难以统计，网民对网络广告的反感增加等。

(三) 媒体的选择

企业媒体计划人员在选择媒体种类时需考虑如下因素：

(1) 目标沟通对象的媒体习惯。例如，把学龄前儿童作为目标沟通对象的玩具企业不会在杂志上做广告，只能在电视或广播上做广告。

（2）产品特性。不同的媒体在展示、解释、可信度与颜色等各方面分别有不同的说服能力。例如，照相机之类的产品最好通过电视媒体或互联网做活生生的实地广告。

（3）信息类型。不同类型的信息对媒体选择的要求也不同。譬如，宣布明日的销售活动，必须在广播或报纸上做广告；而如果广告信息中含有大量的技术资料，则须在专业杂志上做广告。

（4）成本。不同媒体所需成本是一个重要的决策因素。电视是最昂贵的媒体，而报纸则较便宜。不过，最重要的不是绝对成本的差异，而是目标沟通对象的人数构成与成本之间的相对关系。如果用每千人成本来计算，可能会表明电视广告比报纸广告更便宜。

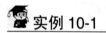 **实例 10-1**

途牛旅游网：下载量环比暴涨 133%，净收入同比暴涨 116%

跨界营销，强强联合。2014 年途牛旅游网独家冠名王牌节目《非诚勿扰》第四季度，开在线旅游业先河，2015 年依然选择江苏卫视大平台，依托受众匹配度极高的顶级资源《非诚勿扰》作为传播主场，联合《最强大脑》《为她而战》《我们相爱吧》等王牌栏目，再一次将在线旅游行业推向了大众关注的风口。

品牌认知度提升 30%，明星产品销量持续提升。尼尔森数据显示，2015 年度途牛品牌认知度同比增长 30%，网站日均 UV 提高一倍，而节目主推目的地马尔代夫已然成为途牛的王牌产品。

2015 年第一季度财报显示，该季度途牛在马尔代夫的市场份额进一步提升，每 4 位中国人出游马尔代夫，其中就有 1 人通过途牛预订。

综合途牛财报数据，2015 年第一季度，净收入增长强劲，同比增长 115.9%，至 12.5 亿元；出游人次增长迅猛，同比增长 134.6%，交易额同比增长 116.9%。

移动端渗透率持续提升，下载量增长迅猛，途牛旅游 APP 下载量近 2.8 亿，增长 133%。

四大美股 OTA，途牛营收增速第一（途牛：116%；去哪儿网：100%；携程：46%；艺龙：–14%）。

途牛旅游网 CMO 首席市场官陈福炜如是说：江苏卫视通过对途牛传播需求的了解和对传播策略的研究，率先引入 T2O 概念，为途牛量身打造创新植入形式，既满足了品牌传播的诉求，又通过与节目互动环节巧妙无缝结合，将优质电视节目的忠诚观众，转化为途牛的用户，最终带来了切实的商业变现。

（资料来源：李秀梅.途牛旅游网：下载量环比暴涨 133%，净收入同比暴涨 116%[J]. 销售与市场杂志管理版,2015(12).)

五、广告效果评估

广告的有效计划与控制主要基于广告效果的评估。评估广告效果的研究技术，随着企业想要达到的目的不同而有所差异。

(一) 沟通效果评估

测定沟通效果的目的在于分析广告活动是否达到预期的信息沟通效果。

1. 广告的预测

广告的预测主要是在广告投放前通过样本评估可能产生的沟通效果。

(1) 直接评分。即由目标消费者的一组固定样本或广告专家来评价一则广告，并填写评分问卷。这种做法的理论依据是，如果一则有效的广告的最终目的是刺激购买行为那么在这些指标上就都应得高分。但是，直接评分法不一定能完全反映广告对目标消费者的实际影响。直接评分法主要用于帮助淘汰和剔除那些质量差的广告。

(2) 组合测试。即先给受试者一组试验用的广告，要求他们愿看多久就看多久，等到他们放下广告后，让他们回忆所看到的广告，并且对每一则广告都尽其最大能力予以描述，所得结果用以判别一则广告的突出性及其期望信息被了解的程度。

2. 广告的后测

广告的后测主要用来评估广告出现于媒体后所产生的实际沟通效果。主要测量方法有以下两种：

(1) 回忆测试。即找一些经常使用该媒体沟通工具的人，请他们回忆在该媒体上发布广告的企业及其产品名称。回忆方式是请他们回想或复述所有能记得的东西。回忆结果的评分标准是受试者的反应如何。评分结果可用来判断广告引人注意和令人记住的力量。

(2) 识别测试。即先用抽样的方法抽取某一特定沟通工具的接收者(如某一杂志的读者)作为受试者，请他们反复阅读某一杂志，时间不限，然后说出认识杂志上众多个广告中的哪一个，最后根据识别的结果给予每一则广告三种不同的可读性评分：第一，只注意到；第二，尚记得名称；第三，读过广告内容的一半以上。

(二) 销售效果评估

一般来讲，广告的销售效果要比沟通效果难以测定。测定广告对销售状况的影响即广告的销售效果，可通过两种方法进行。

1. 历史资料分析法

这是由研究人员根据同步或滞后的原则，利用最小平方回归法求得企业过去的销售额与企业过去的广告支出二者之间关系的一种测量方法。国外不少企业在应用多元回归法分析企业历史资料、测量广告的销售效果方面取得了重大进展，尤以测量香烟、咖啡等产品的广告效果最为成功。

2. 实验设计分析法

用这种方法来测量广告对销售的影响，可选择不同地区，在其中某些地区进行比平均广告水平强50%的广告活动，在另一些地区进行比平均水平低50%的广告活动。这样，从150%、100%、50%三类广告水平的地区的销售记录就可以看出广告活动对企业销售究竟有多大影响，还可以导出销售反应函数。这种实验设计法已在美国等西方国家被广为采用。

第四节　公 共 关 系

一、公共关系的含义

公共关系(Public Relations)是指一个组织为改善与社会公众的联系状况，增进公众对组织的认识、理解与支持，树立良好的组织形象而进行的一系列活动。

1. 公共关系是指企业与相关社会公众的相互关系

这些社会公众主要包括：供应商、中间商、消费者、竞争者、信贷机构、保险机构、政府部门、新闻传媒等。企业作为相互联系的社会组织的一分子，每时每刻都与相关的社会公众发生着频繁而广泛的经济联系和社会联系。企业开展公共关系就是要同这些社会公众建立良好的关系。

2. 企业形象是公共关系的核心

公共关系的一切措施都是围绕着建立良好的企业形象来进行的。企业形象一般是指社会公众对企业的综合评价，表明企业在社会公众心目中的印象和价值。在激烈的市场竞争中，一旦企业建立了良好的形象，就拥有了良好的商业信誉，从而使企业在竞争中占据有利地位。反之，一旦企业在社会公众中形成恶劣形象，则可能被市场淘汰出局。

3. 公共关系的最终目的是促进商品销售，提高市场竞争力

表面上看，公共关系仅仅是为了建立良好的形象，其促销性似乎并不存在。但从本质上看，企业作为社会经济生活中基本的经济组织形式，营利性是它的基本准则。公共关系的最终目的无疑仍然是促进商品销售。正因为如此，公共关系才成为促销的一个重要方式，只不过它是一种隐性的促销方式。企业首先塑造了自身良好的形象，进而带动和促进自身产品的销售。

知识拓展 10-5

2016 年度十大公共关系事件

1. 杭州 G20 峰会赢得国内外好评，中国再次展现大国形象。
2. 习近平主席出访足迹遍及全球，开创大国外交新时代。
3. 中国共产党首发形象宣传片圈粉无数，从严治党、依法治国鼓舞人心。
4. 中国运动员个性化表达引人关注，女排精神再成国人奋进新动力。
5. "南海仲裁案"荒唐出炉，中国通过大国公关赢得理解和支持。
6. 华为、中车等优秀品牌输出海外，"中国制造"迈向"中国质造"。
7. 以 papi 酱为代表的大众网红直播集中爆发，开启企业营销新模式。
8. "公共关系：变革中前行"，2016 中国国际公共关系大会成功举办。
9. 顺丰、神州用温情感动客户，企业危机公关面临挑战与突破。

10. 大数据、虚拟现实等高科技手段融入公关行业，助推行业发展更宽更广。

（资料来源：2016 十大公共关系事件，http://www.chinapr.com.cn，2017-01-11.）

二、公共关系的活动方式

按照公共关系活动所要达到的目的来看，公共关系活动方式可以分为以下几种。

1. 宣传型公共关系

运用各种媒介，组织编印宣传性的文字、图像材料，拍摄宣传影像带以及组织展览向社会各界传播企业的有关信息，从而形成有利于企业发展的社会舆论导向。新闻媒介宣传是一种免费广告，具有客观性或真实感，消费者在心理上往往不设防，所带来的影响往往高于单纯的商业广告。

2. 征询型公共关系

通过各种征询热线、问卷调查、民意测验等形式。吸引社会各界参与企业发展的讨论。征询型公共关系既可以了解社会各界对企业形象的认识程度，以利于进一步改善形象，又可以在征询的过程中达到与社会各界密切联系、沟通信息的目的。

3. 交际型公共关系

通过招待会、宴会、电话、信函、互联网等形式与社会各界保持联系，广交朋友，增进友谊，改善人际关系，提高企业的知名度和美誉度。

实例 10-2

因为一位意外来客，北京月坛这家庆丰包子铺火了。

意外来客是中共中央总书记、国家主席习近平。12 月 28 日中午，他在这里点了二两猪肉大葱包，一碗炒肝，一份芥菜，花了 21 元，用餐 20 分钟。

习近平离开约 1 小时后，从网上看到消息前来的顾客开始增多。当晚，有的工作人员在加班。第二天中午，客人出现爆满。即使这两天是周末的消费低谷期。

"习主席坐过的位子在哪里？"很多顾客一进门就问。在可容纳 120 位客人的店里，顾客排了几十米长队。从中午 11 点开始，要等一个多小时才能取到包子。不同职业、不同经历、不同年龄的人们，在这个冬天汇聚到一起，体验习近平排队、取餐、就餐的感受。人们在他坐过的位子上轮流留影，最多时有七八人等候。"这就够感动了。"一位老大爷说。

对于庆丰包子铺来说，习近平的到访是意外惊喜。中央电视台、北京电视台、北京晨报、法制晚报……前来采访的国内记者接连不断。港台媒体也来拍照。店内随处可见长枪短炮。华天集团宣传人员告诉记者，这个效果"花多少钱也没法达到"。他不忘借机宣传，请记者去参观生产基地。已有媒体准备跟踪报道庆丰包子铺的炒肝制作流程。有一位上海商人连夜赶来洽谈加盟事宜——庆丰在上海并无分店，他看准了这个商机。

"这件事对基层员工激励很大。我们信心更强了，以后会把品质、服务做得更到位。"徐林称。有媒体推测，总书记之所以选择庆丰包子铺，是因为它是老字号的国有企业，具有特色和代表性。

在一天忙碌之后，12 月 29 日晚，庆丰包子铺月坛店打烊了。统计显示，当天营业额比平时翻了一番。猪肉大葱馅包子卖了两百多斤，是平时的 4 倍。

(资料来源："来份主席套餐"：习近平光临后的庆丰包子铺，http://news.sohu.com/，2013-12-30.)

4. 服务型公共关系

服务型公共关系通过消费咨询、免费维修等形式。使社会有关人员获得服务性的实惠，增加社会各界对企业信誉的深刻体验，从而实现提升企业形象。

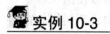 **实例 10-3**

越后屋 "借" 雨伞

日本有一家著名的衣料店名叫 "越后屋"。每逢下雨时，许多没有带伞的顾客或路人，聚集在屋檐下或店堂里避雨。此时，店员便拿出一把把雨伞 "借" 给他们，让他们能早点回家，这些雨伞上都印有醒目的 "越后屋" 三个大字。顾客们打着伞走了，"越后屋" 的名字之到了各处，即便有人忘了归还也无妨。借伞的人，常怀有感激之情，一买衣料就免不了到 "越后屋"。"越后屋" 的名字伴随一把把雨伞传到了各处，"越后屋" 的情义和美誉也传各处。

(资料来源：蔡志刚. 公共关系原理与实务[M]. 西安:西北工业大学出版社，2010.)

5. 赞助型公共关系

通过赞助和参与文体娱乐活动以及办学、扶贫、救灾等活动，充分表达企业对社会的一份责任和一片爱心，展示企业良好的精神风貌，以企业对社会的关心换来社会对企业的关心。

三、公共关系的实施步骤

公共关系的主要职能是围绕企业形象进行信息收集、传播沟通、咨询建议和协调引导。作为一个完整的工作过程，包括四个相互衔接的步骤。

1. 公共关系调研

调查研究是做好公共关系工作的基础，公共关系工作要做到有的放矢，首先要了解公共关系的现状，为公共关系活动提供决策依据。公共关系调研的主要内容包括企业现状，公众意见以及社会环境三个方面。

2. 公共关系计划

在调查分析的基础上明确问题的重要性和紧迫性，进而根据企业总目标的要求和各方面的情况，确定具体的公共关系计划。一般来说，企业公共关系的直接目标是：促成企业与公众的相互理解，影响公众的态度和行为，建立良好的企业形象。具体的公共关系目标又分为传播信息、转变态度、唤起需求。企业应根据不同时期的公共关系目标，综合公众对企业认识、信赖的实际状况，制定具体的公共关系计划。

3. 公共关系实施

公共关系实施过程中要充分考虑企业发展阶段、公共关系目标及重点、公共关系预算、公共关系媒介等各种因素，实现有效的传播和交流，从而达到良好的公共关系效果。

4. 公共关系评价

对公共关系活动是否按计划实现了既定目标应及时作出评价。公共关系工作的成效可从定性与定量两方面评价。信息传播可以强化或转变受众固有的观念与态度，但人们对信息的接受，理解和记忆都具有选择性。传播成效的取得是一个潜移默化的过程，在时期内很难用统计数据衡量。有些公共关系活动的成效，可以进行数量统计，如理解程度、抱怨者数量、传媒宣传次数，赞助活动等。评价的目的在于为今后公共关系工作提供资料和经验。

第五节　营业推广

一、营业推广概述

(一) 营业推广的含义及特征

营业推广(Sales Promotion)是指能够迅速激励购买行为的促销方式。与其他促销方式不同，营业推广是一种短程而有效的刺激措施，能够产生立竿见影的效果。营业推广是一种战术性而非战略性的营销工具，具有两个相互矛盾的特征：

(1) 强烈呈现。营业推广把消费者的选择机遇强烈地呈现出来，似乎告诉消费者这是一次失不再来的机会，迅速消除顾客疑虑观望的心理，打破购买惰性，促其迅速购买。营业推广暗含了一个假设前提：消费者的购买欲望是可以通过强烈刺激而释放或提前释放的，可以在短期内给予一剂"兴奋剂"来推动其购买行为。

(2) 产品贬低。营业推广显示企业急于出售产品的意图，使用不当就可能使消费者怀疑产品品质，产生逆反心理。因此，要因时、因地、因商品而适度使用这一策略。

(二) 营业推广的作用

营业推广在促销组合中的作用日益增强，营业推广费用在企业促销费用支出中的比例越来越大，已远远超过广告费用支出。企业之所以对营业推广青睐有加，是因为它在日益剧烈的市场竞争中发挥着独特的作用。

1. 加速新产品市场导入的进程

当消费者对刚进入市场的新产品还不够了解，不能作出积极的购买决策时，通过有效的营业推广措施，如免费试用、折扣优惠等，可以在较短时期内迅速让消费者了解产品，接受产品，加速市场导入的进程。

2. 强化消费者重复购买的行为

消费者对某一品牌的首次购买并不保证其再次购买，但是，通过销售积分奖励、赠送购物券等多种营业推广形式，则可以在很大程度上吸引消费者重复购买，养成使用习惯。

3．刺激消费者迅速购买

通过运用价格优惠、附赠品等多种方式，形成强烈的利益诱导，可以在短期内激起消费者的购买欲望，加速消费者的购买决策，短期内迅速扩大企业的销售额。

4．抵御竞争者的促销活动

当竞争者大规模展开促销活动时，可以有针对性地选择营业推广的手段抵御和反击维持本企业的市场份额。但是必须认识到，营业推广只能起到即时激励的作用，一般难以建立品牌忠诚，也难以在销售大幅度下滑中发挥起死回生的作用。

二、营业推广的方法

营业推广的对象有消费者、中间商和推销人员三种类型。针对消费者和中间商开展营业推广的目的是刺激他们迅速采取购买行为；针对推销人员开展营业推广的目的是激励他们积极推销，增加销售。对象不同，营业推广方法也不同。下面进行一一介绍。

(一) 针对消费者的销售促进

可以鼓励老顾客继续使用，促进新顾客使用，动员顾客购买新产品或更新设备。引导顾客改变购买习惯，或培养顾客对本企业的偏爱行为等。其方式可以采用：

(1) 赠送促销。向消费者赠送样品或试用样品，可以鼓励消费者认购，也可以获取消费者对产品的反映。样品可以挨户赠送，在商店或闹市区散发，在其他商品中附送，也可以公开广告赠送。赠送样品是介绍一种新商品最有效的方法，费用也最高，对高值商品不宜采用。

(2) 代金券。在购买某种商品时，持券可以免付一定金额的钱。代金券可以通过广告或直邮的方式发送；代价券还可以对购买商品达到一定数量或数额的顾客赠送这种形式，有利于刺激消费者使用老产品，也可以鼓励消费者认购新产品。

(3) 廉价包装。又叫折价包装，即在商品包装上注明折价数额或比例。它可以是一种商品单装，也可以把几件商品包装在一起。这种形式，能诱发经济型消费者的需求，对刺激短期销售比较有效。

(4) 包装兑现。即采用商品包装来兑换现金。如收集若干个某种饮料瓶盖，可以兑换一定数量的现金或实物，借以鼓励消费者购买该种饮料。这种方式的有效运用也体现了企业的绿色营销观念，有利于树立良好的企业形象。

(5) 奖励。可以凭奖励券买一种低价出售的商品，或者凭券免费以示鼓励，或者凭券买某种商品时给一定优惠，各种抽奖就属此类。

(6) 现场示范。企业派人将自己的产品在销售现场当场进行使用示范表演，把些技术性较强的产品的使用方法介绍给消费者。

(7) 联合推广。企业与零售商联合促销，将一些能显示企业优势和特征的产品在商场集中陈列，边展边销。

(8) 会议促销。各类展销会、博览会、业务洽谈会期间的各种现场产品介绍、推广和销售活动。

(二) 针对中间商的销售促进

向中间商推广，其目的是鼓励批发商大量购买，吸引零售商扩大经营，动员有关中间商积极购存或推销某些产品。其方式可以采用：

(1) 批发回扣。企业为争取批发商或零售商多购进自己的产品，在某一时期内可给予购买一定数量本企业产品的批发商一定的回扣。

(2)) 推广津贴。企业为促使中间商购进企业产品并帮助企业推销产品，还可以支付给中间商一定的推广津贴。

(3) 销售竞赛。根据各个中间商销售本企业产品的记录，分别给优胜者不同的奖励，如现金奖、实物奖、免费旅游、度假奖等。

(4) 交易会或博览会、业务会议。

(5) 工商联营。企业分担一定的市场营销费用，如广告费用，摊位费用，建立稳定的购销关系。

(三) 针对销售人员的销售促进

鼓励他们热情推销产品或处理某些老产品，或促使他们积极开拓新市场。其方式可以采用：

(1) 销售竞赛。如有奖销售、比例分成。

(2) 免费提供人员培训、技术指导。

理论梳理

(1) 促销是企业通过人员和非人员的方式沟通企业与消费者之间信息，引发和刺激消费者需求，从而促进消费者购买的活动。促销组合由广告、公共关系、人员推销、营业推广等工具的特定组合构成，用于有说服力地沟通顾客价值和建立顾客关系。

(2) 人员推销是通过推销人员深入中间商或消费者进行直接的宣传介绍，使其采取购买行为的促销方式。人员推销的最大特点是具有直接性。主要优点是作业弹性大，针对性强，及时促成购买，巩固营业关系。缺点是当市场广阔而又分散时，推销成本较高；推销人员的管理比较困难；理想的推销人员也不容易获得。

(3) 广告是指由特定的广告主有偿使用一定的媒体传播商品和劳务信息给目标顾客的促销行为。广告功能主要包括认识功能、心理功能、美学功能、教育功能。广告目标可以根据主要意图加以分类：告知性广告、说服性广告、比较性广告、提示性广告、促销性广告。确定广告预算的主要方法有量力而行法、销售百分比法、竞争对等法、目标任务法。广告效果评估包括沟通效果评估和销售效果评估。沟通效果评估方法有直接评分法和组合测试法；销售效果评估方法有历史资料分析法和实验设计分析法。

(4) 公共关系是指一个组织为改善与社会公众的联系状况，增进公众对组织的认识、理解与支持，树立良好的组织形象而进行的一系列活动。公共关系的核心是塑造企业形象，最终目的是促进商品销售，提高市场竞争力。公共关系活动方式可分为宣传型公共关系、征询型公共关系、交际型公共关系、服务型公共关系、赞助型公共关系。公共关系实施步骤包括公共关系调研、公共关系计划、公共关系实施、公共关系评价。

(5) 营业推广是指能够迅速激励购买行为的促销方式。营业推广方法有针对消费者的销售促进、针对中间商的销售促进和针对销售人员的销售促进。

📚 知识检测

(1) 影响企业促销组合的主要因素。

(2) 人员推销。

(3) 广告。

(4) 公关关系。

(5) 营业推广。

📞 案例分析

2013 年年初，全国"两会"提出了"小企业生存发展状态"这一话题，引起热议。借此机会，招商银行专为小微企业，个体工商户推出的经营贷款类金融服务产品"生意贷"、打造"两会"事件互联网营销，通过网媒组合报道提升产品的知名度，在人民网、新华网、新浪网这三大主要新闻平台上，深度解读生意贷产品对小微企业主的战略意义。开设大型的新闻专题，解读小企业发展现状，提供业界权威人士战略访谈，吸引目标客户注意力，形成足够大的营销人口张力，从而达到招商银行"生意贷"软性强曝光。

初期形成一定知名度后通过效果媒体的全面覆盖，进一步提高招行生意贷项目的阵地战效果，找到目标用户经常流连的效果媒体进行全面覆盖。

爱奇艺一搜百映与百度搜索相结合，针对曾在百度上搜索过"贷款"类关键词用户，来到爱奇艺平台上可以看见生意贷展现广告，视频媒体与搜索引擎双管齐下，广泛覆盖对贷款有需求的客户。

通过语义定向+追身定向，有效寻找有兴趣的网页浏览 Cookie，广覆盖 Cookie 媒体浏览轨迹，分时段监测数据，根据转化效果，对不同时段的关键词进行调价；通过用户行为分析，对 PC 和无线端分别采用不同时段的投放配合。

重点在创意标题、描述中阐述"生意贷，贷来好生意"的信息，从用户搜索关键词至到达页面始终灌输在线申请经营性生意贷款信息，提升转化率。

使用监测系统对单元及关键词进行监测，准确获取效果数据，对优质关键词进行拓展、提价、放量；对较差关键词控制消费、优化；对无效关键词进行暂停和删除。

网易 VIP 邮箱聚集高端商务人群，是生意贷的重点目标客户。招商银行与网易 VIP 邮箱合作推广"小企业融资与发展调研活动"，通过调查问卷的形式，采用新颖独特的推广手段，站在用户的立场上，提出小微企业是否面临融资难等困境为切入点，与用户进行深入沟通，优化用户心中招商银行品牌形象，从而达到获取消费者的目标。

依托网易免费邮箱 5 亿客户群，在邮箱用户俱乐部推广生意贷产品信息，以填写表单即可获奖的活动形式，鼓励用户参与，留下贷款信息。活动页面重点介绍生意贷产品信息，利益点明确，结合感性诉求及理性诉求，积极向用户传达生意贷产品信息。

直邮合作，直接向需求名单客群推送。向网易邮箱、网易 VIP 邮箱购买有需求人士的邮箱，进行电邮推送；通过慧聪网、商业评论网等网站登记的相关人士信息，进行站内推送；通过人民网、新浪网、新华网等合作媒体上的客群名单资源，进行 EDM 直接推送。

招商银行借势"两会"大事件营销契机，重点推广生意贷项目，人民网、新华网、新浪网为推广媒体，购买约 200 万元广告资源，广告曝光 4 亿次，38 万次点击，平均 CPC4.9元，CPM0.56 元，让更多网友关注并了解招商银行生意贷产品。

在爱奇艺平台共计购买 50 万广告资源，获得 1697 万次曝光，75 万次点击，平均 CPC0.6元，CTR4.46%。

B2B 合作网易 VIP 邮箱总 PV 量达 50 万次，点击 8 万。B2B 合作网易免费邮箱活动页面总 PV 量达 30 亿，点击 40 万次。EDM 直邮目标用户直接推送，包括网易邮箱、网易VIP 邮箱投放人群覆盖：投资/理财 35%，金融/保险 21%，彩票/博彩 8%，房地产/装修装饰 19%，经商/创业 17%；打开率 97%。

问题：分析招商银行通过哪些途径提高其产品知名度，塑造产品形象，获得良好的宣传效果。

(资料来源：王薇. 互动营销案例[M]. 北京：清华大学出版社，2015.)

应用实训

实训目标：

促使学生将所学促销专业知识应用于企业实践，增进对促销策略的掌握，培养应用能力。

实训内容：

选择某一个饮料品牌，设计一项可实际执行的校园促销方案。该促销方案须包含但不限于以下内容：活动目的、活动对象、活动内容、活动时间、活动地点、活动流程、物资准备、人员安排、活动宣传、校方关系、应急预案、活动预算、注意事项。

实训要求：

(1) 将全班同学分成若干个小组后，要求每组选择一个饮料品牌，先围绕实训内容认真学习本章理论，收集相关参考资料，设计促销活动方案。

(2) 各小组将促销活动方案制成 PPT 在课堂上展示，向指导教师提交纸版促销方案。

(3) 全班同学在教师指导下对各组的促销方案进行讨论和评价。

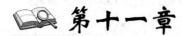 第十一章

市场营销计划、组织与控制

////////////////////////

知识目标 ✍

理解市场营销计划的含义、内容及实施步骤；理解市场营销组织的演变和组织形式，掌握市场营销组织设计的原则及程序；理解市场营销控制的含义、步骤和类型。

能力目标 📄

能够制定市场营销计划；掌握市场营销组织设计的原则，能对市场营销组织进行设计；能对市场营销活动实施有效控制。

知识结构图 🐾

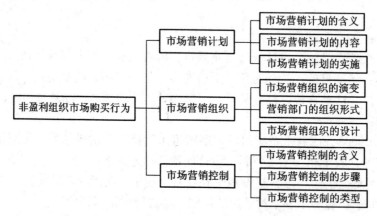

案例导读 ✒/

2017 年初，一家医药公司在对销售人员进行管理中，通过制定 KPI(关键业绩指标)考核指标，经过对比实际达成 KPI 值和目标 KPI 值给予销售人员奖金。这样做的结果是：销售额得到了提升，但却苦了采购部门，他们很难完成采购计划。销售部门抱怨采购部门不能按时采购。医药商业销售公司领导决定为每一个部门及每个经理制定一个目标流程。为了实施这个新的体系，需要用到组织再造和绩效评估体系。采购部门的目标是按时完成采购和控制库存成本两部门。企业请专业咨询管理公司指导组织目标设定的讨论，回顾业务流程。医药商业销售公司领导期待很快能够提高业绩。然而，业绩不但没有上升反而下滑。

部门间的矛盾加剧，采购部门埋怨销售部门预测准确性太差劲，销售部门埋怨采购部门无法按时采购。每个部门都指责其他部门的问题。下游客户满意度下降严重，利润率下滑较大。

(资料来源：河南某医药公司 2016 年经营现状分析. 某医药公司内部资料，2017 年 2 月)

第一节　市场营销计划

一、市场营销计划的含义

市场营销计划是指企业为实现预定的市场营销目标，为未来市场营销活动进行规划和安排的过程。在企业各种计划中，至少有八种计划与市场营销密切相关。

(1) 企业计划，是企业全部业务的整体计划，有短期、中期、长期等，包括市场营销战略、财务战略、业务组合战略、投资战略和目标，但不包括各个业务单位的活动细节。

(2) 业务部计划，是一种类似于企业计划并主要描述业务增长及其利润增长的计划，包括市场营销战略、财务战略、生产战略和人事战略等，也有短期、中期、长期之分。

(3) 产品线计划，是一种描述特定产品线的目标、战略和战术的计划，由各个产品线经理负责制定。

(4) 产品计划，是一种描述特定产品的目标、战略和战术的计划，由各个产品经理负责制定。

(5) 品牌计划，是一种描述特定品牌的目标、战略和战术的计划，由各个品牌经理负责制定。

(6) 市场计划，是一种关于开发特定行业市场或地区市场并为之服务的计划，由各个市场经理负责制定。

(7) 产品(市场)计划，是一种关于企业在特定行业市场或地区市场，营销特定产品或产品线的计划。

(8) 职能计划，是一种关于企业某项主要职能的计划，例如市场营销计划、生产计划、人力资源计划、财务计划、研究与开发计划等。职能计划还描述在某一主要职能下的子职能计划，例如在市场营销计划下的广告计划、销售促进计划、市场营销研究计划等。

知识拓展 11-1

一年之计在于春，企业在做好上一年度总结的同时，也要做好这一年度的营销计划，很多企业年初制定计划轰轰烈烈，到头来草草收场，落得个虎头蛇尾的结局，而更多的企业信奉"走到哪里黑，就在哪里歇"，干脆就不制定计划，这样的企业"你方唱罢我登场，各领风骚三五年"就不足为奇了。企业在营销计划上的失败折射出企业在计划力上的缺失。

现在执行力在企业里提得比较响，但执行的标准是什么，什么才算好的执行，环境变化了该如何执行，并没有真正地研究过，很多企业还简单地停留在理念的灌输和政策的宣导上，培养员工以业绩为中心的执行文化，却少有执行的标杆和尺度。这不能不说是企业执行力的一大缺憾。要解决这个问题，就得从计划开始，强调企业的计划力。

企业营销计划是企业在上个计划执行的基础上全面分析营销影响因素和各个环节之后提出的解决办法，是对营销工作的全面反省和提高，是对自身营销理论与实践最深刻的认识。我周围的很多朋友常常发出计划赶不上变化的感叹，尤其是做营销的，做得好的哪一个不是在与时间赛跑。推出的一个新品刚刚上架，竞争对手相似的新品也上市了。当自己的销售情况稍有好转，竞争对手开始发动价格战。心急火燎地解决了这边的审货问题，那边又出现了压价冲货，整个营销队伍成了救火队伍。营销人员面对千变万化的市场，真的束手无策吗？事实上，营销计划就是对付变化的有力武器，如果把握了变化的规律，我们甚至可以引领变化。

（资料来源：张帆，齐斐.市场营销[M].3 版.西安：西北工业大学出版社，2013.）

二、市场营销计划的内容

1. 内容提要

市场营销计划的开端就是内容提要。主要针对市场目标和有关措施给出简短地概述。通常，市场营销计划需要提交上级主管或有关人员审核，使其很快的掌握计划的核心内容，并据以检查研究和初步推敲计划的优劣。

2. 背景和现状分析

是针对当前市场营销情况的分析，并提供与市场、产品、竞争、分销以及宏观环境有关的背景数据。在这个部分中，应详细分析和描述目标市场的特点及企业在这一目标市场中所处的地位。包括市场容量的大小、主要的细分市场、消费者的需求、现有的环境因素、主要产品、竞争企业情况、分销渠道及销售网点等。

3. SWOT 分析

SWOT 分析即分析企业自身优势(strength)和劣势(weakness)，面临的机会(opportunity)和威胁(threats)。

优势、劣势是企业自身在资源、能力方面的特征。机会是指企业的市场营销机会，亦即对企业的市销活动具有吸引力的地方。所谓威胁就是不利的市场趋势，或不采取有效的市场营销行为就会使产品滞销或被淘汰的特别事件。在营销计划的这个部分中，要求市场营销管理人员对产品的威胁和机会作出预测，具体描述，并采取相应市场营销手段或策略。

4. 市场营销目标

确定未来年度的主要市场营销目标，并将其转换为可以衡量及能够达成的数量与金额，如市场占有率、市场的销售额应达到多少，顾客的满意度能够增加多少，以多少成本来达到这个市场占有率等。

在明确了企业所面临的风险和可能取得的优势市场机会之后，确定企业目标并对影响这些目标的某些问题加以考虑和论证。

5. 市场营销策略

所谓营销策略，就是企业为达成市场营销目标所灵活运用的方式或手段。市场营销策略包括与目标市场、市场营销因素组合、市场营销费用支出水平有关的各种具体策略。针对选定的目标市场，制定一组具有最好经济效益的产品策略、价格策略、渠道策略和促销策略组合。

6．市场营销行动方案

市场营销策略必须进一步化为整套的具体行动，常用的方式是分别指派适当人员，各自负责某一项营销工作。行动的方案需要说明：完成的任务是什么？完成的时间要多久？负责人是谁？完成该项目需要的经费是多少？从而使整个计划能够依计而行，循序渐进。

7．市场营销预算

市场营销预算是执行各种市场营销战略、政策所需的最适量的预算以及在各个市场营销环节、各种市场营销手段之间的预算分配。既要列出各项成本，还应预测销量和收益，进行盈亏平衡分析。

简单的说就是有了目标、战略和行动方案，企业就指定一个保证该方案实施的预算。这种预算可以说是一份预计损益表。在预算书的收入方，列明预期销售的数量及平均实际收入的单价。在支出方，则列入生产成本、货物流通成本及销售成本等项，并应再分别列出细目。收入和支出的差额，即预期利润也应列入。管理阶层审核时，可予核定，也可修改。一经核定后，这份预算书便是有关物料采购、生产日程、人力计划及市场营销作业等的依据。

8．市场营销控制

市场营销计划的最后一部分就是用来监督检查整个计划进度的。目标和预算通常分别划为逐月或逐季的数字，以便上级主管得以按时检查工作成果。同时，被点名的部门主管，要及时作出解释，并阐明他们将要采取的方法和措施。

三、市场营销计划的实施

(一) 市场营销计划实施过程

(1) 制定行动方案。制定的行动方案应该明确营销战略实施的关键性决策和任务，并将执行这些决策和任务的责任落实到个人或小组。另外，还应包括具体的时间表，制订行动的确切时间。

(2) 调整组织结构。企业的正式组织在营销战略的实施过程中发挥决定性的作用，组织将战略实施的任务分配给具体的部门和人员，规定明确的职权界限和信息沟通渠道，协调企业内部的各项决策和行动。组织结构具有两大职能：第一，提供明确的分工，将全部的工作分解成便于管理的几大部分，再将他们分配给各有关部门和人员。第二，发挥协调的作用，通过正式的组织联系和信息沟通网络，协调各部门和人员的行动。

(3) 健全绩效考评制度。绩效考评制度直接关系到战略实施的成败。企业对管理者的评估和薪酬制度，如果以短期经营利润为标准，则各部门管理人员和公司员工的行为必定趋于短期化，他们就不会为公司的长期目标而努力。

(4) 协调关键流程。为了有效实施战略和计划，做到行动方案、组织结构、规章制度等因素，尤其是相关机构、人员在大目标下协调一致，界定各自工作关系，相互配合，企业营销目标才能实现。

（二）影响市场营销计划有效实施的因素

(1) 计划脱离实际。企业的营销战略和营销计划通常是由上层的专业计划人员制定的，而实施则要依靠营销管理人员，由于这两类人员之间往往缺少必要的沟通和协调，导致了下列问题的出现：企业的专业人员只考虑总体战略而忽视了实施中的细节，结果使计划过于笼统和流于形式；专业计划人员往往不了解计划实施过程中的具体问题，所定计划脱离实际；专业计划人员和营销管理人员之间没有充分的交流与沟通，致使营销管理人员在实施过程中经常遇到困难，因为他们并不完全理解需要他们去实施的战略；脱离实际的战略导致计划人员和营销管理人员相互对立和不信任。

(2) 长期目标和短期目标矛盾。营销战略通常着眼于企业的长期目标，涉及今后三至五年的经营活动。但具体实施这些战略的营销人员通常是根据他们的短期工作绩效，如销售量、市场占有率或利润率等指标来评估和奖励。因此，营销管理人员会选择短期行为。所以，企业必须采取适当措施，克服这种长期目标和短期目标之间的矛盾，保证两者之间的协调。

(3) 资源不足。计划执行中出现资源不足，可能是计划不周所至，但大多数是由于执行者的协调能力欠缺，更重要的是执行者的指导思想不正确。他们没有把自己的主要资源配置在起主要作用的矛盾方面，而是平均分配资源。结果，由于缺乏科技人才、管理人才和销售人才，限制了企业核心竞争力的提高。其实，企业资源都是不足的，关键就看执行者如何调配资源，突出重点，确保计划目标的实现。

(4) 因循守旧。由于任何一项新的计划执行都意味着对旧体系的否定，必然会受到旧观念、既得利益集团和旧的习惯势力的反对，形成变革的阻力。为此，执行者必须通过培植新的企业文化氛围，制定切实可行的激励政策，辅之以新的组织形式和必要的人员调配来化解阻力，克服困难。

(5) 缺乏明确具体的行动方案。许多企业面临的困境，只是因为缺乏一个能够使企业内部各有关部门协调一致作战的具体行动方案。管理当局应当制定详尽的行动方案，规定和协调各部门的活动，编制详细周密的项目时间表，明确各部门经理应负担的责任。

第二节　市场营销组织

市场营销组织是企业内部涉及市场营销活动的各个职位及其结构。营销组织的目标是掌握市场动态，提高营销的效率和客户的利益。

一、市场营销组织的演变

现代市场营销组织是长期组织演变的结果，总体上分为单纯的销售部门、兼有附属功能的销售部门、独立的市场营销部门、现代市场营销部门、现代市场营销企业五个阶段。

1．单纯的销售部门

20 世纪 30 年代以前，西方企业以生产理念作为指导思想，营销组织大多数都是使用这种形式。一般来说，在这个阶段，销售部门的职能就是推销生产部门生产出来的产品，企业生产的什么就销售什么，生产了多少就销售多少。产品生产的质量、库存管理等完全都是生产部门决定的，销售部门对产品的类别、规格、式样、包装等问题，几乎没有发言权。

2．兼有附属功能的销售部门

经历了 20 世纪 30 年代大萧条之后，市场竞争日益激烈，大多数公司以推销观念作为指导思想，开始了频繁的市场营销研究、广告和其他促销活动，这些工作逐渐成为其专门的职能，当工作负荷达到一定程度时，企业便开始在销售部门设立一个营销总监，全面负责这项工作。

3．独立的市场营销部门

随着企业规模的进一步扩张和业务范围的不断扩大，以及其他功能的市场增长。原有企业的组织形式已经满足不了经营业务的发展需要，这时为了加强营销功能，市场营销部门就成为一个相对独立的职能部门，作为市场营销部门的负责人的市场营销副总经理同销售副总经理一样直接受总经理的领导，销售和市场营销成为平行的职能部门，但在具体工作中，这两个部门需要密切配合。

4．现代市场营销部门

营销工作的开展需要销售和营销两个部门相互协调、配合完成，但在实际工作中尽管销售副总经理和市场营销副总经理配合默契，但实际他们之间的关系往往是相互敌视、相互猜疑的关系。销售副总经理往往是短期行为，专注于直接销售，营销副总经理着眼于长期效果，更关注相应的产品计划和营销策略，以满足市场的长期需求。销售部门和市场部门之间的冲突解决的过程，形成了现代市场营销部门的基础，即由营销副总经理负责整体工作，下设所有市场营销和销售部门的功能。

5．现代市场营销企业

只有当所有的管理者意识到企业所有部门的工作要以市场为导向，以"为客户服务"为目的，认识到"营销"不仅是一个部门名称，而且也是一个企业的经营理念，这样的企业才可以被视为是一个真正的现代市场营销企业。根据现代市场营销观念，市场营销是企业的基础，而不是单独的职能。从营销的最终成果亦即从顾客的观念上来看，市场营销就是整个企业，为此，在企业组织结构上应做出如下安排：

(1) 设置独立的营销调研部门，以确定消费者的需要以及企业应提供什么样的产品或服务来满足这些需求。

(2) 参与新产品的开发。在企业内，营销部门对消费者需要最为了解，而新产品开发的成功与否不仅取决于技术的先进程度，还取决于消费者的需要变化动向，因此，在决定开发新产品的种类、功能、外观、规格、式样、花色等方面，市场营销部门应起指导作用。

(3) 营销部门应统一负责企业的全部营销职能，不应将其中一部分职能分散到其他部门。

二、营销部门的组织形式

为了实现企业的目标，营销经理必须选择正确的营销组织。一般来说，市场营销组织有以下五种类型：

(一) 职能型组织

这是最常见的市场营销组织形式。它强调营销多种职能，如销售，广告和市场调研的重要性等等。

从图 11-1 可以看出，该企业把销售作为营销的重点，把广告、产品设计和行政管理等都放在次要位置。当企业只有一种或几种产品，或企业产品营销方式相同时，按照市场营销功能设置组织结构更有效。然而，随着产品品种的增加和市场扩张，这种组织形式暴露出发展不平衡和不协调的问题。因为没有一个部门对整个营销活动的产品承担全部责任，均强调各自部门的重要性，为了得到更多的预算和决策权力，需要市场营销经理来协调。

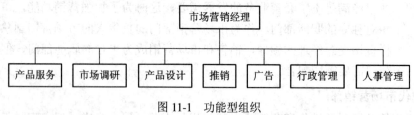

图 11-1　功能型组织

(二) 地区型组织

此种组织形式适用于销售区域大，而经营品种单一的企业。采取地区型组织形式的企业在地区设立管理部门，负责每个地区的产品推销、产品计划与产品服务，其结构如图 11-2 所示。

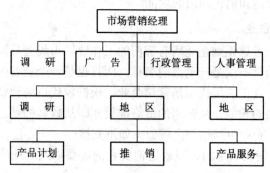

图 11-2　地区型组织

在这种组织体内，为避免一些不必要的职能重复，调研、广告、行政管理等仍归属原职能部门，且与各地区部门并列。它的优点是有利于发挥每个地区部门熟悉该地区情况的优势。其缺点是当企业经营品种较多时，很难按不同产品的使用对象来综合考虑，而且各地区的活动也难以协调。

(三) 产品管理型组织

生产多种产品或多种不同品牌的大企业，往往按产品或品牌建立管理组织，即采取由专人负责一种产品或产品线的组织形式，其结构如图 11-3 所示。

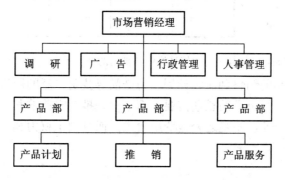

图 11-3　产品管理型组织

这种组织形式的优点：一是各类产品责任明确，产品互不相关，各产品相互干扰不大；二是比较灵活，增加新产品时再增加一个产品部即可。其缺点是缺乏地区概念，各个产品部不可能对每一地区都兼顾并做出适当反应。

(四) 市场管理型组织

如果顾客可按其特有的购买习惯和产品偏好，予以细分和区别对待，就需要建立市场管理型组织，如图 11-4 所示。

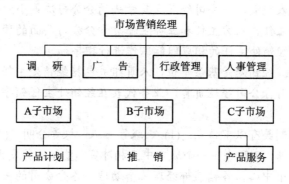

图 11-4　市场管理型组织

(五) 产品/市场管理型组织

这是一种产品型和市场型相结合的矩阵组织形式。适合于生产多种产品并向多个市场销售的企业。这种组织形式可以采用产品管理组织形式，那就需要产品经理熟悉广为分散的各种不同的市场；也可以采用市场管理组织形式，那就需要市场经理熟悉销往各市场的五花八门的产品；或者还可以同时设置产品经理和市场经理，形成一种矩阵式结构，如图 11-5 所示。

市场经理

	男式服装	女式服装	家庭装饰	工业市场
人造丝				
尼　龙				
醋酸纤维				
涤　纶				

（左侧竖排：产品经理）

图 11-5　杜邦公司纺织纤维业务部门的产品/市场管理型组织

产品经理负责产品的销售利润和计划，为产品寻找更广泛的用途；市场经理负责开发现有和潜在的市场，着眼市场的长期需要，而不只是推销眼前的某种产品。这种组织形式适用于多角化经营的企业，不足之处是费用较大，而且由于权力和责任界限比较模糊，易产生矛盾。

实例 11-1

张裕销售公司三级管理体制

第一级：三大中心及各区域酒种销售部。作为销售系统的后勤管理服务部门，客户服务中心、综合管理中心和战略发展中心从职能上对各销售部和分公司进行条条管理。各销售部作为大区或酒种销售管理部门，对各分公司及经销处进行各项职能的分块管理服务工作。

第二级：各销售分公司。分公司架构由分公司经理、策划主任、人力主任、业务主任经销处主任及业务代表组成，分公司经理及其牵头的分公司决策小组形成对分公司重大事项的领导集体。策划主任、人力主任和业务主任负责分公司层面的营销、人力资源管理和业务销售工作，并对经销处主任的相应职能工作进行指导。

第三级：经销处。经销处是基层单位，人员组成包括经销处主任、业务代表。主任全面负责经销处工作并对分公司经理负责，业务代表在经销处主任领导下负责其销售区域的市场开发和销售。

这个三级销售体制具有以下特点：(1) 一级管一级，权责分明。(2) 条块结合。既解决酒种发展无人管的问题，又解决了一个城市中互相冲突、整体优势发挥不好的问题。(3) 三线职能明确。总部三个中心、各销售部经理三个助理、各分公司的三线主任，构成三级三线系统，保证从上到下的营销线、人力线和业务线的有机统一。

(资料来源：吴建安，聂元昆. 市场营销学[M]. 5 版. 北京：高等教育出版社，2014)

三、市场营销组织的设计

(一) 市场营销组织设计的原则

企业应该在以顾客为中心的经营思想指导下，建立相应的营销组织。营销组织设计一般应遵循以下原则：

1．整体协调和主导性原则

(1) 设置的市场营销机构能够对企业与外部环境，尤其是与市场、顾客之间关系的协调发挥积极作用。

(2) 设置的市场营销机构能够与企业内部的其他机构相互协调，并能协调各个部门之间的关系。

(3) 市场营销部门内部的人员机构以及层次设置，也要相互协调，以充分发挥市场营销机构自身的整体效应。

知识拓展 11-2

什么样的组织最受欢迎呢？

我们通过调研发现四个维度：

一是更加重视工作挑战和多样性的学习方式；

二是没有等级和职位划分的层级结构，也没有系统的僵化和内耗；

三是员工觉得自己可以贡献价值，并能及时看到最终结果；

四是能够迅速地学会涉及范围更广泛的一系列技能。

所以你会发现，共享经济会倒逼管理者随之做出改变，当管理者学会和员工谈恋爱，彼此爱得越深，员工离职率越低。

组织也由此衍生出新的内涵：

首先，组织和个体是共生关系；

其次，组织一定是外部引导，以往通过内部交流进行决断的方式一定要调整；

最后，组织需要打开内外边界，具有整合能力。

新的时代背景下，管理者想成为变革者，就要有归零的心态，不要开口闭口讲过去，同时要激发员工的内在成长驱动力和担当，与对的人在一起，比如联想的"发动机文化"，通过不间断的小事，日积月累促成伟大的事。

(资料来源：宋一平. 什么样的公司最受 90 后欢迎. 销售与市场(渠道版)，2016(5))

2．精简以及适当的管理跨度与层次原则

"精简"包含两方面意思：一是因事设职、因职设人，人员精干；二是内部层次不宜太多。

管理跨度又称为管理宽度或管理幅度，指领导者能够有效的直接指挥的部门或员工的数量。管理层次又称管理梯度，指一个组织属下不同等级的数目——指在职权等级链上所设置的管理职位的级数。

3．有效性原则

效率是指一个组织在一定时间内可以完成的工作量。市场营销部门要有与完成自身任务相一致的权力。市场营销组织要有畅通的内部沟通和外部信息渠道，善于用人，各司其职。

📖 知识拓展 11-3

有效的营销部门应当具备的条件

营销部门要达到有效性、实现高效率，必须具备一些基本条件：

(1) 营销部门要有与完成自身任务相一致的权力，包括人权、物权、财权和发言权、处理事务权。不能责、权、利结合，便无法工作，更谈不上效率。

(2) 营销部门要有畅通的内部沟通和外部信息渠道。有人说如果信息等于零，管理就等于死亡。没有信息的通畅，营销管理也就难有真正的效率。

(3) 善于用人，各司其职。营销管理任务繁杂、牵涉面广，对人员素质、要求也是多样的。各级管理人员应当善于发现下属优点，发挥每个人的专长。还包括善于发挥领导者自己的作用，也就是能牢记职责，不把精力消耗在不应干预的领域。就一个部门而言，领导者精力的浪费是最大的浪费。

(资料来源：吴建安，聂元昆. 市场营销学[M]. 5 版. 北京：高等教育出版社，2014)

(二) 影响市场营销组织设计的因素

(1) 企业规模。企业规模越大，组织越复杂，企业就越需要较多的各类市场营销专职人员、专职部门以及较多的管理层次。

(2) 市场。市场由几个较大的细分市场组成，企业需要为每个细分市场任命一位市场经理。市场地理位置分散，需按地区设置营销组织。市场规模大，范围广，就需要庞大的营销组织、众多的专职人员和部门。

(3) 经营的产品。产业市场推销部门庞大，而广告部门却较小，产品类型多的企业，相应地就需要设置产品经理。直接面对消费者市场的企业，广告部门较庞大，推销部门则较简单。

(4) 企业类型。服务行业、银行、商业的营销重点之一是顾客调查。原材料行业的营销重点之一则在于产品的储存和运输。

(三) 市场营销组织的设计程序

1. 分析组织环境

任何一个市场营销组织都是在不断变化着的社会经济环境中运行的，要受这些环境因素的制约。由于外部环境是企业的不可控因素，因此，市场营销组织必须随着外部环境的变化而不断地调整、适应。组织环境包括很多复杂因素，如政治、经济、社会、文化、科技等，而对市场营销组织影响最为明显的主要是市场和竞争者状况。此外，市场营销组织作为企业的一部分，也受整个企业特征的影响。

2. 确定组织内部活动

市场营销组织内部的活动主要有两种类型：一种是职能性活动，它涉及市场营销组织的各个部门，范围相当宽泛，企业在制定战略时要确立各个职能在市场营销组织中的地位，以便开展有效的竞争；另一种是管理性活动，涉及管理任务中的计划、协调和控制等方面。

企业通常是在分析市场机会的基础上，制定市场营销战略，然后再确定相应的市场营销活动和组织的专业化类型。假定一个企业满足下述条件：企业年轻且易于控制成本；企业的几种产品都在相对稳定的市场上销售；竞争战略依赖于广告或人员推销等技巧性活动，那么，该企业就可能设计职能型组织。同样，如果企业产品销售区域很广，并且每个区域的购买者行为与需求存在很大差异，那么，它就会建立地理型组织。

不过，在实践中按照上述逻辑有时行不通，因为企业的市场营销战略可能被现有的组织机构所制约。比如，一家公司通过对市场和竞争者状况的分析，决定实行系统销售战略。然而，由于该公司的原有组织机构是为不断开发新产品而设计的，所以，采用这一新战略就显得困难重重。

（四）确立组织职位

企业对市场营销组织内部活动的确立有利于企业对组织职位的分析。通过组织职位的分析使这些组织活动有所归附。企业在建立组织职位时应考虑 3 个要素，即职位类型、职位层次和职位数量，从而弄清楚各个职位的权力、责任及其在组织中的相互关系。

1. 职位类型

每个职位的设立都必须与市场营销组织的需求及其内部条件相吻合。通常，对职位类型的划分有 3 种方法：

一是划分为直线型和参谋型。处于直线职位的人员行使指挥权，能领导、监督、指挥和管理下属人员；而处于参谋职位的人员则拥有辅助性职权，包括提供咨询和建议等。事实上，直线型和参谋型之间的界限往往是模糊的。一个主管人员既可能处于直线职位，也可以处于参谋职位，这取决于他所起的作用及行使的职权。

二是把职位划分为专业型和协调型。显然，一个职位越是专业化，它就越无法起协调作用。但是各个专业化职位又需要从整体上进行协调和平衡，于是，协调型职位就产生了，像项目经理或小组制都是类似的例子。

三是把职位划分成临时型和永久型。严格地说，没有任何一个职位是永久的，它只是相对于组织发展而言较为稳定而已。临时型职位的产生主要是由于在短时期内企业为完成某项特殊任务，如组织进行大规模调整时，就需要设立临时职位。

2. 职位层次

职位层次是指每个职位在组织中地位的高低。比如，公共关系和销售管理的地位孰高孰低，对于不同的企业其情况就大不一样。这主要取决于职位所体现的市场营销活动与职能在企业整个市场营销战略中的重要程度。

3. 职位数量

职位数量是指企业建立组织职位的合理数量。它同职位层次密切相关。一般来说，职位层次越高，辅助性职位数量也就越多。很明显，市场研究经理在决策时就要依靠大批市场分析专家和数据处理专家的帮助。职位决策的目的，是把组织活动纳入各个职位。

因此，建立组织职位时必须以市场营销组织活动为基础。企业可以把市场营销活动分为核心活动、重要活动和附属性活动 3 种。核心活动是企业市场营销战略的重点，所以首先要根据核心活动来确定相应的职位，而其他的职位则要围绕这一职位依其重要程度逐次排定。

确定组织职位的最终结果就是形成工作说明书。工作说明书是对权力和责任的规定，它包括工作的名称、主要职能、职责、职权和此职位与组织中其他职位的关系以及与外界人员的关系等。如果企业决定设立新的职位，有关部门主管就要会同人事专家拟出一份关于该职位的工作说明书，以便于对应聘人员进行考核和挑选。

4．设计组织结构

在确定了组织职位的基础上我们就可以对组织结构进行设计了。在这里我们要提到的是企业在设计组织结构时必须注意两个问题：一是把握好分权化程度，即权力分散到什么程度才能使上下级之间更好地沟通；二是确定合理的管理宽度，即确定每一个上级所能控制的合理的下级人数。

一般来说，假设每一个职员都是称职的，那么，分权化越高，管理宽度越大，则组织效率也就越高。如果一支20人的销售队伍仅由1名～2名经理来控制，那么，这支队伍就有较大的决策自主权，从而可能会取得较好的销售效果。

此外，市场营销组织总是随着市场和企业目标的变化而变化，所以，设计组织结构要立足于将来，为未来组织结构的调整留下更多的余地。

5．配备组织人员

在分析市场营销组织人员配备时，必须考虑两种组织情况，即新组织和再造组织(在原组织基础上加以革新和调整)。相比较而言，再造组织的人员配备要比新组织的人员配备更为复杂和困难。这是因为，人们总是不愿意让原组织发生变化，往往把再造组织所提供的职位和工作看作是一种威胁。

事实上，组织经过调整后，许多人在新的职位上从事原有的工作，这就大大损害了再造组织的功效；同时，企业解雇原有的职员或招聘的职员也非易事，考虑到社会安定和员工个人生活等因素，许多企业不敢轻易裁员。但是，不论哪种情况，企业配备组织人员时必须为每个职位制定详细的工作说明书，从受教育程度、工作经验、个性特征及身体状况等方面进行全面考察。而对再造组织来讲，还必须重新考核现有员工的水平，以确定他们在再造组织中的职位。

此外，在市场营销组织中，小组的人员配备也应引起重视。小组往往是企业为完成某项特殊任务而成立的，是组织的一个临时单位，其成员多从组织现有的人员中抽调。如果小组要有效地发挥作用，市场营销组织必须使小组成员与其他成员之间保持协调关系。

比如，由组织下层的人员作为领导来管理来自组织高层的成员构成的小组，肯定是行不通的。同样，小组领导的职位也不应该比该小组所隶属的经理的职位高。还有一点，如果人们意识到参与小组工作将影响其正常工作和晋升机会，那么，市场营销组织就很难为小组配备合适的人员。

6．组织评价与调整

任何一个组织都是存在着冲突的，在冲突中组织才能不断地发展和完善。因此，从市场营销组织建立之时，市场营销经理就要经常检查、监督组织的运行状况，并及时加以调整，使之不断得到发展。市场营销组织需要调整的原因主要有以下几点：

(1) 外部环境的变化。包括：商业循环的变化、竞争加剧、新的生产技术出现、工会政策、政府法规和财政政策、产品系列或销售方法的改变等。

(2) 组织主管人员的变动。新的主管人员试图通过改组来体现其管理思想和管理方法。

(3) 改组是为了证明现存组织结构的缺陷。有些缺陷是由组织本身的弱点所造成的，如管理宽度过大、层次太多、信息沟通困难、部门协调不够、决策缓慢等。

(4) 组织内部主管人员之间的矛盾也可以通过改组来解决。所以，为了不使组织结构变得呆板、僵化和缺乏效率，企业必须适当地、经常地对组织结构加以重新调整。

综上所述，企业市场营销组织的设计和发展大体要遵循以上 6 个步骤，这 6 个步骤相互联系、相互作用，形成一个动态有序的过程。为了保持市场营销组织的生机和活力，市场营销经理就要根据这一过程进行有效决策。

第三节　市场营销控制

一、市场营销控制的含义

市场营销控制就是依据市场营销计划，检查衡量市场营销计划的执行情况，并根据偏差调整市场营销活动或调整市场营销计划，以确保市场营销目标的完成。

在计划执行过程中，难免会出现一些小偏差，而且随着时间的推移，小错误如果没有得到及时的纠正，就可能逐渐积累成严重的问题。营销控制不仅是对企业营销过程的结果进行的控制，还必须对企业营销过程本身进行控制，而对过程本身的控制更是对结果控制的重要保证。因此，营销管理者必须依靠控制系统及时发现并纠正小的偏差，以免给企业造成不可挽回的损失。

二、市场营销控制的步骤

1. 确定控制对象

即确定应对哪些市场营销活动进行控制。如果控制的内容多、范围广，就可以获得较多信息。但任何控制活动本身都会引起费用支出，因此，在确定控制内容、范围、额度时，管理者应当注意使控制成本小于控制内容所能带来的收益。常见的市场营销控制对象主要有销售收入、销售成本和销售利润，但对市场调查、销售人员工作、顾客的服务、新产品开发、广告等营销活动，也应通过控制加以评价。

2. 设置控制目标

这是将市场营销控制与市场营销计划联合起来的主要环节。如果在制定市场营销计划时已经认真地设立了目标，则控制目标应与其一致。

3. 建立衡量尺度

很多情况下，企业的市场营销目标决定了控制的衡量指标，如目标销售收入、利润率、市场占有率、销售增长率等。但还有一些问题比较复杂，如销售人员的工作绩效可用一年内新增加的客户数目及平均访问频率来衡量，广告效果可以用记住广告内容的读者(观众)

占全部读者(观众)的百分比数来衡量。由于大多数企业都有若干管理目标,所以市场营销控制的衡量尺度也会有多种。

4. 确立控制标准

控制标准指以某种衡量尺度来表示控制对象的预期活动范围或可接受的活动范围。控制标准一般应允许有一个浮动范围。确立标准时可参考外部其他企业的标准,并尽可能吸收企业内多方面的管理人员参与,以便其更切合实际,得到各方面的承认。同时,还须考虑原产品、地区、竞争情况的不同所造成的差异,使标准也有所不同。

5. 比较实绩与标准

即将控制标准与实际结果进行比较。需要决定比较的频率,即多长时间进行一次比较。这取决于控制对象是否经常变动以及产品或市场需求的季节性。比较结果若未能达到预期标准,就需要进行下一步工作。

6. 分析偏差产生的原因

产生偏差可能有两种情况:一是实施过程中的问题,这种偏差比较容易分析;二是计划本身的问题,确认这种偏差通常比较困难。因这两种情况往往交织在一起,致使分析偏差的工作很可能成为控制过程中的一大难点。要对背景情况进行了解和分析,找到偏差产生的原因。

7. 采取改进措施

如果在制订计划时,也制订了应急计划,偏差就能很快得以纠正。只是在很多情况下并没有应急措施,必须根据实际情况,迅速制定补救措施加以改进,或适当调整某些营销计划目标。

三、市场营销控制的类型

营销控制主要包括年度计划控制、盈利能力控制、效率控制和战略控制,见表 11-1。

表 11-1 营销控制类型

控制类型	主要负责人	控制目的	控制方法
年度计划控制	高层管理人员	检查计划目标是否完成	销售分析,市场占有率分析,销售费用率分析,财务分析,顾客态度分析
盈利能力控制	营销审计分析	检查企业赢利、亏损所在	产品、区域、顾客群渠道,订单大小等赢利情况
效率控制	部门管理人员营销审计人员	评价和提高经费开支效率及营销开支的效果	销售队伍、广告、促销和分销等效率
战略控制	高层管理人员营销审计人员	检查机会的利用	营销有效性评价手段营销审计

(一) 年度计划控制

年度计划控制是一种短期的即时控制,由高层管理者和中层管理者负责。主要是检查计划结果是否达到。

1. 年度计划控制步骤

(1) 管理者要确定年度计划中的月份目标或季度目标。

(2) 管理者要监督营销计划的实施情况。

(3) 如果营销计划在实施中有较大的偏差，则需要找出发生的原因。

(4) 采取必要的补救或调整措施，以缩小计划与实际之间的差距。

2. 年度计划控制的内容

(1) 销售分析。销售分析主要用于衡量和评估所制定的计划销售目标与实际销售之间的关系。主要有销售差异分析和区域销售分析两种方式。销售差异分析用于衡量各个不同的因素对销售效率的相应作用。地区销售分析是从产品、销售地区等方面考察未能达到预期销售额的原因。

(2) 市场占有率分析。企业的销售绩效并未反映出市场的竞争能力，只有市场占有率分析才能揭示出企业同其竞争者在市场竞争中的相互关系。简单来说就是，某公司销售额的增长，可能是由于公司营销绩效相比竞争者有所提高，也可能是由于整个宏观环境的改善使市场上所有的公司都受益，但是某公司和竞争对手之间的相对关系并无变化。此时，营销管理者要密切注视公司市场占有率的变化情况，如果公司的市场占有率上升，表示公司营销绩效的提高，在市场竞争中处于优势，反之，则说明公司在竞争中失利。一般地说衡量市场占有率有以下几种量度方法：全部市场占有率、服务市场占有率、相对市场占有率、相对市场占有率。全部市场占有率以企业的销售额占全行业的销售额的百分比来表示。要以单位销售量或以销售额来表示市场占有率。服务市场占有率以其销售额占所服务市场的百分比来表示。相对市场占有率(相对于三个最大的竞争者)以企业销售额对最大的三个竞争者的销售额总和的、用百分比来标示。相对市场占有率(相对于领导竞争者)以企业销售额相对市场领导者的销售额的百分比来表示。

(3) 市场营销费用率分析。年度计划控制要确保企业在达到销售计划指标时营销费用没有超支。管理者应该对各项费用率加以分析，并将其控制在一定的限度之内。市场营销费用与销售额之比是一个主要的检查比率，主要包括销售队伍对销售额之比；广告对销售额之比；促销对销售额之比；营销调研对销售额之比；销售管理对销售额之比。营销管理人员的工作是就不同的费用对销售额的比率和其他的比率进行全面的财务分析，以决定企业如何以及在何处展开活动，获得赢利。当一项费用对销售额比率失去控制时，必须认真查找问题的原因。同时，采取有效的措施进行控制。

实例 11-2

艾瑞称 PPG 倒闭警示企业营销成本控制重要性

事件背景：

2009 年 12 月，批批吉服饰(上海)有限公司(即 PPG)彻底关门，资产用于偿还拖欠的广告费。据悉，PPG 成立于 2005 年，通过 B2C 网站和呼叫中心销售男式衬衫，早期销售额快速增长。2008 年初，PPG 被曝经营状况堪忧，与广告商、供应商间的债务纠纷频见报端。

艾瑞点评:

艾瑞分析认为,PPG 早期的成长与整个外部环境的改善、企业自身的产品定位密切相关。早期 PPG 选择男士衬衫作为切入点,进行网上销售。男士衬衫标准化程度高,加上男士对衬衫的要求低、需求量大,且男士易于接受网络购物的形式,使得 PPG 早期能迅速打开市场。

艾瑞分析认为,PPG 最终走向下坡路,与其整个团队的管理运营密切相关。其中,广告成本控制不严是 PPG 运营中最大的失误。营销成本控制不利,导致企业资金流紧张;产品质量危机的爆发,更加剧了企业资金压力;之后打折网站的推出,没能有效回笼资金,更加剧了企业的舆论危机;信息沟通渠道的缺失,促成了危机的现实化。

PPG 主要选择电视、报纸、户外平面媒体进行广告投放,互联网广告投放较少,导致公司广告费用支出过高;加之企业品牌建设落后,企业销量高度依赖高额的广告投放。据悉,2007 年 11 月,PPG 的广告费支出已达到 4 亿元。

营销费用作为企业运营中的必要支出之一,过少,起不到促进销售、树立品牌的效果;过多,则直接导致资金链条的紧张,增加企业短期内的运营风险。艾瑞建议,企业运营过程中,需将广告等营销费用控制在合理的范围。

作为中国服装 B2C 行业的先行者,PPG 的发展历程,对市场后来者的运营及中国服装 B2C 行业的发展具有启示意义。PPG 的成长,为后来者进入提供了示范。同时,PPG 的失败,为后来者提供了经验教训。

(资料来源:艾瑞称 PPG 倒闭警示企业营销成本控制重要性. 腾讯网,http://tech.qq.com/a/20091229/000289.htm,2009-12-29.)

(二) 盈利能力控制

除了年度计划控制之外,企业还需要进行利润控制。通过赢利能力控制所获取的信息,有助于管理人员决定各种产品或市场营销活动是扩展、减少还是取消。进行获利能力分析的步骤如下:

(1) 损益表中的有关营销费用转化为各营销职能费用,如广告、市场调研、包装、运输、仓储等。

(2) 将已划分的各营销职能费用按分析目标,如产品、地区、客户、销售人员等分别计算。

(3) 拟订各分析目标的损益表。

盈利能力分析的目的是找出影响利润的原因,以采取相应的措施消除或削弱负面因素。

(三) 效率控制

如果赢利能力分析显示出企业某一产品或地区所得的利润很差,那么企业就应该考虑该产品或地区在销售人员、广告、分销等环节的管理效率问题。

(1) 销售人员效率。企业各地区的销售经理要记录本地区内销售人员效率的几项主要指标,这些指标包括:每个销售人员平均每天的销售访问次数;每次会晤的平均访问时间;每次销售访问的平均收益;每次销售访问的平均成本;每次销售访问的招待成本;每百次销售访问而订购的百分比;每期间的新增顾客数;每期间丧失的顾客数;销售成本对总销售额的百分比。

(2) 广告效率。企业应该做好如下统计：每一媒体类型、每一媒体工具接触每千名购买者所花费的广告成本；顾客对每一媒体工具注意、联想和阅读的百分比；顾客对广告内容和效果的意见；广告前后对产品态度的衡量；受广告刺激而引起的询问次数。

企业高层管理者可以采取若干步骤来改进广告效率，包括进行更加有效的产品定位；确定广告目标；利用电脑来指导广告媒体的选择；寻找较佳的媒体；以及进行广告后效果测定等。

(3) 促销效率。为了改善销售促进的效率，企业管理者应该对每一促销的成本和销售影响作记录，做好如下统计：由于优惠而销售的百分比；每一销售额的陈列成本；赠券收回的百分比；因示范而引起询问的次数。同时企业应观察不同促销手段的效果，并使用最有效果的促销手段。

(4) 分销效率。分销效率主要是对企业存货水平、仓库位置及运输方式进行分析和改进，以达到最佳配置并寻找最佳运输方式和途径。

效率控制旨在提高人员推销、广告、促销和分销等市场营销活动的效率，市场营销经理必须关注若干关键比率，这些比率表明上述市场营销职能执行的有效性，显示出应该如何采取措施改进执行情况。

(四) 战略控制

1. 战略控制与营销审计

战略控制是审计企业战略、计划是否有效抓住了机会，目的是确保企业的目标、政策、战略和措施与营销环境相适应。在复杂多变的市场和环境中，原来的目标和战略容易落伍和过时，有必要通过营销审计定期检查和评估。

所谓营销审计是企业市场营销环境、目标、方法、程序和业务战略，组织等所做的全面的、系统的、独立的和定期的检查，以确定问题和发展机遇，提出可行的解决方案以提高总体营销效益的一种控制方法。

2. 营销审计步骤

(1) 由公司高级管理人员和营销审计人员共同拟定有关审计的协议，其中包括审计目标、范围、资料来源、报告形式以及时间安排等内容.

(2) 审计人员根据协议内容，精心准备一份详细的计划，内容涉及要会见哪些人、询问什么问题、接洽的时间和地点，目的在于使审计所花时间和成本最小化。

(3) 审计计划通过后，严格按计划开始调查和收集各种资料。

(4) 根据调查结果拟定审计总结，对企业存在的问题提出合理建议。

3. 营销审计主要内容

(1) 营销环境审计。市场营销必须审时度势，必须对市场营销环境进行分析，并在分析人口、经济、生态、技术、政治、文化等环境因素的基础上，制定企业的市场营销战略。

(2) 营销战略审计。企业是否能按照市场导向确定自己的任务、目标并设计企业形象，是否能选择与企业任务、目标相一致的竞争地位，是否能制定与产品生命周期、竞争者战略相适应的市场营销战略，是否能进行科学的市场细分并选择最佳的目标市场，是否能合理地配置市场营销资源并确定合适的市场营销组合,企业在市场定位、企业形象、公共关系等方面的战略是否卓有成效,所有这些都需要经过市场营销战略审计的检验。

(3) 营销组织审计。主要是评价企业的市场营销组织在执行市场营销战略方面的组织保证程度和对市场营销环境的应变能力。

(4) 营销系统审计。企业市场营销系统包括市场营销信息系统、市场营销计划系统、市场营销控制系统和新产品开发系统。

(5) 营销效率审计。检查企业各类系统所具有的获利能力和开展各项营销活动的成本收益。

(6) 营销职能审计。是对企业的市场营销组合因素(即产品、价格、渠道、促销)的检查评价。

实例 11-3

有一家制药企业,曾经通过大量广告创造了销售奇迹,但是忽略了终端卖场的建设,造成大量的应收账款,产品也没有在终端卖场铺开,市场占有率迅速下降。经过销售渠道审计和整体营销审计,设计和改进了营销活动,特别是设计了针对药店经理和员工的营销活动,取得了极大的成功。

营销审计与营销诊断不间,营销诊断多是在企业营销出现问题时进行的一项非持续性、非定期的活动,营销审计则是在企业营销正常运行时定期、持续进行的活动。

营销审计与财务审计不同,营销审计侧重于过程,财务审计侧重于结果;营销审计目的是发现营销活动中的问题,找到环境中的机会;财务审计的目的是保证是经济活动的合法合规性。

营销审计方法有很多,使用较多的有询问法和关键指标评价法。

询问法是根据对审计对象的深入研究,理清审计思路与重点,找出需要调查的关键问题,列出问题清单,通过询问调查对象而获得所需的资料,进而做出分析评价。

关键指标评价法是选取能够反映企业营销活动绩效的关键因素设计评价指标体系,包括财务指标和非财务指标,根据各指标的重要程度赋予一定的权重,计算这些指标的加权平均值,通过对指标的评价判定企业营销活动绩效。

(资料来源:吴健安. 营销管理. 2 版. 北京:高等教育出版社,2010.)

理论梳理

(1) 市场营销计划是指企业为实现预定的市场营销目标,为未来市场营销活动进行规划和安排的过程。市场营销计划的内容主要包括内容提要、背景和现状分析、SWOT 分析、市场营销目标、市场营销策略、市场营销行动方案、市场营销预算、市场营销控制。市场营销计划实施步骤有制定行动方案、调整组织结构、健全绩效考评制度、协调关键流程。

(2) 市场营销组织演变经历了单纯的销售部门、兼有附属功能的销售部门、独立的市场营销部门、现代市场营销部门和现代市场营销企业五个主要阶段。营销部门的组织形式有职能型组织、地区型组织、产品管理型组织、市场管理型组织和产品/市场管理型组织五种类型。营销组织设计一般应遵循整体协调和主导性原则、精简以及适当的管理跨度与层次原则、有效性原则。

(3) 市场营销控制就是依据市场营销计划，检查衡量市场营销计划的执行情况，并根据偏差调整市场营销活动或调整市场营销计划，以确保市场营销目标的完成。市场营销控制类型主要包括年度计划控制、盈利能力控制、效率控制和战略控制。

📚 知识检测

(1) 市场营销计划内容及实施步骤。
(2) 市场营销组织演变和五种组织形式。
(3) 市场营销组织设计原则。
(4) 市场营销控制的步骤及类型。

📖 案例分析

苏宁转型：经营要碎片化，但绝不能把大企业拆掉

苏宁经常提到一句话，叫趋势大于优势。而这一次整个外部的基本生活环境改变了，所有企业过去建立的优势，可能会在一夜之间全部荡然无存，就像苏宁突然被扔到火星。

苏宁过去是一个传统的电器实体企业，用了 6 年的时间完成了转型，变成了互联网的零售企业，实现了全品类的经营。

以前苏宁实体店开得很多，全国有几千家，但是 SKU 真正有效的有 10 万个左右。现在在苏宁易购平台上，我们 SKU 数已经达到了 2000 万。

这么大的一个变化，苏宁的组织遇到了什么挑战？

一、管理模式的系统化再造

作为企业管理的部分，需要苏宁从组织、人才、激励、文化这四个方面进行一系列的自我改造，任何一个环节都缺一不可。

组织调整、人员结构调整、激励模式的变革，是伴随着整个经营的 6 年一直不断在做的，从大调到小调，甚至变成月月调、时时调。

1．组织变革

在互联网经营模式下，组织一定会趋向于碎片化。在整个大企业内部协同方面，会从原来严格按照矩阵流程，变成更加趋向于网络多要素相互交叉协同的模式。

2．产品服务的多样化，跨界经营成为主流

尤其是开放平台的模式，很多企业跨品类经营。完全不同的品类、完全不同的行业，商品供应链、销售都有不同特点，从专业化角度来说，就必须要分拆。

3．竞争的快速化

过去的零售企业也许只会出现在一个商圈，甚至半径一两公里范围内，现在互联网把整个时空界限全部打破了，中国所有的零售企业站在同一个互联网的平台上共同竞争。这种竞争的激烈强度是大家远远没有办法去简单想象的，是很残酷的。

大家看到的报道说很多人在网上开了很多新店，但是没有看到每天有多少网店死掉，

这个数可能会比苏宁开的店还要多。这个时候要求企业在整个竞争过程中，要反应更迅速，而一个链条太长的组织是做不到的。这是苏宁面临的挑战。

4．管理模式变革

苏宁从过去的行政管理优先，转向激励管理优先；物质奖励为重，转向股权激励和员工事业发展为重。过去从过程到结果定得事无巨细，要服从制度去管理，现在在互联网下，会遇到越来越专业的技术人才。

现在 90 后、00 后的人，他们的观念发生了很大的改变，过去管理的很多方法手段效果会递减，这个时候苏宁要把他们当作一个团队的伙伴，当作是一个事业上的伙伴定位，苏宁在整个激励机制方面也必须要改变。

首先是股权激励，应该得到更大面积运用的手段。现在很多企业并没有推进它，包括推进的面很有限，但是真正的股权，必须要从高层向中层进行延伸递展，甚至变成常态化的激励手段。

其次，在员工职业发展方面，也需要给予更多的政策，构建更多的发展渠道。员工不是简单挣钱，还要有自己的爱好和追求。

二、碎片化的同时，绝对不能把大企业拆掉

苏宁组织变革的方向，要改变过去以流程驱动的大事业部制，要把它转向用户需求为导向，目标驱动的小团队作战。

对于很多小企业来说，这意味着机会。

过去在整个竞争过程中，中小企业是很难跟大企业抗衡的，毕竟规模资源不一样。互联网形势下，中小企业的优势并不差，这也意味着互联网会给更多创业带来成功的可能性。

大企业要对组织进行改变，学会跳舞，增加灵活性。苏宁在组织变得更灵活、碎片化的同时，也绝对不能把大企业拆掉，从一个企业变成几千个企业，因为这样必然会带来另外一个问题——丧失大企业资源共享的优势和规模的优势。

苏宁做的就是在体系支撑下的小团队作战，企业在经营方面的组织要碎片化，但是管理方面还要保持强大的整合和统一。

苏宁现在已经完成一个转变：过去是连锁模式，苏宁基本上是一个大一统的模式，就像一个列车，一个车头带着几十个车厢跑，现在变成一个联合舰队，组建了从零售到物流、到金融三大集群，在三大集群下面有将近二三十个事业部。在二三十个事业部的管辖下，全国从细分品类到大区、到城市、到店面，组建了将近 4000 多个小团队，所有的经营工作都是由 4000 多个小团队做的，他们每一个都像独立公司一样运作。

苏宁后台的这些专业部门，财务、人事、品牌、法务等等，这些部门是共享的。这些资源只有专业集中形成规模，才能够获得相应的效果。

大企业怎么在这两者之间构建灵活的组织，可能会遇到很多具体的问题，但是这个方向不可违背。

三、人才结构大换血

互联网经营的模式不太一样，整个企业内部的人才一定会出现多元化。但是在多元化的同时，无论如何不能放弃专业化的基本原则，这也就意味着企业的团队会从过去"陆军的单一作战"，变成"陆海空的联合作战"。苏宁人力资源部门，在过去这几年耗费了更多精力在这个地方。

过去苏宁就是一个单一品类的连锁企业，2011 年到 2015 年，苏宁总部人员结构的专业性发生了巨大转变，像互联网的运营、互联网的推广，包括 IT、金融、物流等等，这些人员的占比已经达到 70%。

整个总部结构也发生了很大改变。苏宁用了差不多 4 年时间，中高层招了将近 2000 多人，占苏宁团队的 45%。企业里中高层队伍 40%全部是新的队伍，给苏宁带来的冲击有多大！招聘本身就是一个巨大的工作量，因为苏宁还有大量的基层人员，让这些人创造价值，融为一体，这是一个很庞大的工程。企业必须迎接这个挑战，也必须开放地引进更多的人才。

(资料来源：孟祥胜. 苏宁转型：经营要碎片化，但绝不能把大企业拆掉.销售与市场(渠道版), 2016(9))

讨论：
结合案例内容，为苏宁的组织结构调整提出建议。

 应用实训

实训目标：
(1) 掌握制定营销计划的基本流程和关键技能。
(2) 了解现实中营销部门的组织形式、组织结构与职能划分。
(3) 了解执行营销计划、控制营销过程的主要问题。

实训内容：
学生分组访问、调查一家食品企业，了解该企业怎样制定营销计划，该企业的营销机构和组织形式，以及该企业如何执行营销计划和控制营销过程。

实训要求：
(1) 了解该企业制定营销计划的基本流程。
(2) 讨论该企业营销机构的设置形式与特点，结合理论解释其合理以及需要改进之处。
(3) 分析该企业执行营销计划、控制营销过程中的经验、教训与启示。
(4) 各小组充分讨论，深入分析，形成小组报告，并在班级展示，交流心得。

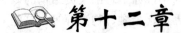 第十二章

网络营销

/////////////////////////

知识目标

理解掌握网络营销的含义、特点及优势；熟悉网络营销常用工具与手段；了解网络营销的产生与发展。

能力目标

能够综合运用网络营销工具与手段设计最优的网络营销方案。

知识结构图

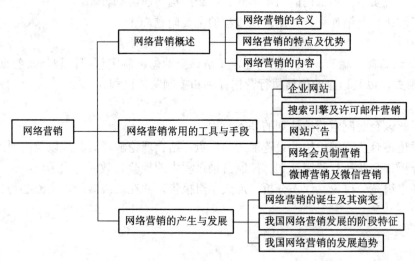

案例导读

海尔的网络营销

随着互联网时代的飞速发展，在海尔CEO张瑞敏看来，新经济就是以创新为核心，以网络技术、数码经济为基础，由新科技驱动，可持续发展的经济，其中，网络科技处于基础性的地位。在网络营销上，海尔主要做了以下两点工作：

1. 建立海尔网站。海尔集团以优质的服务闻名，所以在网站建设上也突出了这一点：

时刻把客户的需要与利益放在第一位。在其网上商店中，除了常规的推荐产品，还有产品定制，"您的难题就是我们的开发课题！"海尔是这么说的，也是这么做的，海尔以服务为本。企业的生命在于创新，海尔集团将以更新、更高、更好的产品满足广大顾客的要求。"只要是您能想到的，我们都能做到"这是海尔的承诺，海尔网站设有友情链接，这在其他企业网站中不多见，从这些链接的功能上看，包括知名的门户网，网上商城，著名的搜索引擎，还有《人民日报网络版》和招商银行。海尔透彻的理解互联网运作与成功的真谛：一切有为之举，均在融合之中。所以海尔会拿出专门的页面设置友情链接，这样的营销策略既显得主家超凡大度，也为这些网站做了标志广告，并可以方便访问者。日前，青岛海尔电冰箱股份有限公司与青岛海尔集体资产内部持股会合资成立海尔电子商务有限公司。此举意味着青岛海尔在拥有强大的品牌效应、规模生产能力、营销及配送网络等多种优势的基础上又将面临新的市场机遇。

2. 建立企业内部网。通过企业内部网进行通信，可以实施营销计划，每天动态掌握各地销售中心销售情况和售后服务情况。同时，建立本地网站，也便于实现信息的透明度和全面共享，提高了企业的整体工作效率。

(资料来源：网络营销能力秀：浅谈海尔集团营销模式，http://www.wm23.cn/kxn123/448382.html. 2015-5-15.)

第一节 网络营销概述

随着互联网的高速发展，使用互联网的人数越来越多。通过网络寻找自己的客户、寻找需要的产品，这已经成为了习惯。网络逐渐成为人们生活和工作中不可或缺的服务工具，在这个基础上网络营销便逐渐开始发挥其强大的市场作用。

一、网络营销的含义

网络营销就是以国际互联网络为基础，利用数字化的信息和网络媒体的交互性来辅助营销目标实现的一种新型的市场营销方式。简单来说，网络营销就是利用互联网为手段开展营销活动。网络营销也有多种类似的名称，如：网上营销、在线营销、互联网营销等。

网络营销在英文中有多种表达方式，尽管它们都可以笼统地翻译为网络营销，但不同的单词，含义略有不同。目前常见的英文表达方式主要有：

(1) 互联网营销(Internet Marketing)。它强调的是以互联网为工具的市场营销。

(2) 在线营销(Online Marketing)。与互联网连接，在网上销售产品和服务。

(3) 网站营销(Web Marketing)。重点在于网站本身的营销，如怎样推广网站，发展用户，通过站点与消费者沟通，保持与消费者的关系等。

(4) 电子营销(E-Marketing)。这种表述是为了与电子商务(e-Business)相对应，也是指通过互联网进行营销。

(5) 网络营销(Network Marketing)。这里的网络不仅仅是互联网，还可以是其他一些类型的网络，如增值网络 VAN(Value-Added Network)等。

(6) 计算机虚拟空间营销(Cyber Marketing)。指借助联机网络、电脑通信和数字交互式媒体的营销方式。

知识拓展 12-1

电子商务(Electronic Commerce)是指利用计算机技术、网络技术和远程通信技术，实现整个商务(买卖)过程中的电子化、数字化和网络化。人们不再是面对面的、看着实实在在的货物、靠纸介质单据(包括现金)进行买卖交易。而是通过网络，通过网上琳琅满目的商品信息、完善的物流配送系统和方便安全的资金结算系统进行交易(买卖)。电子商务的概念包含如下含义：电子商务是一种采用先进信息技术的买卖方式；电子商务造就了一个虚拟的市场交换场所；电子商务是"现代信息技术"和"商务"的集合；电子商务是一种理念，而非简单的采用电子设施完成商务活动。

(资料来源：MBA 智库, http://wiki.mbalib.com/wiki/电子商务.2017-04-16.)

二、网络营销的特点

1. 跨时空

营销的最终目的是占有市场份额，由于互联网能超越时间约束和空间限制进行信息交换，因此使得脱离时空限制达成交易成为可能，企业可以有更多时间和更大的空间进行营销，可每周 7 天，每天 24 小时随时随地地提供全球性营销服务。

2. 多媒体

互联网被设计成可以传输多种媒体的信息，如文字、声音、图像等信息，使得为达成交易进行的信息交换能以多种形式存在和交换，可以充分发挥营销人员的创造性和能动性。

3. 交互式

互联网通过展示商品图像，商品信息资料库提供有关的查询，来实现供需互动与双向沟通。还可以进行产品测试与消费者满意调查等活动。互联网为产品联合设计、商品信息发布以及各项技术服务提供最佳工具。

4. 个性化

互联网上的促销是一对一的、理性的、消费者主导的、非强迫性的、循序渐进式的，而且是一种低成本与人性化的促销，避免推销员强势推销的干扰，并通过信息提供与交互式交谈，与消费者建立长期良好的关系。

5. 成长性

互联网使用者数量快速成长并遍及全球，使用者多属年轻、中产阶级、高教育水准的人群，由于这部分群体购买力强而且具有很强市场影响力，因此是一个极具开发潜力的市场渠道。

6. 整合性

互联网上的营销可由商品信息至收款、售后服务一气呵成，因此也是一种全程的营销渠道。另一方面，企业可以借助互联网将不同的传播营销活动进行统一设计规划和协调实施，以统一的传播资讯向消费者传达信息，避免不同传播中不一致性产生的消极影响。

7. 超前性

互联网是一种功能强大的营销工具，它同时兼具渠道、促销、电子交易、顾客互动服务以及市场信息分析与提供等多种功能。它所具备的一对一营销的特点，正是符合定制营销与直复营销的未来趋势的。

8. 高效性

计算机可储存大量的信息，因此能及时有效地了解并满足消费者的需求，并能适应市场需求，及时更新产品或调整价格。

9. 经济性

通过互联网进行信息交换，代替以前的实物交换。一方面可以减少印刷与邮递成本，可以无店面销售，免交租金，节约水电与人工成本；另一方面可以减少由于迂回多次交换带来的损耗。

10. 技术性

网络营销是建立在高技术作为支撑的互联网的基础上的，企业实施网络营销必须有一定的技术投入和技术支持，改变传统的组织形态，提升信息管理部门的功能，引进了解营销与计算机技术的复合型人才，才能在未来的市场竞争中占据优势。

三、网络营销的优势

与传统的营销手段相比，网络营销无疑具有许多明显的优势：

1. 利于取得未来的竞争优势

中国的许多家庭购买电脑大都是为了供孩子学习，使他们能跟上时代的脚步，而好奇心极强的孩子们大都对电脑甚为着迷，如果能抓住他们的心，当十几年以后，他们成长为消费者时，早先为他们所熟知的产品无疑会成为他们的首选，也就是说，抓住了现在的孩子，也就抓住了未来的消费主力，也就能顺利地占领未来的市场。从长远来看，网络营销能带给商家长期的利益，在不知不觉中培养一批忠实顾客。

2. 决策的便利性、自主性

现在的人们生活在信息充斥的社会中，无论是报纸、杂志、广播，还是电视，无不充满着广告，商家感慨广告难做，消费者抱怨广告无处不在，而好广告则太少。网络营销则全然不同，人们不必面对广告的轰炸，人们只需根据自己的喜欢或需要去选择相应的信息，如厂家、产品等，然后加以比较，作出购买的决定。这样的灵活、快捷与方便，是商场购物所无法比拟的，尤其受到许多没有时间或不喜欢逛商场人士的喜爱。

3. 成本优势

在网上发布信息，代价有限，将产品直接向消费者推销，可缩短分销环节，发布的信息谁都可以自由地索取，可拓宽销售范围，这样可以节省促销费用，从而降低成本，使产品具有价格竞争力。前来访问的大多是对此类产品感兴趣的顾客，受众准确，避免了许多无用的信息传递，也可节省费用。还可根据订货情况来调整库存量，降低库存费用。

4. 良好的沟通

可以制作调查表来收集消费者的意见，让消费者参与产品的设计、开发、生产，使生产真正做到以消费者为中心，从各方面满足消费者的需要，避免不必要的浪费。而消费者对参与设计的产品会倍加喜爱，如同是自己生产的一样。商家可设立专人解答疑问，帮助消费者了解有关产品的信息，使沟通人性化、个别化。

5. 优化服务

日常生活中，人们最怕遇到两种售货员，一种是"冷若冰霜"，让人不敢买；另一种是"热情似火"，让人不得不买，虽推销成功，顾客却心中留怨。网络营销的一对一服务，却留给顾客更多自由考虑的空间，避免冲动购物，可以更多的比较后再作决定。

6. 多媒体效果

网络广告既具有平面媒体的信息承载量大的特点，又具有电视媒体的视、听觉效果，可谓图文并茂、声像俱全。而且，广告发布不需印刷，不受时间、版面限制，顾客只要需要就可随时索取。

四、网络营销的内容

网络营销涉及的范围较广，所包含的内容较丰富，主要表现在以下几个方面：

1. 网上市场调研

网上市场调研是指企业利用网络的交互式信息沟通渠道实施市场调研活动所采取的方法，包括直接在网上通过发布问卷进行调查，企业也可以在网上收集市场调查中需要的各种资料。网上市场调研的重点是利用网上调查工具，提高调查的效率和调查效果；同时，利用有效的工具和手段收集整理资料，在网络浩瀚的信息库中获取企业需要的信息和分辨出有用的信息。

2. 网络消费者行为分析

网络消费者是网络社会的一个特殊群体，与传统市场上的消费群体的特性截然不同。因此，要开展有效的网络营销活动必须深入了解网上用户群体的需求特征、购买动机和购买行为模式。网络作为信息沟通的工具，正成为许多有相同兴趣和爱好的消费群体聚集交流的地方，在网上形成了一个个特征鲜明的虚拟社区。网上消费者行为分析的关键就是了解这些虚拟社区消费群体的特征和喜好。

3. 网络产品和服务策略

网络作为有效的信息沟通渠道，改变了传统产品的营销策略，特别是营销渠道的选择。

在网上进行产品和服务营销，必须结合网络特点重新考虑对产品的设计、开发、包装和品牌的产品策略研究，因为有不少传统的优势品牌在网络市场上并不一定是优势品牌。

4. 网络价格策略

作为一种新的信息交流和传播工具，网络从诞生开始就实行自由、平等和信息基本免费的策略。因此，在网络市场上推出的价格策略大多采取免费或者低价策略。所以，制定网上价格营销策略时，必须考虑网络对企业产品的定价影响和网络本身独特的免费特征。

5. 网络渠道选择与直销

网络对企业营销活动影响最大的是企业的营销渠道。通过网络营销获得巨大成功和巨额利润的 DELL 公司，借助网络的直接特性建立了网上直销的销售模式，改变了传统渠道中的多层次选择和管理与控制的问题，最大限度地降低了营销渠道中的营销费用。但是企业建设自己的网上直销渠道必须在前期进行一定的投入，同时还要结合网络直销的特点改变本企业传统的经营管理模式。

🎓 实例 12-1

DELL 成功的营销策略

DELL 电脑有限公司是电脑行业中的佼佼者。近年来，DELL 公司一直是全球市场占有率最高的厂商之一。适合的营销观念和策略是 DELL 成功的重要因素之一。DELL 的首席执行官 Michel DELL 的理念非常简单：按照客户的需要和要求去制造产品；绕开中间环节，直接面向最终用户，既减少了产品成本，又能直接有效和明确地了解他们的需要，继而迅速做出反应。

DELL 通过首创的直销模式，与大型跨国公司和企业、政府部门、教育机构、中小型企业和个人消费者建立直接的联系。根据不同的需求，客户可以选择任何一种方式非常方便地同 DELL 进行沟通。以网络沟通渠道为例，DELL 开发了一整套的网上营业工具，便于客户方便地在网上购买 DELL 产品。同时，DELL 售后服务和技术服务搬到了网上，缩短了对客户需求的反应时间，从而吸引了更多的客户，还极大地降低了成本。为此，DELL 也获得了极大的收益，公司营业收入的 40% 来源于网上交易。

(资料来源：陈志杰. 市场营销[M]. 杭州：浙江工商大学出版社，2015.)

6. 网络促销与网络广告

网络具有双向的信息沟通渠道的特点，可以使沟通的双方突破时空限制进行直接的交流，操作简单、高效，并且费用低廉。网络的这一特点使得在网上开展促销活动十分有效，但必须遵循在网上进行信息交流与沟通的规则，特别是遵守一些虚拟社区的礼仪。网络广告是进行网络营销最重要的促销工具，网络广告作为新兴的产业已经得到了迅猛的发展。网络广告作为在第四类媒体上发布的广告，其交互性和直接性的特点是报纸杂志、无线电广播和电视等传统媒体所无法比拟的。

🎓 实例 12-2

百事可乐猴年广告，六小龄童唤醒儿时记忆

2016 年，百事可乐猴年广告成为人们津津乐道的"情怀"广告大赢家。这次百事可乐邀请六小龄童推出《把乐带回家之猴王世家》，无疑是猴年旗开得胜的一个大招，也把过去被可口可乐占据的风头抢了回来。当广告片里那熟悉的音乐响起时，勾起了多少人的儿时

记忆，"苦练七十二变，方能笑对八十一难"，更是让人感慨良深。"把快乐一代一代传递下去，是为了让更多人把乐带回家"，也赚足了观众眼泪。网友纷纷力挺：这广告创意我给满分！

专家点评：在这个广告片的营销战略中，首先紧扣时代的脉搏，抓住猴年猴文化，请来猴王六小龄童讲述泪点故事，引起消费者的浓情追忆；其次是抓住人心，将老一代与年青一代结合，并用"把快乐一代一代传递下去，是为了让更多人把乐带回家"的精炼广告语进行无缝连接，构建消费者对百事可乐的品牌联想度；随后利用网络媒体以最快的速度进行传播；同时趁机推出限量款产品，引爆销售。

（资料来源：电商之家. 2016 年十大网络营销案例分析，http://www.ecjobhome.com/news/news-show-14773.htm.2016-12-24.）

7．网络营销管理与控制

网络营销依托网络开展营销活动，必将面临传统营销活动碰不到的许多新问题。例如，网络产品的质量保证问题、消费者隐私的保护问题以及信息的安全问题等，这些都是网络营销必须重视和进行有效控制的问题。否则，企业开展网络营销的效果就会适得其反。

第二节　网络营销常用的工具与手段

网络营销职能的实现需要通过一种或多种网络营销工具，主要有企业网站、搜索引擎、电子邮件网络实名/通用网址、即时信息、电子书、网络日志(Blog)等。其中，企业网站是网络营销的综合性工具。网络营销的同一个职能可能需要多种网络营销方法的共同作用来实现，而同一种网络营销工具也可能适用于多个网络营销职能。

一、企业网站

企业网站是一个综合型网络营销工具，企业网站主要分为信息发布型网站和综合型网站，信息发布型网站属于企业网站的初级形式，不需要太复杂的技术将网站作为一种企业基本信息的载体，主要功能定位于企业信息发布，包括企业新闻、产品信息、采购信息、招聘信息等用户、销售商和供应商所关心的内容，多用于产品和品牌推广以及与用户之间的沟通，网站本身并不具备完善的网上订单跟踪处理功能。这种类型的网站由于建设和维护比较简单，资金投入也较少，初步解决了企业开展网络营销的基本需要，因此，在开展实质性电子商务之前，是中小企业网站的主流形式，一些大型企业网站初期通常也是属于这种形式。其实，这些基本功能和信息也是所有网站必不可少的基本内容，即使是一个功能完善的电子商务网站，一般也离不开这些基本信息。因此，信息发布型网站是各种网站的基本形态。当具备开展电子商务的条件时，才逐步将在线销售、客户关系管理、供应链管理等环节纳入电子商务流程中去。这时候企业网站就是综合型网站了。

一个完整的企业网站，无论多么复杂或多么简单，都可以划分为四个组成部分：

1．网站结构

网站结构是为了合理地向用户表达企业信息所采用的栏目设置、网页布局、信息的表现形式等。为了清楚地通过网站表达企业的主要信息和服务，可根据企业经营业务的性质、类型或表现形式等划分为几个部分，每个部分就成为一个栏目(一级栏目)，每个一级栏目则可以根据需要继续划分为二级、三级、四级栏目。

根据经验，一般来说，一个企业网站的一级栏目不应超过八个，而栏目层次以三级之内比较合适。这样，对于大多数信息，用户可以在不超过三次点击的情况下浏览到该网页内容。如果网站内容较多，专门设计一个导航页面是非常必要的。有些搜索引擎在网站中检索信息时也会访问这个导航页面，通常是采用静态网页的方式建立一个名为"sitemap.htm"的网页。

2．网站内容

网站内容是用户通过企业网站可以看到的所有信息，也就是企业希望通过网站向用户传递的所有信息。网站内容包括所有可以在网上被用户通过视觉或听觉感知的信息，如文字、图片、视频、音频等。一般来说，文字信息是企业网站的主要表现形式。在建设网站的过程中，处处尊重用户，以用户为导向来设计整个企业网站是网站建设最重要的因素。网站信息主要包括以下几方面的内容：企业概况、合作伙伴、企业产品(业务)介绍、新闻中心、招聘信息、联系方式、服务信息、专题信息等。

3．网站功能

网站功能是为了实现发布各种信息、提供服务等必需的技术支持系统。网站功能直接关系到可以采用的网络营销方法以及网络营销的效果。网站的功能主要包括信息发布、会员管理、订单管理、在线调查、产品管理、在线帮助、邮件列表和流量统计。

4．网站服务

企业网站的服务也是网站的基本要素之一，网络营销者应该了解每个区域的消费者期望，并能识别出存在于消费者期望和现状间的在线服务质量差距。对产业部门的调查显示，在线服务质量的高低是影响消费者忠诚度的关键。

二、搜索引擎营销

2017年1月，中国互联网络信息中心(CNNIC)在北京发布第39次《中国互联网络发展状况统计报告》(以下简称《报告》)。《报告》显示，2016年企业通过互联网开展营销推广的比例相比去年上升近5个百分点，延续了自2013年以来的增长趋势，如图12-1所示。随着企业品牌推广意识提升、电子商务日益普及，以及中国互联网广告市场逐步规范，互联网营销市场仍有很大的增长空间。在各种主流互联网营销渠道中，搜索引擎营销使用率占48.2%，比2015年提高0.8个百分点。用户规模的快速增长，表明搜索引擎作为互联网人口地位的提升，同时，由于搜索引擎营销的低成本、目标用户的精准性、营销效果的可视性等优势日益获得广告主的认同和青睐，未来搜索引擎的营销价值和市场规模都将进一步提升。

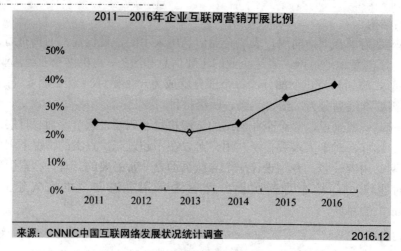

图 12-1 2011—2016 年企业互联网营销开展比例

所谓搜索引擎营销，就是利用用户使用搜索引擎检索信息的机会，尽可能地将营销信息传递给目标消费者。所以，搜索引擎营销的目标层次可以分为四个阶段：第一个阶段是做到被主要搜索引擎/分类目录收录，第二个阶段是能够在主要搜索引擎中获得好的排名，第三个阶段是提高用户对检索结果的点击率，第四个阶段是将浏览者转化为目标消费者。要实现上述目标，企业必须构造适合于搜索引擎检索的信息源，努力创造网站/网页被搜索引擎收录的机会，让企业信息出现在搜索结果中靠前的位置，以搜索结果中有限的信息获得用户关注，为用户获取信息提供方便。其中，常见的搜索引擎营销方法有以下几种。

1. 免费登录分类目录

免费登录分类目录是最传统的网站推广手段，目前多数重要的搜索引擎都已开始收费，仍有少数搜索引擎可以免费登录。但网站访问量主要来源于少数几个重要的搜索引擎，即使登录大量低质量的搜索引擎，对网络营销的效果也没有多大意义。搜索引擎的发展趋势表明，免费搜索引擎登录的方式已经逐步退出网络营销舞台。

2. 搜索引擎优化

搜索引擎优化，即通过提高网站设计质量，利用 google、百度等技术型搜索引擎进行推广，通常不需要自己登录搜索引擎，而是让搜索引擎自动发现自己的网站。

3. 付费登录分类目录

付费登录分类目录类似于原有的免费登录，不同的是，只有网站缴纳费用之后才可以获得被收录的资格。一些搜索引擎提供的固定排名服务，一般也是在收费登录的基础上开展的。此类搜索引擎营销与网站设计本身没有太大关系，主要取决于费用，只要缴费，一般情况下就可以被登录，但正如一般分类目录下的网站一样，这种付费登录搜索引擎的效果也在日益降低。随着搜索引擎收录网站和网页数量的增加，增加了用户通过分类目录检索信息的难度，同时，由于大量的信息没有登录到搜索引擎，也使得一些有价值的信息无法被检索到，这也就意味着分类目录型的搜索引擎营销效果在不断降低，即使付费登录也避免不了这种状况。

4．关键词广告

关键词广告也称为"关键词检索"，简单来说，它是在搜索引擎的搜索结果中发布广告的一种方式，与一般网络广告的不同之处仅仅在于：关键词广告出现的位置不是固定在某些页面，而是当有用户检索到你所购买的关键词时，才会出现在搜索结果页面的显著位置。不同的搜索引擎有不同的关键词广告显示，有的将付费关键词检索结果出现在搜索结果列表最前面，也有的出现在搜索结果页面的专用位置。总的来说，关键词广告与传统的搜索引擎营销有很大的差别，实质上属于网络广告的范畴，是网络广告的一种特殊形式。由于关键词广告具有较高的定位程度，并且往往可以提供即时的点击率效果，可以随时修改关键词等有关信息，以及更加合理的收费模式等，因而逐渐成为搜索引擎营销方法的常用形式。

5．关键词竞价排名

关键词竞价排名也是搜索引擎关键词广告的一种形式，它是按照付费最高者排名靠前的原则，对购买了同一关键词的网站进行排名的一种方式。竞价排名一般采取按点击收费的方式。关键词广告和竞价排名方式较传统的搜索引擎营销方式的主要特点有：可以方便地对用户的点击情况进行统计分析，可以随时更换关键词以增强营销效果。目前，关键词竞价排名已成为一些企业利用搜索引擎营销的重要方式。

6．网页内容定位广告

基于网页内容定位的网络广告(Content—Targeted Advertising)是搜索引擎营销模式的进一步延伸，广告载体不仅仅是搜索引擎的搜索结果网页，也延伸到这种服务的合作伙伴的网页。搜索引擎google于2003年3月12日开始正式推出按内容定位的广告。按照google的说明，这项服务是将通过关键词检索定位的广告显示在google之外的相关网站上。google的主要竞争对手Overture已经推出了类似的广告形式——"按效果付费"服务，可以将赞助商的广告链接出现在许多合作伙伴的网站上。

对搜索引擎营销方法的使用，反映了网络营销应用的深入和普及，但由于人们对搜索引擎营销在认识上和操作方法层面均存在一定的误区，会对网络营销的总体效果产生不利影响，也可能在选择搜索引擎优化服务时陷入一些垃圾网站所设置的陷阱。google 和百度等著名搜索引擎都有一系列反对欺骗的措施。所以，开展网络营销，更重要的是要重视网站内容建设，优化整个网站的设计，应综合采用多种网站推广方法组合而不是过于依赖搜索引擎，应重视网站的品牌推广和用户忠诚度的培养而不是仅仅关注网站在搜索引擎中的排名，这样才能获得较好的网站推广效果。

三、许可邮件营销

许可邮件营销(或称许可 E-mail 营销)，是在用户许可的前提下，通过电子邮件的方式向目标消费者传递信息的一种网络营销手段。营销专家 Seth Godin 在 1999 年出版的《许可营销》(Permission Marketing)一书中最早对"许可营销"理论进行系统的研究，这一概念一经提出，就受到网络营销人员的普遍关注并得到广泛应用。许可营销的原理其实很简单，根据 Godin 的观点，也就是企业在推广其产品或服务的时候，事先征得消费者的"许可"，得到潜在消费者许可之后，再通过 E-mail 的方式向消费者发送产品和服务信息。获得收件人的许可而发送的邮件，不仅不会受到指责，而且消费者对邮件内容关注的程度也较高。至于获得消费者许可的方式有很多，如消费者为获得某些服务而注册为会员，或者消费者主动订阅的新闻邮件、电子刊物等。

许可邮件营销需要客户地址，按照电子邮件地址资源的所有权分类，如果利用企业内部用户资源注册的资料进行营销，则称为内部列表邮件营销，如果利用第三方邮件营销服务商来进行营销，则称为外部列表邮件营销。许可邮件营销需要合适的电子邮件地址列表，不同来源的电子邮件地址列表得到用户许可的程度是不一样的。根据邮件地址来源的不同和得到用户许可程度的不同，我们还可以将许可邮件营销分为以下几种类型：

1. "选择退出"列表(Opt-out Lists)

邮件列表上未经用户许可 Opt-out 的基本方法是这样的：网站将自行收集来的消费者 E-mail 地址加入某个邮件列表，然后在未经用户许可的情况下，向列表中的消费者发送邮件内容，邮件中有退订方式，如果不喜欢，允许消费者自己退出。Opt-out 的操作方法也不完全相同，有些网站会在将用户加入之后向用户发一封 E-mail，告诉他已经被加入邮件列表。在这种情况下，无论是否允许用户"自愿退出"，实际上都有一定的强迫性，与 E-mail 营销的许可原理有一定的距离，和纯粹意义上的垃圾邮件也差不多了。

2. "选择加入"列表(Opt-in lists)

这种形式的邮件列表是由消费者采取"肯定"的行为，自愿通过 E-mail 接收信息。比如，消费者通过选择网站提供的邮件列表项目或向网站提交表单，表示愿意接收 E-mail 邮件。但不足之处是缺乏一种确认措施，证明提交的 E-mail 地址确实由登录者本人所有，也就是说，有的人会在其他人不知情的情况下就替他人登记加入了邮件列表。

3. "经确认的选择加入"列表(Confirmed Opt-in Lists)

这种形式是指发行邮件列表的网站在收到消费者的订阅要求后，发一封 E-mail 到消费者的信箱，以确认该消费者是否愿意将 E-mail 地址加入到网站的邮件列表中，如消费者不愿意继续接收邮件，可选择退出(Opt—out)订阅，这种措施是保证消费者真正能收到他想要的信息。

4. "双重确认"列表(Double Opt-in Lists)

这种方式需要消费者对主动订阅的邮件采取再次"肯定"的行为。邮件列表发行商发一封 E-mail 给消费者，请消费者再次确认是否订阅邮件，消费者同意后可通过回复或点击链接来进行再次确认，以确保消费者的 E-mail 地址和订阅行为的合理性。

从以上的分析可以看出，第一种和第二种均属于垃圾邮件的范围。企业使用垃圾邮件进行许可邮件营销虽然价格便宜，但会对企业的声誉造成巨大的损失，因而不宜采用。第三种和第四种属于许可邮件营销的范围，但以第四种为最佳。美国隐私保护团体要求网络广告公司必须遵守双重确认(Double Opt-in)的政策，他们认为，这样才能确保消费者是在充分被告知而且自愿的情况下，收到广告商的广告邮件。与传统的直销(Direct Mail，DM)相比，许可邮件营销表现出明显的优势。尤其表现在与消费者进行一对一的沟通方面，不仅具备低成本、快捷方便等优势，还易于测试、跟踪和评价，并且有助于与消费者建立更为紧密的在线关系。

实例 12-3

2013 年 4 月 15 日，在美国波士顿马拉松比赛现场发生爆炸事件，造成 3 人死亡、180 多人受伤，多名选手因此未能完成比赛。这次事件引起了全球人民的震惊，众多的企业通过邮件这种便捷的方式传递正能量，值得大家参考。

捷蓝航空是美国一家廉价航空公司。波士顿马拉松爆炸事件后，捷蓝航空公司在第一时间给旅行客户发送了一封电子邮件。主题是："我们想的和您的一样"。邮件的特有的蓝色正和公司的形象一致，再细读文字，让人感觉倍感关怀。对于此次事件，捷蓝航空公司表示很沉痛，他们表达他们会把旅客的生命安全放在第一位。如果顾客有任何行程变化，公司会承担费用并将提供优质的服务。优先考虑到顾客的安全，服务细致，关心周到，是这次事件邮件营销的成功之处。

DailyCandy 是一个诠释生活的指导性网站，涵盖餐厅、酒吧、时尚、商店、发现、购物体验、旅游体验等等。在此之时 DailyCandy 发送了一封主题是 "波士顿—我们爱你" 的电子邮件。邮件用一个大大的爱心来凸显爱这个主题字眼。配上一句："这是发自我们最心底的心声。我们愿意和你站在一起"的文字。牵动很多人的心。邮件中有多处的号召链接按钮，不仅方便联系，而且也可以提供很多服务。这封邮件的最大特色是：社会化的分享按钮链接了 "红十字会" 和 "谷歌人肉搜索" 等的应用程序。对于那些在爆炸事件后寻找自己亲人的人，这些程序显得尤为重要。DailyCandy 致力于帮助人们更好地享受幸福的生活。不管遇到什么，DailyCandy 也会一如既往的坚持自己的风格，这也符合 DailyCandy 发送电子邮件的特点。

此次的波士顿马拉松爆炸事件引起了全球人民的愤慨，但很多的公司通过适当的方式来表达他们对生命的支持。另一面，作为商家和企业，他们将公益事业与企业战略相结合，切实履行企业的社会责任，也可以切实提升企业品牌的影响力。

(资料来源：豆瓣读书. 邮件营销经典案例，https://book.douban.com/subject/1103382/discussion/54724464/.2013-08-27.)

四、网络广告

(一) 网络广告的主要形式

网络广告是主要的网络营销方法之一，在网络营销方法体系中具有举足轻重的地位。事实上多种网络营销方法也都可以理解为网络广告的具体表现形式，并不仅仅限于放置在网页上的各种规格的 Banner 广告。如电子邮件广告、搜索引擎关键词广告、搜索固定排名等都可以理解为网络广告的表现形式。无论以什么形式出现，网络广告所具有的本质特征是相同的，概括来说是向互联网用户传递营销信息的一种手段，是对消费者注意力资源的合理利用。

1. 横幅广告(Banner)

横幅广告有不同的叫法，如网幅广告、条幅广告、旗帜广告、标志广告等。它是网络广告的主要形式，以 GIF、JPG 等格式建立的图像文件，定位在网页中，大多用来表现广告内容。新兴的富媒体 Banner 能赋予 Banner 更强的表现力和交互内容。

根据横幅广告的发展历程，我们把横幅广告分为三类：静态、动态和交互式。静态的横幅广告就是在网页上显示一幅固定的图片，大小一般不超过 12 kB，它也是早期网络广告常用的一种方式。它的优点就是制作简单，并且被所有的网站所接受。它的缺点是显得有些呆板。动态横幅广告拥有会"动"的元素，或移动或闪烁。它们通常采用 GIF89 的格式，原理就是把一连串图像连贯起来形成动画。大多数动态广告由 2~20 帧画面组成，可以传递给浏览者更多的信息，也可以通过动画的运用加深浏览者的印象，它们的点击率普遍比静态的高，是目前最主要的网络广告形式。交互式广告的形式多种多样，比如，游戏、插播式、回答问题、下拉菜单、填写表格等，这类广告需要更加直接的交互，比单纯的点击包含更多的内容。

2. 按钮广告(Button)

按钮广告，也称为图标广告，它显示的只是企业名称、产品或品牌的标志，点击它，可链接到广告主的站点上。按钮广告有四种尺寸，比 Banner 要小，故可以被灵活地放置在网页的任何位置。按钮广告一般是静态的形式，但也可以是动态的形式。另外，还有一种浮动式的按钮广告，通常是按照设置好的途径在主页上浮动。

3. 插播式广告

插播式广告，也称为"弹出式广告"、"插页式广告"，即访问者在请求登录网页时，强制插入一个广告页面或弹出广告窗口。插播式广告有各种尺寸，既有全屏的也有小窗口的，而且互动的程度也不同，从静态的到动态的都有。广告主很喜欢这种广告形式，但容易引起浏览者的反感，尤其是全屏动画的插播广告。所以，为避免这种情况的发生，许多网站都使用了弹出窗口式广告，而且只有 1/8 或 1/4 屏幕大小，这样可以不影响正常的浏览。

4. 富媒体广告(Rich Media Banner)

富媒体广告，又称 Extensive Creative Banner，一般指使用浏览器插件或其他脚本语言、Java 语言等编写的具有复杂视觉效果和交互功能的 Banner，这些效果的使用是否有效，一方面取决于站点服务器的设置，另一方面取决于访问者的浏览器是否能顺利查看。常见的 Rich Media Banner 使用如 Macromedia Shockwave/Flash、Java Applets、Java Script、Video Banner 等技术。富媒体广告表现能力强，能更好地传达广告主的意图，但因为要占据比一般 GIF Banner 更多的空间和网络传输字节，所以，困扰富媒体广告发展的就是网络带宽问题。

5. 文本链接广告(Textlink)

文本链接广告以文字的形式出现在网页上，表现形式一般是企业的名称，点击后链接到广告主的主页上。这种广告非常适合中小企业，因为它既能产生不错的宣传效果，又花费不多。文本链接广告是一种对浏览者干扰最少，但却很有效果的网络广告形式。它的广告位置安排非常灵活，可以出现在页面的任何位置，可以竖排也可以横排，每一行就是一个广告，点击每一行都可以进入相应的广告页面。

（二）网络广告的定价模式

网络广告的定价模式主要有以下几种方式：

(1) CPA(Cost-Per-Action)。CPA 指每次行动的费用，即根据每个访问者对网络广告所采取的行动收费的定价模式，对于用户行动有特别的定义，包括形成一次交易，获得一个注册用户，或者对网络广告的一次点击等。

(2) CPM(Cost Per Thousand Impressions)。CPM 指每千次印象费用．即广告条每显示 1 000 次(印象)的费用。CPM 是最常用的网络广告定价模式之一。

(3) CPO(Cost—Per—Order)。CPO 也称为 Cost—Per—Transaction，即根据每张订单/每次交易来收费的方式。

(4) CPTM(Cost Per Targeted Thousand Impressions)。CPTM 指经过定位的用户(如根据人口统计信息定位)的千次印象费用。CPTM 与 CPM 的区别在于，CPM 是所有用户的印象数，而 CPTM 只是经过定位的用户的印象数。在传统媒体的广告业中，通常是以每千人成本作为确定该媒体广告价格的基础。由于 Internet 上的网站可以精确地统计其页面的访问次数，因此，网络广告按访问人次收费是一种科学的方法。

随着多元化的网络新媒体形式不断出现，网络广告形式也继续向多元化的方向发展，富媒体化成为未来广告发展的趋势，视频广告则将成为未来的主流形式。传统门户网站不再是广告主网络营销的唯一选择，网络广告载体正在呈现多元化的趋势，桌面软件、下载工具、网络游戏、电子杂志、即时通信、影音播放器等都成为很好的广告投放载体。

知识拓展 12-2

富媒体，即 Rich Media 的英文直译，本身并不是一种具体的互联网媒体形式，而是指具有动画、声音、视频和或交互性的信息传播方法。富媒体包含流媒体、声音、Flash 以及 Java、Javascript、DHTML 等程序设计语言的形式之一或者几种的组合。富媒体可应用于各种网络服务中，如网站设计、电子邮件、BANNER、BUTTON、弹出式广告、插播式广告等。富媒体本身并不是信息，富媒体可以加强信息，当信息更准确的定向时，广告主会拥有更好的结果。

(资料来源：互动百科. http://www.baike.com/wiki/富媒体.2017-04-19.)

五、网络会员制营销

网络会员制营销由亚马逊公司首创。Amazon.com 于 1996 年 7 月发起了一个"联合"行动，其基本形式是这样的：一个网站注册为 Amazon 的会员(加入会员程序)，然后在自己的网站放置各类产品或标志广告的链接，以及亚马逊提供的商品搜索功能，当该网站的访问者点击这些链接进入 Amazon 网站并购买某些商品之后，根据销售额的多少，Amazon 会付给这些网站一定比例的佣金。从此，这种网络营销方式开始广为流行并吸引了大量网站参与，这个计划现在称之为"会员制营销"。

会员制计划则是通过利益关系和电脑程序，将无数个网站连接起来，将商家的分销渠道扩展到地球的各个角落，同时为会员网站提供了一个简易的赚钱途径。

会员制营销听起来似乎很简单，但是在实际操作中也许要复杂得多。因为，一个成功的会员制计划涉及网站的技术支持、会员招募和资格审查、会员培训、佣金支付等多个环节。亚马逊在 1996 年 7 月的"联合"行动已经描述了会员制营销的基本原理。从会员制营销的基本思路也可以看出，一个会员制营销程序应该包含一个提供这种程序的商业网站和若干个会员网站，商业网站通过各种协议和电脑程序与各会员网站联系起来。因此，在采取会员制营销中存在一个双向选择的问题，即选择什么样的网站作为会员，以及会员如何选择商业网站的问题。

六、病毒式营销

病毒式营销(Viral Marketing，也可称为病毒性营销)是一种常用的网络营销方法，常用于进行网站推广、品牌推广等。病毒式营销利用的是用户口碑传播的原理，在互联网上，这种"口碑传播"更为方便，可以像病毒一样迅速蔓延。因此，病毒式营销(病毒性营销)成为一种高效的信息传播方式，而且，由于这种传播是用户之间自发进行的，因此，几乎是不需要费用的网络营销手段。

Hotmail 可算是开辟了病毒式营销的先河，是病毒式营销中取得成功的企业之一。最初 hotmail 推出电子邮箱服务的时候，在 IT 界还是一家很不起眼的公司，但就在短短的 10 个月内，公司的注册用户就达到了上千万，而且每个月注册的用户还以几十万的速度递增。在中国，2005 年百度投资大约 10 万元，拍摄了三段视频广告，但又不能通过电视台投放，于是，他们巧妙地通过百度员工和他们的朋友，以邮件、QQ、论坛来上传这些幽默的视频，传播人群超过 2000 万人次，获得了病毒式营销的成功。

七、RSS 营销

RSS 是"Rich Site Summary"或"Really Simple Syndication"的英文首字母缩写，中文译作"简易信息聚合"。RSS 是一种基于 XML 标准，在互联网上被广泛采用的内容包装和投递协议。

基于 RSS 的网络营销，是指将具有一定主题的信息按照 RSS 信息包装和投递协议的要求进行封装，并通过 RSS 阅读器或种子聚合网站提供给用户，从而建立良好的消费者关系，并最终达到提高产品知名度、扩大市场份额的目标。

八、微博营销

2017 年 1 月，《中国互联网络发展状况统计第 39 次报告》显示，在各种主流互联网媒体营销渠道中，微博营销推广使用率达 27.9%，比 2015 年增长 3.2%。微博即所谓"微型博客(micro-bloging)"，是一种 Web 2.0 时代非正式的迷你型博客，是一种可以即时发布消息的类似博客的系统。微博是一个基于用户关系的信息分享、传播以及获取平台，用户可以通过 WEB、WAP 以及各种客户端组建个人社区。以 140 字左右的文字更新信息，并实现即时分享。它最大的特点就是集成化和开放化，人们可以通过手机、IM 软件(MSN、QQ、Skype)和外部 API(Application Programming Interface，应用程序编程接口)等途径向自己的微博发布消息。微博营销以微博作为营销平台。每一个听众(粉丝)都是潜在营销对象。企业利用更新自己的微型博客向网友传播企业信息、产品信息，树立良好的企业形象和产品形象。常见的企业微博账户主要有企业官方微博、企业分支机构及职能部门微博、企业领导人微博及行业资讯微博等。企业微博营销的核心就是围绕着如何让营销信息在尽可能多的用户之间形成有效传播(如评论、转发等)。一般来说，微博营销应当选择比较有营销力的微博平台，并且完善企业微博账户设置，让用户了解企业并愿意关注企业。为获得尽可能多的关注者，企业还应该注重微博内容的创作，有价值的微博内容是被关注的基础。企业应当充分利用微博平台的各种网络推广机会扩大微博的影响力，可以将病毒性营销的原理应用于微博营销中。

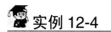 **实例 12-4**

微博搜索广告见证世界杯冠军

　　Allin or nothing 成皇或败寇，阿迪达斯的这句 slogen，中文译义多了一抹骄傲的英雄主义色彩。阿迪达斯一直以来都是世界杯官方用球提供商，在其营销动作中，这一点不断重复体现。世界杯比赛期间，阿迪达斯在微博上建立了#成皇或败寇#话题页，并且植入每场微博热门话题榜推荐中；在世界杯开赛前三天，用户只要从 PC 端新浪微博搜索"阿迪达斯"或者"桑巴荣耀"关键词，就会在首页降下阿迪达斯为历届世界杯制作的比赛用球。利用世界杯期间微博话题的热度以及讨巧的视觉展示，实现品牌营销。

　　清华、北大网络营销总裁班创始专家刘东明老师表示，微博内搜索营销必须精准把握"话题"这一要点。阿迪达斯紧围营销主题，包装有趣好玩，才能在网友心中争夺一席之地。世界杯不仅仅是世界级的足球盛宴，也一向是品牌广告主展现综合实力的创意竞技场。

　　(资料来源：源生态食舍的博客.2015 年最具创意的十大微博营销案例，http://blog.sina.com.cn/s/blog_a350bab50102vl0w.html.2015-06-04.)

九、微信营销

　　2017 年 1 月，《中国互联网络发展状况统计第 39 次报告》显示，2016 年网民最经常使用的 APP 是微信，比例为 79.6%；其次是 QQ，见图 12-2。微信(WeChat 是腾讯公司于 2011 年初推出的一款快速发送文字和照片、支持多人语音对讲的手机聊天软件，用户可以通过手机或平板电脑快速发送语音、视频、图片和文字。

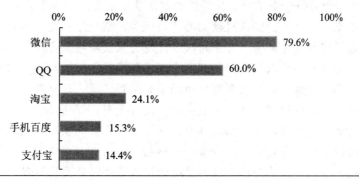

图 12-2　2016 年网民最经常使用的 5 个 APP

微信营销是网络营销模式的一种创新，微信不存在距离的限制，用户注册微信后，可与周围同样注册的"朋友"形成一种联系，用户订阅自己所需的信息，商家通过提供用户需要的信息，推广自己的产品，从而实现点对点的营销。微信营销主要体现在以安卓系统、苹果系统的手机或者平板电脑中的移动客户端进行的区域定位营销，商家通过微信公众平台，结合转介率微信会员卡管理系统展示商家微官网、微会员、微推送、微支付、微活动，已经形成了一种主流的线上线下微信互动营销模式。

🐨 知识拓展 12-3

微商指的是什么？微商目前尚无统一认知的定义。一般是指以"个人"为单位的，将传统方式与互联网相结合，不存在区域限制，且可移动性地实现销售渠道新突破的小型个体行为。微商其实就是资源整合，微商投入小、门槛低，其典型代表就是微信电商。实际上，微商并非"微信电商"，更不是仅仅指微信小店，微商指的是在移动终端平台上借助移动互联网技术进行的商业活动，或者通过手机开店来完成网络购物。

(资料来源：廖以臣. 网络营销[M]. 北京：高等教育出版社，2016.)

👨‍🎓 实例 12-5

华美食品：会说话的月饼，首创"四微立体式营销"

华美食品在临近中秋之际，用微信、微博、微视"三微"办了一场促销活动——华美"会说话的月饼"！

华美"会说话的月饼"玩法：1. 用户购买华美月饼，扫描二维码，进入华美微信服务号活动主页面。2. 定制祝福：拍摄微视频短片，录制并上传祝福视频，复制微视祝福链接，输入华美月饼独有的祝福编码，提交。3. 分享祝福到朋友圈，就有机会抽取华美食品提供的万元钻戒、iphone5s、名牌手表、华美月饼等丰厚奖品。而收到月饼礼物，同样扫描二维码即可查看祝福视频。

华美"会说话的月饼"活动，在网络上掀起一场前所谓了的浪潮，越来越多的普通用户也加入到了月饼送祝福活动的热潮中。全新的祝福方式，广受年轻人喜爱支持。更是吸引了网络红人参与，如《天天向上》阿毛以及微博红人@回忆专用小马甲等人，也是大力支持华美"会说话的月饼"微活动。月饼原本就是节令性食品，如今华美"会说话的月饼"凭一次全新的创意祝福方式，以及过硬的品质与服务，创造了一场前所未有的销售高峰。这与华美食品的营销新法有着密不可分的联系，即企业互联网思维技术的运用。

清华、北大网络营销总裁班创始专家刘东明老师表示，自互联网思维诞生以来，让传统企业发展一直都很纠结。因为互联网思维的融合运用，是一场空前的、历史性的改革。很多企业依然保守传统的营销方式，没有突破，没有创新，显得举步维艰。然而，此次华美食品"会说话的月饼"微活动，则是联合网络媒体平台，用实际行动完美展现了华美食品企业互联网思维理念，更是带领消费者一起体验了一场前所未有的互联网思维创意祝福活动。这样的创意方式，就是企业互联网思维的技术与运用的最佳体现。

(资料来源：源生态食舍的博客.2015 年最具创意的十大微博营销案例，http://blog.sina.com.cn/s/blog_a350bab50102vl0w.html.2016-06-04.)

第三节　网络营销的产生与发展

一、网络营销的诞生及其演变

九十年代初，飞速发展的国际互联网促使网络技术应用的指数增长，全球范围内掀起应用互联网热，世界各大公司纷纷上网提供信息服务和拓展业务范围，积极改组企业内部结构和发展新的管理营销方法。现在公认的是，1994 年被认为是网络营销发展重要的一年，因为网络广告诞生的同时，基于互联网的知名度搜索引擎自 Yahoo!、Webcrawler、Infoseek、Lycos 等也相继在 1994 年诞生。另外，由于曾经发生了第一起利用互联网赚钱的"律师事件"，促使人们开始对 E-mail 营销进行深入思考，也直接促成了网络营销概念的形成。

知识拓展 12-4

"律师事件"——网络营销的开端

美国的亚利桑那州有两位从事移民签证咨询服务的律师夫妻，他们在进行移民签证咨询服务的过程中，起先收取和其他大型咨询机构一样的价格，即 2500 美元；后来为了更好地招徕业务，他们决定以 1500 美元的价格提供咨询服务，但并没有收到很好的效果；最后两人决定采用抽奖的方式进行业务推广。于是他们于 1994 年 4 月 12 日把一封"绿卡抽奖"的广告信发到每一个他们可以发现的新闻组，承诺凡是参与抽奖的顾客在中奖后均可获得1500 美元的咨询优惠价格。他们的"邮件炸弹"让许多服务商的服务一时处于瘫痪状态，引起了轩然大波。这对律师夫妻从网上赚钱后半年多时间，网络营销广告才正式诞生，此后15 个月全球著名的亚马逊网上商店才成立。据这两位律师在其后所著的《网络赚钱术》中说，他们只花费了 20 美元的上网通信费，就吸引来 25000 个客户，赚了 10 万美元。

(资料来源：网络营销能力秀：网络营销的诞生及发展，http://www.wm23.cn/art/503681.html.2016-10-21.)

此后，人们开始认真思考和研究网络营销的有关问题。直至进入 21 世纪之后，网络营销才进入爆发性的发展阶段。进入 21 世纪，随着上网的人数和企业网站数量的增加，各种各样的网络营销方式也开始陆续出现，有效地促进了网络营销的迅速发展。

二、我国网络营销发展的阶段特征

1. 我国网络营销的传入阶段(1997 年之前)

由于无从考证我国企业最早利用互联网开展营销活动的历史资料，只能从部分文章中看到一些无法考证的细枝末节。例如，作为网络营销经典案例的"山东农民网上卖大蒜"，据现在可查到的资料记载，山东陵县西李村支部书记李敬峰上网的时间是 1996 年 5 月，所采用的网络营销方法是"注册了自己的域名，把西李村的大蒜、菠菜、胡萝卜等产品的信息一股脑儿地搬上互联网，发布到了世界各地"。对这些"网络营销"所取得成效的记载为："1998 年 7 月，青岛外贸通过网址主动与李敬峰取得联系，两次出口大蒜 870 吨，销售额 270 万元，初战告捷，李敬峰春风得意，信心十足"。

在网络营销的传入阶段，"网络营销"的基本特征为：概念和方法不明确、是否产生效果主要取决于偶然因素、多数企业对于上网几乎一无所知。因此，网络营销的价值主要在于其对新技术、新应用的新闻效应，以及对于了解和体验营销手段变革的超前意识。

2．我国网络营销的萌芽阶段(1997—2000 年)

根据中国互联网信息中心(CNNIC)发布的《第一次中国互联网发展状况调查统计报告》(1997 年 10 月)的结果，1997 年 10 月底，我国上网人数为 62 万人，WWW 站点数约 1500 个。无论上网人数还是网站数量均微不足道，但发生于 1997 年前后的部分事件标志着中国网络营销进入萌芽阶段，如网络广告和 E-mail 营销在中国诞生、电子商务的促进、网络服务如域名注册和搜索引擎的涌现等。到 2000 年底，多种形式的网络营销被应用，网络营销呈现出快速发展的势头并且逐步走向实用的趋势。

3．我国网络营销的应用和发展阶段(2001—2003 年年底)

进入 2001 年之后，网络营销已不再是空洞的概念，而是进入了实质性的应用和发展时期，主要特征表现在六个方面：网络营销服务市场初步形成、企业网站建设发展迅速、网络广告形式和应用不断发展、E-mail 营销市场环境亟待改善、搜索引擎营销向深层次发展、网上销售环境日趋完善。

4．我国网络营销服务市场的高速发展阶段(2004—2008 年)

2004 年之后，我国网络营销的最主要的特点之一是第三方网络营销服务市场蓬勃兴起，包括网站建设、网站推广、网络营销顾问等付费网络营销服务都获得了快速发展。这不仅体现在网络营销服务市场规模的扩大，同时也体现在企业网络营销的专业水平提高、企业对网络营销认识程度和需求层次提升，以及更多的网络营销资源和网络营销方法不断出现等方面。

5．我国网络营销的社会化阶段(2009—2013 年)

网络营销社会化的表现是网络营销从专业知识领域向社会化普及知识发展演变，这是互联网应用环境发展演变的必然结果，这种趋势反映了网络营销主体必须与网络环境相适应的网络营销社会化实质。需要说明的是，网络营销社会化并不简单等同于基于 SNS 的社会化网络营销，社会化网络营销只是网络营销社会化所反映的一个现象而已。

📖知识拓展 12-5

SNS，专指社交网络服务，包括了社交软件和社交网站。也指社交现有已成熟普及的信息载体，如短信 SMS 服务。SNS 的另一种常用解释：全称 Social Network Site，即"社交网站"或"社交网"。SNS 也指 Social Network Software，社交网络软件，是一个采用分布式技术，通俗地说是采用 P2P(Peer to Peer)技术，构建的下一代基于个人的网络基础软件。

社交网络服务是一个平台，建立人与人之间的社交网络或社交关系的连接。例如，利益共享、活动、背景或现实生活中的连接。一个社交网络服务，包括表示每个用户(通常是一个配置文件)的社交联系和各种附加服务。大多数社交网络服务是基于网络的在线社区服务，并提供用户在互联网互动的手段，如电子邮件和即时消息。有时被认为是一个社交网络服务，但在更广泛的意义上说，社交网络服务通常是指以个人为中心的服务，并以网上社区服务组为中心。社交网站允许用户在他们的网络共享他们的想法、图片、文章、活动、事件。

(资料来源：百度百科.http://baike.baidu.com/link?url=Zkwxv2FEaJxAeQhFPYFSdHlyW.2017-04-16.)

6．网络营销的进一步发展(2013 年之后)

从前面各阶段分析可以看出，网络营销一直在持续、高速发展之中，新的网络营销平台和资源不断涌现，今天的主流网络营销模式，几年后可能就失去自己的核心地位。通过对中国网络营销发展历程和阶段特征的归纳总结，2013 年之后几年的网络营销呈现出下列几个方面的发展趋势：

(1) 网络营销将从封闭式向开放式转变；

(2) 从企业自有网站为核心到多平台的综合利用；

(3) 行业内企业网络营销竞争加剧；

(4) 传统网络营销方法不断调整适应互联网环境发展。

三、我国网络营销的现状

在中国，网络营销相对国外一些发达国家起步较晚，直到 1996 年，才开始被我国企业尝试。2017 年 1 月，《中国互联网络发展状况统计第 39 次报告》显示，截至 2016 年 12 月，中国网民人数达到 7.31 亿，居世界第一位。目前，各种网络调研、网络分销、网络服务等网络营销活动，正异常活跃地介入到企业的生产经营中。虽然我国的网络营销发展速度很快，但比起一些发达国家，我国的网络营销还存在一些问题。

1．我国企业对于网络的利用率不是很高，营销方式也相对单一

经常浏览网页的人们或许会发现，大部分上网企业的网络营销只是仅仅停留在网络广告与网络宣传促销上，而且网络促销也只是将企业的厂名、品名、地址、电话显示在网上而已，很少有企业拥有自己独立的域名网址，更不用说拥有一套自己企业完整的网上客户服务系统。还有不少企业只是简单的为了顺应时代潮流，但网络调研、网络分销、网络新产品开发、网络服务等营销活动，涉足者寥寥无几，由此可见，网络对企业营销的巨大优势与潜力在我国远远没有被挖掘出来。

2．采用网络营销的企业管理方面存在问题

当今我国企业开展网络营销，内部管理还存在一些问题。主要表现在管理体制不够完善，没有一套规范系统的管理体系。大多数企业都是出现了问题，然后才做出相应的反应，制定新的措施。

3．国内企业与发达国家企业相比，技术人才比较匮乏

人才的培养是企业的无形资产不断增长的基础。企业开展网络营销，需要各种人才，

尤其是一些具有新信息观念和新型知识结构的复合型人才。目前，我国的企业还急需这方面的一些人才。

4．网络营销存在技术与安全性问题

虽然我国的网络近几年有了飞速发展，但是仍存在一些技术与安全性的问题，例如：如果通过电子银行或信用卡付款，一旦密码被人截获，消费者损失将会很大。因此，在网络安全支付方面存在的技术与观念是网络营销发展的核心与关键障碍。

5．人们对网络营销缺乏信任感

在传统的营销活动中，人们购买的都是看得见、摸得着的商品，即便如此买回去以后有时都难免产生不满甚至有上当受骗之感，虚拟的网络更是让人难以信任。事实上也存在许多商家信誉不好，虽是承诺多多，却无法兑现，让消费者不得不三思而后行，只怕买回家的商品和介绍的不同，要退货换货时却求告无门。

6．价格问题

网上信息比较充分，消费者不必四处比较价格，只需坐在电脑前面就可以货比三家，而对商家而言，则易引发价格战，使行业的利润率降低，或是导致两败俱伤。对一些价格存在一定灵活性的产品，如有批量折扣的，在网上不便于讨价还价，可能贻误商机。

7．网络营销存在一定的被动性

网上的信息只能是被动等待顾客上门索取，不能主动出击，实现的只是点对点的传播，并且它不具有强制收视的效果，主动权完全掌握在消费者的手中，他们可以选择看还是不看，商家无异于在守株待兔。

四、我国网络营销的发展趋势

随着互联网技术的不断发展完善，网络营销的发展趋势也渐渐变得更加明朗。在未来的几年当中，以下几个方面将是网络营销发展的重点：

1．营销型网站将成为企业网站建设的主流

以前，企业网站一般都被赋予了形象展示、促进销售、信息化应用等使命。经过这些年的发展，大量的中小企业都明白了企业网站最靠谱，而且还能够为他们带来客户，促进销售。基于这种大的市场环境，营销型网站的理念浮出水面，并很快地被市场和客户接受。营销型网站一句话概括就是能够帮助企业获得目标客户，并使其充分了解企业的产品或者服务，最终使交易变成可能。

2．搜索网站是最主要的网络营销工具

在当前的互联网世界，搜索网站也早已成为人们上网获取信息必不可少的工具之一，据统计，有超过 7 成的用户每天都会通过搜索引擎去寻找自己需要的信息，这使得搜索引擎成为互联网上最大的流量集散中心。因此在没有出现更好的网络方式前，搜索引擎营销无疑仍将是最主流、最重要的网络营销方式。

3．网络视频广告更加突出

视频网络广告分两个部分：一种是传统网站的广告形式变化；另一种是针对视频网站

以及视频网络应用软件的广告。对于一些视频网站而言，由于忠实的客户群越来越大，因此吸引了不少广告主的目光。与传统的网站相比，视频网站中的广告更直接、更有效。把广告安放在视频当中，当客户在观看视频的时候，不自然就会看到里面的广告。而不会像其他普通网站那样，客户可以选择忽略广告或是用某些软件屏蔽掉广告。

4. 更多适用于中小企业的网络广告形式

传统的展示类 BANNER 网络广告和 Rich Media 广告由于广告制作复杂播出价格高昂，至今仍然只是大企业展示品牌形象的手段，传统网络广告难以走进中小企业。不过随着更多分类信息、本地化服务网站等网络媒体的发展，以及不同形式的 PPA 付费广告模式的出现，将有更多成本较低的网络广告，为中小企业扩大信息传播渠道提供了机会。

知识拓展 12-6

什么是 PPA 广告？PPA(Pay per Action)广告是指根据你的网站的访问者到广告主所完成行为的提成模式。

PPA 广告与 PPC 广告的区别：按行为付费(Pay-Per-Action)广告最大不同于目前常见的点击付费(Pay-Per-Click)广告是 PPA 广告并不会在网友点击广告就算你收益，而要在网友点击该广告进入广告指定的网页并且完成指定的动作才会算你收益。以目前 Google AdSesne 中的推荐举例来说，Firefox 推荐要网友点击该推荐链接广告进入指定的下载页面，然后下载并且安装 Firefox 才会算你推荐收益。AdSense 推荐要网友点击该推荐链接广告进入指定的申请页面，然后申请加入这个 AdSense 计划并且在指定的天数赚到指定的收益才会算你推荐收益。

(资料来源：MBA 智库. 百科，http://wiki.mbalib.com/wiki/PPA 广告.2017-04-16.)

随着网络技术的进一步成熟与发展，必然为网络营销提供功能更为强大、技术更为完善的物质载体。市场营销与网络技术的结合，必将随着网络实践活动的深入开展而不断得到深化，新的结合空间和领域将不断被发现。我国企业由于一些自身的原因，使得其在发展网络营销上产生了诸多问题，正因为这些问题，我国网络营销的功能无法更好的发挥。如果企业能够有针对性地采取对策，那么网络营销一定会帮助企业提升企业营销能力，更好地满足消费者的需求。因此，我国企业必须积极利用新技术，变革经营理念、经营组织和经营方式，搭上技术发展的快速列车，实现企业的飞速发展。

理论梳理

(1) 网络营销就是以国际互联网络为基础，利用数字化的信息和网络媒体的交互性来辅助营销目标实现的一种新型的市场营销方式。网络营销内容涉及网上市场调研、网络消费者行为分析、网络产品和服务策略、网络价格策略、网络渠道选择与直销、网络促销与网络广告、网络营销管理与控制等方面。

(2) 网络营销职能的实现需要通过一种或多种网络营销工具，主要有企业网站、搜索引擎、电子邮件网络实名/通用网址、即时信息、电子书、网络日志等。

(3) 1994 年被认为是网络营销发展重要的一年。我国于 1996 年间开始利用网络营销，经历了几个发展阶段，目前网络营销已经深入社会生活各个领域，并进一步持续高速发展。

📖 知识检测

(1) 网络营销的内容。

(2) 网络营销的工具与手段。

(3) 我国网络营销发展的阶段特征及发展趋势。

📚 案例分析

2016 年网络营销案例

一、最受网民吐槽：春晚抢红包，支付宝敬业福五福缺一

还记 2016 年的大年夜，大家不是盯着电视看春晚，打电话的人也少了，家家户户都拿着手机拼命地"咻咻咻"。在这次红包大战中，支付宝无疑抢占了风头。集齐五福平分 2.15 亿的口号一喊出，大家跟抢红包一样兴奋。然而人们"咻咻"了一晚上，最终却发现，原来敬业福是个稀罕物，据说淘宝网都卖到了 1000 元，很多人五福缺一。随着最终的红包结束，人们发现集齐五福的不过才领到 272 元，几亿人最后发现被支付宝忽悠了。

网友点评：这次集福活动实质上是支付宝做社交的贼心不死的表现，集福需要加 10 个好友，一下子实现了 10-10 的推广速度，的确是高。然而，纵观后半年支付宝的社交板块发展情况并不乐观，所以此事给我们的启示是，无论做什么活动还是要对消费者多一点真诚少一点套路，如果忽悠消费者终究只能笑到一时。

二、最痛心疾首：百度危机公关，从卖贴吧到魏则西事件

近年来，百度可谓一波三折，危机频发，忙坏了公关。一月份的贴吧事件刚刚告一段落，百度因血友病贴吧被卖一事，已经被声势浩大的舆论吊打了三天三夜。百度官方并没有不作为，但收效甚微。随后，魏则西事件再次将其推上风口浪尖。李彦宏都站出来直呼，其愤怒之情，超过了以往百度经历的任何危机。

2016 年网络上流传着这样一个段子："你百度一下会死啊？""会！"以上段子，足以说明危机的严重。

网友点评：针对百度公关的表现，不少圈内的媒体把其批判得体无完肤，而事实上，摊上如此的大事，除了认错道歉，换上任何一家的媒体也都不一定能表现得更加完美。

三、最夺人眼球：新晋网红 papi 酱广告拍卖 2200 万

2016 年 4 月 21 日下午，新晋网红 papi 酱广告资源招标会在罗胖的主导下如期进行，并最终被上海丽人丽妆以 2200 万元拍下，被认为是"创人类历史上单条视频广告最高纪录"。这个重磅消息一时间被刷屏，各路媒体、自媒体迅速推出各种解读，蔚为壮观。在质疑中，最为出名的是称本次拍卖为"阿里家宴"："直播的优酷被阿里收购了，操盘的罗胖子是优酷投资的，拍卖的平台是阿里拍卖，中标的丽人丽妆是阿里投资的……"。

网友点评：不管是不是"做局"，这是一场史无前例的自媒体网红标王拍卖，将载入中国互联网和营销界的史册。而参与的各方，在人们的讨论中也都乐得喜笑颜开。

四、最任性潇洒：新世相"逃离北上广"

2016 年 7 月 8 日早上，航班管家与新世相策划的"逃离北上广"事件引爆，各种大 V，直播，各大媒体，网红等等参与下，一个说走就走的旅行成了热门话题，从上午就已经有自媒体开始解密营销逻辑，或者采访事件策划者等等。当天，新世相和逃离北上广的指数双双爆表。

网友点评：任何一个成功的事件营销案例，都具备超强互动性，且互动规则越简单明了越容易吸引用户。此次，"逃离北上广"事件营销的规则十分简单，直接指明活动时间、用户参与活动方式、以及明确指令"马上行动"，都是影响事件营销案例成功的关键因素之一。

五、最疯狂抢购：YSL 星辰系列口红，朋友圈刷屏

2016 年 10 月，似乎你一觉醒来发现整个朋友圈都在刷 YSL。短短几天，百度奢侈品品牌风云榜：YSL 荣登榜首；微博上超过 1000 万的话题随随便便就有好几个；微博段子手齐齐上阵造成刷屏之势；甚至连和 YSL 星辰系列口红有关的文章也分分钟 10 万+。

网友点评：这一次营销号的推荐、卖家的断货宣言、跟风的消费者三者之间相互捧场，密不可分地展现出了一派欣欣向荣的营销之景。

六、最反转伤恸：微信朋友圈"罗一笑事件"

患白血病的罗一笑，其父罗尔因一篇营销文在微信朋友圈迅速传播，引起一场公众借病发财的大讨论。白血病，三套房一辆车一家公司，公众号收到打赏 260 多万，微信赞赏功能 bug，退款……这件事之后，通过公众号发布求助的慈善募捐事件引起大众的讨论，也让大家开始反思朋友圈信息的可信度。

网友点评：这个事件中，作为一个父亲，在情急之下为女儿写文章募捐是可以理解的。小编也愿意相信，罗尔的这样做的初衷也是因为爱。但当一件事情在网上发酵到一定程度时，任何一点瑕疵，任何一点值得怀疑的动机都会被群众无限放大，最后变成你无法控制的漩涡反噬你。营销的底线是人的良知，一旦逾越了这个度，必然会受到惩罚。

资料来源：电商之家人才网.2016 年十大网络营销案例分析，http://www.ecjobhome.com/news/news-show-14773.htm.2016-12-24.

讨论：
通过阅读 2016 年网络营销的 6 个案例，结合本章的学习内容，请问你得到哪些启示？

应用实训

实训目标：
(1) 了解目前网民现状。
(2) 学会使用互联网搜索并下载所需数据。
(3) 了解网络消费者的特征。

实训内容：

在中国互联网络信息中心网站(www.cnnic.cn)下载最新中国互联网络状况调查报告，比较各次报告的数据变化(主要在人数、性别、年龄、收入、职业、文化程度等)。分析网民发展状况对网络营销的影响。

实训要求：

(1) 把班级学生分成 5～8 人一组。

(2) 各小组派代表分享在试训中的困难和收获，展示方式不限。

(3) 小组之间互相点评，教师最后总结。

第十三章

国际市场营销

////////////////////////////

知识目标 ✍

　　了解国际市场营销的含义、特点及发展历程；理解国际市场营销与国际贸易的区别与联系；了解国际市场营销环境对企业营销策略制定的重要作用；理解国际目标市场的选择、国际市场营销方式；了解理解国际市场营销组合策略。

能力目标 📑

　　能够掌握国际目标市场的选择及国际市场营销方式；掌握国际市场营销组合策略。

知识结构图 🌐

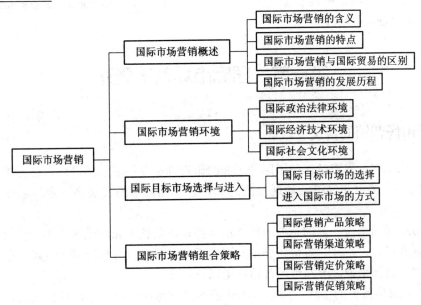

案例导读 ✒

中国企业走出去别犹豫

　　随着经济实力的增长，中国企业"走出去"投资在全球布局已成为常态。2016年，福建泉州民营企业掀起了一股"走出去"热潮，安踏、贵人鸟、九牧王、七匹狼纷纷收购国外品牌，集成伞业、盼盼、雅客则在东盟国家投资设厂……"走出去"的，并非只有一小拨弄潮儿。2016 年，福建省对外投资达到 111.6 亿美元，其中国际产能合作项目投资增长 88%；而同期实际利用外资 81.9 亿美元，对外投资再次高于利用外资。

"走出去"对中国企业的意义，远不只是业务范围扩大那么简单。以安踏集团为例，2015 年成为首个全年营收超过百亿元的中国体育品牌，运动鞋在中国市场的销量也超过了耐克，这一跨越主要靠产品创新，而这很大程度上要归功于研发机构"走出去"。自 2009 年起，安踏集团就在全球布局其研发机构，目前在美国、韩国、日本建有专业研发团队。2016 年，他们的创新产品虽只占其产品总量的三成，但创利占比却超过五成。目前福建紫金集团在全球矿业普遍亏损的情况下，其销售收入和利润水平均位居全球黄金企业第二位。何以如此？也是靠"走出去"——从 2003 年开始，紫金集团就开始探索海外布局，至今已在全球 9 个国家投资，并以此带动相关联的机械装备、建筑建材等各类产业集群式出口，形成了独特的竞争优势。

总之，从长远来看，经济全球化的总体趋势并没有变。正如习近平总书记所说，让世界经济的大海退回到一个一个孤立的小湖泊、小河流，是不可能的，也是不符合历史潮流的。目前中国企业"走出去"面临的形势，和 2016 年前加入 WTO 时完全不一样。过去，我们开启"两个市场、两种资源"，某种程度上是对全球化的回应，如今中国企业无论到海外建厂、投资并购，还是搞品牌合作、购买专利，更多是主动拥抱全球化。无论潮流如何，对中国企业而言，一切才刚刚开始，"走出去"仍是大势所趋，不用犹豫。

（资料来源：赵鹏.中国企业走出去别犹豫，http://www.emkt.com.cn/news/other/2017-03-20/41338.html,2017-3-20.）

第一节　国际市场营销概述

一、国际市场营销的含义

国际市场又叫世界市场，是国际分工和跨国性商品交换活动的产物，是指国际商品交换所反映的经济关系和经济活动现象的总和。它是国内市场发展到一定程后度向国外的延伸。

国际市场营销是指一国的企业跨越本国国界，以其他国家和地区作为目标市场，对产品和服务展开设计、生产、定价、分销、促销活动，并通过交换以满足需求、获取利润的行为和过程。具体来说，国际市场营销包括以下含义：

(1) 国际市场营销的主体。国际市场营销的主体是指开展国际市场营销的各种类型企业，包括跨国公司、国际性服务公司、进出口商等，其中，跨国公司在现代国际市场营销中发挥着最积极、最重要的作用。

(2) 国际市场营销的对象。国际市场营销的对象是指企业所在国度以外的国际区域乃至全球的消费者，国际市场营销的核心是满足国际消费者的需求。

(3) 国际市场营销的客体。国际市场营销的客体是产品和服务。随着科技进步以及市场经济的发展，产品和服务的范围越来越广泛，一切实体产品、资本、技术以及其他服务，都属于国际市场营销客体的范畴。

(4) 国际市场营销的目的。国际市场营销的根本目的是获取利润。在实际的操作中，围绕利润最大化的目的，国际企业在不同的情况下会选择市场占有率最大化、产品质量最优化等具体目标。

二、国际市场营销的特点

1. 复杂性

由于各国的政治制度、法律体系、经济发展水平、社会文化背景、价值观念、消费模式等方面的不同，导致各国在需求竞争、经营惯例等方面存在差异性，因而使得企业在国际市场上的营销决策更加复杂。尤其对于刚刚步入国际市场的企业来说，复杂的国际环境会使其感到很难适应。因此，深入细致的研究国际市场营销环境，是提高国内企业营销适应能力并占领国际市场的前提。

2. 风险性

国际市场营销在进行跨国经贸活动过程中，面临的环境因素是复杂多变的、不可控制的，这使得企业营销决策的及时性、正确性、稳定性受到了影响。国际市场上汇率的变化、东道国政权的变更、对外政策及对外关系的变化，都会影响国际营销活动的程度和秩序，因此国际市场营销具有较大的风险性。

3. 激烈性

进入国际市场的企业大多是在本国所在行业实力较强的企业，在国内市场上具有较大竞争优势，但进入国际市场后，面对世界各国的企业，原有的竞争优势可能就会丧失殆尽，对国际竞争对手难以构成威胁。此外，在国际市场上，除了国内市场竞争的常规参与者外，一些政府、政党、有关团体也往往介入营销活动中。政治力量的介入使得国际市场关系更加微妙，国际市场竞争更加激烈，企业参与竞争的压力更加巨大。

由于国际营销具备以上特点，所以营销人员在进行国际市场营销决策时，务必排除"自我参照准则"的影响。不能无意识地把自己的文化价值观念作为决策判断的尺度和标准，而需要以当地的文化标准作为参考体系进行分析和决策，即主动的"文化适应"。

三、国际市场营销与国际贸易的区别

国际市场营销是指跨越国界的市场营销行为。国际贸易是世界各国之间进行的商品和劳务的相互换取，构成主要是世界各国的对外贸易，也是一定时期内世界贸易的总量。两者之间既存在一定的共性，又存在一定的差异性。

1. 行为主体的差异性

国际贸易从跨国界交易活动的总体上来研究国与国之间的贸易关系，如对外贸易理论与政策、国际贸易惯例与法规以及外贸实务等。其产品与劳动力的服务者是国家，从某种意义上而言，国家是国际贸易活动开展的组织者。国际市场营销则站在企业的角度，从微观上研究企业跨国界的商品交易问题，如营销环境分析、国际市场细分、营销组合策略制定等。其商品与劳动力所针对的服务者是企业、商家或国家等。

2．活动内容的差异性

国际贸易涉及的是国际间的商品流通或商品交易问题，而国际市场营销涉及的是跨国际商品交易问题，如市场调研、产品开发、分销管理、促销宣传等活动。

3．产品流向的差异性

国际贸易涉及商品交易的两个方面，即涉及本国产品向国外的销售和本国购买外国的产品这一卖一买的两个方面，涉及两个流向的商品交易。而国际市场营销涉及的一般只是本国产品如何向国际市场销售这单一流向的交易，即通过了解国际市场需求，向国际市场销售适销对路的产品或劳务，从而获得收入。

4．营销对象的差异性

国际贸易的对象是外国厂商或政府，一般不涉及最终购买者；国际市场营销的对象是外国的最终消费者。前者从总体上来把握交易的对象，后者则从具体的营销手段来把握营销的对象。

四、国际市场营销的发展历程

国际市场营销是在国际经济日益频繁、国际竞争日益激烈的形势下产生的。企业由于经济实力、营销目标、经营经验等的差异，其国际营销的发展程度也有所不同。具体可以分为以下五个阶段：

1．国内营销

国内营销又称前国际营销。它是指以国内市场为企业唯一的经营范围，企业经营的目光、焦点、导向及经营活动集中于国内消费者、国内供应商、国内竞争者。这一阶段，企业的目标市场主要在国内，其内部未设专业的出口机构，也不主动面向国际市场，只是在外国企业或本国外贸企业求购订货时，产品才进入国际市场。

2．出口营销

出口营销是国际营销的初级阶段。它最初产生于国外客户或国内出口机构的订单，出口营销企业的起初目标市场仍然在国内，一般也不设立对外出口的机构，而是通过出口代理机构或间接出口的方式开展产品的出口业务。在积累了相当的国际市场营销经验以后，企业认识到开拓国际市场的意义，便采取更为积极的态度，成立专门的出口机构，开展国际市场营销。

3．跨国营销

跨国营销是国际市场营销的成长阶段。进行跨国营销的企业，其目标市场确定于国际市场，甚至把本国市场视为国际市场的一个组成部分，跨国营销把国内市场策略和计划扩大到世界范围。它们一般在本国设立公司总部，制定国际市场营销战略，在国外成立分销机构，甚至发展参股比例不等的子公司，专门开发国外消费者所需的产品，针对国际市场营销环境，制定国际市场营销组合策略，参与国际竞争，渴望在国际市场上建立持久的市场地位。

4．国际营销

国际营销是国际市场营销的高级阶段。这类企业在多个国家建立较为独立的子公司，各子公司独立运作，在不同的国别市场上形成不同的产品线及营销策略。随着国际营销的进一步发展，这类企业按区域进行国别整合，形成不同的国际区域市场，树立良好的区域营销形象，在不同的国际区域市场上形成不同的产品线及营销策略。

5．全球营销

全球营销是国际市场营销的发达阶段。进行全球营销的企业把全球市场作为一个统一的市场，在全球一体化的框架下实现企业资源全球配置，进一步摒弃多国营销中产生的成本低效和重复劳动，实行全球范围内的资源整合，以求全球范围内的利润最大化。

以上五个阶段反映了国际营销的发展历程，也可视为某一企业进行国际营销的发展过程。采用第3～5种类型营销的企业可称为国际营销企业。由于各个企业在国际营销中所处的发展阶段不同，因此必须依据不同阶段来确定自己的营销策略。

知识拓展 13-1

从美国市场营销实践及理论的发展过程来看，国际市场营销理论是从"出口营销理论"蜕变而来的。这一演变的结果是企业由国内企业发展成了国际企业。

"出口营销理论"主要以皮莱特教授在1966年发表《出口营销学》为标志。依据他的观点，出口营销是出口企业针对本国以外的各国特有条件，将本国的商品化政策及营销方式进行有秩序、有组织的技术性交易过程。由于美国跨国公司的大发展，1964年马西教授出版了《国际企业论》一书，就跨国公司的经营管理、组织及对社会的影响进行了系统化的研究，在此基础上国际营销理论最终形成。

国际营销具有以下4个方面的基本特征：

(1) 市场营销活动从以往的对外发展手段，变成了以企业的管理功能为主，并赋予其世界性营销管理的概念。

(2) 国际营销的研究对象不仅是商品的输出，而且还包括资本的输出和国际间的经济技术合作。

(3) 本国的商品输出和在其他国家生产的产品输出，都应包括在国际营销的研究范围内。

(4) 将海上运输和海外进出口、配销商的各个功能系统化，改变仅将他们视为出口机构的看法。

(资料来源：吴健安，钟育赣. 市场营销学(应用型本科版)[M]. 北京：清华大学出版社, 2015.)

第二节　国际市场营销环境

国际市场营销所面对的是本国以外的其他市场。市场范围较广，环境复杂，且各个国家的政治制度、法律体系、经济制度、民族特征、消费方式等环境因素均有较大不同。环境已经成为国际市场营销与国内市场营销之间质的区别，因此，从事国际市场营销必须深入研究各种环境因素。

一、国际政治法律环境

政治法律环境主要指各国的国家政局变化和各种对外投资、对外贸易政策及其他相关政策法令对市场营销的影响。世界各国的政治法律环境，对进口和商业投资的影响程度差异巨大。因此，国际市场营销人员在研究是否进入某国市场时必须了解相关政治法律环境。

(一) 政治环境

(1) 政治体制。在国际市场营销中，首先要考虑所进入国家或地区的政治体制状况。政治体制的差异决定了国家的政治主张和经济政策的差异，进而影响和制约国际市场营销活动。

(2) 行政体制。要考虑所进入国家或地区的行政机构和效率、政府对经济的干预程度、政府对外国企业经营的态度等，从而对是否进入该国市场和在该国市场经营的诸多问题作出适当决策。

(3) 政治稳定性。一个国家政治的稳定必然会带来持续的经济政策，这也是增强投资者信心与信任的重要因素。相反，政治的不稳，政权的频繁变更，人事的频繁变动，甚至战争、民族矛盾等动荡因素，都将影响企业发展，给企业投资带来严重的不确定性，甚至带来无法估计的损失。

(4) 对国际贸易的态度。有些国家对进行国际贸易非常感兴趣，愿意提供鼓励经济往来的宽松环境，如为了发展经济，积极利用外资。而有些国家则对外贸领域的事情处处小心谨慎，许多规定极为严格，没有弹性，如出于政治敌视，保护民族工业或是意识形态的差异，对国际贸易相当排斥。

(二) 法律环境

企业在从事国际营销活动时必须遵循相关的法律法规，接受它们的规范和约束。因此，企业必须要了解相关法律法规，这样才能避免不必要的法律纠纷。企业在开展国际营销活动时所面临的法律环境主要由国际公约、国际惯例、涉外法规三部分组成。

(1) 国际公约。国际公约是两国或多国之间缔结的关于确定、变更或终止它们的权利与义务的协议。一国只有依据法律程序参加并接受某一国际公约，接受其相关规定的约束力，才能在进行国际市场营销活动中获得相应的保护。

(2) 国际惯例。国际惯例是指在长期国际贸易实践中形成的一些通用的习惯做法与先例。它们通常由某些国际组织归纳成文，并加以解释，具有一定的可信度。虽然这不是法律，但是各国法律都允许各方面当事人选择使用国际惯例进行交易与贸易活动。一旦被双方采用便具有法律效力。

(3) 涉外法规。东道国的涉外法规是每个人进入东道国的企业必须遵守的，它是一个国家对外开放态度的具体表现形式。其主要由以下几个方面构成：一是基本法律，其中包括投资法、合同法、专利法、广告法、商标法、反不正当竞争法、消费法等；二是关税政策，这包括了进口关税政策和出口关税政策，以及进口税、出口税、进口附加税、差价税、优惠税等税种的设置以及关税的征收形式；三是进口限制或非关税壁垒，如进口配额制、进口许可证制、进口押金制等。所有这些法律法规不同的国家有不同的内容与形式，这就需要企业在进行国际市场营销活动的时候必须了解东道国法律法规的性质和具体内容，才能进行最有效的营销活动，避免出现违规行为。

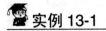 **实例 13-1**

欧盟抛出对俄最严厉制裁　俄毫不忌惮宣布报复措施

欧盟 29 日就对俄罗斯实施新一轮经济制裁达成一致，此番制裁将涉及金融、武器及能源等领域，这是乌克兰危机爆发以来欧盟对俄罗斯制裁最为严厉的一次。面对西方咄咄逼人的攻势，俄外交部发言人 30 日表示："反俄制裁是非法的。除了造成国际关系进一步恶化外，不会有任何效果。"

俄罗斯《晨报》30 日以"欧盟向俄罗斯打响第一枪"为题报道称，欧盟对俄罗斯发起的大规模"战争"已经开始，对俄实施自冷战结束以来最严厉的制裁措施。由于认定俄罗斯在乌克兰动荡中发挥直接作用，美欧决定共同大幅提升对俄罗斯的经济制裁，包括此前未涉及的能源和国防部门。欧盟制裁范围包括金融、能源、国防、军民两用产品及敏感技术等。而美国则将俄罗斯外贸银行、莫斯科银行、俄罗斯农业银行 3 家银行列入制裁名单。

俄罗斯《观点报》30 日报道说，对于西方新制裁，欧盟的商人感到不安。英国 BP 石油公司表示，这一制裁将严重影响公司在俄罗斯的声誉和经营。德国商会联邦协会也表示，由于欧盟对俄制裁，今年以来德国对俄出口已减少 17%，损失约为 60 亿欧元。德国有 30 多万人与俄罗斯做生意，对俄制裁可能让德国经济增长率降低 0.5%。

德国《商报》30 日说，截至目前，面对制裁，普京只是耸耸肩膀，因为制裁没有伤及俄罗斯的根本。不过，克里姆林宫应该感到压力，俄罗斯可能面临经济衰退。德国《明镜》周刊说，欧盟对俄罗斯的金融领域限制，就像一颗金融战争原子弹。德国新闻电视台则认为，欧盟应该担心冬天的能源供应。"谁能坚持更久？欧洲还是普京？"德国《世界报》质疑称，制裁是双向的，西方将失去俄罗斯市场和能源供应，必须拿出点东西来渡过危机。

（资料来源：乐静文，青木．柳直．欧盟抛出对俄最严厉制裁　俄毫不忌惮宣布报复措施．http://world.huanqiu.com/exclusive/2014-07/5091391.html，2014-7-31.）

二、国际经济技术环境

一个国家经济状况好坏，会影响该国人民对产品和劳务的需求量。因此，应对各国经济体制、经济发展水平、经济特征、自然资源、经济基础结构、外汇汇率等进行认真研究。

（一）经济环境

1. 经济制度

目前世界上大体有两种经济制度，资本主义经济制度和社会主义经济制度。资本主义经济制度以私有制为基础，我国的社会主义经济制度以公有制为主体、多种所有制经济共同发展。从事国际贸易的人要了解各国特别是合作伙伴及东道国的经济制度，以便顺利有效地开展营销活动。

2. 经济发展水平

一个国家的经济发展水平、国民收入不同，对产品的需求就会有很大差异，从而对国际营销的各个方面带来一定影响。就消费品市场而言，一般来说，经济发达的国家偏重于强调产品款式、性能及特色，对广告和营业推广的手段运用较多，市场竞争表现为品质竞争多于价格竞争；而经济发展水平较低的国家，则侧重于产品的功能与实用性，产品推广以积极传播居多，消费者对价格较为敏感。

3. 经济特征

(1) 人口因素。一般来说，总人口数越大，表明市场规模越大。尽管人口不是构成市场的唯一因素，却是一个极为重要的因素，因为总需求量同人口数量成正比，分析人口因素要有针对性地考虑以下指标：总人口、人口增长率、人口的区域分布、人口的年龄结构、人口的性别结构及家庭数目等。

(2) 收入因素。收入是一个非常重要的经济概念，国民生产总值是衡量国家和地区总体经济实力与购买力的重要指标，个人的收入则构成了消费的基础，一些重要的收入概念有人均总收入、家庭收入、可任意支配收入、绝对收入、相对收入、实际收入、名义收入和预期收入等。从不同角度取得的收入指标，对于企业制定营销战略，评估需求与销售潜力都有重要意义。收入指标中消费者个人收入的变化是影响消费的直接因素。社会上的消费数量、质量、结构以及消费方式的变化，往往与消费者的收入变化有直接的关系。

4. 自然资源

自然资源的分布对市场营销的影响，也是一个不可忽视的问题。资源分布不均，对消费结构和对外贸易中的进出口商品结构都有重大影响。所以，企业利用当地资源优势去发展生产并占领相对应的市场是非常明智的。

5. 经济基础结构

经济基础结构即一国的设施、机构、资源供应、交通运输和通信设备、商场、银行、金融机构、经销商组织等国民经济基础的结构状况。其数量越多，业务量越大，业务水平越高，整个经济运行就越顺利有效。它和国际营销活动有着密切的关系。若不太了解一国的经济基础结构，可以说企业是无法顺利开展国际营销活动的。

6. 汇率

货币兑换率或者说一个国家货币对另一个国家货币的价格，它是由政府根据供求关系和当时的经济状况决定的。

汇率的浮动对于国际贸易来说是最重要的影响因素之一，其变动能够直接影响到企业的国际营销活动。首先，汇率的变动会影响产品的进出口。如果一个国家的货币升值，则会减少国际市场需求，进而减少出口规模，同时会扩大国内市场需求，有利于进口贸易。相反，如果货币贬值，则会使国内市场需求减少，出口贸易增加而进口贸易相对减少。其次，汇率的变动会影响国际投资流向。如果一国货币升值，会促使本国企业进行海外投资，同时抑制国外企业向本国投资。如果一国货币贬值，会促进外国企业投资本国，同时抑制本国企业向海外投资。因此，企业必须掌握汇率波动特点，全面衡量货币对出口销售所产生的影响，努力做好出口销售工作。

知识拓展 13-2

截止到 2017 年 3 月 31 日，国务院共批复成立了 7 个自由贸易区。分别是：中国(辽宁)自由贸易试验区、中国(浙江)自由贸易试验区、中国(河南)自由贸易试验区、中国(湖北)自由贸易试验区、中国(重庆)自由贸易试验区、中国(四川)自由贸易试验区、中国(陕西)自由贸易试验区。

习近平指出，加快实施自由贸易区战略，是适应经济全球化新趋势的客观要求，是全面深化改革、构建开放型经济新体制的必然选择，也是我国积极运筹对外关系、实现对外战略目标的重要手段。我们要加快实施自由贸易区战略，发挥自由贸易区对贸易投资的促进作用，更好帮助我国企业开拓国际市场，为我国经济发展注入新动力、增添新活力、拓展新空间。加快实施自由贸易区战略，是我国积极参与国际经贸规则制定、争取全球经济治理制度性权力的重要平台，我们不能当旁观者、跟随者，而是要做参与者、引领者，善于通过自由贸易区建设增强我国国际竞争力，在国际规则制定中发出更多中国声音、注入更多中国元素，维护和拓展我国发展利益。

(资料来源：习近平：加快实施自由贸易区战略 加快构建开放型经济新体制. http://fta.mofcom.gov.cn/article/ zhengwugk/201412/19394_1.html，2014-12-8.)

(二) 技术环境

(1) 知识经济。国际技术环境的显著变化，是信息技术革命带来的全球范围内的知识经济。知识经济是直接依据知识和信息生产、分配、使用的经济。知识经济的重要影响：首先，知识已成为生产的支柱和主要产品，服务业将在国民经济中占据主要地位。其次，高新技术产业飞速发展，由信息革命带来的技术革新和技术革命也将以更为迅猛的速度发展，世界范围的技术竞争也更为激烈。换而言之，国际竞争已不仅仅是产品和品牌的竞争，更是制定技术标准的竞争。最后，电子商务等网络营销技术迅速发展，消费者可从互联网上得到任何产品的图片，阅读产品说明书，按最适宜的价格和条件从网上购买产品。大多数公司建立专门的数据库以保存客户的基本资料，据此向单一客户提供按要求定做的差异性产品。

(2) 知识产权保护。知识经济的发展使复制或抄袭其他技术和产品变得易如反掌。与此相联系，国际市场营销中对知识产权的保护至关重要。一般而言，企业违背知识产权而生产的产品，在国际市场也寸步难行并将受到严厉惩处。

实例 13-2

2014 上半年中国光伏企业遭遇多国反倾销

2014 年上半年，中国光伏行业可谓祸不单行，美国"双反"余波未了，澳大利亚和印度又挤进来"凑热闹"，就连之前达成协议的欧盟也撕毁承诺重提"双反"。

早在 2011 年，美国第一次对中国提出"双反"以来曾对我国光伏产业造成重创，甚至让中国的光伏产业格局发生颠覆性的变化，不少昔日的龙头企业因此而破产或经营困难。之后的两年，国内光伏企业吸取教训，开始反思如何应对"双反"。专家认为"通过国际合作不但可以化解在产品竞争过程当中的摩擦，投资组合也能实现多元化，整体上化解这些贸易摩擦，或者其他的一些市场风险、政治风险等等"。此外，开拓国内市场也被认为是一个解决之道，但同时需要国家强有力的引导。

中国光伏企业也开始尝试"把鸡蛋放在不同的篮子里"，多元化开拓新兴市场，并在产业链上做不同的布局，努力开拓下游市场迎来整个光伏行业的转机。据海关统计显示，今年 5 月份我国出口有所好转，进口则由升转降。按美元计算，当月出口 1954.7 亿美元，同比增长 7%，增速较 4 月提高 6.1 个百分点，进口为 1595.5 亿美元，下降 1.6%，较 4 月份回落。

中国可再生能源学会理事长石定寰则表示，在全球经济形势不稳定的情况下，贸易摩擦高发态势很难避免。处在国际贸易相对弱势地位的中国企业应更好地熟悉和适应国际贸易游戏规则，政府应与企业合力一起走出困境。

（资料来源：2014 年中国光伏企业遭遇多国反倾销.中研网，http://www.chinairn.com/news/20140626/153234546.shtml，2014-06-26.）

三、国际社会文化环境

社会文化环境是指一个社会的民族特征、风俗习惯、语言、意识、道德观、价值观、教育水平、社会结构、家庭制度的总和。不同国家营销环境的差别主要体现为不同的国家文化背景的差异性，并影响着不同消费者的购买行为，因此，社会文化环境是国际营销实践中最富有挑战意义的环境要素。

(1) 教育水平。社会教育水平与一个国家及其经济发展密切相关，并且决定人民的文化程度。由于各国经济水平不同，教育发展也不一样，文化水平也就存在差异。文化水平对促销引导、接受新产品、新技术有很大影响。在教育水平低的国家，复杂程度高、技术性能强的产品往往没有市场；在文盲率高的国家和地区，文字广告难以成功，而现场示范和电视等媒体更有效。

(2) 语言文字。语言文字是交易双方沟通信息、洽谈贸易、签订协议必不可少的工具，也是文化因素中最重要的因素之一。在国际市场营销中，语言文字是进行跨国贸易的基础，也是实现沟通的前提。市场营销人员如果不熟悉东道国语言，或不能准确表达自己的意愿，就会产生沟通障碍，无法进行销售宣传，难以达到营销目标。

(3) 社会组织。社会组织也叫社会结构，其对国际营销活动的影响是多方面的。社会组织构成包括亲属关系、社会阶层、群体行为、男女地位等。不同的社会组织，在家庭、部族、社会阶层等方面都存在明显的差异。不同文化背景下，对这些内容的理解不同。社会结构的每一环节都影响人们的行为、生活方式与价值观念。

(4) 价值观念。价值观念是人们对客观事物的态度和评价标准。它决定着人的是非观念、善恶观念、主次观念等，决定着人的行为。不同国家和民族，以及同一民族不同的文化教育都会影响价值观念的变化。不同地区、不同民族、不同文化背景对时间、变革、财富、风险等都有不同的价值观念和态度，如日本重视集体的作用，美国强调个人的力量，西方人注重现实生活的感官享受，不喜欢延期消费，而东方人更偏爱储蓄等。不同的价值观对人们的消费习惯和审美标准都有很大影响，从而制约企业的经营决策。

(5) 宗教信仰。宗教是一种普遍存在的文化现象，它是世界文明的组成部分，也是文化中最敏感的要素。世界上许多国家和民族都有自己的宗教信仰，各种宗教在各自的经典中都对教徒的吃、穿、用和婚丧嫁娶以及宗教活动、宗教节日等有明确的规定。总之，不同的宗教形式有着迥异的文化倾向或信仰戒律，从而影响人们的行为方式、价值观念、行为准则，最终影响其消费行为。

(6) 风俗习惯。所谓风俗习惯即人们长期自发形成的，且为一个社会的大多数人共同遵守的行为规范，它涉及社会生活的各个方面，包括饮食习惯、节日习俗、商业习俗等。世界上不同国家的风俗习惯千差万别，甚至在同一国家里，不同地区也有极不相同的习俗，从而对国际市场营销产生不同的影响，因此，企业在不同国家销售产品、设计品牌、进行广告促销时，都应充分考虑该国特殊的风俗习惯。

知识拓展 13-3

酒 文 化

酒文化是文化的附属品，人们去饮用某一种酒，实际上是接受了它所代表的文化。洋酒倡导的是休闲、时尚的生活方式，而中国白酒主要是提倡一种精神，比如说朋友来了，总是要通过酒寻找到一种感情寄托；每个人庆祝自己的寿诞也不免要用酒来表达寿比南山、福如东海之意，因此，我们从洋酒和中国白酒的功能划分可以清晰地看出，洋酒可以分为餐前酒、餐中酒和餐后酒，而中国白酒只有餐中酒。

为什么白酒在亚洲特别是韩国、日本等国家有市场，那是因为韩国、日本等国家的文化在很多方面与中国是相通的，比如说吃饭的时候，他们也会用筷子，而西方国家用的是刀叉，如果能够把西方国家的刀叉变筷子，就是说明他们接受了中国的食文化，那么也会自然而然地接受中国的酒文化。让西方人把刀叉变成筷子的前提，是他们能够接受中国的文化，包括中国的生活方式和饮食习惯等。

五粮液在十多年前就提出了"世界名酒"的战略，在"走出去"方面，早在2011年，五粮液就做了两件事：一是在美国纽约时代广场的"中国屏"上展示中国的白酒形象，向全世界宣传中国白酒；二是去韩国组织了一次品鉴会。韩国乐天集团是韩国最大的商贸流通财团，也是韩国第五大企业，他们希望能销售五粮液的产品。但是，现在出口还不是五粮液的主要销售方向，目前白酒出口主要是华人在喝，而不是外国人在喝。外国人不懂中国的文化，怎么会喝中国的白酒？要让外国人接受中国的白酒，首先要让他们接受中国的文化。

(资料来：龚平. 营销文化是拓展国际市场的根本[N]. 华夏酒报，2014-10-28.)

第三节 国际目标市场选择与进入

通过对国际市场营销环境的分析，明确了主要国际营销环境因素对企业国际营销的影响，接下来就要确定进入哪些国际市场，以及以何种方式进入国际市场。

一、国际目标市场的选择

(一) 国际市场细分与目标市场选择

进入国际市场营销活动同样必须选定目标市场。在国际市场上，并非所有的机会都有同等的吸引力，并不是每个细分市场都值得企业进入和能够进入。那么，企业在纷繁复杂的国际市场，如何寻找适合自己销售的产品，确定购买者是哪些人以及购买者的地域分布、爱好和其他购买行为的特征。也就是说，企业进行国际市场营销决策之前要确定其具体的服务对象，即选择国际目标市场。

国际市场是一个庞大的、多变的市场。为了选择目标市场，首先要根据各国顾客的不同需要和购买行为，对国际市场进行细分。

国际市场按照不同的标准进行分类，见图 13-1。

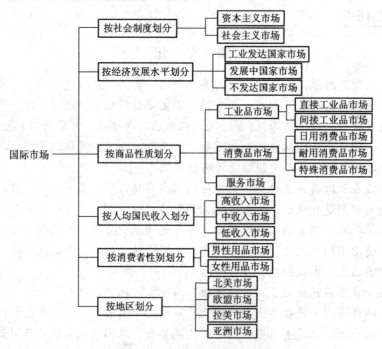

图 13-1　国际市场分类图

此外，还可以按照家庭规模、年龄、文化程度、宗教、种族、气候等标准进行进一步市场细分。

在市场细分的基础上，就需要决定哪些市场是企业的目标市场。选择目标市场的依据主要有以下几个方面：

(1) 市场规模。没有规模的市场，营销发展就非常有限。因此，选择目标市场就要考察市场规模。一个国家或地区的市场规模，取决于人口总量和人均收入水平。

(2) 市场增长速度。有的市场尽管规模不大，但潜力很大，未来市场的增长速度快，可能会产生一个巨大的市场。选择这种市场作为目标市场，未来收益相当可观。

(3) 交易成本。市场交易所发生费用的多少，直接关系产品成本和利润的高低。在不同市场中每项交易所发生的运费、调查费、保险费、税收、劳动力成本及广告宣传费用是远远不同的，企业往往选择那些交易成本较低的市场作为目标市场。

(4) 竞争优势。国际市场竞争十分激烈，选择目标市场要同竞争对手相比较，选择在产品质量和花色品种、企业规模、经营组织上竞争对手较弱的市场作为自己的目标市场。

(5) 风险程度。在竞争激烈的国际市场营销中，市场风险是十分突出的问题。自然灾害、意外事故、战争、政局不稳、两国关系恶化及原材料供求变化、货币贬值、通货冻结等因素，都会导致合同废除、货物丢失、交货延迟、贸易歧视，甚至没收财产等风险的产生。因而原则上说，目标市场应选择风险较小的市场。当然，高收益往往伴随着高风险，企业要视具体情况而定，具体问题具体分析。

(6) 企业自身资源的约束。若目标市场具有巨大的近期和远期高回报率，但由于企业的人、财、物资源无法支持进入该目标市场，企业也只有放弃。如果企业不量力而行，强行进入，将把企业拖入高速扩张的陷阱。历史的经验告诉我们：企业不是饿死的，而是撑死的。这一点在国际市场营销中表现的特别突出。

（二）国际目标市场的估测

在初步选定目标市场后，企业还要对目标市场进行深入分析研究，对市场潜力、市场占有率、经营收益、投资风险等进行认真估测，最终确定目标市场。在进入市场之前，要研究以下几个问题：

(1) 估计现有市场潜力。通过公布的资料或企业组织调查获取的资料，对目标市场需求的状况进行估计。由于对国际市场营销的研究要远比国内市场营销的研究困难，访问调查花费的时间和金钱成本较高，且合作率不高。尤其比较落后的国家和地区，可查的资料很少，而且不齐全、不可靠。但只有对现状有充分的分析研究，进入目标市场才能有的放矢，后续营销活动才能顺利开展。

(2) 预测未来市场潜力。未来目标市场需求的发展变化，对企业组合营销策略至关重要。因此，不仅要估计目前的市场潜力，而且要分析判断随着该国经济发展、政局变动等环境的变化，目标国市场潜力的发展及其走向。预测未来市场潜力更为困难，因而，要求调查研究人员一定要熟悉外国政治、经济、文化的状况以及政策走向，综合判断未来市场的发展变化。

(3) 预测市场占有率。这是指研究目标市场的竞争状况以及有关方面可能设置的种种限制，如配额限制、内地租税、规格限制及直接管理等，正确判断该企业在目标市场的市场份额。

(4) 预测成本与利润。成本高低与进入市场的策略或方式有关。如以出口商品方式进入，商业责任与销售成本由合同标明；如果以投资设厂方式进入，则成本估算还要涉及折旧、利息、员工工资、税款、原材料及能源价格等因素。成本估算出来后，从预计销售额中减除成本，即可预算出企业利润。

(5) 估计投资收益率与风险。企业还必须将某一产品在某国外市场的预测利润流量与投资流量进行比较，估计投资收益率。估计的投资收益率必须高于正常的投资收益率，并能抵消在国际市场营销中可能遇到的政治风险、商业风险、货币风险以及其他各种风险。

二、进入国际市场的方式

企业及其产品采取什么方式进入国际市场十分重要。它不仅涉及企业产品如何跻身国际市场，而且还涉及进入国际市场后，如何根据实际情况的变化调整后再进入，从而有效地开展营销活动。

(一) 贸易型进入方式

贸易型进入方式是以向目标国家出口商品而进入该市场，它一直被作为企业进入国际市场的重要方式，也是目前进入国际市场普遍采取的一种初级方式。采用这种方式，产品在国内生产，原生产地点不变，生产设施仍留在国内，劳动力没有国际间流动，出口的产品可与内销产品相同，也可以根据国际市场需要作适当的变动，当产品在国际市场遇到阻力时，还可以及时转向国内市场。因此，这种方式的经营风险相对较小，对产品结构调整、生产要素组合的影响不大。但是汇率的波动和政府贸易政策的变动会给出口企业的收益带来负面效果。除此之外，出口企业也常常会发现难以对目标市场的变动作出迅速的反应，对营销活动的控制也较差。贸易进入又可以分为直接出口和间接出口。

1. 直接出口

直接出口是指企业直接将产品出售给国外市场上独立的经销商或进口商。如果有外商前来洽谈购买企业产品或企业生产规模很大并且出口额很大时，往往采取直接出口方式。具体做法：(1) 直接向外国用户提供产品；(2) 直接接受外国政府或厂商订货；(3) 根据外商要求定做销往国外的产品；(4) 参与国际投标活动，中标后按合同生产销往国外的产品；(5) 委托国外代理商代理经营业务；(6) 在国外建立自己的销售机构。

直接出口优点：实施简便易行，比间接出口获利大；市场信息获取方便，可以及时掌握国际市场需求的变化；就近提供各种服务，有利于对品牌塑造及各种营销策略的控制，迅速提高企业的国际营销水平；根据企业资源、经验及国际市场的变化，对国际市场的进入方式有更多选择。

直接出口缺点：难以规避对象国贸易壁垒的阻碍；适用面窄，出口的产品必须具有明显的竞争优势，才能顺利打开市场；由于选择国外中介机构，企业的出口业务贸易为国外中介商所控制，如果自己设立国外销售机构，则需要组织一批熟悉国际营销的专才。

2. 间接出口

间接出口是指企业并不直接参与国际市场的任何活动，而是将产品卖给或交给国内的出口贸易机构，由他们负责向国际市场销售。该种方式不需要大量投资，也不必发展自己的国外营销人员，所以承担的成本风险较小。由经验丰富的出口贸易机构负责营销，企业可避免犯大的错误。具体做法：(1) 生产企业将产品卖给外贸公司，产品所有权由生产企业转向外贸公司，由外贸公司再将产品销往国际市场；(2) 生产企业委托外贸公司代理出口产品，产品所有权未转移，外贸公司是生产企业的代理商；(3) 生产企业委托本国其他企业在国外的销售机构代销自己的产品，合作开拓国际市场。

间接出口优点：不改变原有的生产和组织，实施起来简便易行；可充分利用中间商对市场的了解、行业经验和国际营销渠道，迅速进入国际市场；投入资金少，节省市场调研、渠道建设等若干营销费用；实施灵活，可依据国际、国内或自身实力改变，迅速调整国际市场的经营策略；能够迅速规避风险。

间接出口缺点：商品严重依赖出口中间商，难以积累企业自身的国际营销经验和资源；需经海关才能进入国际市场，面临较多的障碍和贸易壁垒；企业获取国际市场信息的渠道过于单一，难以及时获悉国际市场的变化调整自身策略。

(二) 合约型进入方式

合约型进入方式是本企业通过与目标国家的法人单位之间订立长期的、自始至终的、非投资性的无形资产转让合作合同而进入目标国家。采用这种方式可以降低生产成本，避免经营风险，减少汇率波动损失，加强经济技术合作。合约进入又分为许可证贸易、特许经营、管理合同、合同生产等方式。

1. 许可证贸易

许可证贸易是指企业(许可人)在指定的时间、区域内向国外法人单位(持证人)转让其工业产权(如专利、商标、工艺、配方等)的使用权，以获得提成或其他补偿。

许可证贸易优点：确保企业自身的无形资产受到专利法等法规和合同的保护；绕开对象国对商品进口的贸易壁垒和投资限制；可以提高许可方在对象国市场的知名度，进一步扩大经营；带动附属型交易，常被企业用以掩护产品出口；在一定程度上规避投资风险和政治风险。

许可证贸易缺点：无形资产的使用费用相对较低，企业获益不多；有可能会培养了潜在的竞争对手；企业在目标国营销的计划、执行难以得到有效控制。

2. 特许经营

特许经营是许可证贸易的特殊方式,企业(特许人)在指定的时间、区域内向国外企业(持证人)转让其工业产权及整个经营体系(如专利、商标、工艺、配方、企业标志、经营理念、管理方法等)的使用权。在特许经营中，持证人获得特许人的工业产权，但是必须按特许人的经营体系，如经营风格、管理方法等，从事经营业务活动。特许合同双方的关联程度较高，特许人往往将持证人作为自己的分支机构，统一经营政策、统一风格、统一管理，向客户提供标准化的服务。该种进入方式，特许方无须投入太多的资源就能快速地进入国外市场，而且对被特许方的经营拥有一定的控制权。

特许经营优点：快速实现向目标国的低成本扩张；统一化的营销；易于激发受许人的经营积极性，创造业绩；风险相对较小。

特许经营缺点：所获得的利益有限；难以全面有效地管理和控制受许人；适用范围有限。

3. 管理合同

管理合同是指管理公司以合同形式承担另一公司的一部分或全部管理任务，以提取管理费、一部分利润或以某一特定的价格购买该公司的股票作为报酬。

管理合同优点：不需要投入资金，基本无风险；是了解目标国经营环境和市场需求情况的一种途径，为进一步扩展企业自身的业务奠定基础；作为提供管理技术的附加条件，管理方可以出口有关产品或设备，获得一定程度的补偿。

管理合同缺点：将占用企业大量的优秀管理和技术人才，有可能培植今后的竞争对手，获利没有保障。

4. 合同生产

合同生产是企业与目标国签订订货合同，一方面向其提供技术援助或机器设备，另一方面要求对方按照合同约定的质量、数量、期限生产本企业所需要的产品或零部件。

合同生产优点：充分利用当地的生产能力和优势资源，减少大量的资金投入；能够迅速组织生产，通过订购产品快速进入目标国市场；风险较小；很大幅度上避免了进入国际市场的障碍。

合同生产缺点：为了保障合同企业生产的产品符合要求，需要提供相应的技术援助和管理支持；有可能培养了未来的竞争对手。

实例 13-3

联想推出的昭阳70和81系列新品是拥有30余项专利的中国大陆第一款自主知识产权的笔记本电脑。作为第一款中国人自己参与设计的笔记本电脑，无论是外观设计、快捷键的设置，还是专为笔记本开发的个性化互联网应用软件——"移动之窗"，昭阳70和81系列都充分考虑了中国人的审美情趣和应用习惯。

联想在自己拥有核心技术之后，就有了将产品外包的可能。在选择OEM基地时，联想考虑了诸多因素，其中首位的因素是品质。OEM基地首选中国台湾。联想电脑的大部分零配件均来自于台湾。台湾现为全球最大的OEM基地。从配件到整机，从芯片到主板，从鼠标到手机，涵盖了一切。统计数字表明，全球24.5%的台式计算机，52.5%的笔记本电脑，53.7%的监视器，70.2%的主板，92.5%的显示器，62.%的芯片，都出自台湾。在2001年中国大陆IT制造业的255亿美元产值中，台商创造了185亿美元的产值，约占72%。

(资料来源：李先国. 市场营销学[M]. 上海：上海大学出版社，2013.)

(三) 投资型进入方式

随着经济全球化及各国对外政策的实施，越来越多的企业将对外直接投资作为进入外国市场的主要模式。投资型进入方式是国际化经营企业通过目标企业进行直接投资而拥有对方全部或部分股权，以取得该企业的所有权及经营管理权，从而借助该企业进入国际市场。对外投资可分为两种形式：合资和独资。

1. 合资

合资是指与目标国家的企业联合投资，共同经营、共同分享股权及管理权，共担风险。合资的方式是指外国公司通过收购当地公司的部分股权，或当地公司购买外国公司在当地的部分股权，也可以由双方共同出资建立一个新的企业，资源共享，共同分配利润。

合资进入优点：由于有当地人参与了公司的股权和经营管理，因此要比独资所遇到的心理障碍和政治障碍小得多，更易于融入东道国的市场，接受东道国保护；投资者可以利用合作企业的企业文化、现有口碑和当地的分销网络，更加顺利地进入国际市场；同时还有利于获取当地的市场信息，以对市场变化作出迅速灵活的反应；由于有了当地资产的辅佐，合资企业可以更好地规避东道国政府没收、征用外资的风险，而且还可以享受到东道国政府对当地合作企业的某些优惠政策。

合资进入缺点：合作双方常会就投资决策、市场营销和财务控制等问题发生争端，有碍于跨国公司执行全球统一协调战略；拥有先进技术或营销技巧的国际营销者的无形资产很可能无偿地流失到合作伙伴手里，以致合资这种形式在一定程度上难以保护双方的技术秘密和商业秘密，可能培养了未来的竞争对手。

2．独资进入

独资是指企业直接到目标国家投资建厂或并购目标国家的企业。

独资进入优点：企业可以完全控制整个管理与销售，经营利益完全归其支配；企业可以根据当地市场特点调整营销策略，创造营销优势；可以同当地中间商发生直接联系，争取它们的支持与合作；可降低在目标国家的产品成本，降低产品价格，增加利润。

独资进入缺点：投入资金较多，可能遇到较大的政治与经济风险，如货币贬值、外汇管制、政府没收等，同时，由于没有合作者支持，较难实现和当地环境的协调。

国际市场进入方式除了上述几类之外，还有互联网进入模式。随着互联网在全球范围的应用，互联网日益成为全球商品交易的载体，也成为企业备选的国际市场进入方式。

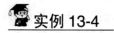 **实例 13-4**

欧美批准中国化工并购先正达　刷新中资海外并购纪录

继陶氏化学、杜邦合并，拜耳收购孟山都后，中国化工集团公司(ChemChina，简称"中国化工")对瑞士农化巨头先正达的并购将打造出一家资产规模超 7000 亿元的全球农化巨头，轻松比肩巴斯夫。作为中国农化领域的央企之一，中国化工在去年 2 月—全球农化行业与大宗商品仍深陷寒冬之际，对全球农化巨头之一的先正达发出了收购要约，股权对价为 430 亿美元(超过 2800 亿元人民币)，此次并购成功将刷新中国企业海外并购的纪录，标志着双方向交易成功迈出了重要一步。

中国化工是中国最大的化工企业，世界 500 强排名第 234 位。据专业人士介绍"先正达是一个相当优质的标的公司，不仅拥有最全的农药植保产品线，也拥有丰富的种业专利技术，在蔬菜、园艺方面也有很强的竞争优势。2015 年以来，农化市场相对低迷，对于中国化工而言，这对中国农业化工企业而言是一个极佳的并购机遇期。"

由于这项并购交易需要通过国内外多个监管部门的审批及反垄断审查，中国化工方面曾多次将原定于去年底前完成的交易要约期限延后。美国 FTC 及欧盟近日有条件批复消息的确认，意味着这宗刷新纪录的并购已渐近尾声。

此宗并购的重大意义不仅在于超 2800 亿大手笔的资金规模，更关乎中国农化企业及产业走出去实现国际化布局的战略部署，具有长期和深远意义。

(资料来源：靳颖姝.欧美批准中国化工并购先正达　刷新中资海外并购纪录. http://www.emkt.com.cn/news/chemical/2017-04-07/41418.html，2017-4-7.)

第四节　国际市场营销组合策略

国际市场营销与国内市场营销一样，也必须制定适应特定市场环境的产品策略、渠道策略、定价策略和促销策略的新组合。由于国际市场营销的复杂性，国与国之间市场营销的差异性和经营中必要的灵活性，加上高新技术产品有许多自身特点，因此，在进行国际营销时，要想顺利地打入、占领国际市场，必须研究进入国际市场的策略。

一、国际营销产品策略

在国际市场上销售与国内市场完全相同的产品，是改造现有产品还是制造一种全新的产品推向国际市场。因此，在制定国际营销产品策略时，必须考虑究竟以什么样的产品形式进入国际市场。

（一）产品和信息直接延伸策略

如果产品的效用和使用方式在国内外市场完全相同时，可以直接将产品出口，在国际市场上采用与国内相同的产品信息传递策略，建立相同的产品形象。例如，可口可乐和百事可乐饮料、麦当劳快餐、李维斯牛仔裤等品牌就采用产品和信息直接延伸策略，并获得巨大的成功。这一策略的特点是：节约产品开发成本，树立产品的国际市场统一形象，产品信誉度较高。

（二）产品和信息改造策略

根据国际市场的区域性偏好或条件改造产品，调整信息传递，以适应区域消费需求。这一策略的核心是对原有产品进行适应性更改，即一方面保留原产品合理的部分；另一方面对某些部分作适当更改，以适应不同国家客户的具体需求。例如埃克森石油公司生产不同的汽油适应世界各地不同的气候条件，雀巢公司生产不同口味的咖啡来迎合各地消费者的偏好。产品和信息改造主要采用以下几种组合策略：

（1）产品直接延伸，信息传递改变。如果产品效用相同而用途发生差异时，产品可保持不变，信息传递策略则需修改。例如自行车在发达国家主要是作为运动器材或儿童用具，在发展中国家则是大多数人的交通工具，而其提供的效用则是相同的。因此，自行车在进入不同国家市场时，必须采用不同的产品信息传递方式。

（2）产品修改，信息传递直接延伸策略。当产品的效用和用途一致，而使用的条件不同时，可将产品作适当的修改，而信息传递则直接延伸进国际市场。例如由于各国的电力供应采用不同的电压，进入国际市场的家用电器则必须采用不同电源输入系统，有 110 V 或 220 V 等，而信息传递则可以直接延伸进国际市场，以相同的产品形象来影响消费者。

（3）产品和信息传递双调整策略。当产品的效用和使用条件都不同时，应对产品和信息传递两者都进行调整。导致产品和信息传递改造的原因是多方面的，表 13-1 分析了改造产品设计和改造的原因。

表 13-1　国际产品改造

产品改造的原因	产品设计改造
不同的气候条件	产品的适应性调整
不同的技术水平	产品简化
不同的收入水平	质量和价格改变
维修困难	增加售后服务，增强产品的可靠性
不同的标准	增加产品的规格和型号
其他产品的可用性	增加或减少产品组合
各类物质的可用性	改造产品结构和能源输入

（三）全新产品策略

为了适应国外目标市场的需要和偏好，企业全面开发设计新产品占领市场。产品创新策略的核心是产品的全面创新，即在产品功能、外观、包装、品牌方面都针对目标市场进行新产品的开发。

在市场具有独特的巨大需求、企业技术规模较大、市场竞争激烈的情况下，往往特别强调采用产品的创新策略。

二、国际营销渠道策略

企业的产品从本国转移到国外市场的最终消费者，形成国际市场营销渠道。由于各国市场环境不同，渠道安排错综复杂，因而存在着许许多多国际市场营销的渠道形式。企业可根据不同国度的市场状况，采用不同的渠道策略。

（一）窄渠道策略

又称为独家经营策略。该策略是指企业在国际市场上给予中间商一定时期内独家销售特定商品的权利，包括独家包销和独家代理两种形式。独家包销是企业将产品的专卖权转移给国外的中间商，独家代理则是企业将产品委托国外中间商独家代理销售，产品所有权未发生变化，代理商只收取佣金不承担经营风险。窄渠道策略有利于鼓励中间商开拓国际市场，并依据市场需求订货和控制销售价格。但独家经营容易使中间商垄断市场。

（二）宽渠道策略

又称广泛性分销渠道策略。该策略是指企业在国际市场上的各个经营环节中选择较多的中间商来销售企业的产品。它的特点是：中间商之间形成强有力的竞争，有利于该商品进入更广阔的国际市场。但是，中间商一般都不愿承担广告费用，而且产品的最终市场销售价格不易控制，部分中间商削价竞销，会损害该产品在国际市场上的形象。

（三）长渠道策略

又称多环节渠道策略。它是指企业在国际市场上选择两个或两个以上环节的中间商来销售企业的产品。对于那些与广大的消费者贴近的商品，企业往往采用多个环节的中间商将产品分散出去。国际市场营销由于受到国际政治、经济、社会文化和地理等因素的影响，其分销渠道都较国内市场营销渠道长。这一策略的特点是商品能进入更广阔的市场地理空间和不同层次的消费者群，但容易形成该商品较大的市场存量，并增加销售成本，导致最终售价上升。

(四) 短渠道策略

短渠道策略是指企业直接与国外零售商或产品用户交易。短渠道策略尽可能缩短中间环节，使产品在跨国界销售中的中间环节减少到最少的层次。短渠道策略可采取两种具体方式：一是企业直接与国外的大百货公司、超级市场、大连锁商店进行交易，降低商品成本，让利于零售商和消费者；二是企业直接在国外建立直销机构进行销售。但该种方式常常受企业的人、财、物的规模限制，只有少数跨国大企业能够采用。

三、国际营销定价策略

(一) 影响国际市场营销定价的因素

国际市场环境比之国内市场更为复杂，其定价也受诸多因素影响：

(1) 成本。除生产成本外，产品的国际市场营销成本还包括关税和其他税收、国际中间商成本、运费与保险费以及营销业务费等。

(2) 国外法规。关税和非关税壁垒、反倾销法、反托拉斯法、价格控制法、产品安全法等国外法规，对产品定价有诸多影响。

(3) 国际市场供求及竞争。国际市场基本属于买方市场，竞争激烈，制定国际市场营销产品价格，必须考虑市场供求及竞争状况。

(4) 经济周期与通货膨胀。国外市场经济的周期变动，会导致不同产品的价格升降；通货膨胀则会增加产品成本，引起产品价格上升。

(5) 汇率变动。国际市场营销活动中使用的计价货币是可以选择的，在实行浮动汇率的情况下，汇率变动使产品价格相对发生变动，极大地影响营销的收益。

(二) 国际市场营销的定价策略

(1) 统一定价策略。企业的同一产品在国际市场上采用同一价格。这一方式简便易行，但难以适应国际市场的需求差异和竞争变化。

(2) 多元定价策略。这一策略是指企业对同一产品采取不同价格的策略。采用这一策略时，企业对国外子公司的定价不加干预，各子公司完全根据当地市场情况作出价格策略。这一策略使各个国外分支机构有最大的定价自主权，有利于根据市场情况灵活机动的参与市场竞争，但易于引起内部同一产品盲目的价格竞争，影响公司的整体形象。

(3) 控制定价策略。企业对同一产品采取适当控制价格。采用这种策略是为了利用统一定价与多元定价的优点，克服其缺点，对同一产品的定价实行适当控制，既不采用同一价格，也不完全放手由各个子公司自主定价，而是既对内部竞争进行控制，同时又准许公司根据市场状况进行灵活定价，但采用这一策略也会增大管理的难度和成本。

(4) 转移价格策略。这一策略是指企业通过母公司与子公司、子公司与子公司之间转移产品时确定某种内部转移价格，以实现全球利益最大化的策略。采用这一策略，母公司与子公司、子公司与子公司之间转移产品时，人为提高内部结算价格，造成总公司内部此一企业利润或亏损转移到彼一企业的状况，但从整体上使总公司的利益达到最大化。转移价格策略有利于实现公司整体利益的最大化，但可能会损害某些国家的利益。

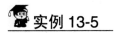 **实例 13-5**

一元促销的力量 十倍下载的增加

美国一家名为 Flurry 的移动数据分析平台跟踪了 2014 年智能手机应用的使用量，发现去年智能手机应用使用量较 2013 年增长了 76%，其中购物和生活方式类应用的使用量增速达到 174%，是平均水平的 2 倍还多，位列各大类之首。

早前有数据显示，中国目前已成为全球 App Store 下载的第二大市场，然而付费率只有全球的 3%，苹果的计划就是要依靠 1 元政策来改变中国 App Store 的付费市场。

2014 年 11 月份苹果专门针对中国地区的 App Store 推出了 1 元促销政策——即应用或软件的价格最低降至 1 元人民币，这一政策在国内消费者引起了"正版狂潮"，一时间"买买买"的声音不绝于耳。威锋网消息，根据应用分析机构 App Annie 公布的最新数据，中国区 App Store 开启 1 元促销之后的当周，应用下载量几乎相当于前一周的 12 倍。

虽然促销结束的后一周 App Store 下载量急剧下滑，但由于苹果已经宣布在中国地区 App Store 永久保留 1 元和 3 元的定价，因此这一周的下载量比起促销之前仍然是大幅领先。据了解，虽然促销当周一些应用的价格由几十元降至 1 元，但由于下载量有成倍的上涨，开发者/开发商的收益并没有因此降低。

(资料来源：1. 黄晓闷.1 元促销的力量：App Store 下载增长近 11 倍. http://www.feng.com/, 2014-12-15.

2. 张轶骁.手机 APP 去年用量增七成购物应用最火爆. http://www.bjnews.com.cn/, 2015-1-9.)

四、国际营销促销策略

国际市场营销的主要任务是实现企业与外国客户之间的沟通。国内市场促销策略中有关人员促销、公共关系、营业推广、广告宣传的策略，很多同样适用于国际市场促销。但是，由于国际市场营销环境的复杂性，国际市场促销策略的运用比之国内市场要复杂得多。

(一) 人员推销

在国际市场上，人员推销因其具有选择性强、灵活性高、能传递复杂信息、有效激发购买欲望、及时反馈信息等优点成为国际市场营销中不可或缺的促销手段。然而国际市场营销中使用人员推销往往面临费用高、培训难等问题，因此在使用这一促销手段时须尽力招聘有潜力的优秀人才，严格培训并施以有效的激励措施。

(1) 推销人员来源。一是企业的外销人员，其优势是易于沟通，忠诚度高；二是母公司所在国移居国外的人员，其优势是懂得两国的语言文字，只需学习推销技术和公司的政策，就可能成为优秀的推销人员；三是国外当地人员，其优势是在当地有一定社会关系，且熟悉目标市场的政治经济和社会文化。

(2) 推销人员培训。对推销人员的培训集中在适应性和技能性两个方面。一是要使推销人员熟悉当地的社会、政治、经济、法律，特别是要适应当地的文化，包括价值观、审美观、生活方式、宗教信仰、商业习惯等；二是要使推销人员熟悉营销的技能和技巧，提高他们市场营销的能力。

(3) 推销人员激励。在国际市场人员推销的管理中，最普遍使用的激励措施是根据推销人员的业绩给予丰厚的报酬。如高薪金、佣金或奖金等直接报酬形式，并辅之以精神奖励，以调动他们的积极性。对海外推销人员的激励，还要考虑到不同社会文化因素的影响。

(二) 公共关系

国际市场营销中，公共关系的作用日益增强，特别是进入一些封闭性的市场，公共关系好坏直接关系到能否进入市场，并在进入后能否取得较好的经济效益。

在国际市场营销中，公共关系应特别重视以下工作：

(1) 尊重和支持当地的政府目标，与当地政府保持良好关系，争取当地政府的支持和帮助。

(2) 利用有关媒体正面宣传企业经营活动和社会活动，树立良好的企业形象。

(3) 建立多条意见沟通渠道，收集各阶层公众对企业的意见，及时消除相互间的误解和矛盾。

(4) 要与国际企业业务活动有关的各重要部门和关键人物保持良好的关系。

(5) 积极参加东道国的各种社交活动，对当地的教育事业、文化活动、慈善机构等定期捐助，并积极组织国际教育和文化交流。

(6) 协调企业内部的劳资关系，尊重当地雇员的社会文化偏好、习惯和宗教信仰，调动当地雇员的积极性。

实例 13-6

从国服到手机：第一夫人提升中国品牌形象

习主席正在进行的欧洲之旅，可以说是又一次成功的中国形象营销之旅。无数的电视、平媒、网络争相报道，其关注度若折算成广告费绝对是天文数字。

无论是荷兰国宴惊艳四座的中式传统服装，还是一路上中国设计师精心打造的充满浓郁中国风的得体服饰，"中国第一夫人"作为媒体关注的焦点，其一举一动都会被人们津津乐道的品评、传播。近日，微博上就传出一张彭丽媛手持手机全神贯注拍照的照片，有细心的网友认出该手机正是中兴旗下高端子品牌 nubia(努比亚)的 Z5mini，而 nubia 随后在其官方微博也证实了这条息。

随着中国国势的日益强大,中国制造、中国品牌都将迎来一个全新的发展阶段。我们的第一夫人彭丽媛女士的高贵、典雅、大气、亲和的气质完美诠释了中国当代女性的风姿,成为中国形象的最佳补充,更成为中国品牌对外展示的一个完美平台。

在今年年初的国际消费类电子产品展览会(CES)和巴塞罗那世界移动通信展(MwC)上,我们已经看到了国产厂商大放异彩的上佳表现。在这些全球顶尖的IT企业发布的世界舞台上,以中国企业为代表的亚洲厂商已经打破了欧美企业的垄断地位;在拉斯维加斯的展馆内,展位规模颇具气势且多占据了黄金展位的那些中国厂商,让外国记者大排长龙等候入场的中国企业新品发布会,以及聚集了世界眼光的新产品,无不说明了"中国制造"已经重塑了海外形象,品牌的塑造之路也已走上正轨。中兴、华为、海信等已然成熟的姿态,比起邻国巨头毫不怯场。

无论是"国母"的体面华服,还是手中的中兴手机,在全球瞩目的大国外交过程中,它们的频频出镜也是中国制造的软实力输出,亦是对国有品牌的最好代言。

(资料来源:芮益芳.从国服到手机:第一夫人提升中国品牌形象. http://www.huanqiu.com,2014-4-10.)

(三) 营业推广

营业推广的手段非常丰富,但在运用时要考虑有关法律和文化习俗因素。此外,国际市场营销中博览会、交易会、巡回展览等营业推广形式都对产品促销具有十分重要的作用。在国际市场上,绝大多数企业都运用营业推广工具。目前,国际市场营业推广的总费用有超过广告费的趋势,原因是营业推广对刺激需求有立竿见影的效果。同时,由于长期的"广告轰炸",人们已经对广告产生了"免疫力",广告效果相对减弱。在实践中,如果能够将营业推广与广告结合使用,效果更佳。

(四) 广告宣传

企业的产品进入国际市场初期,广告通常是促销的先导,它可以帮助产品实现预期定位,也有助于企业树立良好的品牌形象。国际广告促销要注意以下几个问题:

(1) 广告限制因素。在国际市场上进行广告活动,有诸多限制因素,企业要认真分析,以便择善而行,一是法律限制,不同国家对广告有不同的法规,须遵守这些国家的广告法以及有关法规;二是媒体限制,不同国家广告媒体的可利用性、质量、覆盖面以及成本不同,须根据媒体情况做出适当选择;三是观众限制,不同国家的居民有自己的价值准则、审美观、宗教信仰,须认真做出分析,使广告真正切合当地消费者的需求以及文化背景。

(2) 广告标准化及差异化。广告标准化是指在不同的目标市场对同一产品进行同一广告,这种选择突出了国际市场基本需求的一致性,并能节约广告费用,但缺点是针对性不强。广告差异化则充分关注国际市场需求的差异性,对同一产品在不同目标市场进行不同的广告,针对性强但广告成本较高。

(3) 广告管理。国际广告管理方式有集中管理、分散管理、集中管理与分散管理相结合三种。这三种方式中,集中管理有利于总公司控制成本;分散管理使广告决策权分散到国外各子公司,有利于开展差异化广告促销;集中管理与分散管理相结合,则试图按照目标市场的具体情况，分情况采取集中或分散的管理方式，使国际广告管理更有效。

理论梳理

(1) 国际市场营销是指一国的企业跨越本国国界，以其他国家和地区作为目标市场，对产品和服务展开设计、生产、定价、分销、促销活动，并通过交换以满足需求、获取利润的行为和过程。国际市场营销与国际贸易既有区别又有联系，具体表现在：行为主体的差异性、活动内容的差异性、产品流向的差异性、营销对象的差异性。国际市场营销经历了国内营销、出口营销、跨国营销、国际营销、全球营销五个阶段。

(2) 一般市场营销环境分析的内容也适用于对国际营销环境的分析，但国际营销还需要注意分析具有一定特殊性的国际政治法律环境、国际经济环境和国际社会文化环境。近年来国际营销环境出现了一些新动向，包括政治多极化，经济全球化，技术飞速发展，商品结构高级化，老龄化社会趋势加剧和网络普及等。

(3) 选择国际目标市场要以国际市场细分为基础，充分考虑目标国市场规模、市场增长速度、交易成本、竞争优势、风险程度、企业自身资源的约束等因素。企业可以采取贸易型进入、合约型进入、投资型进入等方式进入国际市场。

(4) 国际市场营销同样需要运用产品、价格、渠道、促销营销组合要素，与国内市场营销的区别在于，国际市场营销在运用上述四者时更应注意标准化与差异化的协调统一。

知识检测

(1) 国际市场营销的概念及特点。
(2) 国际市场营销环境。
(3) 贸易型进入、合约型进入、投资型进入三者之间的区别与联系。
(4) 国际市场营销组合策略包括国际营销产品策略、国际营销渠道策略、国际营销定价策略、国际营销促销策略。

案例分析

天士力集团的国际市场营销策略

一、天士力集团概述

天士力制药股份有限公司的前身是成立于 1994 年 5 月的天津市天士力联合制药公司，当时注册资本 1200 万元。天士力集团是以大健康产业为主线、以制药业为中心，包含现代中药、化学制药、生物制药和健康食品等，涵盖科研、种植、提取、管制等高科技企业集团，是天津市重点支持的大企业之一。公司目前主管业务是复方丹参滴丸、养血清脑颗粒的生产销量，其中复方丹参滴丸是国内唯一连续多年销售额突破 10 亿元的中成药品。

二、国际市场营销环境分析

1. 社会文化环境

中西医理论的差异是中西医进入国际市场的最大阻碍之一。中医以辩证施治为原则，通过"望闻问切"探测病情，采用中药、针灸、推拿、拔罐、气功、食疗等多种治疗手段，使人体逐步康复。而西药借助先进的医疗仪器设备和实验室对疾病准确地诊断，侧重于单纯病种和局部定位治疗。东西方医疗观点的差异带来一道难以逾越的文化鸿沟。但近年来健康观念逐渐由治病为主转变为预防保健为主，再者，回归自然理念和绿色消费浪潮的兴起，共同促使中药等天然药物日益受到青睐。

2．政治法律环境

一方面，存在一定的技术，对中药的监管十分严格。众多欧美国家将中医药排斥在正规医学之外，不能纳入医保，并且在毒性成分、重金属含量、农药残留量等方面受到严格的限制。近年来欧美国家陆续限定了针对植物药的一些规范，要求对所有进口原料药、食品补充剂实施更加严格的监管，实行 c-GMP 管理。另一方面，对传统医学的关注度日渐上升，对中医药的认可也有所提高。近年，世界卫生组织(WHO)高度重视传统医学，并专门成立"传统医学规划署"，在亚洲设立了 15 个传统医学合作中心，其中 13 个与中医药有关。

3．技术环境和自然环境

中国地大物博，具有较为丰富的中草药物资源。但是，近年来环境问题滋生，中医药消耗野生动植物资源，甚至导致珍贵野生动植物物种濒临灭绝；另外，对替代药物的研究不够，饲养野生动物方面又存在伦理问题。这使中药频频受国际上的质疑和批评。但中药在安全性、经济性上具有较大优势，故其日渐获得医药研发企业的青睐。

4．人口与经济环境

自从进入 21 世纪，由于人类生活水平的提高，生活方式的改变和人口的老龄化，人类疾病谱带发生了深刻的变化。细菌感染和营养不良被心脑血管疾病、内分泌功能失调、老年性慢性退行性疾病、恶性肿瘤等疑难病取代。然而在这些疾病方面，西药疗效往往未尽人意，且价格昂贵；与此同时，人口老龄化也令众多国家面临日渐高涨的医疗费用。因此，中药在治疗这些疾病方面的疗效和价格双重优势日渐受重视。

三、天士力集团的国际市场营销策略

1．产品策略

天士力的产品策略是传统中药的标准化和现代化。天士力集团积极采取国际先进标准，提升对中药品质的把控。天士力以 GAP、GEP、GLP、GCP、GSP、GMP 为标准，实现了中药标准化和现代化，从药源上保证了产品的质量。建立中药性生产质量管理规范(GLP)种植基地；建立中药和植物药提取生产质量管理规范标准(GEP)；药品生产以药品生产质量管理规范(GMP)为标准，质量控制遵循药品试验室质量管理标准(GLP)，采用国际水准的HPLC、GC、GC-MS 等测定方法，使中药在量产的同时保持规定的品质；药品临床研究以GCP 为标准；产品物流通过了 GSP 认证，同时以两种产品形式作为补充走向国际市场。目前，国际市场存在诸多限定，以新药品形式进入较为困难，因此天士力集团采取两种产品形式过渡：一是保健食品，尽管这种方式不纳入医保，销售受限，但较易达到相关要求。短期内通过多品种、大批量出口，以此扩大影响，赢得医生和病患者的逐步熟悉，甚至接受中药。二是植物提取物，它有明确的合法地址、较大的市场需求和稳定的销售渠道，使用方法和西药相近，便于西方人接受。目前，天士力集团建了亚洲最大的植物提取生产线，以提取物进入国际市场。除此之外，天士力集团还非常注意剂型和包装的改良。天士力重点产品复方开丹参滴丸不仅速效、高效，毒副作用小，用量小，同时，还具有便携性，它的中药包装严格遵循了西药标准，药品说明准确地表达了其内在性能，方便顾客充分了解药品的用法、用量和禁忌。

2．渠道策略

中药从进入国际市场，要按照实际情况选择有效的渠道，依据渠道效率、贡献能力和适应能力选择渠道。目前国内出口海外的中药只要有两种形式：间接出口、直接出口。其中直接出口是企业建立国际市场渠道的开端，一般是直接出口给国外的代理商或建分公司。国外的代理商对产品没有所有权，只是接受委托或协助企业与国外的买方成交。分公司有一定独立性，可以采取更深层次的营销活动。

3．价格策略

天士力的产品在海外市场采取撇脂定价策略，因为对于中医药产品来讲，薄利多销弊大于利，撇脂定价可以树立高端产品形象，又可以获取较高的利润。对药品来说，首期产品还没有被大多数消费者接纳，病患者也并不会因为价格便宜就购买，医生同样也不会把疗效和性能不熟悉的药品介绍给患者，所以天士力集团在海外同类产品中处于高端定位。从实际效果看，该定价策略是可行的，药品核心竞争力在于疗效和安全，病患者对价格并不敏感。

4．促销策略

天士力集团的企业理念是追求"天人合一，提高生命质量"，从广告宣传方面突出"绿色"和"健康"。在国际化进程中提出了"创造健康，人类共享"的理念。天然的中药与西药毒、副作用相比，其优势不言而喻。目前绿色天然的植物药品逐渐受消费者看好，适用在宣传推广中把中药绿色天然作为主要卖点，使病患者增加对中药的需求，从而达到促销的效果。中药国际化的阻碍较多，但文化理念的差异是重大障碍，天士力集团非常注意通过在海外举办展览会等医药交流活动，推广中医药文化。

（资料来源：魏宇鹏，邓荣龙.天士力集团的国际市场营销范式探析[J].经营管理者，2015(33).)

讨论：

(1) 天士力集团对国际市场营销环境的分析采用了哪种分析工具？选取这一工具的原因是什么？

(2) 如果天力士集团采取渗透定价策略在国际市场推出自己的产品，你认为是否比撇脂定价策略更好？

(3) 请你为天士力集团设计一个在国际市场促销时用到的宣传口号，并阐述你的理由。

应用实训

实训目标：

通过本章节的学习，使学生能够灵活运用所学国际市场营销组合策略知识，分析和解决实际问题。

实训内容:

分组讨论是否有这样一种产品,可以在全球市场采用统一的产品策略、渠道策略、价格策略、促销策略?如果有这种产品,原因何在?

实训要求:

(1) 通过查阅图书,搜索网络电子资源,围绕当前国际市场营销发展现状,当前国际市场营销环境,国际市场营销热点问题等主题,分析资料并分组讨论。

(2) 搜集整理有关国际市场营销的经典著作、权威报刊、著名学者、知名机构、专业智库等,分享哪些国际市场营销门户网站、专业论坛、微信公众号、视频公开课、电视专题节目等可供课外关注学习。

(3) 根据自己所学知识分析上述问题。

参 考 文 献

[1]　菲利普·科特勒，凯文·莱恩·凯勒. 营销管理. 15 版. 何佳讯，等，译. 上海：格致出版社，上海人民出版社，2016.

[2]　菲利普·科特勒，阿姆斯特朗. 市场营销：原理与实践. 16 版. 楼尊，译. 北京：中国人民大学出版社，2015.

[3]　吴健安，聂元昆. 市场营销学. 5 版. 北京：高等教育出版社，2014.

[4]　吴健安，钟育赣. 市场营销学. 应用型本科版. 北京：清华大学出版社，2015.

[5]　吴健安. 市场营销学. 精编版. 北京：高等教育出版社，2012.

[6]　吴健安. 营销管理. 2 版. 北京：高等教育出版社，2010.

[7]　郭国庆，陈凯. 市场营销学. 5 版. 北京：中国人民大学出版社，2016.

[8]　吕一林. 市场营销学原理. 2 版. 北京：高等教育出版社，2016.

[9]　晁钢令，楼尊. 市场营销学. 4 版. 上海：上海财经大学出版社，2014.

[10]　张帆，齐斐. 市场营销. 3 版. 西安：西北工业大学出版社，2013.

[11]　王海云，等. 市场营销学. 2 版. 北京：经济管理出版社，2014.

[12]　刘治江. 市场营销学教程. 北京：清华大学出版社，2017.

[13]　陈阳. 市场营销学. 3 版. 北京：北京大学出版社，2016.

[14]　姚小远，康善招. 市场营销学. 上海：华东理工大学出版社，2015.

[15]　胡文静，柳彩莲. 现代市场营销学. 重庆：重庆大学出版社，2015.

[16]　何静文，戴卫东. 市场营销学. 北京：北京大学出版社，2014.

[17]　姜岚，罗萌，张威. 市场营销. 西安：西安交通大学出版社，2013.

[18]　郝渊晓，张鸿主编. 市场营销学. 2 版. 西安：西安交通大学出版社，2013.

[19]　杨洪涛. 市场营销学. 北京：机械工业出版社，2015.

[20]　曹垣. 市场营销学. 北京：机械工业出版社，2013.

[21]　廖以臣. 网络营销. 北京：高等教育出版社，2016.

[22]　杨学成，陈章旺. 网络营销. 北京：高等教育出版社，2014.

[23]　陈志杰. 市场营销. 杭州：浙江工商大学出版社，2015.

[24]　张丽华，翟华. 推销技术. 广州：华南理工大学出版社，2015.

[25]　严学军，汪涛. 广告策划与原理. 北京：高等教育出版社，2015.

[26]　钱黎春，胡长深. 市场营销学. 长沙：湖南师范大学出版社，2016.

[27]　管玉梅. 公共关系学. 北京：机械工业出版社，2016.

[28]　张扬. 市场营销学. 杭州：浙江大学出版社，2013.

[29]　李先国. 市场营销学. 上海：上海大学出版社，2013.

[30]　王便芳. 市场营销学. 南京：南京大学出版社，2013.

[31]　杨耀丽，杨秀丽. 市场营销学. 上海：上海财经大学出版社，2013.

[31]　李威，王大超. 国际市场营销学. 北京：机械工业出版社，2015.

[32]　刘志梅，孙武志. 市场营销学. 北京：中国商业出版社，2014.

[33]　李英，周宇. 房地产市场营销. 北京：清华大学出版社，2015.